KB205739

존엄한 삶, 존엄한 죽음

기독교 인문
시리즈
006

존엄한 삶, 존엄한 죽음

기독교 생사학의 의미와 과제

곽혜원

Holy
WavePlus

"여러분의 죽음을 마음으로 준비하십시오.

현명한 사람이라면 매 시간 자신의 죽음을 생각할 것입니다.

그러다가 죽음의 시간이 이르면 이렇게 말하면서 기쁘게 죽음을 맞이하십시오.

'평안히 오라, 네가 올 줄 이미 알고 있었다.

나는 이 죽음을 준비하는 인생 여정에서

도움이 될 만한 것은 하나도 소홀함이 없었노라.'"

- 시리아의 성 이삭(St. Isaac of the Syrian) -

생로병사生老病死. 이것이 우리 인생의 참모습이지만 언제부턴가 죽음은 우리의 삶에서 격리된 채 입 밖에 꺼내기 어려운 단어가 되었다. 사람들은 죽음을 애써 외면하고 있고, 우리 사회는 죽음에 대해 입을 굳게 다물고 있다. 많은 사람이 타인의 죽음을 끊임없이 목도하면서도 자신의 죽음에 대해서만은 불확실한 실체로 생각하는 것 같다. 그래서 우리는 죽음에 대한 성찰을 회피하며 죽음의 존재를 실감하지 못하고 있다가 어느 날 갑자기 죽음에 직면해서야 비로소 인생사에 죽음이 존재한다는 사실을 새삼 절감하고 몹시 당혹스러워한다.

많은 사람이 죽음을 전혀 준비하지 않고 있다가 어느 날 갑자기 황망하게 그것에 맞닥뜨리면서 엄청난 공포감 속에 빠진다. 죽어가는 이들은 자신이 사랑하는 모든 것들과 영원히 이별해야 한다는 서러움과 함께 평소에 깊이 생각해보지 않았던 사후세계에 대해 두려움을 느끼면서 대단히 고통스러운 경험을 하는 것이다. 사람들은 인생의 여정에서 위기에 대비하여 여러 가지 준비를 하면서 문제를 해결해나가지만, 정작 인생사에서 가장 중요한 죽음의 순간에는 두렵고 고통스러운 죽음, 곧 준비 안 된 죽음을 맞이하는 경우가 많다.

상황이 이렇다 보니 우리 사회에서 죽음에 대한 터부와 거부감은 여전히 뿌리 깊은 상황이다. 많은 사람이 삶의 문제도 해결하지 못하는데 죽음의 문제까지 생각할 필요가 있느냐고 반문하면서 죽음에 대한 생각을 꺼린다. 더욱이 오락과 안락, 향락과 쾌락을 즐기는 현대인들은 죽음을 미리 생각하며 불필요한 슬픔에 빠질 필요가 없다고 생각하는 가운데 오로지 삶에만 관심을 기울이는 경향을 보인다. 이 때문에 삶과 죽음生死에 관해 연구하는 죽음학 및 생사학生死學은 대중의 관심 영역 밖의 생소한 학문 분야로 간주된다. 또한 아름다운 마무리를 위한 죽음교육 및 생사교육生死教育도 여전히 제 궤도에 오르지 못하고 있다.

이러한 현실은 '의료 한류'라는 말이 나올 만큼 세계 최고의 의료기술을 자랑하는 우리나라의 죽음의 질이 OECD(경제협력개발기구) 회원국 중 최하위를 기록하고 있다는 사실에서 단적으로 드러난다. OECD 회원국 중 1위를 차지하고 있는 자살률도 우리 국민의 죽음의 질을 가늠할 수 있는 뼈아픈 자료다. 죽음학 및 생사학을 연구하는 신학자로서 내가 매우 안타깝게 생각하는 것은, 우리 국민에게 성숙한 죽음 의식이 부재하다는 사실이 자신의 생명을 쉽게 포기하는 자살의 급증과 긴밀한 상관성을 이룬다는 사실이다. 이처럼 우리 사회의 죽음의 질이 세계에서 가장 열악하다는 사실을 솔직히 인정하면서 삶과 죽음에 관한 논의를 시작해야 할 것 같다.

사실 죽음은 이 세상에서 삶을 영위하는 모든 생명이 결코 피할 수 없는 현실이기에, 인생사에서 죽음보다 더 확실한 실체는 없다. 죽음은 샛길이 없는 오직 하나의 외나무다리, 그 누구에게도 특혜를 주지 않는 '성스러운 칼'이어서 모든 이에게 공평하다.[1] 모든 인생 여정은 탄생과

---

1) N. Basiliadis/박용범 옮김, 『죽음의 신비』(서울: 정교회출판사, 2010), 200.

함께 죽음을 향해 나아가는 과정이라고 해도 과언이 아닐 것이다. 죽음은 삶의 일부이자 세상의 일부이며, 또한 삶의 과정이자 그 결과이기도 하다. 하루가 낮과 밤으로 구성되는 것처럼, 우리의 생애는 삶과 죽음으로 구성된다. 따라서 죽음은 생명 그 자체만큼이나 우리 삶 속에서 생동하는 것이며, 모든 생명체가 가지고 있는 그림자라고 말할 수 있을 것이다.

특별히 우리가 인생을 살아가면서 죽음을 성찰하는 일이 중요한 이유는, 죽음의 문제를 도외시하고서는 우리 삶이 설명될 수 없기 때문이다. 우리 삶에는 죽음이라는 궁극적인 한계가 있기에 무엇을 하든 죽음이 가까워지면 모든 의미가 사라지고 무기력해질 수밖에 없다. 죽음을 통해 삶을 바라보지 않으면, 삶의 궁극적인 의미를 발견하지 못할 수도 있다. 따라서 우리 삶이 총체적으로 의미가 있으려면, 우리는 매사에 죽음을 염두에 두고 살아가야 한다. 죽음에 대한 사고는 삶에 대한 더 깊은 통찰을 가능하게 해준다. 우리는 삶과 함께 죽음도 바라보아야만 인생 전체의 모습을 볼 수 있다. 그러므로 삶을 완성하기 위해서는 반드시 삶과 함께 죽음도 같이 생각해야 할 것이다.[2]

이로 보건대 죽음은 우리에게 있어서 세상이 어떤 곳인지, 우리가 어떻게 살아야 하는지를 깨닫게 해주는 인생 최후의, 그리고 단 한 번뿐인 최고의 기회라고 말할 수 있을 것이다. 따라서 우리는 죽음을 피하는 것이 아니라 용기 있게 차분히 맞이할 수 있는 마음가짐을 가져야 하는데, 이를 위해서는 평소에 죽음을 성찰하면서 삶의 지혜를 배워야 한다. 우리가 죽음을 깊이 숙고하게 되면, 뜻밖에도 생명에 대한 우리의 주체의식이 깨어나기도 한다. 죽음의 목전에서 생명이 깨어나는 것은 우리로

---

2) 최준식, 『사후생 이야기』(서울: 모시는사람들, 2013), 17.

하여금 세상의 속박과 탐욕에서 벗어나 진실한 마음으로 생명을 사랑하게끔 만들기 때문이다. 이처럼 우리가 죽음에 대해 깨어나면서 우리의 삶 또한 깨어나게 되면, 주어진 삶을 최선의 가치로 승화시키는 가운데 초연히 죽음을 맞이할 수 있을 것이다.

반대로 우리가 죽음을 받아들이지 않을 때, 죽음에 대한 우리의 두려움과 비탄은 나날이 극대화될 것이다. 과연 어느 누가 죽음을 피해 숨을 수 있을까? 불안과 두려움 속에서 죽음을 맞이하면 무슨 유익이 있겠는가? 우리가 죽음을 치료하는 약을 발명할 수 있는 것이 아니라면, 생로병사의 전 과정에 순응하고 죽음을 받아들이는 것이 지혜일 것이다. 이에 반해 죽음을 기피할수록 죽음 앞에서 고통으로 몸부림치게 될 수밖에 없다. 가족들이 죽음에 대해 말하기를 꺼릴수록 임종을 앞둔 이는 죽음의 공포와 두려움을 느끼면서 고독하게 마지막 숨을 거두게 된다.

우리가 죽음에 대해 두려움을 갖는 이유는 평소에 죽음에 대해 깊이 성찰해야 할 의무를 등한히 했기 때문이다. 여기서 우리는 평소에 죽음을 사유한 사람 중에서 죽음이 본래 두렵고 무서운 것이라고 결론을 내린 사람이 거의 없다는 사실에 주목할 필요가 있다. 우리가 죽음을 직시하고 그 정체를 정확히 인식하기만 하면, 그것이 더는 두렵거나 고통을 주는 대상이 아니라는 사실을 깨닫게 될 것이다.

한편 우리가 죽음 앞에서 비탄과 억울함을 느끼는 것은 죽음을 우리 삶의 권리에 대한 침해로 간주하기 때문이기도 하다. 그러나 우리가 이 세상에 태어날 때 우리의 공로와 무관하게 은혜로운 선물로서 삶을 부여받았다는 사실을 알게 된다면, 죽음을 삶에 대한 부당한 권리 침해나 박탈로 보는 생각이 오히려 합당하지 않음을 깨닫게 될 것이다. 그렇다면 우리는 지금까지 삶에서 누려왔던 모든 것을 감사하면서 좀 더 편안

한 마음으로 죽음을 받아들일 수 있게 될 것이다.[3]

이러한 상황 속에서 삶의 존엄, 죽음의 존엄, 인간의 존엄으로까지 확대되는 우리 국민의 의식 전환이 절실히 요청된다. 이제 우리 모두가 아름다운 마무리, 좋은 죽음을 맞이하고자 한다면, 죽음을 우리 삶의 중심부로 끌어들이려는 사회적 노력이 필요하다. 죽음에 대한 터부를 끊고 죽음을 상시적 대화의 주제로 삼으며 일상의 삶 속에서 죽음에 대해 준비해야 한다. 더욱이 '100세 시대'를 내다보는 초超고령화 사회에서는 죽음에 관한 종교적·철학적 담론을 위시하여 현실적 측면에서까지 죽음의 질과 죽음 문화의 성숙, 죽음의 준비에 대한 담론이 필요하다. 죽음과 관련된 다양한 담론들이 우리 삶의 테두리 안으로 들어와야만 우리 삶이 좀 더 존엄해지고 생명을 존중하는 에토스*ethos*도 정착될 수 있을 것이다.

한 사회가 죽음에 접근하는 방식이야말로 그 사회가 생명을 어떻게 생각하고 또 그것에 어떻게 접근하는지를 적나라하게 보여준다는 사실이 이 책을 집필하도록 동기를 부여했다. 특별히 이 책은 죽음에 대한 몰이해와 성숙한 죽음 의식의 결여, 죽음교육 및 생사교육이 부재한 우리 사회에 대한 문제의식 속에서 삶과 죽음에 관해 연구하는 기독교 생사학을 정립하기 위한 목적으로 쓰였다. 하지만 이 책은 인간이라면 누구나 맞닥뜨리는 죽음이라는 인지상정人之常情의 문제를 다루는 만큼 종교를 초월해 모든 사람이 공감할 수 있는 내용을 담기 위해 노력했다. 또한 이 책에는 특별히 '기독교 생사학의 의미와 과제'라는 부제를 달았는데, 앞으로 나는 이 논의를 더 발전시켜 '기독교 생사윤리生死倫理'에 관해서도

---

3) 유호종, 『죽음에게 삶을 묻다』(서울: 사피엔스²¹, 2010), 26, 38ff.

심층적인 연구를 진행할 계획이다.

2014년 대한민국 국민 전체가 가슴을 도려내는 듯한 아픔을 겪었던 '세월호 참사'를 기억하며, 예고 없이 찾아오는 각종 사고로 인해 어떤 연령층도 죽음에서 자유롭지 못한 삶의 현실 속에서, 아무쪼록 이 책이 누군가에게 삶과 죽음에 대해 진지하게 성찰할 수 있는 일단의 계기가 된다면 저자로서 더할 나위 없는 보람을 느낄 것 같다.

올해는 세월호 사건 이외에도 유별나게 많았던 인명 피해 사고들로 인해 우리 사회의 희망의 상징인 젊은 층의 희생이 컸기 때문에 평생 가슴 아픈 한 해로 기억될 것 같다. 그만큼 우리 사회 안에 사별의 아픔과 상실의 슬픔을 가슴 깊숙이 삭이면서 살아가는 사람들이 늘어나게 된 일이 결코 남의 일 같지 않다. 지금은 우리 모두가 그 어느 때보다도 서로의 아픔과 상처를 보듬어 안고 우는 자들과 함께 우는 마음으로 슬픔을 당한 이들을 위로해주어야 할 때다.

죽음에 관한 박사학위 논문을 쓰는 와중에 너무도 황망하게 이 세상을 떠나버린 어린 조카 진형이에 대한 생각도 이 책을 쓰는 내내 마음을 붙들었다. 채 피지도 못하고 스러져버린 그 아이를 가슴에 묻고 지낸 지 벌써 십오 년이라는 시간이 흘렀고 그동안 그 아이의 몫까지 더 열심히 살아내고자 애도 많이 썼다. 자식처럼 사랑했기에 그토록 오랜 세월이 흘렀어도 진형이를 생각하면 아직도 눈물이 난다. 또다시 사랑하는 사람을 잃을지도 모른다는 일말의 두려움 때문에 죽음에 대한 연구를 인생 말년으로 미뤄보려고도 했었다. 하지만 사별과 상실의 아픔을 먼저 겪은 자로서, 또 죽음을 연구하는 학자로서의 사명감 때문에 오랜 상념을 뒤로하고 죽음에 관한 연구를 재개할 수 있었다.

고사 위기에 처한 한국 출판업계에서 인문학 분야의 출판 사정은 더욱 열악함에도, 삶과 죽음에 대한 논의의 중요성을 직시하여 흔쾌히 출판을 결정하신 새물결플러스 대표 김요한 목사님께 깊은 감사의 마음을 전하고 싶다. 최근 여러 대학교에서 학생들이 읽지 않는다는 이유로 도서관 서고에 있는 책들을 대량 폐기 처분하고, 출판사와 서점들은 최악의 경영난에 허덕이다 앞다퉈 폐업하고 있다는 소식이 들려온다. 책을 읽지 않는 오늘날 대한민국의 세태는 출판업계의 고사를 넘어 정신문명의 쇠퇴마저 우려케 한다. 이러한 상황에 삶과 죽음에 대한 깊은 성찰이 밑거름되어 우리 국민의 정신세계가 좀 더 풍요로워지기를 기도하는 마음으로 이 책을 썼다. 이 책이 완성되기까지 수고를 아끼지 않으신 새물결플러스 편집부에도 진심으로 감사드린다.

2014년 11월
존엄한 삶, 존엄한 죽음을 소망하면서
곽혜원

일러두기 ————————————————————————————

1. 성경을 사용할 때 독자들의 원활한 이해를 돕기 위해 새번역을 기본적으로 사용했고, 개역개정판을 사용하는 경우에만 따로 표기했습니다.
2. 한국교회에서는 하나님의 이름을 가리키는 어휘 YHWH를 일반적으로 '여호와'로 읽지만, 이 책에서는 더 정확한 발음인 '야웨'로 표기했습니다.

차례

1강
삶과 죽음에 대한 논의를 시작하면서

삶과 죽음에 대한 논의를 시작하면서, 죽음을 배제하는 현대 사회의 세태 속에서 죽음을 성찰하는 '메멘토 모리'*memento mori* 정신을 상기하고, 소외된 (수동적인) 죽음이 우리 사회에 만연한 상황 속에서 주체적인 죽음 의식을 고양하며, 비인간적인 죽음 문화가 아닌 존엄한 죽음 문화를 모색하고자 한다.

1. 죽음을 배제하는 세태와 죽음을 성찰하는 '메멘토 모리'

탄생과 죽음. 이는 인간의 삶에서 가장 심오하고도 신비로운 두 가지 사건이다. 탄생은 삶의 시작이고, 죽음은 살아온 삶의 마무리다. 하지만 탄생과 죽음 가운데서 죽음이 더욱 유의미하고 중요한 사건이라고 할 수 있는데, 죽음은 탄생과 더불어 시작된 삶이 완결되는 사건이기 때문이다. 우리가 태어난 자리가 축복과 축하를 받는 자리인 것과 동일하게, 마지막 인생의 무대를 내려가는 죽음의 자리 또한 축복이 깃드는 거룩한 자리라고 말할 수 있다.

산업화 이전에는 이러한 중요한 의미를 지닌 인간의 죽음이 대부분 가정에서 이루어지는 인격적인 경험이었다. 더 나아가 죽음은 한 개인의 영역에 머물지 않고 가정의 울타리를 넘어 공동체 전체의 일로 간주됨으로써 공동체의 결속과 친목 도모에 이바지하는 사건이었다. 즉 개인의 죽음은 한 가문의 가족사일 뿐만 아니라, 마을 전체가 관심을 기울이는 공동체적 대사大事였던 것이다. 따라서 한 사람의 임종에는 그의 가족 구성원 전체가 참여하여 죽음을 함께 경험했으며, 임종을 앞둔 이는 생의 마지막 순간까지 자기 집에서 사랑하는 가족과 친지의 보살핌 속에 머물며 임종을 맞이하였다. 또한 임종 후에는 마을 주민 전체의 동참 속에서 고인을 떠나보내는 상장례喪葬禮가 치러졌는데,[1] 당시에는 마을이 매우 중요한 사회 단위였기 때문에 마을에 속한 한 가정에서 일어나는 죽음이라는 사건에 그 마을 전체가 참여하는 것은 당연한 일이었다.

그러나 이러한 전근대 사회의 모습은 현대에 들어와 확연히 달라졌다. 인간의 죽음은 이제 공동체적인 일이 아니라 개인적인 일로 위축되어 버렸다(죽음의 개인화). 현대 산업사회의 등장과 함께 인간이 죽음을 인격적으로 대면하는 일이 나날이 어려워졌기 때문이다. 즉 가정을 구성하는 세대가 부모와 자녀로 제한되는 핵가족화·개인주의화 현상으로 인해 노인 세대의 임종과 장례를 인격적으로 경험할 기회가 과거 농경 사회에서보다 현저히 감소하였다. 임종을 앞둔 이들은 가정이 아닌, 대부분의 경우 공간적으로나 인격적·사회적으로 고립된 병원에서 매우

---

1) 예로부터 한국의 각 마을에는 상장례를 효율적으로 돕기 위한 위해 두레 형식으로 상부상조하는 공동 조직이 형성돼 있었는데, 이를 '상두계'라 일컫는다. 상두계의 일원들은 마을에 상장례가 있을 때마다 적절히 일을 분담하여 상장례를 도움으로써 마을 공동체의 결속과 친목 도모에 적극적으로 이바지하였다.

고독하게 생의 마지막을 맞이한다.

또한 과거 전근대 사회에서 동네 전체의 일이었던 상장례는 이제 지극히 제한된 곳, 곧 장례식장에서 처음부터 마지막 순간까지 전문업체에 의해 상업적으로 치러진다(상장례의 상업화). 이처럼 죽음이 인격적 관계에서뿐 아니라 공적인 영역에서도 사라짐으로 인해서 대다수 사람은 죽음을 경험할 기회를 얻지 못하고, 오히려 죽음을 직접 접한 당사자들, 이를테면 고인의 가족과 가까운 친척 및 지인, 병원 관계자, 장례 관련 업자들만이 죽음을 피부로 경험한다. 사실 유족과 친지도 사랑하는 이의 죽음의 과정에서 적극적인 참여자가 아닌, 관찰자에 그치는 경우가 많다.

현대 사회에서 사람들이 죽음을 회피하거나 점점 더 낯설어하게 된 요인에는 의학의 놀라운 발전도 빼놓을 수 없다. 과거에는 인류의 평균 수명을 깎아먹던 유아 사망이 다반사였고 형제자매 중 한두 명이 죽지 않은 경우가 거의 없었기 때문에, 사람들은 인간의 죽음이라는 사건을 일상의 일부처럼 느끼며 살아갔다. 그런데 현대에 이르러 의학과 보건위생술이 이전과는 비교도 안 되게 발달함으로써 인간의 평균 수명 또한 크게 연장되었다. 더구나 인간의 생명을 연장하는 연명의술도 놀랍게 발전하면서 이전 같으면 대부분 사망했을 사람들을 살려내거나, 살 가망성이 없는 사람들의 생존 기간을 늘려주는 경우가 많아졌다. 심폐소생술이나 인공호흡기, 인공투석기 등과 같은 연명의술 덕분에 많은 사람이 죽음의 문턱에서 소생한다. 이 때문에 의료 전문가들은 제대로 된 의료 기계만 있으면 죽음을 무한대로 연기할 수도 있다는 생각을 하는 것 같다. 하지만 이러한 전문적인 의료 기술의 그늘 속에서 사람들이 죽음을 인격적으로 경험할 기회는 대단히 적어질 수밖에 없다.

이처럼 죽음이 개인화되고 상장례가 상업화되며 의학의 발전 속에서 죽음을 제대로 경험하지 못하게 되니, 현대인들은 일반적으로 죽음에 대해 상호모순된 태도를 보이는 경향을 나타낸다. 즉 사람들은 한편으로 일상생활에서 대중매체, 곧 TV 뉴스와 신문기사, 드라마, 영화 등을 통해 거의 매일 다른 사람들의 죽음을 목격하기에 죽음에 대해 매우 익숙하다(죽음의 일상화). 교통사고와 각종 안전사고, 폭력과 살인, 자살, 질병, 대규모의 테러, 여러 종류의 자연재해 등에 대한 보도는 현대 사회의 일상사에 속한다. 현대인들은 다른 사람들의 죽음에 대한 보도를 무수히 접함으로써 죽음에 대한 불안감 속에서 실존한다고 말할 수도 있을 것이다. 그러나 다른 한편으로 사람들은 죽음에 대해 성찰할 기회를 제대로 얻지 못하기에, 죽음을 자신들의 의식과 삶의 영역에서 몰아내고 마치 죽음이 없는 것처럼 살아간다(죽음에 대한 망각). 죽음에 대한 현대인들의 이런 모순된 반응은 죽음과 맞대면할 기회가 없다시피 하다 보니 결국 죽음을 잘 알지 못하는 데서 비롯된 현상이다.[2] 그러므로 현대 사회는 삶의 영역 한가운데 죽음의 현실이 도사리고 있음에도 죽음이 경험되지 않는 사회, 곧 죽음이 배제된 사회라고 말할 수 있다(죽음의 배제).

현대 사회에서 인간의 죽음이 개인화되고 배제되는 현상은 현대 사회와 현대인들의 가치관에 기인한다. 더 많은 능률과 생산, 이를 통해 얻게 되는 더 많은 소유와 소비, 더 많은 오락의 향유는 현대인들의 최고 가치관이자 삶의 목표를 형성한다.[3] 능력과 발전 일변도의 현대 사회에

---

2) R. Moll/이지혜 옮김, 『죽음을 배우다』(서울: IVP, 2014), 20.
3) 예로부터 불로장생(不老長生)을 추구해온 우리나라 사람들이 최근 들어 온 정력을 기울여 추구하는 삶을 단적으로 나타내는 말은 바로 '웰빙'(well-being)이라고 할 수 있다. 아무리 불경기가 극심해도 '웰빙'과 관련된 제품과 사업만은 호황을 누리고 있다.

서는 이 목표 달성에 이바지하는 것만 의미 있는 것으로 여겨진다. 이를 방해하는 모든 요소는 제거되어야 하는데, 특히 질병과 죽음은 사회 발전을 저해하는 최악의 요소다. 유능하고 생산성이 높은 인간이 이상적인 인간형으로 부각되는 능력 위주의 경쟁 사회에서 회생의 가능성 없이 죽어가는 사람은 비생산적 인간으로 인식됨으로써 사람들의 관심사로부터 밀려난다.[4] 이러한 사회 분위기 속에서 질병, 노화, 죽음은 남에게 말하기 부끄러운 사회적 터부로 인식됨으로써 질병의 금기화, 노화의 금기화, 죽음의 금기화가 야기되는 것이다.

그런데 문제는 이러한 죽음에 대한 배제가 단지 그 자체로 끝나지 않는다는 것이다. 오히려 이는 삶 전체에 영향을 미침으로써 여러 형태의 잘못된 삶의 태도와 사회 분위기를 조장한다.[5] 결국 죽음을 우리의 의식과 삶의 영역에서 배제하는 것은 지혜롭지 못하며 죽음의 문제에 대한 근본적인 해결책이 될 수 없다. 이러한 상황 속에서 나는 삶과 죽음에 관한 논의를 전개하면서 죽음을 성찰하고 기억하는 '메멘토 모리'*memento mori*(네가 죽는다는 것을 기억하라!) 정신을 상기시키고자 한다. 삶 속에서 죽음을 의식하는 것은 고통스러운 일일 수 있지만, 죽음의 현실과 필연성을 의식함으로써 우리는 삶의 많은 지혜를 얻을 수 있기 때문이다.[6] 그뿐 아니라 죽음을 깊이 성찰할 때 우리는 더욱 성숙하고 참되며, 가치 있고 후회 없는 삶을 살아갈 수 있게 될 것이기 때문이다.

---

4) 사회를 인간화하려는 모든 노력에도 불구하고 환자와 장애인, 노인도 동일하게 취급되어 사회의 변두리로 쫓겨남으로써 환자는 병원으로, 장애인은 장애인 복지시설로, 노인은 양로원으로 격리 수용되고 있는 실정이다.
5) 이에 대해 김균진, 『죽음의 신학』(서울: 대한기독교서회, 2002), 84-93 참조.
6) Cf. 김균진, 『죽음의 신학』, 99-116.

2. 소외된 죽음의 만연과 주체적 죽음 의식의 고양

인간은 주체적인 삶을 살아야 하듯이, 죽을 때에도 주체적인 죽음을 맞이해야 한다. 이는 존엄한 인간이라면 마땅히 누려야 할 실존일 것이다. 사실 인간이 자신의 인생을 스스로 결정하고 살아왔듯이 자신의 죽음도 스스로 결정하고 싶어 하는 것은 당연한 일이다.[7] 하지만 전통 사회와 달리 오늘날 대부분의 현대인은 자기 죽음에서 철저히 소외당한다. 건강하게 사는 동안은 죽음을 애써 생각하지 않으려 하고, 중병에 걸리면 무의미한 연명의료에 매달리면서 어떻게 하면 더 살 수 있을까만 생각하고, 죽음이 임박해서는 가족들이 환자 본인에게 죽음을 직시하게 하기보다 죽음을 외면하게 하는 경우가 많기 때문이다.

그러다 보니 갑작스러운 사고 등으로 덜컥 죽음에 이르게 되어 죽음을 진지하게 생각조차 못 하고 죽거나, 막상 중병에 걸려도 본인은 언제 무슨 병으로 죽을지도 모른 채 허망하게 생을 마감하는 일이 비일비재하다. 말기 질환에 걸리거나 노환이 깊어져 병원에 입원하면 임종을 맞이할 때까지 병원에서 의료진이 하라는 대로 해야 한다. 임종에 즈음하여 병원에 입원한 그다음부터 진행되는 임종의 과정은 환자 중심이 아니라, 가족과 의료진의 판단과 결정에 따라 진행되는 경우가 일반적이다. 마지막 임종의 시간이 다가오면 정작 환자는 철저히 배제된 채 가족과 의사가 죽음의 순간을 결정하는 일이 다반사인 것이다. 이것은 죽음을 자신의 입장에서 적극적으로 맞이하지 못한 채 죽음을 피하고 피하다가 어쩔 수 없이 끌려가는 형국이다. 이처럼 자기 인생에서 가장 소중

---

7) 윤영호, 『나는 한국에서 죽기 싫다』(서울: 엘도라도, 2014), 185.

한 마지막 순간에 대한 결정을 타인에게 맡기는 사람들이 너무나 많은 데, 이를 '죽음의 외주화外主化'라고 일컬을 수 있겠다.

그런가 하면 고인이 임종한 후에 치러지는 장례 절차에서는 거의 상조업체의 지시를 따라감으로 인해 가족들마저도 철저히 소외당하게 된다. 요즘은 가족과 친지들이 직접 장례 절차를 밟는 사람이 거의 없을 만큼, 상업적 장례업체는 영안실에서의 모든 절차를 도맡아 유족과 문상객 맞이는 물론 화장이나 매장 진행까지 모두 대행한다. 사망신고 같은 행정적 절차 역시 상조업체가 대신 처리한다. 아마도 가족들이 가장 극심하게 소외당하는 때는 장례식 때일 것이다. 이때 유족은 의례를 주체적으로 진행하는 주인이 아니라, 단순한 참여자나 상조업체가 하라는 대로 움직이는 손님처럼 처신하게 된다. 이러한 방식으로 가장 중요한 삶의 마무리인 죽음에서 당사자와 그 가족은 철저히 소외당하고 만다. 개인의 죽음에 당사자는 없고 상조업체만 존재해버리고 마는 꼴이다. 그리하여 현대 문명은 인간의 죽음과정을 개인의 고유한 과정으로 인정하지 않고, 대중 생산 과정의 일부로 만들어버리게 되었다고 말할 수도 있을 것이다.[8]

이러한 상황 속에서 죽음학 및 생사학 전문가들은 인간이 죽음을 통해 단순히 수동적인 고난의 자리에 들어가는 것이 아니라고 주장하면서, 죽음을 인간 삶의 적극적인 과제로 인식할 것을 요청한다. 즉 죽음이라는 숙명을 똑바로 직시하는 가운데 자신이 주인이 되어 주체적으로 죽음을 맞이할 것을 권고한다. 서구 중세시대에 인간이 죽음을 맞이하는 과정을 라틴어로 *ars moriendi*, 곧 '죽음의 기술'art of dying—'죽음

---

8) 최준식, 『죽음학 개론』(서울: 모시는사람들, 2013), 104.

의 예술'로도 번역 가능하다—이라고 일컬은 것은 이 죽음을 우리가 평생 동안 연마해야 할 기술(예술)로 인식했음을 반영한다. 이처럼 우리가 죽음을 자신의 것으로 주체적으로 맞이하기 위해서, 곧 당하는 죽음에서 맞이하는 죽음으로 실존의 대전환을 기하기 위해서는 죽음에 관해 이야기하는 것을 금기시하면 안 될 것이다.[9]

최근 우리 사회가 많이 유연해졌다고는 하지만, 여전히 죽음에 대해 말하는 것을 그리 편안해 하지만은 않는 것 같다. 그런데 이러한 우리 사회 분위기는 죽음에 관한 대화가 일상생활의 일부였던 과거 모습과는 많이 다른 모습이다. 실제로 1960년대에 노인들이 기거하는 사랑방에는 관과 수의壽衣가 보관되어 있는 경우가 많았는데, 노인들은 이것들을 손질하면서 "내가 죽으면 저 옷을 입고 들어가 살 곳이다"라는 이야기를 공공연히 말하기도 하였다. 이처럼 당시에는 죽음에 대해 비교적 자유롭게 이야기하는 분위기였던 반면 성性에 대해 이야기하는 것은 금기시했다. 그러던 것이 지금은 성에 대해서는 상당히 자유롭게 말하는 분위기가 되었지만, 죽음에 대해 말하는 것에는 대단히 의기소침해지게 되었다. 상황이 역전된 것이다.[10]

그러나 우리가 죽음에 관해 말하거나 생각하는 것을 금기시한다면, 우리는 좋은 죽음을 맞이하기 어려워질 수밖에 없다. 현대에 와서 죽음을 금기시한 결과, 사람들이 죽음에 대해 과도하게 불안해하거나 불필요한 두려움을 갖게 되었다. 이러한 상황에서 죽음교육 및 생사교육의 필요성을 더욱 절감하게 된다. 죽음교육 및 생사교육을 받아 보면 죽음에 대한 불안과 두려움이 충분히 극복될 수 있는 기우杞憂라는 것을 인식하게

---

9) 최준식, 『죽음학 개론』, 102.
10) 최준식, 『죽음학 개론』, 103.

될 것이기 때문이다. 죽음에 대한 공포감 가운데 가장 단적인 예는 죽음 후의 삶에 관한 것인데, 죽음교육에서는 여러 정황을 들어 사후생死後生이 지속된다는 것을 밝혀줌으로써 소멸에 대한 두려움으로부터 어느 정도 자유로워질 수 있을 것이다. 또한 사람들은 죽음의 과정에서 육체적·정신적 고통을 심하게 겪을 것을 두려워하는데, 이 역시 죽음교육 및 생사교육을 통해 많이 극복될 수 있을 것이다.[11]

자기의식을 가진 인간만이 죽음에 대해 주체적으로 의식할 수 있다. 이를 통해 그는 죽음을 준비하면서 마지막 성장의 기회, 곧 생의 마지막 순간을 좋은 기회로 선용함으로써 대단히 높은 영적 성장을 기할 수 있다. 죽음이 다가옴에 따라 육체적 능력이 쇠퇴해져서 단순히 사멸해가는 동물과 달리, 인간은 육체적으로 쇠약해지는 동일한 과정을 거치지만 마지막까지 정신적·인격적으로는 계속 성장하여 '인간다운 존엄으로 가득 찬 죽음'을 맞이할 수 있다. 따라서 인간의 죽음은 단순히 수동적으로 운명에 맡겨버리는 것이 아니라, 능동적으로 달성해야 하는 과제인 것이다. 죽음을 무의미한 결말에 불과하다고 생각하는 사람들도 많지만, 그 죽음을 인간적 성장으로 간주할 때 인생의 가치를 보다 풍부하게 만들어주는 양식이 될 수 있음이 분명하다.[12]

사실 인간은 동물과 달리 자신이 죽는다는 사실을 알기 때문에 죽음을 어떻게 해서든 이해하고 설명해야 한다. 자기 나름의 사고 체계를 가진 인간은 통상 자신에게 닥쳐오는 사건에 대해 아무 설명 없이 그냥 내버려두지 않고 자신의 신념과 가치관에 따라 모든 것을 질서 있게 배치하려 한다. 그러다가 기존의 세계관으로 설명이 안 되는 사건에 맞닥뜨

---

11) 최준식, 『죽음학 개론』, 103f.
12) A. Deeken/전성곤 옮김, 『인문학으로서의 죽음교육』(서울: 인간사랑, 2008), 44.

리면 굉장히 불안해하면서 두려움에 사로잡히는데, 죽음이 바로 그런 대표적인 사건이라고 말할 수 있다. 현대 의학이 엄청나게 발달했지만, 우리는 여전히 죽음에 관해 잘 모른다. 아무리 생각해보아도 죽음은 너무나 이질적인 데다 인간의 이성과 사고를 넘어서는 것이어서 알 수 있는 게 하나도 없다. 더욱이 한 번 죽었다가 다시 삶의 세계로 돌아온 사람이 인류 역사상 존재하지 않는다고 여겨지기 때문에 죽음에는 본질적으로 두려움이 앞서는 것 같다. 이처럼 사람들이 두려움 속에서 소외되고 피동적인 죽음을 당하는 세태 속에서, 나는 삶과 죽음에 관한 논의를 통해 주체적인 죽음 의식을 고양시키는 데 기여하고자 한다.

3. 비인간적인 죽음 문화의 팽배와 존엄한 죽음 문화의 구현

과거에는 집이 죽음을 맞이하는 장소로 당연시되는 가운데 집 밖에서 사망하는 객사客死가 상당히 기피되었다. 그러나 언제부턴가 우리 국민의 대다수가 죽음을 맞이하는 곳이 병원이 되었다. 1990년도 자료에 의하면, 집에서 임종하는 사람의 비율이 80%대, 병원에서 임종하는 사람은 10%대였다. 그런데 지난 20년 사이에 완전히 역전되어, 지금은 병원에서 임종하는 사람이 거의 80%에 가깝고 집에서 사망하는 사람이 20% 정도다. 이렇게 임종 장소가 집(1989년 77.4%, 2003년 42.6%, 2012년 18.8%)에서 병원(1989년 12.8%, 2003년 45.1%, 2012년 70.1%)으로 변화된 추이를 보면, 우리 국민의 변화된 임종 환경을 확연히 알 수 있다.[13]

---

13) 윤영호, 『나는 한국에서 죽기 싫다』, 43ff; 한국종교문화연구소 기획/이용범 엮음, 『죽음 의례 죽음 한국사회』(서울: 모시는사람들, 2013), 169ff.

병원에서의 임종 비율 급증은 우리 국민의 생활방식과 주거형태의 급속한 변화에 기인한다. 먼저 현대 사회에서는 핵가족이 보편화되어 삼 대가 같이 사는 집이 거의 없다 보니 집에서 환자를 간병하기가 매우 어려워졌기 때문이다. 또한 수도권에 신도시가 조성되면서 아파트가 엄청나게 보급되었는데, 아파트에서는 장례를 치를 때 관 운반에 많은 문제가 발생한다. 우리나라 사람은 대부분 관이나 시신을 부정하게 여겨 승강기에 태우는 것을 혐오스러워할 뿐만 아니라, 불가피하게 승강기 안에 관을 세워 이동해야 하는 상황을 유교적 관념으로는 받아들이지 못하는 것 같다.[14] 이에 환자가 집에 있다가도 임종이 가까우면 응급차에 태워 급히 병원으로 이송한다.[15] 문제는 과거에 자연적으로 맞이하던 죽음이 점차로 의료화됨으로써(죽음의 의료화), 임종의 상황이 촌각을 다투는 응급상황이 되어버리는 현실이다.

여기서 병원에서의 임종에 관해 잠시 언급하고자 한다. 현대 사회에서 병원은 점점 더 많은 사람이 즐겨 찾는 '죽음의 장소'로 이용되고 있다. 병원에서의 임종은 한편으로는 환자가 고도로 전문화된 의학기술의 도움을 신속히 받을 수 있다는 면에서 유용하지만, 다른 한편으로는 임종 환자를 비인간화·비인격화·고립화하는 문제를 야기한다. 즉 엄격하고도 거대한 관료조직으로서의 병원은 병원 체제의 효율적 운영을 일차적 목표로 삼기 때문에, 환자의 개인적이고 사회적인 정체성에 대한 고려 없이 환자를 일률적으로 '환자'로만 관리하며, 의료진은 환자에 대한 감정이입感情移入 없이 환자를 치료한다. 더욱이 의료진의 일차적 관심사는 환자의 치료와 회복에 있으므로, 치료의 가망이 없는 말기 환자는 많

---

14) 한국종교문화연구소 기획/이용범 엮음, 『죽음의례 죽음 한국사회』, 161.
15) 최준식, 『죽음학 개론』, 32.

은 경우 기피 대상이 된다. 그뿐 아니라 죽음을 앞둔 말기 환자는 위생적 문제 등으로 인해 의료진의 엄격한 통제하에서만 사람들과 만날 수 있으므로 고립감 속에서 홀로 죽음을 맞이하는 경우가 많다.

더욱 심각한 문제는 병원에서의 임종 상황이 사람들을 매우 비인간적이고 불행한 죽음으로 유도한다는 사실이다. 과거에 자연적으로 맞이하던 임종이 점점 의료화됨으로 인해 많은 비극이 발생한다. 임종에 즈음하여 병원에 입원한 그다음부터 진행되는 임종의 과정은 환자나 가족 중심이 아니라, 의료진들의 결정에 따라 진행되는 경우가 일반적이다. 중환자실에서는 하루에 겨우 두 번 그것도 아주 짧은 면회시간에만 가족을 만날 수 있고, 생사를 넘나드는 다른 환자들이 시신이 되어 물건처럼 옮겨지는 모습을 어쩔 수 없이 지켜보아야 하고, 바삐 오가는 의료진들과 온갖 기계 장비들에 둘러싸여 통증과 두려움을 이겨내느라 이를 악물고 버틸 수밖에 없는 환경이 조성된다.

게다가 우리나라의 임종 환경은 참으로 최악이라고 해도 과언이 아니다. 임종자 대부분이 죽기 전에 가장 많은 시간을 보내면서 극심한 스트레스를 받는 곳이 병실인데, 특히 사생활이 극도로 침해당하는 6인용 병실에서 생을 마감하는 현실은 정말 끔찍하다고밖에 말할 수 없다. 그 이유는 임종이 임박하면 가족들끼리 마지막으로 사적인 대화를 충분히 나누면서 시간을 보내야 하는데, 다른 병상의 환자나 방문자 사이에서 자유롭게 이야기를 나눌 수 없기 때문이다. 또 '임종실' 또는 '영면실'로 옮겨가 평화롭게 임종을 준비해야 하는데, 임종자 대다수는 전혀 배려받지 못하는 열악한 여건 속에 놓이게 된다.[16]

---

16) 윤영호, 『나는 죽음을 이야기하는 의사입니다』(서울: 컬처그라퍼, 2012), 212ff.

그러다 보니 임종을 기다리는 임종자들의 삶은 다인용 병실에 갇혀 있고, 몸과 마음을 추스를 곳 없는 가족들은 병동 안의 삭막한 복도만 서성일 뿐이다. 눈에 보이는 풍경이 암울하고 비참할 때면 죽음을 기다리는 사람들의 내면은 더욱더 참담해진다.[17] 25년간 의료현장에서 말기암 환자들과 함께하면서 이러한 열악한 상황을 지켜봐 온 윤영호 서울대 의과대학 교수는 "오늘날 대한민국은 죽음을 앞둔 말기 환자들을 위한 '인간적 돌봄' 장치가 전무한 나라"라고 토로한다.[18] 또한 우리나라의 대표적 죽음학자인 최준식 이화여대 한국학과 교수도 "한국인은 품위 있게 임종하고 싶어도 그렇게 할 수가 없다. 나는 이런 현실을 두고 조금 과격하게 표현해서 '한국인은 죽음에 관한 한 내팽개쳐져 있다…한국에서는 잘 죽기가 쉽지 않다'"라고 강변하면서 우리 사회의 비인간적이고 존엄하지 못한 죽음 문화를 고발했다.[19]

우리나라 말기암 환자의 적극적인 항암치료 경향도 우리 국민의 비인간적이고 불행한 죽음에 일조하는 것으로 보인다. 우리 국민은 환자나 가족이나 의사의 구분 없이 사망 직전까지도 공격적인 항암치료를 지향하는 경우가 적잖다. 2012년 한 해 동안 암으로 세상을 떠난 한국인 모두의 '마지막 한 달'을 분석한 결과, 전체 암 사망자 세 명 중 한 명이 사망 한 달 이내까지 항암제를 계속 사용했는데(7만 3,759명 중 2만 7,997명:

---

17) 윤영호, 『나는 죽음을 이야기하는 의사입니다』, 214.
18) 윤영호 교수는 『나는 한국에서 죽기 싫다』라는 단행본의 부제를 "살면서 괴로운 나라, 죽을 때 비참한 나라"라고 덧붙였다. 그는 "명백히 대한민국 헌법 제10조에 '모든 국민은 인간으로서의 존엄과 가치를 가지며 행복을 추구할 권리를 가진다'라고 명시되어 있다"고 말하면서, 그렇다면 "모든 말기 환자는 인간으로서의 존엄과 가치를 가지며 행복을 추구할 권리를 가진다'는 말도 당연한 것이어야 할 텐데, 우리 사회에서 이 부분은 예외 조항이 되고 있다"고 한탄한다: 윤영호, 『나는 죽음을 이야기하는 의사입니다』, 36.
19) 최준식, 『죽음학 개론』, 63f.

30.5%), 이는 미국(10%)에 비해 3배, 캐나다(5%)의 무려 6배에 달하는 높은 수치다. 임종 직전의 암 환자가 화학적 치료를 받는 비율이 최근 50%에 육박한 것으로 나타난 조사 결과도 있다.[20]

무의미한 연명의료 행위가 최선이라고 여기는 사회 분위기 속에서 가족도, 의사도 무엇이 정말 최선인지를 진지하게 고민하지 못한 채 그저 습관적으로 의료행위를 하게 되는 것이다. 어떤 면에서는 최선을 다해 노력한다는 의미가 있지만, 환자 입장에서는 무의미한 의료행위를 받음으로써 육체적 부담만 느는 경우가 많다. 암이 급속도로 진행되는 말기에 이르면, 항암제 치료가 환자에게 도리어 해가 될 수 있고, 항암제 치료를 과감하게 포기하는 것이 환자를 위하는 것이기도 하다.

대단히 안타까운 것은 환자가 마지막 생애를 공격적인 항암치료를 받느라 자신의 삶을 정리하지 못한 채 허망하게 이 세상을 떠나는 현실이다. 생의 마지막 순간에는 자신의 삶을 조용히 회고하면서 삶의 궁극적인 의미가 무엇인지, 진정한 삶이 무엇인지를 정리하는 시간이 필요하다. 또한 사랑하는 가족과 그동안 못다 했던 이야기를 나누면서 사랑을 재확인하고, 혹여라도 가족에 대한 복잡한 심경이 있으면 죽기 전에 모두 내려놓아야 한다. 그 외에도 좋은 죽음을 맞이하기 위해 환자가 준비할 것은 많다. 그런데 환자가 의식이 있을 때는 무의미한 연명의료에 매달리느라 삶을 마무리할 아무런 여력이 없고, 죽음이 임박해서는 사경을 헤매다가 황망한 죽음을 맞이하는 게 다반사인 것이다. 평생을 참으로 열심히 살아왔는데 죽음의 목전에서 삶을 제대로 마무리하지 못한다면, 당사자나 가족의 입장에서 얼마나 안타까운 일인지 이루 말할 수 없다.

---

20) KBS, "스페셜: 우리는 어떻게 죽는가?"(2013.12.19).

결국에는 죽음을 준비해야 할 때가 오기 마련이지만, 사실 환자나 가족은 물론 의료진에게도 더 이상의 의료적 조치를 중지해야 할 때에 용단을 내리기는 그리 쉽지 않은 일이다. 환자와 가족은 치료법을 찾아 처절하게 헤매기를 그만두고 편안한 임종을 준비해야 할 때가 언제인지를 지혜롭게 알아차려야 한다. 의료진은 언제쯤 의학적 처치를 멈추고 환자를 편안하게 하는 방향으로 전환해야 할지를 냉철하게 분별해야 한다. 때를 놓쳐 임종 직전까지 공격적인 항암제를 투여하면, 환자는 생을 마감하면서도 삶을 제대로 정리하지 못할 수밖에 없다.

그런데 제때를 분별하는 경우가 많지 않은 듯하다. 마지막 순간까지 연명을 위한 무의미한 의료행위에 매달리면서 가족들과 작별인사도 제대로 하지 못한 채 사경을 헤매다 세상을 떠나는 일이 우리 국민의 일반적인 임종 풍경이 되었다. 끝까지 희망을 잃지 않고 최선을 다했다고 믿는 가족들도 사랑하는 가족이 그런 식으로 임종을 맞게 되면 많은 후회가 남는다. 갑작스러운 임종과 황망한 사별의 경험은 환자들에게 삶을 정리할 시간을 주지 못했다는 가책을 남기기도 한다. 임종자 본인은 어떨까? 임종자는 자신이 어떤 모습의 임종을 맞을 것인가에 대한 의사를 표현조차 못 하고 정신없이 약물과 수많은 의료 장치에 몸을 맡긴 채 생을 끝내면서 만족할 수 있을까? 그렇다면 이러한 임종이 과연 누구를 위한 임종인지 되짚어보지 않을 수 없다.[21]

이처럼 우리 사회에 비인간적이고 불행한 죽음이 만연하게 된 것은, 죽음을 단지 '패배'와 '실패'로만 인식하는 현대 사회의 가치관에 기인한다. 죽음은 모든 생명에게 일어나는 지극히 자연스러운 현상이지만, 현

21) KBS, "생로병사의 비밀: 아름다운 마무리 웰다잉"(2012.01.21)에서 허대석 서울대병원 종양내과 교수와의 인터뷰.

대 사회에서는 그것을 일어나서는 안 되는 '패배'나 '실패'로 인식하는 경향이 있다. 이는 엄청난 역동력으로 산업화를 성취한 한국 사회에서 더욱 그러해서, 우리 국민은 '끝없이 일해 가난을 극복했듯이 죽음도 같은 방식으로 극복할 수 있지 않을까?' 하고 막연히 기대하는 것 같다. '해볼 수 있는 건 무조건 다 해봐야 한다'는 분위기 때문에 중환자실에 누워 의식을 잃은 환자에게 엄청난 고통과 충격을 주는 심폐소생술을 시행하고, 인공호흡기—심지어 기관 삽관—로 고통스러운 임종 과정을 연장시킬 때도 잦다.[22] 그러다가도 환자가 죽으면 자연스럽게 받아들이기보다 그 죽음의 책임을 짊어질 대상을 찾기도 한다.[23] 이는 곧 급격한 경제성장을 통해 뿌리내린 '하면 된다'는 그릇된 신념이 만들어내는 비인간적이고 불행한 죽음이다. 또한 평소에 죽음에 대한 성찰을 도외시함으로 인해 죽음의 올바른 의미를 잘 이해하지 못해서 빚어진 결과이기도 하

---

22) 심폐소생술, 인공호흡기, 기관 삽관술은 응급환자를 위해 개발된 의료기술로서 임종기 환자에게 적용할 경우 상당한 부작용을 일으킬 수 있다. 말기암 환자를 치료하는 의료진들은 심폐소생술이 주는 육체적 고통과 격렬한 충격(갈비뼈 골절 등)을 감안할 때, 말기암 환자에게 절대 해서는 안 되는 처치라고 입을 모은다. 심폐소생술은 말기가 아닌 응급 상황에서 응급 처치로 시행하는 것으로서, 말기암 환자를 살리는 처치라기보다 가는 길을 더욱 힘들게 하는 미봉책에 불과하기 때문이다. 또한 일반인들은 인공호흡기를 '산소마스크'로 잘못 알고 있는 경우가 많지만, 인공호흡은 입에서 기도까지 (때로는 목에 구멍을 뚫어) 직경 7-7.5mm, 길이 20-23cm짜리 튜브를 밀어 넣고(이 과정에서 앞니가 부러지는 일이 자주 발생함) 기계와 연결해 인위적으로 숨을 쉬게 하는 처치다. 이때 환자가 몸부림치거나 구역질하지 못하도록 수면제와 진통제를 투여하기 때문에, 환자는 중환자실에서 의식 없는 상태로 가족과 격리된 채 있어야 한다. 더욱이 기관 삽관술은 강제로 산소를 주입하고 정상적인 호흡은 차단하여 분비물이 폐로 들어가는 것을 막는 처치다. 1cm 두께의 플라스틱 관을 구강 안을 통해 기관지에 넣는 기관 삽관술은 가장 고통스러운 처치이기 때문에 대부분 환자는 잠을 재우고 마취를 시킨다. 임종기에 기관 삽관을 한 환자들은 생애 마지막에 말 한마디 남기지 못하고 숨을 거두게 된다.
23) 조선일보 특별취재팀, "한국인의 마지막 10년"(1부), 5회, 「조선일보」(2013.11.09)에서 허대석 교수와의 인터뷰.

다. 이런 상황 속에서 나는 삶과 죽음에 대한 논의를 통해 비인간적이고 불행란 죽음을 맞이하는 우리 사회의 분위기를 바꾸고 존엄한 죽음 문화를 구현하는 데 기여하고자 한다.

2강
죽음학·생사학에 대한 기본적 이해

이번 장에서는 죽음학·생사학이 태동하게 된 역사적 정황, 죽음학·생사학을 실제적으로 수행하는 가장 중요한 실천인 죽음교육과 생사교육, 죽음학·생사학과 관련한 우리나라의 상황, 죽음학·생사학에 대한 무관심과 성숙한 죽음 의식의 결여 문제, 죽음학·생사학의 지향점(존엄한 삶과 존엄한 죽음)을 살펴봄으로써 죽음학·생사학에 대한 기본적인 이해를 도모하고자 한다.

1. 죽음학·생사학의 태동

죽음학thanatology[1]이란 철학·종교학·의학·생물학·사회학·심리학·인류

---

1) 임기운(林綺雲) 외 5인 공저/전병술 옮김, 『죽음학: 죽음에서 삶을 만나다』(서울: 모시는 사람들, 2012), 48f. "죽음학을 의미하는 'thanatology'의 접두어 'thanato-'는 고대 그리스의 죽음을 의인화한 신인 '*thanatos*'에서 유래한다. 이러한 죽음학은 1908년 노벨생물 화학상 공동 수상자 중 한 사람인 러시아 생물학자 메치니코프(E. Metchinikoff)가 1903년 출간한 『인간의 본성』(*The Nature of man*)에 '죽음학'이라는 용어를 쓰면서 시작되

학·문학·예술 등 여러 학문들이 다학제적多學制的인 방식으로 죽음과 관련된 주제를 종합적으로 다루는 학문 분야를 의미한다. 이러한 죽음학이 반향을 불러일으키게 된 것은 1951년 미국에서 헤르만 파이펠H. Feifel이 『죽음의 의미』The Meaning of Death를 통해 죽음 현상을 탐구해야 한다고 천명하면서부터다. 이후 1963년 로버트 풀턴R. Fulton 교수가 미네소타 대학교에서 죽음을 주제로 한 최초의 정규 강좌를 개설하면서 죽음학이 발전하는 기틀이 마련되었다. 파이펠과 풀턴의 강좌에 이어 여러 학자들—칼리시, 카스텐바움, 레비톤, 슈나이드만, 와이즈만 등—이 대학을 중심으로 죽음 관련 교과목을 개설하면서 죽음학은 하나의 정규 과정이 되었다. 또한 풀턴이 『죽음과 정체성』Death and Identity을, 글레이저와 스트라우스가 『죽어감의 자각』Awareness of Dying을, 코어가 『죽음, 비판, 애도』Death, Grief and Mourning를 각각 출판했는데, 이 세 권의 책은 죽음교육death education(죽음에 대한 준비 교육)의 발전에 선구적 역할을 담당했다.[2]

1966년에는 죽음학의 실천적 과제를 다루는, 죽음교육 분야의 최초 '뉴스레터'라고 할 수 있는 「오메가」Omega가 창간됨으로써 죽음교육의 발전에 커다란 영향을 끼치게 되었다. 1969년에는 미국 전역의 많은 대학교가 죽음교육 과정을 개설하는 한편, 정신의학자 엘리자베스 퀴블러-로스E. Kübler-Ross가 『죽음과 죽어감』On Death and Dying이라는 저서를 출간하면서 전 세계적으로 많은 사람이 죽음학에 관심을 두는 중요한 계기가 만들어졌다. 특별히 퀴블러-로스는 삶의 마지막 순간 인간의 존엄성이 처절하게 무너져버리는 현실을 몸소 체험하고서 임종을 앞둔 환자들

없다. 이후 1912년 로스웰 파크(R. Park)가 「미국의학협회지」에 죽음학은 죽음의 본질과 원인을 연구하는 학문이라고 기고하면서 죽음학 연구를 선도하였다."
2) 임기운(林綺雲) 외 5인 공저, 『죽음학』, 49f.

의 극심한 정서적 고통을 덜어주기 위해 광범위한 노력을 기울였을 뿐만 아니라, 일반인들로 하여금 죽음과 관련된 경험에 적극적으로 관심을 두도록 하는 데 매우 중대한 기여를 했다. 그녀는 대중의 관심을 크게 이끌어냄으로써 전 세계적으로 죽음 인식 운동의 확산을 가져왔다.

이러한 성과들에 힘입어 1970년대에는 미국의 20여 개 대학에서 죽음 관련 교과과정이나 학과가 개설되었고, 죽음교육이 학교 강의실 안팎에서 활발하게 진행되기 시작하였다. 로버트 스티븐슨R. Stevenson은 1972년부터 뉴저지 주의 한 고등학교에서 죽음교육을 시작했는데, 그 여파로 1973년 고등학교에서 제공되는 죽음교육 강좌만 600개가 넘었다. 1974년에는 1,100여 곳의 중등학교에 죽음교육 관련 강좌가 개설되었고, 죽음교육의 내용과 방법이 1975년 이후의 죽음교육 개혁의 중점으로 설정되었다. 1976년에는 '죽음 관련 분야의 지도자들을 위한 국제회의'International Convocation of Leaders in Dying and Death가 개최되었고, 1977년에는 '죽음교육및연구센터'Center for Death and Dying, '죽음교육과상담협회'Association for Death Education and Counseling: ADEC 등 죽음학 및 죽음교육 관련 단체들이 잇달아 조직되어 죽음교육 전문가들을 배출하였다. 같은 해 죽음학 전문학술지「죽음교육」Death Education이 간행되기 시작했고, 전문화된 다양한 매체들—필름, 영화, 슬라이드 등—을 이용한 죽음교육 교재들이 개발되었으며, 죽음학 관련 전문 학술지들도 상당수 발행됨으로써 죽음교육을 원활하게 하는 사회 분위기가 조성되었다.

일찌감치 죽음학이 태동하여 이미 1960년대부터 죽음교육을 시작한 미국에서는 현재 죽음교육이 정규교육과 평생교육 차원에서 병행하여 실시되고 있다. 먼저 학교의 수업이나 전문적 훈련 프로그램에서 죽음교육이 이루어지는데, 미국의 많은 주에서 유치원 및 초·중·고교들이 죽음교육을 다양한 교과목 안에 포함시켜 보건이나 문학 혹은 사회과목 수업 중에 가르치고 있다. 많은 대학교에서는 죽음에 관한 강좌가 인기리에 진행되고 있다. 한편, 지역 사회의 기관—병원, 클리닉, 호스피스 시설 등—도 죽음교육 프로그램의 스폰서가 되거나 직접 교육을 실시하고 있다.[3] 이를 통해 삶의 질 못지않게 죽음의 질을 중시하게 된 미국인들은 10대 청소년들을 위해 호스피스 센터에서의 자원봉사 프로그램도 운영하고 있는데, 청소년 자원봉사자들이 해마다 늘어나는 추세라고 한다.[4] 또한 '국립죽음교육센터', '죽음교육과상담협회', '미국슬픔치유상담아카데미' 등을 통해 죽음교육과 슬픔 치유 교육을 위한 전문가들이 다수 양성되고 있다.

독일은 몇백 년에 걸친 풍부한 죽음교육의 전통을 지닌 국가다. 그에 걸맞게 독일은 1980년대 이후 죽음교육 프로그램을 학교 교과과정에 정식으로 포함시켜 초등학교 6년, 중학교 3년, 고등학교 4년까지 총 13년에 걸쳐 연령에 맞는 적절한 죽음교육을 하고 있다. 국·공립학교의 경우, 매주 두 시간씩 정기적으로 진행되는 종교수업 시간에 죽음교육이 시행된다. 죽음교육의 교과서도 21종이나 되는데, 중학생용 교과서 『죽음과 죽음에 이르는 과정』$^{Sterben\ und\ Tod}$ 은[5] 그 대표적인 사례다. 독일은 학

---

3) 이이정, 『죽음학 총론』(서울: 학지사, 2011), 499.

4) 오진탁, 『삶, 죽음에게 길을 묻다』(서울: 도서출판 종이거울, 2010), 5f.

5) 1981년 간행된 이 책은 중학생용 교과서 시리즈 중 제9권으로 주로 가치관의 측면에서 죽음을 다루고 있는데, 그 목차는 1. 죽음과 장례식, 2. 청소년의 자살, 3. 인간답게 죽는 법: 윤리적 문제, 4. 생명에의 위협: 죽음과의 대결, 5. 죽음의 해석이다. 제4항목에서는 생명을 위협하는 것을 가로막고 전쟁의 위험을 방지하기 위한 평화교육의 중요성을 역설한다. 제5항목에서는 다양한 종교의 생사관을 소개하면서 묘지를 견학하기도 하는 등 실질적인 죽음교육을 시행하고 있다: A. Deeken/오진탁 옮김, 『죽음을 어떻게 맞이할 것인가』(서울: 궁리, 2002), 171; A. Deeken, 『인문학으로서의 죽음교육』, 101-106.

교 정규교육 이외에도 교회의 여러 행사를 통해 오래전부터 죽음에 대한 교육을 시행해왔는데, 기독교 신자라면 일요일 교회의 설교를 통해 죽음을 맞이할 준비에 대해 배우면서 사후의 영원한 생명에 대한 소망에 관해 경청하는 시간을 갖기도 한다.[6] 그뿐 아니라 죽음이라는 테마는 종교에만 한정되지 않고 철학·문학·심리학·의학 등 학제 간 교류를 통해 다양한 측면에서 다루어지기도 한다.[7] 예술 영역 곧 음악·미술·문학에서도 죽음은 중요한 테마로 다루어짐으로써, 죽음을 모티브로 한 작품은 독일 국민의 문화적 환경을 지배하고 있다.[8]

독일 이외에 근대적 호스피스가 탄생한 영국은 물론 캐나다, 프랑스, 스웨덴, 오스트레일리아 등지에서도 죽음학에 대한 학문적 접근과 그 실천인 죽음교육이 활발히 진행되고 있다. 이러한 일련의 흐름 속에서 서구 사회에서는 죽음학과 죽음교육이 견실하게 정착되어 가고 있다. 즉 오늘날 서구 사회에서는 죽음학에 관한 연구가 활발히 진행되는 가운데 죽음교육이 일반화되어가는 추세라고 말할 수 있다. 서구 사회의 많은 대학이 죽음학을 필수과목으로 책정하고 있으며, 죽음에 관한 많은 연구 문헌이 발행되고 있다. 최근 서구 신학계도 이러한 일반 사회의 흐름에 부응하여 비교적 적극적으로 죽음에 관한 연구와 논의를 하고 있다. 이로 보건대 오늘날 서구 사회는 죽음을 가장 핵심적인 화두 중 하나로 간주하고 있다고 말할 수 있을 것이다.

아시아에서는 일본이 죽음학과 관련해 상당히 앞서 가고 있다. 사실 일본은 죽음을 터부시하는 경향이 매우 강해서 죽음학·생사학 연구의

---

6) A. Deeken, 『죽음을 어떻게 맞이할 것인가』, 171.
7) 오진탁, 『죽음, 삶이 존재하는 방식』(서울: 청림, 2003), 30f.
8) A. Deeken, 『인문학으로서의 죽음교육』, 98.

활성화가 어려울 수 있었다. 그런데 한 사람의 선각자, 곧 독일에서 귀화한 세계적 죽음학자로서 일본 죽음학의 대부인 알폰스 데켄A. Deeken 교수에 의해 죽음학이 괄목할 만큼 발전하게 되었다. 데켄 교수는 1975년 일본 조치 대학上智大學에 '죽음의 철학'이라는 강좌를 개설한 이후 1982년 '삶과 죽음을 생각하는 세미나'와 1983년 '삶과 죽음을 생각하는 모임'을 결성하였다. 이를 통해 그는 일본인들에게 죽음학을 소개하고 죽음교육이 일본 사회에 뿌리내릴 수 있도록 커다란 공헌을 하였다.[9] 현재 이 단체들을 중심으로 홋카이도에서 오키나와에 이르기까지 53개 지역 모임에서 5,000여 명의 회원들이 적극적으로 활동하고 있다.

또한 1999년에는 웰다잉well-dying 교육의 보급을 위해 '죽음교육연구회'가 결성되어 활발한 활동을 벌이고 있다. 이러한 활동에 힘입어 죽음교육이 2004년부터 학교 교육에 포함되었으며, 2005년에는 죽음교육 과정을 개발하기 위해 400만 달러의 예산이 책정되기도 하였다. 그뿐 아니라 '일본존엄사협회'는 일본 전역에서 30년 넘게 공개 강연회와 토론회를 통해 자신이 원하는 임종 방식을 미리 준비하는 '생전유서Living Will 준비하기' 운동을 벌였는데, 이 운동에 동참한 사람이 여러 유명인사를 포함해 12만여 명을 넘어선 것으로 알려졌다. 이처럼 일본에서는 죽음교육이 전국의 학교 기관과 다양한 평생교육 시설에서 30년 넘게 시행되고 있다.

대만에서는 죽음학 역사에서 중요한 한 획이 그어졌는데, 이는 곧 서양 개념인 죽음학이 '생사학'生死學이라는 동양 개념으로 변환되어 새로운 학문 분야가 구축된 일이다. 미국 템플 대학교 종교학과 교수인 푸웨이

---

9) 최준식, 『죽음학 개론』, 95.

쉰 傅偉勳, Charles Wei-Hsun Fu —우리나라에서 '부위훈'이라고도 알려졌다—은 10여 년간의 죽음 관련 교육 내용을 바탕으로 1993년에 『생명의 존엄과 사망의 존엄』死亡的尊嚴與生命的尊嚴(『죽음, 그 마지막 성장』, 청계 역간)을 출간 했는데, 이 책이 학계에 큰 반향을 불러일으키면서 연구방향의 새로운 지 평을 열게 되었다.[10] 특별히 그는 동양 전통철학(특히 중국 전통의 생명학) 의 기초 위에 서양의 죽음학을 결합해 삶(생명)과 죽음을 포괄하는 생사 학을 제창하였다. 이를 통해 동·서양 사상을 종합적으로 엮어서 삶과 죽 음을 생명에 대한 사랑으로 아우르고자 시도하였다.[11]

그런데 당시 대만에는 죽음교육이 도입된 지 여러 해 되었고 생사학 이 이미 제창되었음에도, 이는 여전히 대학의 강의실 안에만 머물러 있 는 상황이었다. 그런 분위기는 1999년 1,500여 명의 사상자를 낸 대지진 으로 인해 변하게 된다. 대지진 이후 대만 정부가 중·고등학교에서 죽음 교육을 시작했는데 이것이 국민들의 커다란 호응을 얻게 된 것이다.[12] 민 관이 함께 노력을 기울인 결과, 마침내 대만 교육부는 제7차 교육과정에 생명교육을 편성했고, 그 생명교육 안에 죽음학이 포함되어 정규 교과과 정에 들어가게 되었다.[13] 이를 결정적인 계기로 해서 대만에서 죽음교육 은 초등학교에서 대학교에 이르기까지 정규 교육과정으로 편성되어 활 발히 실행되고 있다.

---

10) 전병술, "왜 죽음교육이 필요한가", 한국죽음학회 엮음, 『죽음맞이』(서울: 모시는사람들, 2013), 137.
11) 1996년 이 세상을 떠나기 전 푸웨이쉰 교수는 삶과 사랑, 그리고 죽음을 아우르는 '생 사학 삼부곡(三部曲)' 구상을 내놓았는데, 여기서는 삶과 죽음을 사랑으로 꿰뚫으면 모 두 다 잘 이해하고 아끼게 될 것이며 죽음도 직시할 수 있게 될 거라고 역설하였다: cf. 부위훈(傅偉勳)/전병술 옮김, 『죽음, 그 마지막 성장』(서울: 청계, 2001).
12) 임기운 외 5인 공저, 『죽음학』, 8f.
13) 한국죽음학회 엮음, 『죽음맞이』, 27.

현재 우리나라에서 'thanatology'는 학자에 따라 '죽음학'으로, 또는 '생사학'(혹은 사생학)으로 혼용되어 번역된다. 그러나 죽음학과 생사학을 엄밀히 규정한다면, 죽음학은 생사학의 전신이고 생사학은 죽음학이 확충되어 이루어진 영역이라고 말할 수 있다. 죽음학에서 생사학으로 확충된 주요 동기는, 기존의 죽음학이 주로 말기 환자들을 위한 호스피스 케어 및 터미널 케어^{terminal care}, 죽음교육 및 죽음과 연관된 현상들의 연구에만 머물러 '삶의 차원'^{dimension of life} 곧 삶의 문제가 결여되어 있다는 문제의식이었다.[14] 또한 동아시아의 유교 문화에서는 '죽음'이라는 용어에 대한 금기가 기독교 문화권보다 상대적으로 강하게 작용하기 때문에 이를 완화하려는 의도도 영향을 미쳤음을 부인할 수 없다.

생사학은 죽음학의 연구 분야를 넘어서 죽음은 물론 삶의 차원을 포괄함으로써 다양한 삶의 영역에서 생명을 진작시키는 데 주안점을 둔다. 이를 통해 생사학은 인간의 삶과 죽음을 생명에 대한 사랑으로 아우르고자 하는 것이다. 그러나 죽음학이든 생사학이든 모두 생명에 대한 사랑과 관심에서 출발하기 때문에 양자는 서로 일맥상통하는 면이 있다고 말할 수 있다.[15] 다만 죽음 현상에 관한 연구가 지금까지 죽음학과 죽음교육의 목표였다면, 이제는 삶과 죽음을 포괄하는 생사학과 생사교육으로 진일보해야 한다는 사실을 강조하고자 한다.

---

14) 임기운 외 5인 공저, 『죽음학』, 39.
15) 임기운 외 5인 공저, 『죽음학』, 12.

2. 죽음학·생사학의 실천: 죽음교육·생사교육

앞서 언급한 대로 죽음학은 죽음을 주제로 여러 학문 분야가 연구하는 다학제적多學制的 성격을 띤다. 죽음교육 또한 죽음학을 기반으로 성립되었기 때문에 동일하게 다차원적이라고 말할 수 있다. 즉 죽음교육은 죽음학을 근간으로 의학·생물학·유전공학 등의 의학-생물학계와 철학·종교학·사회학·심리학·인류학 등의 인문-사회과학계 학문이 포함되어 죽음과 관련된 가르침과 배움을 주고받는 활동으로서, 죽음학에서 축적된 다양한 지식 및 연구 결과와 이를 효과적으로 전달하기 위한 교육학적 지식이 융합되어 성립된 학문 영역이다. 알폰스 데켄은 죽음학과 죽음교육을 구분하여 정의하지만, 실제로 양자는 죽음을 주제로 한다는 공통점 때문에 연구나 활동 분야가 엄격하게 구분되지 않는다고 말할 수 있다. 다만 죽음교육 분야가 연구 활동이나 실천적 측면에서 좀 더 활성화되어 있는 상황이다. 또한 데켄은 많은 사람이 죽음교육을 '죽음 준비 교육'이라고 일컫지만 이보다는 '죽음에 대한 준비 교육'이 더 합당하다고 주장하는데, 이는 인간이 죽음 그 자체에 대해 준비해야 하기 때문이다.[16]

죽음교육이란 말 그대로 죽음을 가르치는 교육이다. 우리는 다른 사람의 죽음을 당연한 것으로 여기면서도 정작 자신의 죽음은 있을 수 없는 일처럼 여기며 살아가는 경향이 있다. 설혹 자신의 죽음을 인식했다고 하더라도 아직은 시간이 많이 남아 있다고 착각하면서 살아가기도 한다. 이러한 상황 속에서 죽음교육은 매 순간 죽음을 의식하면서 살아

---

16) A. Deeken, 『인문학으로서의 죽음교육』, 34f.

가도록 독려하기 위한 교육이다. 죽음은 단지 삶의 마지막에 도래하는 사건이 아니라 이미 삶 속에 존재하는 현실, 삶과 분리될 수 없는 삶의 한 구성요소이기 때문이다. 하지만 죽음을 매 순간 의식하면서 살아가는 것은 삶을 비관적으로 만들지 않을까 우려하는 이들도 있는데, 오히려 우리는 죽음을 의식함으로써 매 순간의 삶을 더욱 가치 있게 살아갈 수 있다. 더 나아가, 죽음교육은 인간의 죽음이라는 사건이 어떤 것임을 설명해줌으로써 우리 삶에서 가장 중요한 관문이라고 할 수 있는 죽음 단계를 잘 지나갈 수 있게 도와주는 교육이다. 그리하여 죽음교육을 통해 죽음이라는 사건에 대해 항상 준비하고 있음으로 어느 때 어떠한 죽음이 닥쳐와도 잘 대처할 수 있도록 인도하는 것이다.[17]

이러한 죽음교육은 죽음학·생사학의 내용을 실제적으로 수행하는 핵심적인 주제이자 가장 중요한 실천이다.[18] 죽음교육은 삶과 죽음의 의미를 깊이 성찰함으로써 영적으로 성숙할 수 있는 동기를 제공하기도 하는데, 어찌 보면 인간은 죽음 앞에 설 때에 비로소 겸허해지기에 진정한 인간교육·윤리교육·철학교육은 죽음교육으로부터 시작된다고 해도 과언이 아닐 것이다. 이러한 죽음교육은 이론에만 머물지 않고, 현실적 측면에서 죽음을 실제로 준비할 수 있도록 도와주기도 한다.[19] 특별히 인간으로서 존엄하게 삶을 마무리할 수 있게 유언장을 쓰는 일이나 사전의료의향서를 작성하는 방법을 안내해준다. 또한 유산 기부나 시신 기부, 장기 기증도 어떻게 하면 좋을지 확실하게 알려줄 수 있다. 아울러 장례 문제에 대해서도 상세한 정보를 줌으로써 어떤 식으로 장례를 치

---

17) 최준식, 『죽음학 개론』, 91.
18) 한국죽음학회 엮음, 『죽음맞이』, 20.
19) 최준식, 『죽음학 개론』, 109, 186.

르는 게 좋을지 사전에 구상할 수 있도록 도와주기도 한다. 그러므로 죽음학을 서술할 때, 모든 이론적 설명을 종합하는 의미에서 죽음교육을 맨 마지막에 다루는 경우가 많다.

그런데 이처럼 죽음교육이 실제로 죽음을 준비하는 교육의 측면을 많이 지니다 보니, 죽음을 앞둔 말기 환자들이나 노인들에게만 필요한 것으로 생각될 수도 있다. 물론 머지않은 장래에 죽음을 맞이해야 하는 이들에게 죽음교육은 필수적이다. 하지만 많은 사람이 병들고 늙게 되면 죽음에 대해 좀 더 진지하게 숙고할 것이라고 으레 생각하지만, 실제로는 그 반대인 경우가 많다. 나이가 들고 병이 들면 오히려 죽음을 회피하고 부정하려는 심리가 더 크게 작용하기 때문이다. 죽음에 대해 아무런 준비 없이 살다가 느닷없이 노년을 맞이하면 인지상정 상 죽음을 피하고 싶어진다.[20] 자신이 살 수 있는 날이 얼마 남지 않은 것을 알고 더 삶에 집착하게 된다는 것이다.

그 때문에 현장 전문가들은 병원이나 요양원에서 죽음에 대한 강의는 별로 호응을 받지 못한다고 토로한다. 죽음교육은 환자나 노인들이 외면하고 싶은 부분을 자꾸 들춰내기 때문이라는 것이다. 결과적으로 요양원이나 노인대학에서 진행되는 프로그램들은 마치 인간이 영생할 것 같은 느낌을 주는, 오락성 짙은 프로그램들로 구성되는 경향을 보인다고 한다.[21] 이러한 현실은 젊었을 때 아무 생각 없이 살다가 늙어서 죽음의 그림자가 다가온 다음에 죽음교육을 시작하려고 하면 너무 늦는다는 사

---

20) 최준식, 『너무 늦기 전에 들어야 할 죽음학 강의』(서울: 김영사, 2014), 72.

21) 노인대학의 교과과정을 보면 춤추고 노래하는 내용이 많은 반면, 인생을 되돌아보게 하는 죽음교육 관련 과목은 거의 없는 실정이다: 최준식, 『임종 준비』(서울: 모시는사람들, 2013), 8.

실을 시사한다.

일반적으로 죽음에 대한 준비는 노인에게만 한정된 것이라는 선입견이 있지만, 죽음은 예고 없이 언제 어디서든 누구에게나 찾아온다. 뜻하지 않게 갑자기 찾아오는 각종 사건이나 사고로 인해 어떤 연령층도 죽음의 위험에서 자유롭지 못한 삶의 현실 앞에서 죽음교육은 전 연령층을 대상으로 해야 한다. 특별히 교육의 효과 측면에서 살펴보면 60세 이상의 어르신들보다는, 육체적·정신적으로 유연할 뿐만 아니라 공부할 준비가 되어 있는 10-20대가 훨씬 더 좋은 교육 대상이다. 그러므로 말기 환자들과 노인들이 죽음에 대한 준비 교육을 반드시 받을 수 있도록 배려하되, 젊은 층에도 많은 비중을 두어 초등학생부터 중·고등학생과 대학생은 물론이고, 중·장년층을 포함한 일반인을 대상으로 눈높이에 맞춘 평생교육 차원의 죽음교육 및 생사교육을 실시해야 한다고 전문가들은 입을 모은다.[22]

이러한 맥락에서 죽음교육·생사교육은 모든 사람이 어려서부터 받는 것이 바람직하다. 죽음 공부는 젊었을 때부터 해야 하고, 죽음을 준비하는 일은 미리미리 시작해야 하므로,[23] 죽음교육이야말로 조기교육이 필요한 분야다. 특별히 어린아이에게는 다른 사람의 죽음에 대한 교육이 중요하다. 많은 사람이 아이를 '보호한다'는 명분 아래 사랑하는 이의 죽음에 대해 준비시키는 일을 소홀히 하는 경우가 많은데, 이것은 옳지 않다고 전문가들은 지적한다. 어린아이는 어른이 생각하는 것 이상으로 죽

---

22) 생사교육은 현재 많이 거론되고 있는 죽음교육에 비해 많이 생경할 수 있는데, 이는 삶의 의미에 대한 성찰과 죽음교육을 포괄하는 개념으로 정의할 수 있다.
23) 최준식, 『너무 늦기 전에 들어야 할 죽음학 강의』, 11f.

음과 그에 동반된 슬픔의 감정을 분명히 의식하기 때문이다.[24] 더욱이 인간으로서 당연하고도 자연스럽게 겪어야 하는 가족과의 사별을 제대로 거치지 못하면, 상처가 크게 남아 노인이 된 이후에 죽음에 대해 극도로 예민하게 반응할 수도 있다. 그러므로 어린아이에게 죽음의 종말성을 확인시키고 장례식 참석 등을 통해 마지막 작별을 고할 기회를 주는 것이 오히려 비탄스러운 감정을 해소하는 긍정적 영향을 준다는 사실을 기억해야 한다. 또한 어린아이에 대한 죽음교육은 사실 그대로를 정확하고 정직하게 알려주는 정공법이 오히려 강한 적응력을 키워준다.[25]

조기 죽음교육의 중요성을 간파한 선진국 중에는 유치원 때부터 죽음교육을 시작하는 나라도 있다. 이렇게 어릴 때부터 죽음교육을 시행하는 것은 죽음교육이 단지 죽음에 대해서만 알려주는 것이 아니라, 삶에 대한 교육도 되기 때문이다. 즉 죽음과 삶은 동전의 앞뒷면처럼 항상 같이 가게 되어 있어서, 죽음교육을 하는 것은 삶에 대한 교육이 되기도 한다. "삶을 어떻게 살아야 하는가?"처럼 추상적인 질문은 죽음을 심각하게 성찰할 때 그 정황이 좀 더 명확하게 드러난다. 그러므로 죽음을 생각하지 않는 삶은 이정표 없이 길을 가는 것과 같다고도 말할 수 있다. 이로 보건대 죽음에 대한 준비 교육은 바로 삶에 대한 준비 교육이라고 해도 과언이 아닐 것이다. 삶의 시간은 한정되어 있고 죽음은 언제든지 갑자기 찾아올 수 있으므로, 죽음 준비는 삶을 더욱 유의미하게 영위함으로써 죽음을 더 편안하고 여유 있게 맞이할 수 있도록 하는 것이다.

---

24) A. Deeken, 『죽음을 어떻게 맞이할 것인가』, 162; A. Deeken, 『인문학으로서의 죽음교육』, 140.
25) 정현채, "죽음을 보는 의사의 시각", 한국죽음학회 엮음, 『죽음맞이』, 76; 임기운 외 5인 공저, 『죽음학』, 77-115.

그러나 죽음교육·생사교육을 시행할 때 현실적으로 적잖은 어려움이 따르기도 하는데, 우선은 그 대상이 너무나 다양하다는 점이다. 나이와 관심사, 학력과 직업, 종교와 가치관에 따른 반응이 매우 다양하기 때문에 대상별로 그리고 연령별로 차별화된 내용을 가지고 차등적으로 죽음교육을 해야 한다는 점이 매우 까다로운 부분이다.[26] 또한 가족이나 친지의 죽음을 경험해본 사람과 그렇지 않은 사람 사이의 현격한 차이도 유념해야 할 필요가 있다. 장례 경험을 통해 죽음을 성찰할 기회를 가진 사람과 그렇지 않은 사람 사이의 차이점도 고려의 대상이다. 그러므로 나이별로 또 직업과 종교 및 상황을 고려한 눈높이에 맞춰 죽음교육·생사교육을 어떻게 시행해나갈 것인가가 매우 중요한 관건이라고 할 수 있다.

의료진을 위한 죽음교육·생사교육도 반드시 실현해야 할 중대한 과제 중 하나다. 현재 우리나라 의과대학의 교과과정에는 죽음에 대한 강좌가 거의 개설되지 않은 실정이다. 또한 의사나 간호사들을 위한 죽음교육 교재도 많지 않은 상황이다.[27] 이는 앞으로 우리 사회의 죽음의 질을 높이기 위한 노력을 감행하면서 반드시 짚고 넘어가야 할 문제다. 일본의 상황도 우리와 비슷하다. 일본 대학의 의학부에서도 죽음학 및 생사학 수업이 거의 이루어지지 않고 있다고 한다.[28] 상황이 이렇다 보니 뜻밖에도 많은 의료진이 죽음을 대단히 무서워하는 경향을 보인다. 항상 고령자들을 상대하는 요양병원의 직원들조차 죽음을 무서워해서 병원에서 환자가 임종할 때 어떻게 대응해야 할지 몰라 허둥댄다고 한다. 큰

---

26) 한국죽음학회 엮음, 『죽음맞이』, 12.

27) 최준식, 『죽음학 개론』, 105.

28) 나가오 카즈히로(長尾和宏)/유은정 옮김, 『평온한 죽음』(서울: 한문화, 2013), 72.

병원의 가장 높은 지위에 있는 의사는 임종 현장에 나가지 않는 것이 일반적 관례인지는 모르겠지만, 각설하고 암 분야의 명의나 요양시설의 직원에게도 죽음은 낯설고 생경한 것 같다.[29]

그런데 이것은 임종을 앞둔 환자와 의료진 사이의 소통을 가로막는 매우 중대한 요인으로 작용한다. 임종이 임박한 환자들이 삶과 죽음에 관해 가지는 여러 궁금증에 대해 의사들이 적절히 답변해주지 못하고 있기 때문이다. 사실 의료진도 인간이기에 죽음 앞에서 두려움을 갖는 것은 인지상정일 수 있겠지만, 그는 환자를 돌봐야 하는 막중한 책임을 지닌 존재이므로 죽음에 대한 무지는 용납될 수 없다. 의료진들은 인간의 죽음에 대해 확실한 인식을 하고 임종 환자들을 제대로 도와야 하는데, 의사 자신이 죽음을 두려워한다면 이들에게 적절한 의료 서비스를 제공할 수 없기 때문이다. 실제로 환자의 임종을 경험하지 못한 채 의사가 된 사람은 자신이 담당한 환자가 임종을 맞게 되면 마땅히 취해야 하는 조치를 제대로 취하지 못할 수 있고, 또 혼자서 감내해야 하는 정신적 부담도 무척 클 수밖에 없다.[30] 따라서 의료진들이야말로 인간의 죽음을 가장 가까이서 겪으며 대처해야 할 사람들이기에 이들에 대한 죽음교육·생사교육은 대단히 중요하지 않을 수 없다. 의료진들에게 죽음학·생사학이나 죽음교육·생사교육은 다른 어느 직업군에서보다 중요하다. 그러므로 의료진들은 인간의 삶과 죽음과 관련해 폭넓고도 깊이 있는 교육을 반드시 받아야 한다.

---

29) 나가오 카즈히로, 『평온한 죽음』, 31.
30) 정현채, "죽음을 보는 의사의 시각", 63, 101.

3. 죽음학·생사학과 관련한 우리나라의 상황

앞서 살펴본 대로 다른 나라들에서는 죽음학·생사학에 대한 관심이 높고 그에 따라서 죽음교육·생사교육이 적극적으로 시행되고 있는 데 반해, 우리나라에서는 죽음학·생사학이 아직도 생소한 분야다. 우리나라에서는 1991년 김옥라에 의해 '삶과 죽음을 생각하는 회'가 결성되어 죽음에 관한 근본적 성찰을 불러일으키기 시작해 지금까지 죽음에 대한 교육, 세미나와 공청회 등을 실시하고 있다. 1997년, 한림대에서는 철학과의 오진탁 교수가 죽음교육·생사교육에 근거한 자살예방교육을 전국에서 유일하게 시작했으며, 2004년에는 '생사학연구센터'가 개설되어 죽음학·생사학에 기초한 자살예방 활동을 벌이고 있다.

그러나 우리 사회에서 죽음 문제에 관심을 가진 사람은 물론 죽음교육·생사교육, 호스피스 활동을 전담하는 전문가들은 아직도 손가락으로 꼽을 지경이다. 한국 사회는 지금도 여전히 죽음에 대해 금기시하는 정도가 강하다. 과거와 비교하면 죽음에 대한 부정적 인식이 많이 개선되었다고는 하지만, 한국인의 의식 속에는 기본적으로 죽음에 대해 강한 거부감이 자리 잡고 있다고 말할 수 있다. 죽음을 터부시하는 오랜 문화의 영향으로 우리나라는 죽음학·생사학에 관해 얼마나 뒤처져 있는지 모른다.[31] 이것은 우리 국민이 삶과 죽음의 문제를 대하는 의식 수준을 여실히 보여주는데, 사실 죽음학·생사학과 관련해서 우리나라는 후진국이라고 해도 과언이 아닌 상황이다. 이처럼 죽음학·생사학에 관한 한 척박한 땅에서 2005년에야 비로소 철학·종교학·심리학·사회학·의학 등

---

31) 정현채, "죽음을 보는 의사의 시각", 23.

각 분야의 전문가들이 모여 죽음에 대한 학계와 사회의 분위기를 바꾸어보고자 '한국죽음학회'(회장: 최준식 교수)가 창립되었다.

현재 우리나라에서는 죽음교육·생사교육에 대한 중요성이 과거보다 많이 부각되고 있기는 하지만 여전히 초기 단계에 불과하다. 초·중·고교에서 죽음교육·생사교육을 시행하는 학교는 아직 대한민국에 없다.[32] 대학에서도 죽음학·생사학 강좌가 개설된 곳은 극소수에 불과하며 대부분 대학이 죽음교육·생사교육을 전혀 하지 않고 있다. 성교육은 중요하게 여겨 유치원 때부터 실시하면서 성교육보다 훨씬 더 중요한 죽음교육·생사교육은 도외시하는 것이다. 최근 들어 죽음교육·생사교육이 일부 종교 단체와 노인복지 시설, 지자체 등에서 시행되고 있지만, 죽음에 대한 터부와 거부감은 아직도 뿌리 깊은 상황이다. 결국 우리나라에서는 죽음교육·생사교육이 상당히 단편적이고 피상적인 차원에서 이루어진다고 말할 수 있다.

더욱이 현재 시행되고 있는 일련의 죽음교육·생사교육은 죽음 주변에서 머뭇거리기만 하는 듯하다. 죽음을 깊이 있게 성찰하고 이해하기 위한 노력이 매우 부족한 가운데 유서 쓰기나 입관 체험이 마치 죽음교육의 전부라도 되는 듯한 분위기다. 죽음교육이 하나의 이벤트로 전락해 상업적으로 시행되는 느낌이다.[33] 죽음학·생사학 전문가의 부재로 인해 죽음을 어떻게 이해해야 하는지, 어떻게 죽음을 맞이할 준비를 해야 하

---

32) 최준식, 『죽음학 개론』, 94.

33) 우리나라에는 죽음교육을 영리 목적으로(상업적으로) 하는 회사들이 존재한다. 이들은 교육 참가자들에게 수의를 입혀 관 속에 누워보게 하고, 유언장 작성 등 여러 체험을 하도록 기획한다. 너무 상업적으로 접근하는 교육도 그렇지만 내용 면에서도 삶에 대한 성찰이 없이 수박 겉핥기식으로 진행하는 것이 문제다. 삶을 어떻게 꾸려나가야 하는지에 대해서도 교육이 함께 병행되어야 할 것이다: 한국죽음학회 엮음, 『죽음맞이』, 58.

는지, 어떻게 살아가야 하는지 등 핵심 내용을 제대로 가르치지 못한 채 부실한 교육이 시행되는 것이다. 물론 이러한 교육이라도 안 하는 것보다는 나쁘지 않겠지만, 인간의 죽음이라는 것은 그런 식으로 가볍게 다루기에는 너무나 엄중하고 복잡한 주제다. 그뿐 아니라 죽음교육·생사교육이 현재는 노인층을 중심으로 극히 일부에서만 시행될 뿐이어서 전 연령층을 대상으로 평생교육 차원의 죽음교육·생사교육이 매우 절실히 요청된다고 볼 수 있다.

한국 기독교계에서의 죽음교육·생사교육은 사회의 다른 영역에서보다도 훨씬 더 뒤처진 상황이다. 특히 개신교는 한국에 먼저 정착한 전통 종교들—무교, 불교, 유교, 도교—과 죽음 이해를 둘러싸고 오랜 세월 대립과 갈등을 겪었기 때문에 죽음에 대해 상당히 예민한 반응을 보이고 있다. 개신교계에서는 예나 지금이나 죽음에 대해 금기시하는 가운데 죽음교육·생사교육에 대해 상당히 유보하는 입장이다. 이러한 현실에서 나는 교회 공동체 안에서 교인들이 죽음에 대해 대단히 비성서적으로 생각할 뿐 아니라, 심지어 죽음을 미화하거나 정당화하는 그릇된 모습을 무수히 보았다. 그리하여 나는 한국 개신교가 청소년기와 청년기, 중·장년기 그리고 노년기에 적합한 죽음교육·생사교육을 통해 죽음에 대해 올바른 이해를 도모할 수 있는 장을 마련하는 일이 대단히 시급함을 절감하게 되었다. 나는 성서에 입각한 기독교적 성격의 죽음학·생사학과 아울러 죽음교육·생사교육 정립의 필요성이 절실히 요청되는 상황이라고 단언하는 바다.

앞서 대만에서 대지진이 일어난 후 죽음교육·생사교육에 대해서 대만 국민의 관심이 부쩍 높아졌듯이, 한국에서도 많은 인명이 희생을 당하는 비극적 사건들을 통해서야 죽음교육·생사교육을 새롭게 이해할 수 있는 계기가 마련되는 것 같다. 사실 우리 주변에는 삶과 죽음에 대해 생각하게 해주는 사건들이 자주 발생한다. 사랑하는 가족과 친지의 죽음은 말할 것도 없고, 애지중지하던 반려동물의 죽음도 삶과 죽음을 성찰할 좋은 기회를 부여한다. 이와 관련하여 무엇보다도 영향력이 큰 사건은 무수히 많은 생명이 안타깝게 희생당하는 대형 참사다. 그런데 과거 우리나라는 잇따라 일어난 대형 참사들—서해 훼리호 침몰, 성수대교 붕괴, 삼풍백화점 붕괴, 대구 지하철 화재, 천안함 사태 등—로 인해 다수의 무고한 인명을 잃었지만, 매우 유감스럽게도 이를 반면교사로 삼지 못했다. 이러한 사건들을 통해 우리 국민이 삶과 죽음에 대해 깊이 성찰하면서 생사관에 전환적 분기점을 마련할 수도 있었지만, 별다른 교훈을 얻지 못한 채 무의미하게 흘려보냈던 것이다.[34]

이번에 세월호 참사마저 정치적으로 심각하게 훼손된 가운데 국론이 분열된 상태에서 소모전으로 치닫기만 하였다. 그럼에도 일각에서는 세월호 참사가 또 하나의 '심리·정서적 IMF'라는 의견을 내놓았다.[35] 1997년에 일어난 IMF 외환위기를 통해 전 국민이 혹독한 '경제교육'을 특별과외로 받았듯이, 세월호 사건을 통해 '죽음교육·생사교육'을 받아야 한다는 것인데, 나도 이 견해에 전적으로 동감한다. 비극적 대참사를 단지 불행한 사건으로만 기억하는 것이 아니라 국민의식을 전환할 수 있는 중요한 계기로 삼기 위해서는 정책적인 노력이 필요하다. 학교 현장에서부터 정책적으로 죽음교육·생사교육을 시행한다면, 삶과 죽음에 대한 진지한 성찰이 실현 가능한 일이 될 수 있을 것이다. 그러므로 비극적 사건들을 망각할 것이 아니라, 삶과 죽음의 의미를 깊이 깨닫는 기회로 삼

---

34) 한국죽음학회 엮음, 『죽음맞이』, 33.
35) 송길원, 송예준 공저, 『행복한 죽음』(서울: 나남, 2014), 8f.

는 방법들이 여러 차원에서 마련되어야 할 것이다.

4. 죽음학·생사학에 대한 무관심과 성숙한 죽음 의식의 결여

죽음학·생사학에 대한 관심이 부재한 우리의 상황에서 내가 대단히 안타
깝게 여기는 것은, 죽음학·생사학에서 중요하게 다뤄지는 죽음교육·생
사교육의 부재와 잘못된 죽음의 이해, 성숙한 죽음 의식의 결여가 최근
들어 우리 국민이 다반사로 자살하는 세태와 절대 무관하지 않다는 점
이다. 한국 사회 전반에서 죽음교육·생사교육 부재와 죽음에 대한 금기
시는 우리 주변에서 자신의 생명을 쉽게 포기하는 자살의 급증과 긴밀
한 상관성을 이루는 것으로 보인다. 나는 죽음과 자살에 대해 연구하는
신학자의 입장에서, 죽음을 올바로 아는 사람은 절대로 자살하지 않을
것이라는 확신을 가지고 있다.

평소에 죽음을 올바로 이해하고 이를 위해 준비해온 사람은 삶의 고
통으로 인해 쉽게 자살을 시도하지 않는데, 왜냐하면 인생 자체가 성공
과 실패, 행복과 불행, 기쁨과 슬픔, 건강과 질병 등으로 점철된 멀고도
긴 여정이라는 사실을 인식하기 때문이다. 또한 자살은 세상에서 가장
불행한 죽음이라는 사실을 뼈저리게 느끼게 될 것이기 때문이다. 아울러
자살한다고 해서 결코 문제가 해결될 리 없음은 너무나 명약관화한 사
실임을 깨닫기 때문이다.[36] 더욱이 인간이 자신에게 주어진 유한한 삶의
시간에 대해 감사하고 삶의 마지막인 죽음을 깊이 성찰하면서 겸허하게

---

36) 오진탁, 『자살, 세상에서 가장 불행한 죽음』(서울: 세종서적, 2008), 164.

준비하는 마음으로 살아가면 진정 가치 있는 삶, 의미 있는 삶을 추구할 것이기 때문이다.

사실 죽음의 문제는 곧 삶의 문제이므로, 죽음에 대한 올바른 생각과 태도는 삶에 대한 올바른 생각과 태도를 형성한다. 죽음은 삶과 직결되어 있기 때문에 우리가 죽음을 더 깊이 이해할수록 삶에 대한 이해도 더 깊어지게 된다. 아니 진정한 삶을 살고 싶다면 반드시 죽음을 제대로 이해해야 한다.[37] 죽음을 바로 직면하고 또 잘 맞이하려고 노력하면 어떻게 살아야 하는가에 대한 생각이 바로 서게 된다. 이처럼 우리의 삶은 죽음을 생각할 때 완성되므로 삶 하나만으로는 삶이 깊어질 수 없다. 동일하게 죽음도 좋은 삶의 질과 내용이 받쳐줄 때 완성될 수 있다.[38]

참된 삶, 가치 있는 삶, 의미 있는 삶, 후회 없는 삶을 간절히 바라는 마음은 인지상정이지만, 이러한 삶을 위해 현실에서 죽음을 준비하는 지혜로운 사람은 많지 않다. 그러므로 죽음에 대한 준비는 진정한 삶을 가능하게 하는 하나의 원동력이라고 말할 수 있다. 이러한 의미에서 고대 로마의 격언인 "평화를 원하거든 전쟁을 준비하라"*si vis pacem, para belum*에 견주어, "삶을 원하거든 죽음을 준비하라"*si vis vitam, para mortem*고 말할 수 있을 것이다.[39]

오늘날 우리 사회는 해마다 급증하는 자살문제에 대한 근본적 해법을 발견하지 못해 절치부심切齒腐心하고 있다. 이러한 상황 속에서 죽음학·생사학 전문가들은 죽음교육·생사교육을 학교 교육과 사회 교육 차원에서 병행하여 실시하지 않으면, 어떠한 자살예방 캠페인을 벌여도 큰 실

---

37) 최준식, 『죽음학 개론』, 7, 17.

38) 최준식, 『너무 늦기 전에 들어야 할 죽음학 강의』, 11, 35.

39) 곽혜원, 『현대세계의 위기와 하나님의 나라』(서울: 한들, 2008), 259.

효를 거두기 힘들 것이라고 진단한다. 즉 자살문제는 마치 빙산 같아서 그 아래 숨어 있는 빙산의 몸체, 곧 우리 사회에 만연한 생명 경시 풍조와 아울러 잘못된 죽음 이해를 개선하지 않으면 해결하기 어려운 과제라는 것이다. 자살문제에 대처하기 위해서는 일시적인 미봉책이나 임기응변이 아닌 보다 근본적인 대책이 필요한데, 그 근본대책 가운데 하나가 바로 생명과 죽음에 대한 교육의 의무화, 건전한 죽음학·생사학의 육성이라고 말할 수 있다. 인간의 삶과 죽음을 바람직한 눈으로 바라보면서 일상생활을 영위할 수 있도록 교육적 뒷받침을 하지 않는 한 자살문제는 해결될 수 없기 때문이다. 그러므로 생명과 죽음에 대한 올바른 교육을 통해 생명 경시 풍조와 죽음에 대한 왜곡된 인식을 바로잡는 것이 자살문제에 봉착한 우리 사회의 급선무일 것이다.[40]

이로 보건대, 죽음학에서 가장 중요한 분야인 죽음교육도 결국은 생명을 포괄하는 생사교육으로 귀결된다. 삶과 죽음의 문제는 같이 가는 것이어서, 결국 죽음교육은 생사교육으로 가야 한다.[41] 죽음교육·생사교육을 정규교육 차원에서 초등학교에서부터 대학교에 이르기까지 학생의 성장 과정에 맞게 다양한 교과목에서 시행함과 더불어 평생교육 차원에서 일반인을 대상으로 교육함에는 두 가지 의미가 담겨 있다. 첫째, 삶의 시간이 제한되어 있음을 유념하면서 현재 자신이 살아가는 삶의 방식을 다시 되돌아보고 더욱 의미 있는 삶을 영위할 것. 둘째, 평소에 죽음을 미리 준비함으로써 갑자기 죽음이 찾아오더라도 평온한 마음으로 죽음을 맞이할 수 있도록 하라는 것이다. 따라서 죽음교육·생사교육은 이 땅에서의 삶을 유의미하게 살도록 돕는 삶의 교육이자 삶을 아름답게 마

---

40) 오진탁, 『자살, 세상에서 가장 불행한 죽음』, 12f., 33, 96f., 155f.
41) 한국죽음학회 엮음, 『죽음맞이』, 12, 51f.

무리하기 위한 죽음 준비 교육이다.[42] 또한 이는 무엇보다도 존엄한 삶과 존엄한 죽음을 지향하는 생명 존중 교육이자 자살예방교육이기도 하다. 이러한 교육을 통해 평상시에 삶과 죽음에 대해 생각할 수 있게 해주어야 설령 한순간 부정적인 감정에 휩쓸리더라도 다시 중심을 잡을 수 있게 될 것이다.

현재 우리 사회에서는 실제적인 자살률이 높은 것도 문제이지만, 더심각한 것은 자살이나 죽음에 대해 막연히 생각하는 가운데 '자살이 해결책이 된다. 모든 사람에게는 자살권이 있다. 죽으면 고통도 끝난다'라고 잘못 생각하는 사람들이 상당히 많다는 사실이다. 우리나라에서 자살을 시도하는 사람들이 품는 가정 중 제일 뿌리 깊은 것은 '죽으면 모든 것이 끝난다'는 생각이라고 한다. 실제로 오진탁 교수가 자살예방교육을 시행하면서 대학생들에게 "죽음 이후에 어떤 것이 있을 것 같은가?"라고 질문하면, 열 명 중 일고여덟 명 정도는 "아무것도 없다", "죽으면 끝이다" 하는 식으로 답변한다고 한다. 그는 학생들만 그렇게 생각하는 것이 아니라, 우리 국민 중 상당수가 죽음을 끝으로 생각하는 것 같다고 우려한다.[43] 문제는 죽음과 함께 모든 것이 끝난다고 생각할 경우, 고통이나 스트레스가 쉽게 해결될 가능성이 보이지 않을 때 자살을 실제로 고려하게 된다는 사실이다. 왜냐하면 자살이 현실의 고통에서 벗어나게 하는 해결책으로 오인될 수 있기 때문이다.

그러나 과연 자살하면 모든 것이 끝나버리는가? 전혀 그렇지 않다는 사실은 어렵지 않게 확인할 수 있다. 자살하는 이는 자신의 영혼을 무참

---

42) 오진탁, 『삶, 죽음에게 길을 묻다』, 79.
43) 오진탁, "죽음치유: 웰다잉교육 수강생 의식변화 조사", 「오늘의 동양사상」 봄호(2007), 271.

히 짓밟음으로써 세상에서 가장 불행한 죽음으로 생을 마감하기도 하지만, 사랑하는 이를 잃은 가족은 평생 죽음보다도 더 고통스럽고 암울한 인생의 터널을 헤매야만 한다. 더욱이 최근에는 다수의 임사체험자들이 자살로 생을 마감할 때 이 세상의 고통과는 비할 바 없는 암울한 나락으로 떨어지는 것 같았다는 증언을 하면서 우리를 더욱 안타깝게 하고 있다.[44]

그렇다면 죽음과 함께 모든 게 끝나는 것이 아니라는 사실을 널리 알려야 자살을 근본적으로 예방하는 데 일조할 수 있다. 따라서 자살이 해결책이 될 수 있다거나 죽으면 고통도 끝난다는 그릇된 인식을 바로잡아주는 죽음교육·생사교육·자살예방교육이 절실히 요청된다. 이러한 교육을 통해 사람들로 하여금 자살과 죽음에 대해 심층적이고도 체계적인 교육을 받게 하여 잘못된 의식을 변화시키면, 자살률을 떨어뜨릴 수 있을 것이다.[45] 실제로 바람직하지 못한 죽음이 바로 자살이고, 죽음교육·생사교육으로 이를 예방할 수 있다는 것은 이미 다양한 연구와 실제 교육 효과를 통해 입증되었다. 그러므로 자살과 죽음에 대한 오해를 죽음교육·생사교육으로 바로잡아준다면 자살률을 획기적으로 낮출 수도 있을 것이다.

5. 죽음학·생사학의 지향점: 존엄한 삶과 존엄한 죽음

죽음학·생사학의 지향점은 존엄한 삶과 존엄한 죽음, 쉽게 말하자면 인

---

44) 오진탁, 『자살, 세상에서 가장 불행한 죽음』, 88.
45) 오진탁, "죽음치유: 웰다잉교육 수강생 의식변화 조사", 272.

간답고 행복하게 살아가는 삶well-living과 인간답고 행복하게 죽는 죽음 well-dying이다. 혹자는 죽음에 대한 준비 교육이라 하면 당장 죽을 각오를 하라는 것으로 오해하기도 한다. 그러나 죽음에 대한 준비 교육의 진정한 의미는 예고 없이 불현듯 찾아올 수 있는 죽음을 인간으로서의 품위와 존엄성을 유지하면서 행복하고 평온하게 맞이할 수 있도록 평소에 마음의 준비를 잘 해두라는 것이다. 또한 건강할 때 죽음에 대해 생각해 보고 지금 자신이 삶을 제대로 영위하고 있는지 되돌아보면서 좀 더 유의미한 삶을 살아가라는 뜻이기도 하다. 즉 죽음 준비를 통해 삶을 더욱 유의미하게 변환시킴으로써, 죽음 준비는 곧 삶을 준비하라는 의미를 내포한다고 말할 수 있다. 어느 날 갑자기 찾아오는 죽음 앞에서 미리 죽음을 준비한 사람과 그렇지 않은 사람 사이의 차이는 확연히 벌어질 수밖에 없다. 이러한 측면에서 볼 때, 죽음을 준비하지 않는 사람은 제대로 삶을 영위하고 있다고 말할 수 없는지도 모를 일이다.

오늘날 인간의 평균 수명은 의학과 생명공학이 급속도로 발전함에 따라 지속적으로 증가하고 있다. 이러한 변화에 편승하여 현대인들은 삶의 진정한 의미와 내적인 가치를 추구하기보다는 단순히 젊고 건강하게 오래 사는 것에만 집착하는 경향을 보이고 있다. 오락과 안락, 향락과 쾌락을 즐기는 현대인들은 일반적으로 죽음에 대해 깊이 성찰할지라도 죽음이라는 현실을 변경할 수 없다고 생각한다. 그리고 이어서 인간의 힘으로 변경할 수 없는 죽음을 미리 생각하면서 불필요한 슬픔에 빠질 필요가 없다고 결론 내린다. 즉 죽음에 대한 성찰은 삶의 기쁨과 의욕을 손상할 뿐 현실의 삶에 아무런 유익을 주지 못한다는 것이다.

또한 현대인들은 당장 해결해야 할 보다 중요한 문제는 죽음이 아닌 삶의 문제라고 말하면서, 삶의 문제도 해결하지 못하는데 죽음의 문제까지 생각할 필요는 없다고 주장하기도 한다. 그리스도인들의 생각도 이런 생각과 크게 다르지 않은 것 같다. 진지한 사고를 꺼리는 현대 그리스도인들은 점차 눈에 보이는 삶의 현실에 지나치게 집착하며 세속적 사고의 흐름을 따라가는 경향을 보인다. 이처럼 우리가 살아가는 사회 안에는 '사는 데까지 살다가 죽으면 그만이다' 하는 생각이 만연해 있다.

그러나 비록 현대인들이 죽음에 대해 깊이 성찰하기를 거부한다고 할지라도, 인간은 그 누구도 예외 없이 죽을 수밖에 없는 유한한 존재라는 사실을 부인하거나 변경할 수 없다. 사람들은 평소에 죽음에 대해 생각하기를 회피하다가도 불현듯 죽음에 직면하게 되면, 가공할 만한 공포감을 느끼는 가운데 외롭고 고통스럽게 죽어가는 경우가 많다. 우리는 많은 사람이 죽음에 맞닥뜨릴 때 엄청난 고통을 당하면서 죽어가는 것을 직간접으로 경험하게 된다. 죽어가는 사람은 이 세상의 사랑하는 모든 것들과 영원히 이별해야 한다는 생각과 아울러 평소에 깊이 생각해 보지 않았던 사후세계에 대해 두려움을 느끼면서 고통을 당하는 것이다. 사람들은 인생의 여정에서 어려운 일에 봉착하게 되면 다양한 종류의 상담을 통해 도움을 받는 등 많은 노력을 하지만, 정작 인생에서 가장 중요한 죽음의 순간에는 두렵고 외로우며 불행한, 곧 준비 안 된 죽음을 맞이하는 경우가 많다. 이는 그냥 간과하고 넘어갈 사안이 아니다. 죽음에 직면한 사람으로 하여금 전혀 준비하지 않은 상태에서 두려움과 외로움, 당혹스러움을 경험하게 하는 것은 참으로 비인간적인 일이라 아니할 수 없기 때문이다.

실제로 무수히 많은 환자의 마지막 순간을 지켜본 한 의사의 말은 우리가 왜 죽음에 앞서 많은 준비를 해야 하는지를 잘 일깨워준다. 예일 대학교 의과대학 교수인 셔윈 눌랜드[S. B. Nuland]는 50여 년간 각종 질병으로 죽어가는 수많은 환자의 죽음을 지켜보면서, 이들이 반半가사 상태나 완전한 혼수상태에서 "무의식적이면서도 편안하게" 죽음을 맞이했다고 말한다. 또한 운이 좋은 사람들은 생의 마지막 순간까지 또렷한 의식 속에서도 평온한 모습으로 숨을 거두었고, 수천의 사람들이 비명 한 번 못 지르고 즉사하거나, 치명적 외상을 입어 마지막 공포에서 해방된 채 편안히 눈을 감았다고 한다. 그러나 이 모든 것을 다 감안한다고 해도 다섯 명 중 한 사람보다도 적은, 훨씬 적은 수만이 축복 속에 눈을 감을 수 있다고 한다. 그리고 그런 행운을 가진 사람들조차 영혼과 육신이 분리되는 순간에만 평온함을 느낄 수 있을 뿐, "죽음의 순간에 도달하기까지는 며칠 혹은 몇 주씩 정신적 고뇌와 육체적 고통으로 몸부림을 친다"고 토로한다.[46]

하루하루 먹고살기에 바쁜 세상에서 언제 찾아올지 모르는 죽음을 미리 준비할 필요가 있는지 의아심을 품는 사람들도 많지만, 죽음이 언제 찾아올지 모른다는 말은 언제든지 찾아올 수 있다는 말이기도 하다. 죽음이 언제든지, 누구에게나, 어디서나 일어날 수 있는 결코 피할 수 없는 현실이라면, 평소에 미리 죽음을 준비하는 것이 현명하지 않을까? 그런데 안타깝게도 너무나 많은 사람이 너무 뒤늦게, 실제로 죽음이 임박해서야 비로소 지나간 삶을 후회하면서 매우 불행한 죽음을 맞이하고 있다. 물질적 부와 사회적 성공만을 위해 살아온 사람들은 끊임없이 앞만 보고 나아가다가 죽음의 준비를 전혀 못 한 채 불행한 죽음을 맞이하는 경우가 많다. 행복한 죽음, 평화롭고 아름다운 죽음은 물질적 부와 사회적 성공만큼이나 많은 사람이 소망하는 것이지만, 그런 죽음은 좀처럼

---

46) S. B. Nuland/명희진 옮김, 『사람은 어떻게 죽음을 맞이하는가』(서울: 세종서적, 2010), 214f.

맞이하기 어려운 행운이 되어버렸다. 누구나 존엄하고 행복하고 평온한 죽음을 희구하지만, 대다수 사람은 존엄하지도, 행복하지도, 평온하지도 못한 모습으로 후회와 슬픔을 가슴에 품고 한 많은 생애를 마감한다.

모든 사람이 존엄하고 행복한 죽음을 소망하건만, 왜 세상에는 존엄하지 못하고 불행한 죽음만 넘쳐나는 것일까? 존엄하고 행복한 삶이 아무런 노력 없이 저절로 주어지지 않듯이, 존엄하고 행복한 죽음 역시 저절로 찾아오지 않기 때문이다. 죽음학·생사학 전문가들은 죽음이 우리의 삶을 성숙시키는 '마지막 선물'이자 '최후의 기회'가 될 수 있다고 역설한다.[47] 일련의 사람들은 죽음이 삶이 만든 '최고의 발명품'으로서 우리의 삶을 변화시키는 존재라고 말하기도 한다.[48] 우리가 죽음의 불가피성을 항상 유념하면서 살아간다면, 무의미한 활동에서 벗어나 유의미한 일로 삶의 시간을 채우면서 현재의 삶을 더욱 충실하고 아름답게 살아가도록 노력하게 될 것이기 때문이다. 이러한 유의미한 삶, 충실하고 아름다운 삶의 끝자락에서 맞이하는 죽음은 존엄하고 행복한 죽음, 평화롭고 아름다운 죽음이 될 수도 있을 것이다. 이처럼 존엄하고 행복한 죽음이란 생전의 삶을 유의미하고 충실하게 보내지 않으면 불가능한 것이기 때문에, 이는 존엄하고 행복한 삶과 직결되는 문제라고 말할 수 있다.

---

47) 한국죽음학회 엮음, 『죽음맞이』, 29.

48) 2010년 췌장암으로 타계한 애플의 창업자 스티브 잡스(S. Jobs)는 2005년 스탠퍼드 (Stanford) 대학교 졸업식에 참석해 죽음학·생사학과 관련해 다음과 같은 대단히 인상적인 축사를 했다. "인생의 중요한 순간마다 곧 죽을지도 모른다는 사실을 명심하는 것이 내게 가장 중요했습니다. 죽음을 생각하면 무언가 잃을지 모른다는 두려움에서 벗어날 수 있습니다. 열일곱 살 때 '하루하루가 인생의 마지막 날인 것처럼 산다면 언젠가는 바른길에 서 있게 될 것'이라는 글을 읽었습니다. 죽음은 삶이 만든 최고의 발명품입니다. 죽음은 삶을 변화시킵니다. 여러분의 삶에도 죽음이 찾아옵니다. 인생을 낭비하지 말기 바랍니다."

하나님의 은혜로운 선물, 곧 은사恩賜로 부여받은 생명은 하나님의 사랑과
축복과 긍정의 대상이며 살아 있음 자체가 아름다운 존재이므로, 성서는
생명을 긍정하는 책이며, 기독교는 생명을 긍정하는 종교임을 제시하고자
한다.

1. 하나님의 은사로서의 생명

이스라엘 민족이 신앙하는 하나님은 모든 만물의 창조주시다. 이에 대
해 성서는 다음과 같이 증언한다. "하나님이…사람을 창조하셨다"(창
1:27). "너 하늘아, 위에서부터 의를 내리되 비처럼 쏟아지게 하여라. 너
창공아, 의를 부어 내려라. 땅아, 너는 열려서 구원이 싹 나게 하고 공
의가 움 돋게 하여라. '나 주가 이 모든 것을 창조했다'"(사 45:8). "하늘
은 나의 보좌요, 땅은 나의 발판이다.…이 모든 것이 다 내 손으로 만든
것이 아니냐?"(행 7:49-50; 사 66:1-2의 인용) 이에 하나님은 '생명의 하나

님', '생명의 원천'으로 일컬어진다. "야웨YHWH, 모든 육체의 생명의 하나님이시여…"(민 27:16a, 개역개정; cf. 시 42:8). "진실로 생명의 원천이 주께 있사오니 주의 빛 안에서 우리가 빛을 보리이다"(시 36:9, 개역개정).

창조주 하나님이 모든 만물과 인간에게 생명을 주셨으므로, 모든 생명은 '하나님의 소유'로 이해된다.[1] 이를 드러내는 기록들을 살펴보자. "주님께서 살과 가죽으로 나를 입히시며, 뼈와 근육을 엮어서 내 몸을 만드셨습니다. 주님께서 나에게 생명과 사랑을 주시고…"(욥 10:11-12). "모든 생물의 생명과 모든 사람의 육신의 목숨이 다 그(하나님)의 손에 있느니라"(욥 12:10). 특별히 인간의 생명은 그 무엇과도 바꿀 수 없는 최고의 자산, 하나님의 은혜의 선물이므로(욥 2:4),[2] 우리는 최대한 생명을 누리고 향유해야 한다. 이에 대해 전도서는 다음과 같이 기록한다.

> 그렇다. 우리의 한평생이 짧고 덧없는 것이지만, 하나님이 우리에게 허락하신 것이니, 세상에서 애쓰고 수고하는 것이 마땅한 일이요, 좋은 일임을 내가 깨달았다! 이것은 곧 사람이 받은 몫이다. 하나님이 사람에게 부와 재산을 주셔서 누리게 하시며, 정해진 몫을 받게 하시며, 수고함으로써 즐거워하게 하신 것이니, 이 모두가 하나님이 사람에게 주신 선물이다. 하나님은 이처럼 사람이 행복하게 살기를 바라시니, 덧없는 인생살이에 크게 마음 쏠 일이 없다(전 5:18-20).[3]

---

1) 곽혜원, 『현대세계의 위기와 하나님의 나라』, 80f.
2) "사람은 자기 생명을 지키는 일이면, 자기가 가진 모든 것을 버립니다"(욥 2:4).
3) Cf. "이제 나는 깨닫는다. 기쁘게 사는 것, 살면서 좋은 일을 하는 것, 사람에게 이보다 더 좋은 것이 무엇이랴! 사람이 먹을 수 있고 마실 수 있고 하는 일에 만족을 누릴 수 있다면, 이것이야말로 하나님이 주신 은총이다"(전 3:12-13); "너의 헛된 모든 날, 하나님이 세상에서 너에게 주신 덧없는 모든 날에 너는 너의 사랑하는 아내와 더불어 즐거움을 누려라. 그것은 네가 사는 동안에 세상에서 애쓴 수고로 받는 몫이다"(전 9:9).

구약성서에 의하면, 하나님이 은사恩賜로 주신 생명에 대한 향유 속에서 이스라엘 민족은 물질적 풍요, 건강, 장수, 성취된 유복한 삶을 대단히 희구하였다(출 23:25-26; 사 65:20).[4] 그리고 이러한 삶은 하나님의 계명을 지킨 신실한 의인에게 하나님의 은사로 주어지는 것으로 인식되기도 하였다. "너희 하나님 야웨께서 너희에게 명령하신 모든 도를 행하라. 그리하면 너희가 살 것이요, 복이 너희에게 있을 것이며, 너희가 차지한 땅에서 너희의 날이 길리라"(신 5:33, 개역개정). "오늘 내가 네게 명령하는 야웨의 규례와 명령을 지키라. 너와 네 후손이 복을 받아 네 하나님 야웨께서 네게 주시는 땅에서 한없이 오래 살리라"(신 4:40, 개역개정).

구약성서에 나타난 현세의 복을 추구하는 경향은 신약성서에 이르러 상당히 약화되고 대신 영적인 내면의 복이 부각되었는데, 이는 예수 그리스도의 산상수훈 중 '팔복설교'(마 5:1-12; cf. 눅 6:20-23)에서 잘 드러난다. 그렇지만 현세적인 삶에 대한 희망과 생명에 대한 강한 긍정 자체는 지속적으로 계승되었다고 말할 수 있다.

신구약성서가 특히 현세적 삶에 주목하고 생명에 대해 강한 긍정을 표명함은, 현세의 복을 추구한 이스라엘 민족의 현세 중심적인 신앙에 기인한다. 본래 이스라엘 민족에게 현세現世의 삶은 그들의 삶과 신앙의 중심점을 형성한다.[5] 내세來世에 대한 희망을 강구한 근동의 이방 민족

---

4) "너희는 주 너희 하나님 나만을 섬겨야 한다. 그러면 내가 너희에게 복을 내려 빵과 물을 주겠고, 너희 가운데서 질병을 없애겠다. 너희 땅에 낙태하거나 임신하지 못하는 여자가 없을 것이며, 내가 너희를 너희 수명대로 다 살게 하겠다"(출 23:25-26); "거기[새 하늘과 새 땅]에는 몇 날 살지 못하고 죽는 아이가 없을 것이며, 수명을 다 채우지 못하는 노인도 없을 것이다. 백 살에 죽는 사람을 젊은이라고 할 것이며 백 살을 채우지 못하는 사람을 저주받은 자로 여길 것이다"(사 65:20).

5) H. Schwarz, *Jenseits von Utopie und Resignation: Einführung in die christliche*

들과 달리, 이스라엘 민족은 죽음 이후에 도래할 내세적 삶을 희망하기보다 죽음 이전의 현세적 삶에서 이루어질 희망에 집중적으로 주목하였다.[6]

이러한 상황은 타민족에 의한 굴욕적이고 잔인한 식민 통치[7] 아래 '죽은 자들의 부활 신앙'을 고백하기 전까지 오랜 기간 유지되었다. 이스라엘 민족은 긴 세월 동안 죽음 이전의 현세적 삶에서 이루어질 희망에 주목하다가, 이방 민족의 식민 지배로 말미암아 모든 희망을 포기할 무렵 비로소 '죽은 자들의 부활'을 바라보게 되었다. 특히 안티오코스 4세 에피파네스Antiocus IV Epiphanes, BC 215?-164의 박해 아래 하나님에 대한 신앙을 신실하게 지킨 수많은 의인이 순교 당하는 처절한 상황 속에서, 하나님이 자신의 백성을 죽음 가운데 내버려두지 않고 그들을 새롭고 완전하게 회복시키실 것이라는 '몸의 부활 신앙'이 확신 있게 증거되었다.[8]

사실 이스라엘 민족이 오래도록 견지한 현세 중심적인 삶과 신앙은 영육 합일적合一的 이해에[9] 근거한 인생관 또는 신앙관에서 기인하기도

Eschatologie (Wuppertal: 1991), 37f.

6) H. Schwarz, *Jenseits von Utopie und Resignation*, 23.

7) 이스라엘은 다윗 왕조의 짧은 기간을 제외하고 거의 천여 년 동안 숨 돌릴 틈도 없이 대제국들, 곧 앗시리아, 바빌론, 페르시아, 알렉산더 대왕의 마케도니아, 그리고 예수 당시 로마에 이르기까지 차례로 주변 강대국들의 식민지가 됨으로써 이루 말할 수 없는 수치와 모욕, 압제와 강제 부역에 신음해야만 했다.

8) 곽혜원, 『현대세계의 위기와 하나님의 나라』, 359ff.

9) 구약성서의 전통에 따르면 인간의 영혼과 육체는 구분되지만, 결코 분리되지는 않는다. 즉 인간은 하나의 총체적 존재, 영혼과 육체가 결합해 있는 통일체다. 구약성서가 인간을 영혼과 육체가 하나로 통일된 존재로 보기 때문에 영, 혼, 육, 심장, 신장, 호흡 등 인간의 신체기관들이 인간 전체와 동일시되어 인간 자신을 지칭하기도 한다. 예를 들어 인간의 심장이 그를 교훈하고(시 16:7), 하나님은 인간의 "폐부와 심장"을 감찰하며 시험하신다(시 7:10; 렘 11:20; 17:10; 20:12). 즉 구약성서에서 영, 혼, 육, 심장 등의 개념들은 단순히 신체 부위를 지칭하기보다, 전체적 존재로서의 인간이 지닌 다양한 측면을 가리키는 것이다. 또한 인간

한다.[10] 현세 중심적인 이스라엘 민족은 본질적으로 하나님을 '죽은 자들의 하나님'이 아니라, '산 자들의 하나님'(마 22:32b; 막 12:27; 눅 20:38),[11] '살아계신 하나님'(수 3:10; 왕하 19:4; 렘 10:10),[12] '생명(영생)을 주시는 하나님'(신 30:15-16, 19-20; 시 103:4; 133:3),[13] '생명의 하나님'(민 27:16a), '생명의 원천'(시 36:9)으로 신앙하였다. 그러므로 그들은 하나님을 내세

의 영적·정신적 활동이 단지 내적으로 일어나는 것이 아니라 신체 부위에서 일어나는 것으로 기술되기도 한다. 이로써 감정, 생각, 의도, 결단 등 인간의 영적·정신적 활동들이 인간의 신체 부위와 결합하기도 한다. 그러므로 구약성서에서 인간의 영혼과 육체는 구분되지만, 결코 분리될 수 없는 통일성 속에서 서로 연결되어 있으며, 서로 영향을 주고받으면서 서로를 보완하는 관계 속에 있다: 곽혜원, 『현대세계의 위기와 하나님의 나라』, 130ff.

10) 영육 이원론적 이해가 육체를 천시함은 물론 인간의 실존을 위해 없어서는 안 될 물질적이고 육체적인 현실에 대해 무관심한 삶의 태도를 조장하는 데 반해, 영육 합일적·통전적 이해는 육체를 하나님의 선한 피조물로 인식하는 가운데 인간의 구체적 삶과 삶의 현실에 관심을 기울인다. 전자가 이 세상에서의 삶을 내세에 대한 준비 과정 또는 통과 과정에 불과한 것으로 간주하는 반면, 후자는 단 한 번밖에 주어지지 않는 유일회적이고 소중한 현세의 삶의 시간을 의미 있게 보내도록 동기를 부여한다. 전자가 '죽음'을 '영혼의 감옥'으로 여겨지는 육체로부터 영혼을 해방시키는 '영혼의 해방의 완성자', '영혼의 위대한 친구'로 간주하면서 죽음을 동경하는 데 반해, 후자는 죽음의 폐기와 죽음의 세력의 극복을 소망한다: 곽혜원, 『현대세계의 위기와 하나님의 나라』, 127ff.

11) "하나님은 죽은 사람의 하나님이 아니라, 살아 있는 사람의 하나님이시다"(마 22:32b).

12) "오직 주님만이 참되신 하나님이시요, 주님만이 살아계시는 하나님이시며, 영원한 임금이십니다"(렘 10:10).

13) "보십시오, 내가 오늘 생명과 번영, 죽음과 파멸을 당신들 앞에 내놓았습니다. 내가 오늘 당신들에게 명하는 대로, 당신들이 주 당신들의 하나님을 사랑하고 그의 길을 따라가며 그의 명령과 규례와 법도를 지키면, 당신들이 잘 되고 번성할 것입니다. 또 당신들이 들어가서 차지할 땅에서 주 당신들의 하나님이 당신들에게 복을 주실 것입니다"(신 30:15-16); "나는 오늘 하늘과 땅을 증인으로 세우고 생명과 사망, 복과 저주를 당신들 앞에 내놓았습니다. 당신들과 당신들의 자손이 살려거든 생명을 택하십시오. 주 당신들의 하나님을 사랑하십시오. 그의 말씀을 들으며 그를 따르십시오. 그러면 당신들이 살 것입니다. 주님께서 당신들의 조상 아브라함과 이삭과 야곱에게 주시겠다고 맹세하신 그 땅에서 당신들이 잘 살 것입니다"(신 30:19-20); "생명을 파멸에서 속량해주시는 분…"(시 103:4); "주님께서 그곳에서 복을 약속하셨으니, 그 복은 곧 영생이다"(시 133:3).

의 하나님이 아니라 현세의 하나님으로 고백하였다. 그리고 하나님의 일차적인 관심사는 죽은 자들과 그들이 거하는 내세가 아닌 산 자들과 그들이 거하는 현세에 있으며, 산 자들의 세계를 모든 파멸과 죽음의 세력으로부터 구원하여 그 안에 하나님의 주권을 세우는 데—즉 다스림에—있는 것으로 인식되었다.[14]

이러한 현세 중심적인 이스라엘 민족의 신앙에 의거하여 신구약성서는 삶의 유일회성唯一回性과 불가역성不可逆性을 단언한다. "구름이 사라지면 자취도 없는 것처럼, 스올로 내려가는 사람도 그와 같아서, 다시는 올라올 수 없습니다. 그는 자기 집으로 다시 돌아오지도 못할 것이고, 그가 살던 곳에서도 그를 몰라볼 것입니다"(욥 7:9-10). 즉 인간의 지상에서의 삶은 단 한 번만 주어지며, 지나간 삶은 다시 되돌리거나 반복될 수 없는 삶이다. 그러므로 성서는 유한한 삶의 허무함을 탄식하면서도, 삶의 귀중함과 아름다움을 찬양하고 생명의 창조자이신 하나님의 영원하심을 칭송한다. "인생은 그 날이 풀과 같고 피고 지는 들꽃 같아, 바람 한번 지나가면 곧 시들어 그 있던 자리마저 알 수 없는 것이다. 그러나 주님을 경외하는 사람에게는 주님의 사랑이 영원에서 영원까지 이르고 주님의 의로우심은 자손 대대에 이를 것이니,…주님께 지음 받은 사람들아, 주님께서 통치하시는 모든 곳에서 주님을 찬송하여라. 내 영혼아, 주님을 찬송하여라"(시 103:15-17, 22).

---

14) 김균진, 『죽음의 신학』, 137f.

2. 하나님의 사랑과 축복과 긍정의 대상으로서의 생명

하나님은 모든 만물을 창조하고 나서 매 순간 "보시기에 심히 좋았더라"(창 1:4, 10, 12, 18, 21, 25, 31) 하시며 감탄하셨다. '보기에 좋다'는 것은 '기분이 흡족하고 기뻐한다'를 의미하고, 이는 곧 '긍정하고 좋아한다'를 의미하기도 한다. 하나님은 모든 생명을 바라보시면서 흡족한 기분으로 기뻐하며 긍정하며 좋아하셨다. 이러한 기쁨과 긍정은 마치 부모가 아이를 얻었을 때 느끼는 것과 동일한 기쁨과 긍정이다. 이것은 하나님이 인간을 위시한 이 세상의 모든 만물을 귀중하고 사랑스러운 존재로 여기면서 기뻐하고 긍정하신다는 것을 의미한다.

특별히 인간의 생명에 대한 하나님의 긍정은 하나님이 인간을 '그의 형상'으로 지으셨다는 말씀에서 정점에 달한다.[15] "하나님이 말씀하시기를 '우리가 우리의 형상을 따라서 우리의 모양대로 사람을 만들자.'…하나님이 당신의 형상대로 사람을 창조하셨으니, 곧 하나님의 형상대로 사람을 창조하셨다. 하나님이 그들을 남자와 여자로 창조하셨다"(창 1:26-27). 여기서 인간의 생명은 '이 땅 위에 있는 하나님의 형상imago Dei' 내지 '하나님의 대리자'representative of God로 긍정된다.[16]

'하나님의 형상'인 인간은 '보이지 않는 하나님의 형상'이신 예수 그리스도 안에 계시된 하나님의 모습을 닮아야 하며 이 세계 속에서 그것을 나타내야 한다. 신약성서 골로새서 1:15은 예수 그리스도가 "보이지 않는 하나님의 형상이시요, 모든 피조물보다 먼저 나신 분"이라고 말한다. 자연 만물이 다 하나님과의 친교(교통)를 위해 창조되었지만, 인간은

---

15) 김균진, 『생명의 신학』(서울: 연세대학교출판부, 2007), 105.
16) 곽혜원, 『현대세계의 위기와 하나님의 나라』, 111ff.

하나님의 특별한 친교 대상이다. 인간은 누구를 막론하고 약점과 허물이 있지만, 그 약점과 허물에도 불구하고 하나님은 인간의 생명을 긍정하신다. 인간의 생명 자체, 살아 있음 자체가 하나님께 좋은 일이요, 인간 자신에게도 좋은 일이다.

하나님이 모든 생명을 기뻐하고 긍정하신다는 것은 모든 생명을 사랑하신다는 것을 뜻한다.[17] 모든 생명은 하나님의 사랑의 대상이다. 하나님은 모든 생명을 사랑하시기 때문에, 이들이 폐기되지 않고 존속하며 이 땅 위에서 천수天壽를 누리며 행복하게 살아가기를 원하신다. 이러한 생명에 대한 하나님의 사랑은 하나님 자신의 본성에 근거한다. "하나님은 사랑이시다"(요일 4:8, 16). 사랑은 없음을 원하지 않고 있음을 원하며, 죽음을 원하지 않고 생명을 원한다. 사랑은 생명을 기뻐하고 이를 긍정하므로, 사랑이 있는 곳에는 생명이 있다. 특별히 하나님은 가난하고 소외된 자들, 힘없는 자들, 장애인들의 생명이 '있기를' 원하시고 죽음을 싫어하신다. 죽음은 하나님께도 슬픈 일이어서, 예수 그리스도는 나사로가 죽었다는 소식을 듣고 우셨다(요 11:35). 이처럼 하나님은 생명을 사랑하시기 때문에, 죄와 죽음이 있는 곳에 생명의 세계를 세우고자 하신다.

"하나님은 사랑이시다"라는 말은 "하나님은 생명이시다"(시 42:8)라는[18] 말과 동의어라고 말할 수 있다. 하나님은 당신의 사랑과 생명을 함께 누리고 싶어서 세상과 인간을 창조하셨다. 하나님의 창조는 하나님의 사랑과 생명을 나누는 일이었다. 하나님은 생명을 사랑하고 원하시기 때문에, 모든 생명이 건강하고 행복하며 이 땅의 삶을 충만히 누리기를 원

---

17) 김균진, 『생명의 신학』, 106.
18) "낮에는 주님께서 사랑을 베푸시고, 밤에는 찬송으로 나를 채우시니, 나는 다만 살아계시는 내 하나님께 기도합니다"(시 42:8).

하신다. 모든 생명이 이 땅 위에서 행복하게 사느냐, 아니면 죄와 악의 세력으로 인해 사멸하느냐가 하나님께는 대단히 중요한 문제다. 그러므로 모든 생명은 이 땅 위에서 행복하게 살면서 삶을 충만히 누려야 한다. 이 세상과 삶을 비관하고 절망하면서 슬픔 속에서 살아가는 것은 하나님이 원하시는 바가 결코 아니다.

하나님은 모든 생명을 사랑하시기 때문에 모든 생명에게 복을 주신다. 창세기 1:28은 "하나님이 그들에게 복을 베푸셨다"고 기록한다. 모든 생명은 결코 억압과 착취의 대상이 아니라, 신적 축복의 대상이다. 인간의 생명은 결코 멸시당하고 비하됨으로 사멸해야 할 존재가 아니라, 하나님의 사랑과 축복 속에서 건강하고 번성하여 땅에 충만해야 할 존재다. 이를 위해 하나님은 모든 생명에게 땅에서 나오는 먹거리를 풍성하게 마련해주셨다(창 1:29-30). 하나님은 인간을 위시한 모든 생명을 축복하시고 풍성하게 살도록 창조하셨으며, 모든 생명은 하나님의 사랑과 생명의 잔치에 참여하도록 지음 받았다. 모든 생명은 하나님의 사랑과 축복의 대상이기 때문에, 하나님은 모든 생명이 보호받고 장려되기를 원하신다. 모든 인간의 생명은 자연의 피조물과 함께 하나님의 배려와 돌보심의 대상이다. 시편에는 다음과 같은 구절들이 있다. "주님은 사람과 짐승을 똑같이 돌보십니다"(시 36:6). "주님, 사람이 무엇이기에 그렇게 생각하여주십니까? 인생이 무엇이기에 이토록 생각하여주십니까?"(시 144:3)

인간에 대한 하나님의 이러한 태도는 인간이 인간에 대해 지녀야 할 태도를 규정한다. 하나님이 인간의 생명을 사랑하며 축복하고 돌보신다면, 우리도 이웃의 생명을 그렇게 대해야 한다. 서로의 생명을 사랑하고 축복의 길을 열어주며 서로 돌보는 것이 인간이 지켜야 할 창조질서다.

특별히 생명력을 훼손당한 연약한 생명을 보호하고 돌보는 것이 하나님의 질서다. 이 질서를 지키는 곳에 생명의 길이 있다. 반대로 생명을 억압하고 착취하는 것은 하나님의 창조질서에 어긋난다. 생명에 대한 모든 형태의 부정과 비하, 억압과 착취는 생명의 하나님 자신에 대한 모독이요, 하나님의 소유를 파괴하는 행위다.[19] 그것은 곧 죽음의 길인 것이다.

무엇보다도 생명에 대한 하나님의 긍정은 하나님이 예수 그리스도 안에서 자신을 인간과 동일화함으로써 인류를 위시한 자연의 모든 피조물의 생명을 구원하신 '성육신 사건'(빌 2:6-8)에[20] 가장 잘 나타난다.[21] 예수 그리스도의 성육신, 곧 하나님의 아들이 인간의 육신을 취하셨다는 것은, 종종 천하고 무가치한 존재로 여겨지는 인간의 육신마저 하나님에 의해 긍정되는 사랑과 축복의 대상이라는 사실을 나타낸다. 예수 그리스도의 성육신과 자기 희생은 인간을 위한 하나님의 지속적인 사랑과 배려와 돌보심을 결정적으로 드러내며, 우리가 사는 세계가 하나님이 기뻐하고 긍정하시는 세계라는 사실을 시사한다. 기독교에 있어서 이 세계는 결코 그 자체로서 악마적이고 무가치하며 포기되어야 할 부정적인 곳이 아니다.

---

19) 곽혜원, 『현대세계의 위기와 하나님의 나라』, 77-96.
20) "여러분 안에 이 마음을 품으십시오. 그것은 곧 그리스도의 마음이기도 합니다. 그는 하나님의 모습을 지니셨으나, 하나님과 동등함을 당연하게 생각하지 않으시고, 오히려 자기를 비워서 종의 모습을 취하시고, 사람과 같이 되셨습니다. 그는 사람의 모양으로 나타나셔서, 자기를 낮추시고 죽기까지 순종하셨으니, 곧 십자가에 죽기까지 하셨습니다"(빌 2:6-8).
21) 곽혜원, 『현대세계의 위기와 하나님의 나라』, 81f.

3. 살아 있음 자체가 아름다운 생명

앞서 제시한 바와 같이 하나님은 인간의 생명이 존재하기를 원하신다. 인간은 하나님에게 교통의 대상이요 이 땅 위에 있는 하나님 자신의 형상으로서, 하나님의 미래가 인간에게 달려 있기 때문이다. 하나님의 미래인 인간의 생명 안에는 거의 무한에 가까운 가능성들이 내포되어 있다. 그 누구도 이 가능성들 가운데 어떤 가능성이 장차 실현될 것인지 예측할 수 없다. 그러므로 인간의 생명은 무한한 개방성이요, 예측할 수 없는 신비라고 말할 수 있을 것이다.

그런데 이 세상에는 죽지 못해 사는 사람들이 너무나 많아서, 무수한 사람이 스스로 목숨을 끊거나 세상을 등지고 있다. 여기서 너무도 안타까운 점은, 인생이 괴롭다 하여 스스로 생명을 포기해버리면 그 안에 숨어 있는 모든 가능성도 함께 폐기되어버린다는 사실이다. 죽음은 모든 가능성의 중지를 뜻한다. 내가 죽으면 나에게 이 세상의 모든 것은 끝나버린다. 사랑이나 미움도, 슬픔이나 기쁨도, 행복이나 불행도, 아름다움이나 추함도 더는 경험할 수 없게 된다. "죽은 이들에게는 이미 사랑도 미움도 야망도 없다. 세상에서 일어나는 어떠한 일에도 다시 끼어들 자리가 없다"(전 9:6).

사실 우리는 젊은 시절에는 삶에 허덕이느라 살아 있음 자체가 좋은 일이라는 것을 느끼기 어렵다. 그러나 세월이 흐르면서 가까이 다가오는 죽음을 감지할수록, 우리는 살아 있다는 것 자체가 아름다운 일임을 절감하게 된다. 또 나에게 주어진 모든 가능성이 죽음으로 인해 언젠가 중지될 수밖에 없음을 안타까워하게 된다. 그래서 죽음을 목전에 둔 사람들은 살아 있음을 원망하는 사람들에게 이렇게 말하고 싶어 한다. "형제여, 사는 것이 힘들고 고단하지만, 그래도 우리가 살아 있다는 것 자체가 좋은 일이 아닌가! 죽는 것보다 사는 것이 더 좋은 일이 아닌가! 아무 의미도 없어 보이는 한 포기 잡초의 생명이 살아 있다는 것 자체가 아름다운 일이 아닌가!" 이처럼 생명, 곧 살아 있다는 것은 그 자체로 좋은 일이다. 그것은 거룩한 것이다. 죽는 것보다 사는 것이 더 좋은 일이기 때문에, 예수는 온갖 병자들을 다 고쳐주셨고 죽은 나사로를 다시 살리셨으며 굶주리는 자들에게 먹을 양식을 마련해주셨다.

물론 성서는 인간 생명의 덧없음을 결코 간과하지 않는다. 인간의 생명은 흙으로부터 와서 흙으로 돌아간다(창 3:19). 그것은 한낱 바람과도 같다(욥 7:7).[22] 다음과 같은 시편 구절들을 살펴보라. "주님께서 생명을 거두어 가시면, 인생은 한순간의 꿈일 뿐, 아침에 돋아난 한 포기 풀과 같이 사라져 갑니다. 풀은 아침에는 돋아나서 꽃을 피우다가도 저녁에는 시들어서 말라버립니다"(시 90:5). "사람은 한낱 숨결과 같고, 그의 일생은 사라지는 그림자와 같습니다"(시 144:4). 또한 인생에는 고통과 고난이 있고, 이별과 슬픔과 괴로움이 불가피하게 따를 수밖에 없다. 그래서 사는 것보다 죽는 것이 더 낫다고 생각될 수도 있다.

그러나 고통과 고난과 이별과 슬픔과 괴로움에도 불구하고 살아 있으면 반드시 언젠가는 희망이 있다. "살아 있는 사람에게는 누구나 희망이 있다. 비록 개라고 하더라도 살아 있으면 죽은 사자보다 낫다"(전 9:4). 어떤 새로운 가능성이 어느 때에 나타날 것인지 아무도 예측할 수 없으므로, 우리 인생은 예측할 수 없는 가능성의 실현을 기다리는 여정이라고 해도 과언이 아니다. 하나님은 우리 안에 숨어 있는 생명의 가능성들

---

22) "내 생명이 한낱 바람임을 기억하여 주십시오. 내가 다시는 좋은 세월을 못 볼 것입니다"(욥 7:7).

이 실현되기를 간절히 고대하신다.

무한한 가능성으로서의 인간의 생명, 그것이 바로 하나님이 보시기에 좋은 것이다. 하나님이 보시기에 좋고 기뻐하는 것을 우리 인간이 함부로 중단시켜서는 안 될 것이다. 오히려 하나님처럼 우리도 우리의 생명, 곧 우리의 살아 있음을 좋아하고 기뻐하면서 예기치 못한 새로운 가능성의 실현을 묵묵히 기다려야 할 것이다. 모든 순간을 기뻐하고 그것을 아름답게 살 수 있어야 할 것이다(살전 5:18). 자신의 생명에 대한 저주와 부정, 자기 학대와 자기 살해는 그것을 창조하신 하나님에 대한 저주와 부정이라고 해도 과언이 아니다. 인간의 생명은 본래 하나님의 소유이며, 이 땅 위에 있는 하나님 자신의 현실이기 때문이다.

생명의 '있음'이 '없음'보다 더 좋은 일이라면, 우리는 생명의 기쁨과 아름다움을 죽음 이후 저 세상에서 찾기 이전에 먼저 이 세상에서 찾아야 할 것이다. 단지 내세만을 동경하면서 현세의 삶을 무의미하고 무가치한 것으로 바라보는 것은 삶에 대한 저주요, 종교적 기만이요, 하나님이 주신 은혜의 선물을 부정하는 일이다. 우리는 하나님이 지으신 땅과 하늘, 산과 숲, 들에 핀 꽃 한 송이를 바라보면서 기뻐하고 아름다움을 느낄 수 있어야 할 것이다. 하나님이 주신 음식물을 맛있게 먹고, 굶주리는 사람들을 생각하면서 음식물을 내버리는 일을 삼가야 할 것이다. 우리의 육신도 하나님이 주신 은혜의 선물이므로, 육신을 깨끗하고 건강하게 유지하는 것은 인간의 의무라 할 수 있다. 하나님은 우리의 생명이 깨끗하고 건강하게 유지되기를 원하시기 때문이다. 성서는 다음과 같이 말하기도 한다. "너는 가서 즐거이 음식을 먹고 기쁜 마음으로 포도주를 마셔라. 너는 언제나 옷을 깨끗하게 입고 머리에는 기름을 발라라"(전 9:7-8).

우리의 생명, 곧 우리의 살아 있음은 하나님의 은혜로운 선물이므로 우리는 어떤 상황 속에 있든지, 가난하든지 부유하든지, 건강하든지 병들었든지 마음 깊은 곳에서 '살아 있음'을 기뻐하고 감사해야 한다. 먹고 마실 수 있고, 숨을 쉬고 잠을 잘 수 있다는 것 자체를 감사하고 기쁘게 생각해야 한다. 그러므로 전도서 기자는 이렇게 말한다. "이제 나는 깨닫는다. 기쁘게 사는 것, 살면서 좋은 일을 하는 것, 사람에게 이보다 더 좋은 것이 무엇이랴. 사람이 먹을 수 있고, 마실 수 있고, 하는 일에 만족을 누릴 수 있다면, 이것이야말로 하나님이 주신 은총이다"(전 3:12-13).

우리가 인생을 살아가면서 때론 슬픈 일도 있고 괴로운 일도 만나지만, 절대로 죽을 때까지 고통스럽지는 않을 것이다. 고통은 반드시 지나가게 되어 있고, 모든 고통에는 반드시 종착역이 있기 때문이다. 고통의 한복판에 있을 때는 마치 죽을 것 같고 끝이 없어 보여도, 언젠가 반드시 고통의 날은 지나가고 새날이 도래하게 될 것이기 때문이다.[23] 고통이나 기쁨은 이 세상에서 결코·영원하지 않으므로 좋은 일이 있을 때 희희낙락하거나 기고만장하지 말아야 하며, 궂은일이 밀려와도 절대로 낙담하거나 절망하지 말아야 할 것이다.

생명의 허무함과 고통에도 불구하고 하나님 앞에서 생명을 하나님의 선물로 인정하고 누리면서 사는 지혜에 대해 전도자는 다음과 같이 말한다.

빛을 보고 산다는 것은 즐거운 일이다. 해를 보고 산다는 것은 기쁜 일이다. 오래 사는 사람은 그 모든 날을 즐겁게 살 수 있어야 한다. 그러나 어두운 날들이 많을 것이라는 것도 기억해야 한다.…젊은이여, 젊을 때에,

---

23) 곽혜원, 『자살문제, 어떻게 할 것인가』, 238f.

젊은 날을 즐겨라. 네 마음과 눈이 원하는 길을 따라라. 다만 네가 하는 이 모든 일에 하나님의 심판이 있다는 것만은 알아라.…젊을 때에 너는 너의 창조주를 기억하여라"(전 11:7-12:1).

또 마지막으로 전도자는 이렇게 권고한다. "하나님을 두려워하여라. 그분이 주신 계명을 지켜라. 이것이 바로 사람이 해야 할 의무다"(전 12:13).

4. 성서: 생명 긍정의 책

'생명의 하나님'에 상응하여 성서는 그 전체에 있어서 '생명 긍정(肯定)의 책'이다.[24] 성서는 생명에 대한 하나님의 끊임없는 긍정과 보호에 대해 보도함으로써, 창세기부터 요한계시록에 이르기까지 하나님의 생명 긍정과 보호에 관한 이야기로 가득 채워져 있다. 즉 하나님의 천지 창조, 이스라엘 백성의 선택, 출애굽, 언약, 바빌론 포로 생활에서의 해방, 예수 그리스도의 구원사건, 보혜사 성령의 강림 등, 이 모든 것이 생명에 대한 하나님의 긍정과 보호를 증언한다.

먼저 구약의 율법은 연약한 자들의 생명에 대한 하나님의 긍정과 보호를 명령한다. 이는 곧 연약한 생명의 보존을 위한 하나님의 '생명 회복의 법'이라고 말할 수 있다. 가령 안식일安息日 계명을 살펴보자. "너희나 너희의 아들이나 딸이나, 너희의 남종이나 여종만이 아니라…너희의 집

---

24) 김균진, 『생명의 신학』, 110-115.

에 머무르는 나그네라도 일을 해서는 안 된다"(출 20:10). 안식일 계명은 가난하고 소외된 자들, 곧 힘없는 여인과 아이들, 종과 나그네들의 생명 보호와 배려를 명령함으로써 모든 피조물의 건강하고 행복한 삶을 가능하게 하는 계명이다.[25] 다음으로 안식년安息年 계명은 그 땅에 사는 가난한 자들의 생명을 배려할 뿐만 아니라, 혹사당하는 땅의 휴식과 구원을 위한 하나님의 계명이다.[26] "일곱째 해에는 땅을 놀리고 묵혀서, 거기서 자라는 것은 무엇이나 가난한 사람들이 먹게 하고…"(출 23:11). 나아가 희년禧年 계명은 가난한 자들의 부채를 탕감해주고 땅을 본래의 임자에게 되돌려주며 종을 해방함으로써, 하나님의 정의가 모든 피조물 안에 회복되는 새로운 생명의 세계를 지향한다.[27]

구약이 간직한 메시아에 대한 비전vision은 이 땅 위에 거하는 모든 피조물이 하나님을 아는 지식과 사랑과 정의와 평화 속에서 더불어 살아가는 새로운 생명의 세계를 약속한다. 이사야서에 기록된 메시아 도래에 대한 대표적인 구절을 살펴보자.

이새의 줄기에서 한 싹이 나며, 그 뿌리에서 한 가지가 자라서 열매를 맺는다. 주님의 영이 그에게 내려오신다. 지혜와 총명의 영, 모략과 권능의

---

25) 곽혜원, 『현대세계의 위기와 하나님의 나라』, 85f.

26) 곽혜원, 『현대세계의 위기와 하나님의 나라』, 86ff.

27) 희년은 일곱째 해에 땅을 쉬게 하는 안식년을 일곱 번 지낸 49년을 보내고 50년째 맞이하는 해다. 이 희년에 하나님은 첫째, 매였던 종이나 노예, 그 가족을 자유하게 함으로써 박탈당한 그들의 인간으로서의 가치와 존엄성과 권리를 되찾게 하고(레 25:10), 둘째, 가난한 자들에게서 부당한 이득을 취하지 않을 뿐만 아니라(레 25:14-18) 그들이 지금까지 짊어졌던 채무를 탕감해줌으로써(신 15:1-4) 그들로 하여금 새롭게 출발할 수 있도록 도와주며, 셋째, 소유했던 땅을 본래의 임자에게 돌려주도록 명령하신다(레 25:28).

영, 지식과 주님을 경외하게 하는 영이 그에게 내려오시니,…그때에는 이리가 어린 양과 함께 살며, 표범이 새끼 염소와 함께 누우며, 송아지와 새끼 사자와 살진 짐승이 함께 풀을 뜯고 어린아이가 그것들을 이끌고 다닌다. 암소와 곰이 서로 벗이 되며, 그것들의 새끼가 함께 눕고, 사자가 소처럼 풀을 먹는다. 젖 먹는 아이가 독사의 구멍 곁에서 장난하고, 젖 뗀 아이가 살무사의 굴에 손을 넣는다. "나의 거룩한 산 모든 곳에서는 서로 해치거나 파괴하는 일이 없다." 물이 바다를 채우듯, 주님을 아는 지식이 땅에 가득하기 때문이다(사 11:1-9).

구약에 등장하는 '고난받는 종'(사 53장) 역시 죽어가는 생명을 살리시는 메시아, 모든 생명이 함께 더불어 살아가는 새로운 생명의 세계를 세우시는 메시아를 가리킨다.

이러한 구약의 메시아적 비전 속에서 예수 그리스도는 '하나님 나라'를 선포하셨는데,[28] 이는 곧 생명 살리기의 성향을 지닌다.[29] 예수는 "포로된 자에게 자유를, 눈먼 자에게 다시 보게 함을, 눌린 자를 자유롭게 하고 주의 은혜의 해[희년]를 전파"(눅 4:19)하시면서 메시아적 사명을 감당하셨다. 그는 "제왕들을 왕좌에서 끌어내리시고, 비천한 사람들을 높이시며, 주린 사람들을 좋은 것으로 배부르게 하시고, 부한 사람들을 빈손으로 보내신"(눅 1:52-53) 메시아로 묘사된다. 그는 '세리와 죄인의 친구'(마 11:19; 눅 7:34)가 되어[30] 그들의 상실된 존엄성을 회복시키시

---

28) "그때부터 예수께서는 '회개하여라. 하늘 나라가 가까이 왔다' 하고 선포하기 시작하셨다"(마 4:17); "때가 찼다. 하나님의 나라가 가까이 왔다. 회개하여라. 복음을 믿어라"(막 1:15).

29) 김균진, 『생명의 신학』, 113.

30) 이에 사회에서 버림받은 사람들과 밑바닥 사람들, 곧 온갖 병자와 장애인들, 귀신들린

고 병을 치료하시며 귀신을 내쫓으심으로써 죽어가는 사람들의 생명을 회복하셨다.

무엇보다도 예수는 죄의 용서를 통해 죄책의 짐으로부터 인간의 생명을 자유롭게 하시고 새로운 가능성과 미래를 열어주셨다. 이를 통해 예수는 온갖 형태의 소외와 차별과 착취가 일어나는 세계 속에서 시들어가는 인간의 생명을 살리는 분으로 활동하셨다. 예수가 이 세상에 가져오신 것은 새로운 종교가 아니라 새로운 생명 그 자체인 것이다.[31] 그러므로 하나님은 메시아 예수를 통해 "어둠 속과 죽음의 그늘 아래에 앉아 있는 사람들에게 빛을 비추게 하시고 우리의 발을 평화의 길로 인도하실" 것이다(눅 1:79).

예수 그리스도의 부활은 생명에 대한 하나님의 사랑과 긍정을 다시 한 번 나타낸다. 예수는 영혼만 부활하신 것이 아니라, 영혼과 육체를 포함한 그의 생명 전체가 새로운 형태의 생명으로 다시 살아나셨다. 하나님은 예수의 부활을 통해 죽음의 세력을 극복하고 생명의 세계를 새롭게 시작하셨다. 예수는 "죽음을 삼키고서 승리를 얻었다"(고전 15:54). 죽음의 세력을 이기신 예수 그리스도 안에 하나님의 생명이 있으므로(롬 8:2), 그는 죽어가는 생명을 살리는 생명 그 자체이시다. 예수는 "나는 길

사람들, 동족으로부터 멸시천대를 받는 세리와 창녀와 죄인들, 가난에 찌든 어부와 농부들, 거리를 헤매는 거지들과 생업을 잃어버린 사람들, 세상 어디에서도 위로받을 수 없는 슬퍼하는 사람들 그리고 당시 남성들의 소유물과 성적인 착취물이었던 여인들이 언제나 예수 주변에 모여들었다. 당시 이스라엘의 권력자들과 종교지도자들, 부유한 사람들은 이러한 예수의 대인관계를 비웃고 조롱했지만, 예수는 이에 구애받지 않고 한평생 가난하고 소외된 불쌍한 사람들과 몸과 마음까지 하나가 되어 동고동락(同苦同樂)하셨다: 곽혜원, 『삼위일체론 전통과 실천적 삶』(서울: 대한기독교서회, 2009), 197.

31) J. Moltmann/곽혜원 옮김, 『하나님의 이름은 정의이다』(서울: 21세기교회와신학포럼, 2011), 114.

이요 진리요 생명이다"(요 14:6)라고 말씀하셨다. 그러므로 생명 그 자체이신 예수를 구원자로 믿고 따르는 우리에게는 '영원한 생명'이 열리게 된다(요일 1:2; cf. 히 7:16).[32]

성서는 생명의 세계에 대한 종말론적·메시아적 희망 속에서 종결된다.[33] 장차 하나님이 이루실 '새 하늘과 새 땅'(사 65:17; cf. 계 21:1)에서는[34] 죽음이 없을 것이다. "다시는 죽음이 없고 슬픔도 울부짖음도 고통도 없을 것이다"(계 21:4). 거기에는 모든 피조물이 하나님을 아는 지식과 하나님의 사랑과 자비와 정의 속에서 생명을 보호받으면서 함께 더불어 평화롭게 살아가는 '생명의 세계'가 이루어질 것이다.

5. 기독교: 생명 긍정의 종교

'생명 긍정의 책'인 성서를 하나님의 말씀으로 받은 기독교는 결코 생명 부정의 종교가 아니라 본질상 '생명 긍정의 종교'다. 이 세계의 많은 종교가 피안彼岸의 세계를 동경함으로 말미암아 차안此岸의 생명을 등지도록 부추기는 데 반해, 기독교는 먼저 차안의 세계에서 모든 생명이 건강하고 행복하게 살아가도록 독려해야 한다.[35] 다른 종교들은 피안의 세계

---

32) "이 생명이 나타나셨습니다. 우리는 그것을 보았습니다. 그래서 우리는 이 영원한 생명을 여러분에게 증언하고 선포합니다. 이 영원한 생명은 아버지와 함께 계셨는데, 우리에게 나타나셨습니다"(요일 1:2).

33) 김균진, 『생명의 신학』, 114f.

34) "보아라, 내가 새 하늘과 새 땅을 창조할 것이니, 이전 것들은 기억되거나 마음에 떠오르거나 하지 않을 것이다"(사 65:17); "나는 새 하늘과 새 땅을 보았습니다. 이전의 하늘과 이전의 땅이 사라지고, 바다도 없어졌습니다"(계 21:1).

35) 곽혜원, 『현대세계의 위기와 하나님의 나라』, 81f.

에서 누릴 영원한 생명과 축복을 약속하는 반면, 기독교는 그러한 영적인 축복과 함께 이 세상에서 삶을 영위하는 데 반드시 필요한 물질적 축복도 약속해야 한다. 생명을 유지하기 위해 가장 먼저 필요한 것은 굶주린 배를 채우는 일이므로, 하나님은 모든 생명이 배불리 먹을 수 있기를 원하시기 때문이다.

특별히 구약성서가 기록될 당시 고대인들이 배불리 먹고 생명을 유지할 방법은 생명의 보금자리요 생명 여건의 일차적 터전이자 생명을 만들어내는 환경, 즉 생명의 텃밭인 땅을 갖는 것이었다. 그러므로 땅을 주겠다는 약속은 생명을 지키겠다는 약속과 같은 약속이었다. 이러한 맥락에서 땅이 중요한 관심사이므로, 구약성서에서 하나님은 아브라함에게 새로운 땅을 주겠다고 약속하셨고(창 12:1; cf. 15:7), '저 아름답고 넓은 땅, 젖과 꿀이 흐르는 땅'을 모세와 이스라엘 백성에게 거듭 약속하셨다(출 3:8; 33:3; 레 20:24).

바로 여기에 성서가 제시하는 하나님의 구원이 있다. 즉 하나님의 구원은 죽음 이후 인간의 영혼이 영원한 생명을 누리는 데 있을 뿐만 아니라, 이 땅 위에서 건강하고 행복하게 좋은 일을 많이 하면서 살아가는 데 있다. 또한 하나님의 구원은 죄악과 불의와 고통 속에서 죽어가는 생명을 살리며, 모든 생명이 평화롭게 사는 '하나님 나라'를 세우는 데 있다. 하나님은 '죽음의 하나님'이 아닌 '생명의 하나님'이시며, 모든 존재가 생명을 누리는 것이 바로 하나님의 뜻이다. 예수가 선포하신 '하나님 나라'는 모든 피조물이 하나님의 사랑과 자비와 정의 속에서 생명을 보호받으면서 평화롭게 살아가는 세계이며, 예수가 이루신 구원은 영·혼·육이 모두 풍성한 생명을 누리는 전인적全人的 구원이다. 모든 생명은 저주와 멸시와 착취의 대상이 아니라, 하나님이 보시기에 좋고 아름다운 하나님의 소유이기 때문이다.

성서가 모든 생명을 보호하고 긍정하기 때문에, 기독교 신앙은 모든 생명이 건강하고 행복하게 살아가는 생명의 세계, 모든 생명이 이 세계의 아름다움과 삶의 기쁨을 누리면서 즐겁게 살아가는 세계를 소망하고 고대한다. 모든 생명은 비하되거나 억압받고 착취당하면서 사멸해야 할 존재가 결코 아니라, 하나님의 사랑과 축복 속에서 건강하고 번성하여 땅에 충만해야 할 존재들이다. 이에 그리스도인들은 생명에 대한 모든 형태의 저주와 억압과 착취와 고문과 살해 행위를 단호히 거부해야 한다.

특별히 오늘날 인간과 자연의 생명이 억압과 착취, 파괴와 죽임을 당하는 현실에 직면해 무엇보다 필요한 것은 생명에 대한 사랑과 긍정의 정신이다. 생명 파괴가 다반사로 일어나는 상황에 봉착하여 생명 자체를 사랑하고 긍정하는 정신이 절실히 요청된다. 그런데 생명을 파괴하는 냉소주의에 맞서기 위해서는 먼저 죽음에 대한 익숙함과 무관심을 극복해야 한다. 수백 수천의 생명이 죽임을 당하는 현실 속에서 사악한 것은 죽음 그 자체이기도 하지만, 죽음에 대한 익숙함—죽음의 소식을 듣고도 대수롭지 않게 생각하는 마음—과 희생자들의 죽음의 고통에 대한 무감각 역시 우리의 죄악이기 때문이다.

하나님의 사랑 안에 거하는 그리스도인들은 생명에 대한 무감각의 담을 허물고 억울하게 죽임을 당하는 피조물들의 죽음의 고통을 함께 느낄 수 있어야 하며, 더 나아가 적극적으로 생명을 긍정하고 온갖 종류의 죽음의 세력을 거부해야 할 것이다. 하나님에 대한 영적인 민감성은 피조물들의 생명과 고난과 죽음에 대한 민감성으로 나타난다. 하나님과 가까워질수록 우리는 연약한 피조물들의 생명과 죽음, 삶의 기쁨과 죽음의 울부짖음에 더욱 민감해지게 된다. 그러므로 생명의 하나님과 동행하는 사람은 이 세계의 모든 문제에 무관심해지는 것이 아니라 오히려 책임 있게 관심을 기울이게 된다. 하나님과 더불어 살아가는 인간의 생명은 타자他者의 생명에 대한 사랑을 확산시키면서 죽음의 치명적인 충동에 저항할 수밖에 없다. 그리스도인은 하나님을 사랑하고 경외敬畏하기 때문에, 살고자 하는 모든 생명을 사랑하고 경외해야 한다. 그것이 생명의 회복이 그 어느 때보다 절실히 요청되는 21세기를 살아가는 그리스도인의 올바른 자세다.

4강
죽음을 넘어서는 기독교의 희망

죽음을 금기시하고 배제하는 신학계와 목회 현장의 현실 속에서 하나님과 인간 사이에 죽음을 초월하여 맺어진 관계의 영원성을 강조하는 가운데, 하나님의 통치영역으로서의 죽음의 세계, 산 자와 죽은 자들의 주님이신 하나님, 부활의 희망 속에 있는 산 자와 죽은 자들의 관계성을 제언함으로써 죽음을 넘어서는 기독교의 희망에 대해 성찰하고 죽음의 배제 문제를 극복하는 일에 기여하고자 한다.[1]

1. 죽음이 금기시되는 신학계와 목회 현장의 현실

서구 개신교 신학의 전통은 마태복음 22:32(cf. 눅 20:38)에 근거하여 하나님을 주로 '산 자들의 주님'으로 강조해왔다. 이와 함께 20세기 초반 특히 완전 죽음설(혹은 전적 죽음설)을[2] 주장하는 신정통주의(변증법적)

---

1) 4강은 『현대세계의 위기와 하나님의 나라』 부록에 수록한 글을 수정 및 보완한 것이다.
2) 완전 죽음설에 따르면, 영과 육의 합일체를 이루는 인간은 영과 육이 함께 죽음으로써,

신학자들에 의해 죽음은 무無로의 전락이며, 또한 하나님과 죽은 자 사이의 '무관계성'無關係性을 뜻한다고 하기까지 극단적으로 이해되었다. 칼 바르트K. Barth에 의하면, 인간은 육체와 함께 영혼도 완전히 죽음으로써 죽음은 "존재로부터 비존재로의 전이과정"이다.[3] 신정통주의 신학에 영향을 받은 에버하르트 융엘E. Jüngel에 따르면, "죽음은 삶이 그 속에서 이루어질 수 있는 모든 연결을 파괴하고 모든 관계를 단절시키며",[4] 특히 "한 인간에게 있어서 하나님과의 관계의 마지막"이다.[5]

완전 죽음설을 주장하는 이들에게 있어서 죽음은 무관계성을 의미하기 때문에, 죽은 자들은 하나님의 역사를 찬양하고 증거할 수 없는, 곧 하나님의 구원 사역에서 배제된 자들로 간주되었다. 또한 죽음의 세계는 그 본질이 하나님과 대립함으로써 결국 하나님의 통치영역에서 제외된 곳으로 인식되었다.[6] 따라서 살아 있는 자들과 죽은 자들, 삶의 세계와 죽음의 세계를 연결하는 모든 표상은 주로 동양의 이방 종교로부터 유

죽음은 영과 육의 전적인 폐기, 총체적 상실이다. 만약 그러하다면 하나님은 죽은 자들을 창세 때와 동일하게 다시금 무로부터 새로운 삶으로 부활시키신다는 것이다. 이러한 완전 죽음설은 인간 구원의 가능성을 인간 자체의 능력에 있는 것으로 보지 않고, 오직 하나님의 은혜와 능력에 있는 것으로 본다는 관점에서 일면 타당성을 가진다. 그러나 이와 동시에 이 학설은 마지막 부활 때 죽은 자들이 다시금 무로부터 창조됨으로 인해 인간의 정체성을 회복하고 확인하는 문제, 죽음과 함께 인간 존재가 완전히 폐기됨으로 인해 야기되는 인간의 윤리적 책임성과 삶의 의미를 구축하는 문제, 피조물에 대한 하나님의 신실함에 대한 회의 등 여러 면에서 심각한 아포리아(aporia)를 초래한다: 김균진, 『기독교 조직신학』 V(서울: 연세대출판부, 1999), 200-204; 김균진, 『죽음의 신학』, 343-354.

3) K. Barth, *Die kirchliche Dogmatik*, Bd. III/2(Zürich: 1948), 428.
4) E. Jüngel, *Tod* (Stuttgart: 1971), 101; cf. E. Jüngel, "Der Tod als Geheimnis des Lebens", J. Schwartländer, *Der Mensch und sein Tod* (Göttingen: 1976), 119.
5) E. Jüngel, *Tod*, 98.
6) G. Kittel, *Befreit aus dem Rachen des Todes: Tod und Todesüberwindung im Alten Testament* (Göttingen: 1999), 22f.

래하는 잘못된 사상으로 낙인찍히게 되었다. 죽음의 권세를 극복하고 죽은 자 가운데서 부활하신 예수 그리스도에 대한 부활 신앙으로 말미암아 죽음과 죽음의 세계, 죽은 자들에 대해 새롭게 이해할 수 있는 결정적인 근거가 마련되었음에도 불구하고, 죽음과 관련된 모든 개념에 대한 서구 개신교 신학계의 금기 현상은 최근 죽음에 대한 새로운 연구들이 발표되기 이전까지도 정도의 차이를 달리할 뿐 여전히 유효한 상황이었다.

한국 개신교는 죽음에 대해 배타적이며 죽은 자들을 하나님과 살아 있는 자들로부터 격리시키는 서구 개신교 신학의 전통 위에 세워졌으며, 그 결과 죽은 자들이 살아 있는 자들과 지속적인 유대관계를 맺는다고 믿는 무교를 필두로 한 한국의 종교·문화적 전통과 오랜 세월 갈등과 반목을 거듭하고 있다. 더욱이 역사적으로 볼 때 한국 개신교는 마치 국교와도 같이 신봉되던 조상제례를 거부함으로써 모진 핍박을 받아야 했으며, 뒤이어 신사참배를 강요당하면서 심각한 정체성의 위기를 경험했기 때문에 예나 지금이나 산 자와 죽은 자들 사이의 관계성에 대해 극도로 냉담한 반응을 보이고 있다.

하지만 한국 개신교 안에서 조상제례와 관련된 일체의 문제가 도외시되면서 이것이 급기야는 교인들의 교회 이탈과 일반 국민과의 괴리 현상을 나날이 심화시키게 되자, 결국 개신교는 이에 대한 고육지책으로 다른 나라에서는 유례가 없는 '추모예배'라는 대안을 마련하게 되었다. 추모예배는 조상제례가 야기하는 제반 폐해 및 역기능을[7] 극복하고

---

7) 조상제례의 역기능을 제시하면 다음과 같다. 1. 불의한 지배 계층의 권력과 국가체제를 강화하는 데 악용, 2. 가부장적(家父長的) 가족체제와 사회 공동체의 유지, 3. 공동체의 결속을 빙자한 개인의 가치와 존엄성 무시, 4. 가족 이기주의의 만연, 5. 여성과 미성년자의 차별과 예속, 6. 제사의 지나친 형식주의로 인한 부작용, 7. 사령(死靈)의 숭배와 초혼(招魂)으로 인한 기독교 신앙의 정체성 상실의 위기, 8. 산 자들의 세계에 드리우는 사령

이의 순기능을[8] 진작시키는 면에서 그 타당성과 존립 근거를 높이 평가할 만하다. 그러나 현시점에서 추모예배는 죽은 자들을 진정한 의미에서 회상하기 위해서라기보다는, 오히려 조상제례의 영구적인 폐지로 가는 과도기에 마련된 임시방편적 의례의 성격을 지닌다. 즉 추모예배를 통해 한국 개신교가 가지고 있는 산 자와 죽은 자의 관계성에 대한 부정적인 인식이 근본적으로 극복되지는 못하고 있다고 할 수 있다.

이러한 개신교의 경향은 살아 있는 자들이 죽음을 삶의 현실에서 배제하고 죽은 자들을 망각하는 오늘날의 시대사조를 방관하는 데 일조했음을 부인할 수 없다. 좀 더 많은 능률과 생산, 소비, 쾌락을 최고의 가치로 삼는 현대 사회에서 사회 발전을 저해하는 최악의 요소로 간주되는 죽음은 갈수록 더 빠른 속도로 배제되고 있다. 유능한 사람이 이상적 인간형으로 부각되는 능력 위주의 사회에서 이미 인간으로서의 가치를 상실한 죽은 자들은 점점 더 망각의 세계로 내몰림을 당하고 있다. 대다수 현대인들은 자신의 삶에 더 이상의 영향력을 행사할 수 없는 죽은 자들을 회상하는 것과 그들이 생전에 경험했던 고난과 불행을 되뇌는 일을 무의미하다고 생각하면서 죽은 자들을 자신들의 의식과 삶의 영역으로부터 밀어내고 있다. 그 결과 역사상 억울하고 부당한 죽임을 당한 수많은 사람도 우리의 뇌리에서 점차 사라져 가는 것이다.

의 어두운 그림자, 9. 하나님 단독 통치의 위기 등이다: 곽혜원, 『현대세계의 위기와 하나님의 나라』, 351.

8) 조상제례가 주는 순기능은 다음과 같다. 1. 효(孝) 정신의 고취, 2. 가족 구성원 간의 결속, 3. 시공을 초월한 세대들의 연속성 유지, 4. 사유를 통해 자신의 죽음을 선취(先取, 앞당겨옴), 5. 현대 사회에서 심각하게 문제시되는 죽음의 배제와 사사화(私事化, privatization) 극복, 6. 현대 사회에 만연된 개인주의와 익명성의 극복, 7. 죽은 자들을 삶의 세계에 통합시킴으로써 산 자와 죽은 자들 사이의 공동체성 장려 등이다: 곽혜원, 『현대세계의 위기와 하나님의 나라』, 351f.

그러나 죽음을 금기시하고 죽은 자들을 배제하는 이 병리적인 현상은 현대인들을 비인간적이고 무책임한 존재로 만듦으로써 종국적으로 인간의 삶의 영역과 삶 자체에 불행한 결과들을 초래하게 된다. 즉 죽음을 금기시하고 죽은 자들에게 무관심하게 되면 단지 눈에 보이는 것, 물질적인 것에만 얽매인 가운데 더 많은 물질의 소유, 명예와 업적, 지위와 권력, 향락과 쾌락에 집착하는 삶의 자세를 갖게 될 수 있다. 반대로 죽음을 초래하는 모든 현상에 대해서는 무관심한 마음과 무감각한 삶의 태도를 취함으로써, 매 순간 도처에서 무수히 많은 사람이 죽임을 당해도 이에 대해 특별한 관심을 기울이지 않게 된다. 주변의 생명은 물론 역사상 불의하고 억울한 죽임을 당한 조상들에 대해서도 무관심한 자세를 견지하며, 더 나아가 앞으로 태어날 후손들의 생명을 배려하고 보호하려는 마음 또한 갖지 않는다. 이러한 사람은 사회적 약자인 어린아이와 장애인, 병자, 노인 그리고 신음하는 자연의 피조물들에도 무관심하고 냉소적인 인간, 생명을 생명으로 여기지 않는 무정한 인간이 될 수 있다.[9]

하지만 다른 사람들의 삶과 죽음에 대한 무관심과 무감각은 우리 자신의 삶에 대한 사랑과 열정마저 마비시켜버리는 불행한 결과를 초래할 수 있다.[10] 그리고 삶과 죽음에 대한 무관심과 무감각은 결국 비정하고 비인간적인 사회, 냉정하고 냉혹한 사회를 허용하는 태도다. 우리가 우리의 의식과 삶의 현실에서 죽음을 배제할 때, 그것은 사회적인 무관심과 냉담을 확산함으로써 사회 전체를 마비시키기도 한다. 여기서 돌이키지 않는다면 다른 사람들의 슬픔과 고난과 죽음이 우리의 마음을 전혀

---

9) 곽혜원, 『현대세계의 위기와 하나님의 나라』, 352; J. Moltmann/김균진 옮김, 『오시는 하나님』(서울: 대한기독교서회, 1997), 128.

10) 곽혜원, 『현대세계의 위기와 하나님의 나라』, 264.

움직이지 못하며 우리 자신과 아무 관계가 없는 것으로 인식되는 사회, 자신의 유익을 위해 무엇이든지 착취하고 파괴하며 죽일 수 있는 사회, 죽음을 향해 치닫고 있지만 죽음에 대해 무감각한 사회, 한마디로 슬픔과 고난과 폭력과 죽음이 난무하나 아무도 이에 대해 죄책감과 책임 의식을 느끼지 못하는 비인간적인 사회 분위기가 점차로 확산될 수도 있다. 그러므로 위르겐 몰트만J. Moltmann은 죽은 자들이 부당하게 당한 불의와 억울함을 살아 있는 자들이 보상하지 않고 망각하는 한, 현재 살아 있는 자들의 행복과 더 나은 인류의 미래를 향한 사회적인 진보는 기대하기 어려울 것이라고 일침을 놓는다.[11]

2. 하나님의 통치영역으로서의 죽음의 세계

성서는 현세의 생명에 대한 강한 긍정 때문에 죽음과 관련된 모든 것에 대해 부정적으로 묘사하는 경향이 있다. 특히 성서는 죽음의 세계를 대변하는 '스올'שְׁאוֹל에[12] 대해 상당히 암울하게 묘사한다. 스올은 어원학적으로 어디서 유래하는지 아직까지 정확하게 밝혀지지 않고 있지만, 많은 학자가 이 단어를 '황폐하다'라는 의미를 가진 동사에서 유래하는 것으로 생각한다. 이에 상응하여 스올은 특히 불모지나 황무지로 이해되는데, 구약성서에서도 죽음의 세계를 대변하는 스올은 주로 어둡고 황폐한 나라로 기술된다(욥 10:21f.; 17:13; 시 88:12).[13] 어떤 구절들에서는 스올이

---

11) J. Moltmann, 『오시는 하나님』, 128.
12) 스올은 구약의 그리스어 번역본인 70인역에서 '하데스'(ᾅδης)로 번역되는 죽음의 세계다.
13) "내가 돌아오지 못할 땅, 곧 어둡고 죽음의 그늘진 땅으로 가기 전에 그리하옵소서. 땅

모든 산 자들이 언젠가 모이게 될 죽은 자들의 집으로(욥 30:23),[14] 또는 죽은 자들이 곤고와 쇠사슬에 묶여 있는 감옥으로(시 107:10-16; 116:3),[15] 망각의 땅으로(시 88:10-12; 전 9:5),[16] 그리고 극도의 침묵이 지배하는 곳으로(시 94:17; 115:17)[17] 묘사된다.

구약성서가 죽음의 세계인 스올에 대해 부정적으로 서술하기 때문에, 많은 신학자가 스올에서는 진정한 의미에서의 삶이 존재하지 않는다고 생각한다. 그도 그럴 것이 그곳에서는 외견상 활동적이고 생산적이며 진취적인 행위도 없는 것으로 묘사되기 때문이다. "네가 어떤 일을 하든지 네 힘을 다해서 하여라. 네가 들어갈 무덤 속에는 일도 계획도 지식도 지혜도 없다"(전 9:10). 또한 죽은 자들은 스올에서 다시는 빛을 볼 수 없고(시 49:19) 복과 구원을 경험하지 못하는 것으로 보인다(욥 7:7). 그뿐 아니라 죽음은 인간을 산 자들의 세계로부터 최종적으로 갈라놓음으로써, 스올로 내려간 죽은 자들은 다시는 삶의 세계로 회귀할 수 없다. 왜

은 어두워서 흑암 같고 죽음의 그늘이 져서 아무 구별이 없고 광명도 흑암 같으니이다"(욥 10:21, 개역개정); "흑암 속에서 주님의 기적을, 망각의 땅에서 주님의 정의를 경험할 수 있겠습니까?"(시 88:12)

14) "나는 잘 알고 있습니다. 주님께서는 나를 죽음으로 몰아넣고 계십니다. 끝내 나를 살아 있는 모든 사람들이 다 함께 만나는 그 죽음의 집으로 돌아가게 하십니다"(욥 30:23).

15) "사람이 어둡고 캄캄한 곳에서 살며 고통과 쇠사슬에 묶이는 것은, 그들이 하나님의 말씀을 거역하고 가장 높으신 분의 뜻을 저버렸기 때문이다.⋯그러나 그들이 고난 가운데서 주님께 부르짖을 때에 그들을 그 곤경에서 구원해주셨다. 어둡고 캄캄한 데서 건져주시고, 그들을 얽어맨 사슬을 끊어주셨다"(시 107:10-16).

16) "살아 있는 사람은, 자기가 죽을 것을 안다. 그러나 죽은 사람은 아무것도 모른다. 죽은 사람에게는 더 이상의 보상이 없다. 사람들은 죽은 이들을 오래 기억하지 않는다"(전 9:5).

17) "주님께서 나를 돕지 아니하셨다면, 내 목숨은 벌써 적막한 곳으로 가버렸을 것이다"(시 94:17); "죽은 사람은 주님을 찬양하지 못한다. 침묵의 세계로 내려간 사람은 어느 누구도 주님을 찬양하지 못한다"(시 115:17).

냐하면 죽음의 세계와 삶의 세계 사이에는 결코 건널 수 없는 깊은 수렁이 가로막고 있기 때문이다. "구름이 사라지면 자취도 없는 것처럼, 스올로 내려가는 사람도 그와 같아서 다시는 올라올 수 없습니다. 그는 자기집으로 다시 돌아오지도 못할 것이고 그가 살던 곳에서도 그를 몰라볼것입니다"(욥 7:9-10).

무엇보다도 죽은 자들이 겪는 가장 비통한 일은, 죽은 자들이 죽음의세계에서 다시는 야웨 하나님을 볼 수 없는 것처럼 보이는 데 있다. 스올에서는 하나님의 역사와 하나님에 대한 선포와 찬양이 더는 존재하지않는 것으로 기술된다.

주님은 죽은 사람에게 기적을 베푸시렵니까? 혼백이 일어나서 주님을 찬양하겠습니까? 무덤에서 주님의 사랑을, 죽은 자의 세계에서 주님의 성실하심을 이야기할 수 있겠습니까? 흑암 속에서 주님의 기적을, 망각의땅에서 주님의 정의를 경험할 수 있겠습니까?(시 88:10-12)

죽을병에 걸린 히스기야 왕은 죽은 자들을 하나님의 역사와 말씀을다시는 증거할 수 없는 자로 규정하면서 살아 있는 자들과 철저히 대립시킨다.

스올에서는 아무도 주님께 감사드릴 수 없습니다. 죽은 사람은 아무도 주님을 찬양할 수 없습니다. 죽은 사람은 아무도 주님의 신실하심을 의지할수 없습니다. 제가 오늘 주님을 찬양하듯, 오직 살아 있는 사람만이 주님을 찬양할 수 있습니다(사 38:18-19a).

이처럼 구약에서는 죽음의 세계와 삶의 세계가 엄격히 구별되고 스올이 삶과 야웨 하나님에 대한 기쁨이 사라져버린 곳으로 묘사되기 때문에, 종전까지 많은 신학자가 죽음의 세계에 대한 깊은 신학적 성찰을 회피하거나, 이를 하나님의 통치영역에서 제외된 곳으로 인식하였다. 신약신학자 기젤라 키틀G. Kittel은 한편으로 기존의 신학자들의 견해에 동조하여 "죽음의 세계는…하나님과 대립하여 존재한다. 이 세계는 그 본질에 있어서 하나님의 본성과 근본적으로 부합하지 않는다.…그러므로 스올은 하나님의 통치영역이 아닌 '황무지'다"라고 말한다. 그러나 다른 한편으로 키틀은 참으로 인간이 스올에서 삶과 죽음의 주님이신 하나님과 관계를 유지할 수 없는지, 피조물을 구원하시는 창조주 하나님이 침범하실 수 없는 영역이 과연 있을 수 있는지를 심각하게 검토하면서 다음과 같이 확증하였다. 첫째, 하나님과 맺은 인간의 연합은 인간의 육체적 소멸을 통해서도 절대 깨어지지 않고 오히려 이를 넘어 존속한다. 둘째, 하나님은 죽음의 세계로 들어가 본래 스올에게 속했던 것들을 장악하심으로써, 죽음의 세계도 결국 하나님의 통치영역이 될 것이다.[18]

이를 방증하듯이, 구약에는 죽음의 비통함과 죽은 자들이 스올에서 겪는 처참한 처지를 통탄하는 탄식 시편과 병행하여, 하나님과 인간 사이에 맺은 관계의 영원성과 하나님이 죽음의 세계로 진입하심을 확신하는 신앙고백들이 면면히 이어지고 있다. 특히 시편 73편의 저자는 "내 육체와 마음은 쇠잔하나 하나님은 내 마음의 반석이시요 영원한 분깃이시라"(26절)고 노래하면서 하나님과 맺은 관계가 영속적임을 확신한다. 육체의 생명력이 소진되고 영혼이 스러질지라도, 삶의 근본적 토대가 되시

---

18) G. Kittel, *Befreit aus dem Rachen des Todes*, 28, 179.

는 하나님과 우리가 맺은 삶의 관계는 어떠한 경우에도 죽음에서 끝나지 않는다는 것이다. 하나님과 맺은 관계는 삶과 죽음의 마지막 한계를 극복하는데, 왜냐하면 이 관계가 우리 육체와 영혼의 소멸보다 더 강하기 때문이다. 하나님과의 관계는 우리를 하나님의 면전에서 누리는 기쁨으로 인도하기 때문에, 이 세상의 모든 좋은 것과 하늘나라의 보화보다 더 값지다. 그러므로 하나님과 맺은 이러한 신실한 관계 속에서 죽은 자들은 영원히 하나님에 의해 붙들린 바 되고 세상 끝날까지 보존될 것이다.

하나님과 인간 사이에 맺은 관계가 인간의 모든 세대와 한계를 초월하여 영속하기 때문에, 죽음의 세계는 이제 하나님으로부터 소외된 공간으로 존재하지 않고, 결국 하나님의 통치영역으로 통합된다. 시편 139편 저자는 죽음의 세계의 중심에 진입하시는 하나님의 역사에 대해 "내가…스올에다 자리를 펴더라도 주님은 거기 계십니다"(시 139:8; cf. 암 9:2)라고 고백한다. 예언자 호세아도 스올로부터의 속량과 죽음의 권세로부터의 구속에 대해 다음과 같이 선언한다. "내가 그들을 스올의 권세에서 속량하며 내가 그들을 사망에서 구속하겠다. 사망아, 네 재앙이 어디 있느냐? 스올아, 네 멸망이 어디 있느냐?"(호 13:14) 그러므로 우리가 하나님을 만날 수 없는 영역이란 결단코 존재하지 않는다. 언제 어디서든, 심지어 스올에서도 하나님은 그의 영과 손길과 빛으로 우리에게 향하신다.

구약에서 죽음의 세계가 삶의 세계와 구별된다 하여, 죽음의 세계가 하나님께 속하지 않고 하나님의 통치영역에서 제외됨을 의미하는 것은 결코 아니다. 만약 하나님이 하늘과 땅을 창조하신 유일한 창조주시라면, 죽음의 세계가 독자적인 통치자를 가진 곳이라고는 생각할 수 없다. 하나님은 죽음의 세계를 그 어떠한 신적인 존재나 세력에게 양도하지 않으셨다. 왜냐하면 하나님은 자신과 나란히 군림하는 신적인 존재를 인내할 수 없는 배타적인 하나님, 곧 질투하는 하나님이시기 때문이다. 구약신학자 하르트무트 게제H. Gese는 "죽은 자들에게는 하나님의 계시가 해당되지 않지만, 그렇다고 이들이 (그리스 신화에 나오는) 어떤 저승의 신들에게 사로잡혀 있는 것은 결코 아니며, 오히려 야웨 하나님께 속한다"고 역설한다.[19] "음부, 곧 스올도 야웨 하나님께 속하는데", 이는 하나님의 통치영역이 어떠한 경우에도 죽음의 세계의 한계에서 끝나지 않기 때문이다. "그[하나님]의 통치와 그의 나라에는 어떠한 한계도 설정되어 있지 않으며, 죽음과 음부의 한계 역시 마찬가지다." 그러므로 스올의 존재와 세력은 하나님의 권능과 신실하심과 나란히 존립할 수 없다. 결국 스올은 하나님에 의해 점령당하고 하나님의 통치영역에 속하게 될 것이다.[20]

예수 그리스도가 죽은 자들에게 복음을 전파하시기 위해 몸소 죽음의 세계로 내려가셨다는 신약의 증언은, 죽음의 세계도 하나님의 통치영역에 속한다는 사실을 결정적으로 확증한다. "그[예수 그리스도]는 영으로 가서 옥에 있는[21] 영들에게도 가셔서 선포하셨습니다"(벧전 3:19). "죽은 자들에게도 복음이 전파되었으니…"(벧전 4:6a).[22] 예수 그리스도와 함

---

19) H. Gese, "Der Tod im Alten Testament", H. Gese(Hrsg.), *Zur biblischen Theologie* (Tübingen 1983), 39; 103 참조.

20) G. Kittel, *Befreit aus dem Rachen des Todes*, 23.

21) 그리스어 본문에 "옥에 있는"이라는 어휘는 ἐν φυλακῇ로 기록되어 있는데, 이는 죽음의 세계에 죽은 자들이 갇혀 있는 상태를 나타내기 위함이다.

22) 이 성서구절들에 근거하여 사도신경 원본에는 "장사되시고 죽음의 나라로 내려가셨으며 사흘 만에 죽은 자 가운데서 다시 살아나시며…"라고 기록되어 있으나, 한국 개신교에서는 예수가 죽음의 나라로 내려가신 원본의 구절을 삭제해버리고 "장사한 지 사흘 만에 죽은 자 가운데서 다시 살아나시며…"라고 고백하고 있다.

께 하나님 자신이 죽음의 세계로 내려가심으로써, 모든 관계가 단절되고 영원히 망각된 곳으로 여겨졌던 공간을 하나님이 임재하는 공간으로 만드셨다. 그러므로 죽음의 세계는 이제 결코 하나님으로부터 버려진, 하나님의 자비의 손길이 닿지 않는 흑암의 땅이 아니라, 명백히 하나님이 통치하시는 하나님의 주권 영역이다.

3. '산 자와 죽은 자들의 주'이신 하나님

이스라엘 민족은 하나님이 죽음을 초월하여 인간과 영속적인 관계를 맺으시고 죽음의 세계도 자신의 통치영역으로 삼으시기 때문에, 죽은 자들을 죽음의 세계에 방치하지 않고 부활시키실 거라고 확신하였다. 그럼에도 오랫동안 이스라엘 민족은 죽음 이후에 도래할 내세의 삶에는 관심을 두지 않고 도리어 죽음 이전의 현세적 삶에서 이루어질 희망만을 주목하였다. 그러다가 이방 민족의 굴욕적이고 잔인한 통치 아래 모든 민족적 희망이 끊어질 무렵에 이르러, 하나님이 자신의 백성들을 죽음 가운데 내버려두지 않고 그들의 이미 썩어 없어진 육신을 창조적인 권능으로 새롭고 완전하게 회복시킨다는 죽은 자들의 부활에 대한 신앙고백들이 등장하게 되었다. 이 신앙고백들 가운데 대표적인 에스겔 37:1-14, 이사야 26:14, 19, 다니엘 12:2, 마카베오하 7장에 나타난 부활 신앙에 관해 살펴보고자 한다.

1. 부활에 대한 첫 번째 위대한 비전vision은 바벨론 포로 시기에 깊은 절
   망에 빠진 이스라엘 민족에게 구원과 희망의 메시지로서 주어진 '마른

뼈 환상'이다. 에스겔 37:1-14에서 모든 생명의 원천이 되신 창조주 하나님은 모든 것이 마지막으로 보이는 암흑의 시점에 다시금 새로운 시작을 도모하신다.

예언자 에스겔은 죽은 자들의 뼈에게 두 차례에 걸쳐 하나님의 말씀을 대언하는 사명을 감당한다. 첫 번째 하나님의 명령은 뼈들이 서로 이어지게 하고 그 위에 힘줄이 뻗치고 살이 오르고 살갗이 덮이게 하는 것이었다. 그리고 사방에서 생기가 불어와 죽은 육신을 살아나게 하라는 하나님의 새로운 명령이 이어진다. 하나님은 창세기 2:7에서 태초에 인간을 창조하실 때처럼 두 가지 행위 곧 아담의 육신을 흙으로 만드신 후 하나님의 생기를 불어넣으셨듯이, 여기서도 먼저 마른 뼈들에게 새로운 육신을 입히시고 나서 하나님의 생기 곧 '창조의 영'을 불어넣으신다. 하나님은 아담의 창조 시에 하셨던 것처럼 그의 '창조의 영'을 죽은 자들에게 불어넣으시는 창조의 과정을 반복하시면서 그들을 새로운 생명으로 일깨우시는 것이다. 10절과 11절에 보면, 하나님의 생기가 들어가자 죽은 자들이 다시 살아나 일어섰고 엄청나게 큰 군대가 되었는데, 이들은 새로운 이스라엘 족속을 이루게 되었다.

예언자 에스겔이 받은 이 마른 뼈 환상은 정치적인 패망 이후의 새로운 이스라엘의 재건에 대한 환상일 수도 있다. 그러나 많은 신학자, 특히 하르트무트 게제는 이 환상 속에서 하나님이 장차 죽은 자들에게 실제로 행하실 일들을 예시한 '최고의 계시'를 본다.[23] 즉 이 하나님의 계시는 에스겔 37장에서 표현된 의미를 훨씬 뛰어넘는 은유로서 하나님이 종말에 죽은 자들에게 행하실 일, 곧 무덤들이 열리고 죽은 자들

---

23) H. Gese, "Der Tod im Alten Testament", 50.

이 무덤 속에서 일어나게 되는 일에 대해 새로운 이해를 열어준다.

에스겔 37:1-14

1주님께서 권능으로 나를 사로잡으셨다. 주님의 영이 나를 데리고 나가서 골짜기의 한가운데 나를 내려놓으셨다. 그런데 그곳에는 뼈들이 가득히 있었다. 2…보니, 그것들은 아주 말라 있었다. 3그가 내게 물으셨다. "사람아, 이 뼈들이 살아날 수 있겠느냐?" 내가 대답하였다. "주 하나님, 주님께서는 아십니다." 4그가 내게 말씀하셨다. "너는 이 뼈들에게 대언하여라. 너는 그것들에게 전하여라. 너희 마른 뼈들아, 너희는 나 주의 말을 들어라. 5나 주 하나님이 이 뼈들에게 말한다. 내가 너희 속에 생기를 불어넣어, 저희가 다시 살아나게 하겠다. 6내가 너희에게 힘줄이 뻗치게 하고, 또 너희에게 살을 입히고, 또 너희를 살갗으로 덮고, 너희 속에 생기를 불어넣어 너희가 다시 살아나게 하겠다. 그때에야 비로소 너희는 내가 주인 줄 알게 될 것이다." 7그래서 나는 명을 받은 대로 대언하였다. 내가 대언을 할 때에 무슨 소리가 났다. 보니, 그것은 뼈들이 서로 이어지는 요란한 소리였다. 8내가 바라보고 있으니, 그 뼈들 위에 힘줄이 뻗치고 살이 오르고 살 위로 살갗이 덮였다. 그러나 그들 속에 생기가 없었다. 9그때에 주 하나님이 내게 말씀하셨다. "사람아, 너는 생기에게 대언하여라. 생기에게 대언하여 이렇게 일러라. 나 주 하나님이 너에게 말한다. 너 생기야, 사방에서부터 불어와서 이 살해당한 사람들에게 불어서 그들이 살아나게 하여라." 10그래서 내가 명을 받은 대로 대언하였더니, 생기가 그들 속으로 들어갔고, 그래서 그들이 곧 살아나 제 발로 일어나서 서는데,

엄청나게 큰 군대였다. 11그때에 그가 내게 말씀하셨다. "사람아, 이 뼈들이 바로 이스라엘 온 족속이다. 그들이 말하기를 우리의 뼈가 말랐고 우리의 희망도 사라졌으니, 우리는 망했다 한다. 12그러므로 너는 대언하여 그들에게 전하여라. 내가 너희 무덤을 열고 무덤 속에서 너희를 이끌어 내고 너희를 이스라엘 땅으로 들어가게 하겠다. 13 내 백성아, 내가 너희의 무덤을 열고 그 무덤 속에서 너희를 이끌어낼 그때에야 비로소 너희는 내가 주인 줄 알 것이다. 14내가 내 영을 너희 속에 두어서 너희가 살 수 있게 하고, 너희를 너희의 땅에 데려다가 놓겠으니, 그때에야 비로소 너희는 나 주가 말하고 그대로 이룬 줄을 알 것이다. 나 주의 말이다."

2. 죽은 자들의 부활에 대한 두 번째 신앙고백은 포로기 이후 이스라엘이 페르시아 제국의 지배체제에 무기력하게 넘어간 시점의 신실하고 의로운 하나님의 백성에게 주어진 말씀이다. 이사야 26:19 말씀은 역사의 마지막에 모든 인류에게 임할 하나님의 우주적 심판에 관해 기록한 '이사야 묵시록'(24-27장)에 속하는 말씀이다.

이 말씀은 하나님을 향한 흔들리지 않는 소망 속에서 죽은 자들은 다시 살아나며, 하나님 백성의 회중에 속한 자들은 죽음 이후에 부활하게 될 것이라고 증언한다. 또한 여름에 이슬이 메마른 대지를 적시고 푸르른 식물을 내게 하듯이, 하나님의 빛난 이슬은 땅으로 하여금 죽음의 세계에 깃들어 있는 사망의 어두운 그림자를 소멸케 한다는 것이다. 여기서 예언자 이사야는 땅속 티끌 가운데서 잠자는 자들을 향해 다시 일어나 즐겁게 소리치라고 권고한다. 그런데 앞서 14절에서는

"죽은 자들이 다시 살아나지 못할 것이다"라고 말씀함으로써 19절과 정반대의 말씀을 하는 것처럼 보인다. 하지만 14절의 '죽은 자들'은 이스라엘을 폭력으로 지배하는 이방 민족의 통치자들을 지칭하는 것으로서, 이들이 모두 기억에서 사라지고 멸망한다는 뜻이다. 이에 반해 하나님의 신실한 백성에게는 "죽은 자들이 다시 살아날 것이다"라는 약속의 말씀이 반드시 실현된다고 말씀한다.

많은 신학자가 지적하듯이, 예언자 이사야의 이 신앙고백은 이스라엘 민족의 정치적 재건에 대한 예언을 나타내는 표상으로 이해될 수 있다.[24] 그러나 이 말씀은 에스겔의 마른 뼈 환상과 유사하게 죽음의 한계를 극복하고 죽은 자들을 부활시키실 하나님의 권능을 예시하는 말씀으로 해석될 수도 있다.

이사야 26:14, 19

14주님께서 그들을 벌하시어 멸망시키시고 그들을 모두 기억에서 사라지게 하셨으니, 죽은 그들은 다시 살아나지 못하고 사망한 그들은 다시 일어나지 못할 것입니다.

19그러나 주님의 백성들 가운데서 죽은 사람들이 다시 살아날 것이며, 그들의 시체가 다시 일어날 것입니다. 무덤 속에서 잠자던 사람들이 깨어나서 즐겁게 소리칠 것입니다. 주님의 이슬은 생기를 불어넣는 이슬이므로 이슬을 머금은 땅이 오래전에 죽은 사람들을 다시 내놓을 것입니다. 땅이 죽은 자들을 다시 내놓을 것입니다.

---

24) H. Küng, *Ewiges Leben?* (München: 1982), 113.

3. 죽은 자들의 부활에 대한 세 번째 신앙고백은 이스라엘 민족의 모든 종교적·정치적 희망이 사라지고 극단적인 염세주의와 허무주의가 횡행할 때 예언자 다니엘에 의해 이루어진다. 당시는 이방의 통치자, 특히 그리스 셀레우코스 왕가의 극악무도한 압제자 안티오코스 4세의 매우 잔혹한 박해 속에서 이스라엘의 회복을 위한 기회들이 사라질 뿐만 아니라, 하나님이 그의 백성에게 임하셔서 구원하실 것이라는 옛 이스라엘의 희망이 상실되어가는 상황이었다. 예루살렘 성벽은 허물어지고, 예루살렘 도성은 셀레우코스 왕가에 의해 점령되었으며, 예루살렘 성전은 제우스 신전으로 변환되었다(마카베오하 6:2). 급기야 BC 167년에는 유대교의 정체성을 구성하는 그 어떤 종교적 규례라도 행하면 사형으로 처벌한다는 종교 정책이 시행되었다. 그리하여 안식일과 유대교의 기념일은 철폐되었고, 할례는 금지되었으며, 이교적 제의들이 거행되었다(마카베오상 1:41, 51).

이처럼 정치적으로나 종교적으로 절망스러운 상황 속에서 이스라엘 민족은 오랜 세월 동안 자명한 것으로 여겨왔던, 인간의 행위와 결과 사이의 연관성이 통용되지 않는다는 사실을 경험하게 되었다. 하나님을 신실하게 섬기는 의로운 자들이 환난과 고난으로 점철된 불운한 삶을 살아가는 반면 하나님을 모욕하는 불의한 자들이 유복하고 성취된 삶을 누리는 모순된 상황, 하나님에 대한 신실한 믿음을 지키기 위해 죽음의 형장에 끌려가는 순교자들이 온갖 고초를 당하는 반면 이들을 박해하는 압제자들이 득세하는 상황 속에서, "신실한 의인과 충성스러운 신앙인이 죽음 이전에 현세에서도, 죽음 이후의 내세에서도 보상을 받을 수 없다면 순교의 죽음이 무슨 의미가 있겠는가?", "하나님의 의義는 과연 어디에 있는가?"라는 문제들이 화급히 제기되었다.

이러한 상황 속에서 다니엘서는 하나님의 의에 대한 문제, 곧 신정론神正論, theodicy에 대한 해답을 제시하고자 한다. 다니엘서가 제시한 해답은 믿음을 지킨 하나님의 의로운 백성들과 이들을 핍박한 불의한 자들은 모두 현세에서 행한 그들의 행위를 책임지기 위해 내세에서 부활하는데, 전자는 영원한 생명으로 부활하는 반면 후자는 영원한 고통으로 부활함으로써 하나님의 의가 증명된다는 것이다(단 12:2).[25] 그리하여 구약성서의 희망은 죽음 이후 삶을 지향하기 시작한다. 이 희망은 핍박과 순교의 고난이 가득한 상황 속에서 죽은 자들의 부활과 마지막 심판을 통한 종국적인 보상에 대한 신앙의 고백이다. 여기서 주목할 만한 것은 이스라엘의 부활 신앙에서는 죽음 이후의 내세에 대한 관심이 전면에 직접 드러나기보다는 오히려 하나님의 의에 대한 질문이 제기된다는 사실이다.

> **다니엘 12:2**
>
> 땅 속 티끌 가운데서 잠자는 사람 가운데서도 많은 사람이 깨어날 것이다. 그들 가운데서 어떤 사람은 영원한 생명을 얻을 것이며, 또 어떤 사람은 수치와 함께 영원히 모욕을 받을 것이다.

4. 비록 개신교 성경에는 수록되지 않은 외경이지만 죽은 자들의 부활에 대한 가장 구체적이고도 확신에 찬 네 번째 신앙고백은 마카베오하 7

---

25) J. Moltmann, 『오시는 하나님』, 85.

장이다. 이 장은 안티오코스 4세의 박해 아래 한 어머니와 일곱 아들이 순교하는 이야기와 함께 죽은 자들의 부활에 대한 신앙이 주요 내용을 이루며 매 구절마다 부활 신앙이 대단히 인상 깊게 묘사되어 있다. 7장 전체는 극도의 핍박과 고난의 상황 속에서도 하나님의 신실하심에 대한 신앙이 부활에 대한 희망을 의미한다는 사실을 증언한다.[26]

부활에 대한 가장 중요한 신학적 사상은 마카베오의 일곱 형제와 그의 어머니를 통해 표현되고 있다고 해도 과언이 아닐 만큼 이들의 부활 신앙은 각별하다. 그들의 부활 신앙에 의하면, 죽은 자들의 부활은 하나님이 그의 율법을 충성스럽게 지키기 위해 죽는 의로운 자들을 결코 멸망하도록 방치하지 않으시고 영원한 생명으로 부활시키신다는 하나님의 자비와 신실함에 기초한다. "너희들은 지금 너희들 자신보다도 하나님의 율법을 귀중하게 생각하고 있으니, 사람이 출생할 때에 그 모양을 만들어주시고 만물을 형성하신 창조주께서 자비로운 마음으로 너희에게 목숨과 생명을 다시 주실 것이다"(23절). 하나님은 그의 자비 때문에 하나님의 율법에 신실한 자들은 영원한 생명으로 부르시지만, 하나님을 부인하는 자들은 영원한 죽음에 내버려두신다. 즉 죽음 이후 인간의 삶은 두 가지로 나타나는데, 곧 하나님의 율법에 신실한 자에게는 하나님이 선물로 주시는 영원한 생명에 대한 희망이 있지만, 하나님을 부인하는 박해자들에게는 생명의 부활이 없다는 것이다(14절).

여기서 다니엘서의 부활 사상과 마카베오서의 부활 사상 사이에 차이점이 나타난다. 즉 다니엘서에서는 의로운 자나 불의한 자나 모두 부활하여 그들의 행위에 따라 영원한 생명 또는 영원한 고통을 받는

---

26) F. J. Nocke, *Eschatologie* (Düsseldorf: 1982), 61.

데 반해, 마카베오서에서는 악인에게는 부활이 없고 단지 영원한 죽음이 있을 뿐이라는 것이다.

또한 마카베오하 7장에서는 부활의 육체성이 강조된다. 즉 태초에 무無로부터 세상을 창조하신 하나님은 사지가 처참하게 잘린 채 순교한 의로운 자들에게 하나님의 창조적 권능으로 다시금 새롭고 완전한 육신을 주실 것이다. "하나님께 받은 이 손발을 하나님의 율법을 위해서 내던진다. 그러므로 나는 이 손발을 하나님께로부터 다시 받으리라는 희망을 갖는다"(11절). 이것은 태초에 창조의 기적을 행하신 하나님 자신의 행위를 통해서만 가능한 일이다. 태초에 하나님이 무로부터 하늘과 땅에 있는 모든 만물을 창조하셨듯이, 이제 그는 '창조의 영'을 통해 죽은 자들을 새로운 생명, 곧 완전한 육체로 부활시키신다. 이로써 부활 신앙은 창조 신앙 안에 기초한다. 좀 더 정확하게 말하자면 죽은 자들의 부활에 대한 신앙은 하늘과 땅의 창조주에 대한 이스라엘 신앙의 마지막 귀결이다.[27] 무로부터 전체 세계를 창조하신 하나님은 그의 율법에 대한 신실함 때문에 폭력적 죽임을 당한 이들을 진토 속에 영원히 버려두지 않고, 오히려 죽음의 한계를 깨뜨리고 완전한 육체를 가진 새로운 생명으로 부활시키신다(28절). 여기서 이스라엘의 부활 신앙과 그리스-로마 문화권의 영혼불멸사상 사이에 본질적인 차이점이 드러난다. 즉 부활 신앙에서는 새로운 창조로서의 부활은 철저히 하나님의 창조적 행위에 기초하지만, 영혼불멸사상에서는 인간의 영혼이 그 자체의 신성과 정신성에 근거하여 생존한다는 것이다.

---

27) H. Küng, *Ewiges Leben?*, 117.

마카베오하 7:1-41

1 그때에 일곱 형제를 둔 어머니가 있었는데 그들은 모두 왕에게 체포되어 채찍과 가죽끈으로 고문을 당하며 율법에 금지되어 있는 돼지고기를 먹으라는 강요를 받았다. 2 그들 중의 하나가 대변자로 나서서 말하였다. "…우리 조상의 법을 어기느니 차라리 죽고 말겠습니다." 3 이 말을 듣고 왕[안티오코스 4세]은 화가 나서 솥과 가마를 불에 달구라고 명령하였다. 4 명령대로 당장에 솥과 가마를 뜨겁게 달구자 남은 형제들과 어머니의 눈앞에서 왕은 그들의 대변자로 나섰던 사람의 혀를 자르고 머리카락을 밀고 사지를 자르라고 명령하였다. 5 완전히 폐인이 되었지만 아직도 생명이 붙어 있는 그를 왕은 뜨겁게 달군 솥에 넣어버리라고 명령하였다. 솥에서 연기가 사방으로 멀리 퍼져나갈 때에 나머지 형제들은 어머니와 함께 서로 격려하고 고결하게 죽자고 하면서 이렇게 말하였다. 6 "주 하나님께서 우리를 지켜보시며 틀림없이 긍휼히 여겨주실 것입니다. 모세가 이스라엘 백성들을 경고하는 노래 중에도 '주께서 당신 종들을 긍휼히 여기실 것이다'라고 말한 구절이 있지 않습니까?" 7 이렇게 맏형이 죽은 후에 박해자들은 둘째 아들을 끌어내어 조롱하였다. 그리고 머리 가죽을 머리카락 채 벗겨낸 후 그들은 "네 사지를 다 잘라 내기 전에 돼지고기를 안 먹겠는가?" 하고 물었다. 8 그는 자기 나라 말로, "절대로 못 먹겠습니다"라고 대답하였다. 그래서 그도 맏아들처럼 고문을 당하였다. 9 마지막 숨을 거두며 그는 이렇게 말하였다. "이 못된 악마, 너는 우리를 죽여서 이 세상에 살지 못하게 하지만 **이 우주의 왕되신 하나님께서는 당신의 율법을 위해 죽은 우리를 다시 살리셔서 영원한**

생명을 누리게 할 것이다." 10그 다음에는 셋째 아들이 또 고문을 당하였다. 그는 혀를 내밀라는 말을 듣자 곧 혀를 내밀 뿐 아니라 용감하게 손까지 내밀면서 11엄숙하게 말하였다. "하나님께 받은 이 손발을 하나님의 율법을 위해서 내던진다. 그러므로 나는 이 손발을 하나님께로부터 다시 받으리라는 희망을 갖는다." 12이 말을 듣고 왕은 물론 그의 부하들까지도 고통을 조금도 아프게 생각하지 않는 그 젊은이의 용기에 놀라며 생각하였다. 13셋째가 죽자 그들은 넷째 아들을 같은 방법으로 고문하며 괴롭혔다. 14그는 죽는 마지막 순간에 왕에게 다음과 같이 말하였다. "나는 지금 사람의 손에 죽어서 하나님께 가서 다시 살아날 희망을 품고 있으니 기꺼이 죽는다. 그러나 너는 부활하여 다시 살 희망은 전혀 없다." 15다음에는 다섯째 아들이 끌려 나와 고문을 받았다. 16그는 왕을 바라보면서 이렇게 말하였다. "당신도 언젠가 죽을 인간인데 인간을 지배하며 무엇이든지 하고 싶은 대로 하고 있소. 그러나 하나님께서 우리 민족을 버리셨다고 생각하지 마시오. 17조금만 기다려보시오. 위대한 능력을 가지신 하나님께서 당신과 당신의 후손을 벌하실 것이오." 18그 후에 여섯째 아들이 끌려 나왔다. 그는 거의 죽어가면서 이렇게 말하였다. "착각하지 마시오, 우리가 이렇게 고통을 당하는 것은 우리 자신이 하나님께 죄를 지었기 때문입니다. 그래서 우리는 이 놀라운 재난을 받게 된 것입니다. 19그러나 하나님께 도전한 당신이 아무 벌도 받지 않으리라고는 생각하지 마시오." 20그 어머니의 행동은 놀라운 것이었고, 모든 사람이 길이 기억할 만한 훌륭한 것이었다. 어머니는 단 하루 동안에 일곱 아들이 모두 죽는 것을 지켜보고서도 주님께 희망을 걸고 있었기 때문에 그 아픔을 용감하게 견디어내었다. 21그 어머니는 성결한 생각을 마음속에 가득 품고서 아들 하나하나를 격려하면서 말하였다. 22"너희들이 어떻게 내 뱃속에 생기게 되었는지 나도 모른다. 너희들에게 목숨을 주어 살게 한 것은 내가 아니며, 또 너희들의 신체의 각 부분을 제 자리에 붙여준 것도 내가 아니다. 23너희들은 지금 너희들 자신보다도 하나님의 율법을 귀중하게 생각하고 있으니, 사람이 출생할 때에 그 모양을 만들어주시고 만물을 형성하신 창조주께서 자비로운 마음으로 너희에게 목숨과 생명을 다시 주실 것이다." 24이 말을 들고 안티오코스 왕은…만일 조상들의 관습을 버린다면 재물을 많이 주어 행복하게 해줄 뿐 아니라, 자기의 친구로 삼고 높은 관직까지 주겠다고 하면서 말로 타이르기도 하고 맹세로써 약속까지 하였다. 25그러나 그 젊은이는 왕의 말에 조금도 귀를 기울이지 않았다. 그래서 왕은 그 어머니를 가까이 불러 소년에게 충고하여 목숨을 건지게 하라고 권고하였다.…27그러나 어머니는 그 잔인한 폭군을 조롱이나 하듯이 자기 아들에게 가까이 가서 자기 나라 말로 이렇게 말하였다. "내 아들아, 이 어미를 불쌍하게 생각하여라. 나는 너를 아홉 달 동안 뱃속에 품었고 너에게 삼 년 동안 젖을 먹였으며 지금 내 나이에 이르기까지 너를 기르고 교육하며 보살펴왔다. 28얘야, 내 부탁을 들어다오. 하늘과 땅을 바라보아라. 그리고 그 안에 있는 모든 것을 살펴보아라. 하나님께서 무엇인가를 가지고 이 모든 것을 만들었다고 생각하지 말아라. 인류가 생겨난 것도 이와 마찬가지이다. 29이 도살자를 무서워하지 말고 네 형들에게 부끄럽지 않은 태도로 죽음을 달게 받아라. 그러면 하나님의 자비로 내가 너를 너의 형들과 함께 다시 맞이하게 될 것이다." 30어머니의 이 말이 끝나자 젊은이는 다음과 같이 말하였다. "당신들은 무엇을 그리 꾸물거리고 있소. 나는 모세가 우리 선조에게 준 율법이 하라는 대로 할 뿐이 오. 왕이 하라는 대로는 절대로 못 하겠소. 31 히브리인들을 괴롭히려 고 온갖 종류의 재난을 꾸며낸 당신은 하나님의 손길을 절대로 벗어 나지 못할 것이오. 32 우리는 우리의 죄 때문에 고통을 당하고 있소. 33 살아계시는 우리 주님께서 우리를 채찍으로 고쳐주시려고 잠시 우리 에게 진노하셨지만, 하나님께서는 끝내 당신의 종들인 우리와 화해하 실 것이오. 34 그러나 당신은 불경스럽고 모든 사람 중에서 가장 더러 운 인간이오…. 35 당신은 모든 것을 보시는 전능하신 하나님의 심판 하시는 손길에서 벗어나지 못합니다. 36 **우리 형제들은 잠깐 동안 고 통을 받은 후에 하나님께서 약속해주신 영원한 생명을 실컷 누리겠 지만 당신은 그 교만한 죄에 대한 하나님의 심판을 받아서 응분의 벌을 받게 될 것이오.** 37 나는 형들과 마찬가지로 우리 선조들이 전 해준 율법을 지키기 위해 내 몸과 내 생명을 기꺼이 바치겠소. 나는 하나님께서 우리 민족에게 속히 자비를 보여주시고 당신에게는 시련 과 채찍을 내리시어 그분만이 하나님이시라는 것을 인정하게 해주시 기를 하나님께 빌겠소. 38 우리 민족 전체에게 내리셨던 전능하신 분의 정당한 노여움을 나와 내 형들을 마지막으로 거두어주시기를 하나님 께 빌 따름이오." 39 왕은 이 모멸에 찬 말을 듣고 미칠 듯이 격분하여 다른 어느 형보다도 더 무섭게 그를 고문하였다. 40 이렇게 하여 젊은 이는 자신을 더럽히지 않고 오로지 주님만을 믿으면서 죽어갔다. 41 그 어머니도 아들들의 뒤를 따라 결국은 죽고 말았다.

이처럼 이스라엘 민족의 고난에 찬 역사적 경험 속에서 부활 신앙과 죽음 이후의 보상에 대한 신앙이 성장하게 되었다. 하나님이 의로운 자들을 죽음 가운데 버려두지 않고 새롭고 완전한 육신으로 다시 부활시키신다는 구약의 기대는 예수 그리스도의 부활을 통해 인류 역사 안에서 결정적으로 성취되었다. 모든 인류를 대표하는 둘째 아담이신 그리스도는 모든 죽은 자들의 '첫 열매'가 되시며(고전 15:20)[28] 그의 부활을 통해 죽음의 권세가 극복되었기 때문이다. 삶과 죽음을 관장하시는 하나님은(삼상 2:6)[29] 그리스도를 죽음으로부터 부활시킴으로써 죽음의 권세를 만유일회적萬唯一回的으로—단 한 번이지만 결정적으로—깨뜨리셨다(고전 15:54-55).

예수 그리스도의 부활을 통해 죽은 자들의 부활과 영원한 생명이 인류 역사 가운데 도래하게 되었다. 이는 하나님이 역사의 마지막에 모든 죽은 자를 죽음으로부터 부활시키실 것을 약속하셨기 때문이다. "주 예수를 다시 살리신 분이 예수와 함께 우리도 다시 살리시고 여러분과 함께 세워주시리라는 것을 우리는 알고 있습니다"(고후 4:14; cf. 고전 15:12-24; 살전 5:10).[30] 이에 그리스도를 믿는 믿음 안에서 죽은 자들은 죽음을 통해 새로운 생명으로 다시 태어나며 그리스도의 영원한 생명에 참여할 수 있다. 사도 바울은 "예수를 죽은 사람들 가운데서 살리신 분의 영이 여러분 안에 살아계시면, 그리스도를 죽은 사람들 가운데서 살리신 분께서 여러분 안에 계신 자기의 영으로 여러분의 죽을 몸도 살리실 것입니다"(롬 8:11)라고 말한다.

---

28) "이제 그리스도께서는 죽은 사람들 가운데서 살아나셔서 잠든 사람들의 첫 열매가 되셨습니다"(고전 15:20).
29) "주님은 사람을 죽이기도 하시고 살리기도 하시며, 스올로 내려가게도 하시고 거기에서 다시 돌아오게도 하신다"(삼상 2:6).
30) "그리스도께서 우리를 위하여 죽으신 것은, 우리가 깨어 있든지 자고 있든지, 그리스도와 함께 살게 하시려는 것입니다"(살전 5:10).

이제 그리스도의 부활을 통해 하나님은 스스로 죽은 자들과 영속적인 관계를 맺으시며 죽음의 세계도 통치영역으로 삼으시는 하나님, 곧 산 자와 죽은 자 모두의 주님으로서 자신을 나타내신다. 이 사실을 사도 바울은 다음과 같이 선언한다. "이를 위하여 그리스도께서 죽었다가 다시 살아나셨으니, 곧 죽은 자와 산 자의 주가 되려 하심이라"(롬 14:9). 죽은 자와 산 자의 주이신 하나님은 죽은 자들을 하나님과의 새로운 관계, 곧 '그리스도 안에'ἐν Χριστῷ(빌 1:23; 살전 4:17) 있는 존재로 인도하신다. 이 세상과 하늘의 그 어떠한 것, 심지어 죽음조차도 인간을 그리스도 안에 있는 하나님의 사랑에서 끊을 수 없다면(롬 8:35-39),[31] 인간은 죽음 이후에도 그리스도의 임재 속에서 안연히 보호받게 될 것이다. 이러한 의미에서 바울은 "우리가 살아도 주를 위하여 살고 죽어도 주를 위하여 죽나니, 그러므로 사나 죽으나 우리가 주의 것이로다"(롬 14:8)라고 고백한다. 살아 있는 자들은 물론 죽은 자들도 '주님의 것'이라면, 그리스도와의 교통은 살아 있는 자들만이 아닌 죽은 자들도 포괄함으로써, 죽음은 그리스도와의 완전한 교통, 그리스도 안에서의 삶으로 인도할 것이다.

---

31) "누가 우리를 그리스도의 사랑에서 끊을 수 있겠습니까? 환난입니까, 곤고입니까, 박해입니까, 위협입니까, 또는 칼입니까? 성경에 기록한바 '우리는 종일 주님을 위하여 죽임을 당합니다. 우리는 도살당할 양과 같이 여김을 받았습니다' 한 것과 같습니다. 그러나 우리는 이 모든 일에서 우리를 사랑하여 주신 그분을 힘입어서 이기고도 남습니다. 나는 확신합니다. 죽음도, 삶도, 천사들도, 권세자들도, 현재 일도, 장래 일도, 능력도, 높음도, 깊음도, 그 밖에 어떤 피조물도 우리를 우리 주 예수 그리스도 안에 있는 하나님의 사랑에서 끊을 수 없습니다"(롬 8:35-39).

4. 부활의 희망 속에 있는 산 자와 죽은 자들

구약의 전통에서 산 자와 죽은 자 사이의 직접적인 교통은 매우 부정적으로 간주됨으로써, 이들 사이에 교통을 꾀하려는 모든 형태의 시도는 처음부터 하나님 자신에 의해 매우 엄격하게 금지된다. 이는 다음과 같은 계명을 통해 분명하게 드러난다. "진언자[주문을 외는 사람]나 신접자[귀신을 불러 물어보는 사람]나 박수[남자 무당]나 초혼자[죽은 자의 혼백을 부르는 사람]를 너희 가운데에 용납하지 말라. 이런 일을 행하는 모든 자를 야웨께서 가증히 여기시나니, 이런 가증한 일로 말미암아 네 하나님 야웨께서 그들을 네 앞에서 쫓아내시느니라"(신 18:11-12; cf. 레 19:28, 31; 20:6, 27; 신 26:14).[32] 이러한 구약의 전통은 당시 영육 이원론적 인간 이해에 기반한 영혼불멸설을 신봉하고 죽은 자들을 숭배하던 근동 이방 민족의 관습이 이스라엘 민족에게 영향력을 행사하는 것을 철저히 경계한 데서 비롯된 것이다.

산 자와 죽은 자의 교통을 금기시하는 구약의 전통에 따라 기독교는 산 자와 죽은 자 사이의 연대성 내지 관계성에 대해 상당히 신중한 입장을 갖고 견지한다. 더욱이 개신교는 산 자와 죽은 자의 관계성을 정통교리로 인정하는 가톨릭에 대한 반작용으로 이에 대해 극도로 예민한 입장을 갖고 있다. 그러나 앞서 논한 바와 같이 첫째, 죽음이 인간을 그리스도 안에 있는 하나님의 사랑에서 끊을 수 없기에 하나님과 인간은 죽

---

32) "너희는 혼백을 불어내는 여자에게 가거나, 점쟁이를 찾아다니거나 해서는 안 된다. 그들이 너희를 더럽히기 때문이다. 나는 주 너희의 하나님이다"(레 19:31); "어느 누가 혼백을 불러내는 여자와 마법을 쓰는 사람에게 다니면서 그들을 따라 음란한 짓을 하면, 나는 바로 그자에게 진노하여 그를 자기 백성에게서 끊어지게 하겠다"(레 20:6).

음을 초월하여 영속적인 관계를 맺으며, 둘째, 예수 그리스도가 죽음의 세계로 들어가 이를 하나님의 통치영역으로 만드시고 죽은 자들에게도 복음을 전파하셨으며, 셋째, 이를 통해 예수가 산 자와 죽은 자 모두의 주님이심을 확증하셨다면, 우리는 그리스도 안에서 살아 있는 자와 죽은 자들이 함께 더불어 '그리스도의 몸'(엡 4:12)을 이룬다고 말할 수 있다.

살아 있는 자들은 죽은 자들과 더불어 역사의 마지막 때에 이루어질 영광스러운 궁극적 구원, 곧 부활과 영원한 생명을 소망하고 기다리는데, 바로 이 공동의 소망이 살아 있는 자들과 죽은 자들을 서로 결합시킨다. 이러한 인식에 의거하여 초기 기독교는 산 자와 죽은 자들의 관계성을 인정하는 가운데 죽은 자들을 위한 의례들, 특히 죽은 자들을 위한 중보기도를 시행하였다. 종교개혁자 마르틴 루터M. Luther의 가르침을 따르는 루터 교회의 교리들을 정리한 '아우크스부르크 신앙고백'도 죽은 자들을 위해 성만찬을 베푸는 것은 거부하지만, 이들을 위해 중보기도를 했던 초기 기독교의 관습을 유지하였다.[33] 이러한 초기 기독교의 전통은

---

33) 성서는 어느 곳에서도 죽은 자들을 위해 기도해야 한다고 직접적이고 명백하게 말하지 않지만, 또한 어느 곳에서도 죽은 자들을 위해 중보기도하는 것이 죄가 된다고 말하지 않는다. 오히려 성서는 도처에서 믿는 자들에게 서로 함께 그리고 서로를 위해 중보기도할 것을 권면하고 있다(롬 15:30; 엡 6:18f.; 골 1:3; 딤전 2:1-2 등). 죽은 자들을 위한 중보기도에 반기를 제기한 장본인으로 알려진 종교개혁자 마르틴 루터는 유족들이 그들의 슬픔과 사랑하는 죽은 가족의 사후 운명에 대한 근심을 기도를 통해 하나님 앞에 내려놓는 일을 죄가 아니라고 함으로써 사실상 죽은 자들을 위해 중보기도하는 것 자체를 부정하지는 않았다. 그는 '신앙고백서'에서 다음과 같이 말하였다. "성서는 이에 대해 아무것도 말하지 않기 때문에 나는 이렇게 생각하는데, '사랑하는 하나님…그들을 도와주시고 그들에게 은혜를 베푸소서'라고 자발적으로 묵상하고 기도하는 것은 죄가 아닐 것이다." 그러나 루터는 당시 가톨릭교회가 죽은 자들의 사후 운명을 보장한다는 조건으로 시행했던 각종 허황된 미사들과 면죄부를 위시한 지나친 헌금의 폐해를 경고하면서 이를 '마귀의 대목장'이라고 혹독히 비난하였다: 곽혜원, "그리스도 안에 있는 산 자와 죽은 자의 연대성에 관한 연구", 「조직신학논총」 제10집(2004.10), 110f.

죽은 자들도 영원히 교회의 일부라는 사실을 일깨워주었다. 그러므로 수 세기 전 교회는 안식일마다 회중석에 앉아 있는 교인들뿐 아니라, 부활을 기다리며 무덤에 누워 있는 신자들도 교회의 구성원으로 간주하였다. 이러한 이유에서 죽은 신자들의 시신을 교회 건물 지하나 벽 또는 건물 옆 묘지에 매장했던 것이다.[34]

한국 개신교에서는 통상적으로 죽은 자들을 위해 기도하거나 기념예배를 드리는 것이 일종의 금기로 여겨진다.[35] 그리하여 우리는 한국 개신교의 교회력에서 죽은 자들을 회상하며 그들을 위해 기도하는 날을 발견하기 어렵다. 설사 교회력에 죽은 자들을 회상하는 날이 제정되어 있다고 하더라도, 죽은 자들을 위해 중보기도를 하는 교회는 거의 없다. 이는 유럽 개신교의 주일 예배 순서에 주중에 하나님의 부르심을 받은 성도들을 위한 묵념의 시간이 있으며, 또한 교회력에 죽은 자들을 위해 기도하는 날이 정해져 있어 성도들이 죽은 자들을 위해 중보기도를 하는 것과는 상반된 현실이다. 심지어 교인들이 가정에서 사랑하는 죽은 가족을 위해 드리는 추모예배에서조차도 죽은 자들을 위한 중보기도는 해서는 안 될 행위로 간주되며, 중보기도의 대상은 철저히 살아 있는 자들로 제한된다.

한국 개신교의 일부 목회자들은 추모예배가 조상제례와의 마찰을 잠정적으로 해소하기 위해 마련된 미봉책일 뿐만 아니라 조상제례의 연장이기 때문에 결국 폐지되어야 한다고 주장하기도 한다. 한국의 전통적인 조상제례와 혼동 또는 혼합될 수 있다는 노파심 때문에, 추모예배는 많은 교회에서 적극적으로 권장되지 않는 실정이다. 하지만 오늘날 한국

---

34) R. Moll, 『죽음을 배우다』, 233f.
35) 한국종교문화연구소 기획/이용범 엮음, 『죽음의례 죽음 한국사회』, 111.

사회의 산업화, 도시화, 개인주의화와 더불어 점증하는 개인과 사회의
비인간화 현상을 직시할 때, 한국 개신교는 그리스도 안에서 죽은 자들
을 더 이상 망각하거나 배제하기보다는 그들을 산 자들과 함께 역사의
마지막에 임할 부활을 기다리는 희망 속에 있는 존재로 존중해야 할 것이
다. 더 나아가 역사상 불의하고 억울한 죽임을 당한 선열들도 망각하
지 않고, 오히려 그들이 당한 불의와 억울함을 회상하는 가운데 생명·정
의·평화가 회복된 세상을 이루는 데 기여해야 할 것이다. 이러한 맥락에
서 볼 때, 한국 개신교는 추모예배를 폐지하기보다 이를 건전한 방식으
로 활성화하는 것이 바람직할 것이다.

그러나 한국 개신교가 추모예배를 시행하면서 반드시 유념해야 할
점이 있다. 이는 곧 살아 있는 자들의 공적功績으로 연옥에 거하는 죽은
자들의 영혼을 구원할 수 있다는 가톨릭교회의 신앙을 받아들여서는 결
코 안 된다는 것이다. 또한 추모예배는 샤머니즘shamanism이 일반적으로
행하는 초혼招魂이나 유교의 조상제례가 보이는 지나친 형식주의의 폐해
로부터도 엄격히 구별될 필요성이 있다. 살아 있는 개인과 사회, 국가와
세계의 운명은 인간이 살아계신 하나님의 계명을 청종하느냐의 여부에
달린 것이지, 죽은 자들의 영향에 달린 것이 아니라는 성서의 가르침을
한국 개신교는 결코 잊어서는 안 될 것이다. "사람들은 너희에게…신접
한 자와 무당에게 물어보라고 한다.…산 자의 문제에 해답을 얻으려면,
죽은 자에게 물어보아야 한다고 말한다. 그러나 너희는 그들에게 대답하
여라. 오직 주께서 가르치신 말씀만 듣고, 그 말씀에 관한 증언만 들으라
고 하여라"(사 8:19-20a).

5. 죽음을 대하는 그리스도인의 올바른 자세

앞서 성서의 생명 이해에서 살펴본 바와 같이, 하나님은 모든 만물의 창조주이자 생명의 원천이시다(시 36:9; 민 27:16). 인간의 생명은 생명의 원천이신 하나님의 최상의 은사이므로 이 세상 그 무엇과도 바꿀 수 없는 최고의 자산이다(욥 2:4). 생명에 대한 이러한 이해 속에서 이스라엘 민족은 현세의 생명(삶)을 강하게 긍정하고 유복한 삶, 건강과 장수를 누리는 삶을 강렬하게 희구함으로써(신 5:33; cf. 출 23:25-26; 신 4:40) 현세 중심적인 삶과 신앙을 견지하였다. 이는 이스라엘 민족이 지향한 영육 합일적 이해와 이에 근거한 인생관 및 신앙관에서 비롯된 것이다. 일반적으로 인간의 영혼과 육체를 바라보는 시각은 인생관과 가치관, 죽음관의 향방을 결정한다.

생명에 대한 강한 긍정과 함께 현세 중심적인 신앙관 혹은 인생관 때문에 성서는 본질적으로 죽음과 관련된 모든 개념에 대해 부정적으로 묘사한다. 성서는 정신적으로나 물질적으로 유복하고 만족스러운 삶을 살다가 늙어서 맞이하는 죽음을 삶의 자연적 끝이자 종결로 이해한다. 대표적으로 아브라함의 죽음을 예로 들 수 있다. "아브라함은 자기가 받은 목숨대로 다 살고 아주 늙은 나이에 기운이 다하여서 숨을 거두고 세상을 떠나 조상들이 간 길로 갔다"(창 25:8). 이삭의 죽음도 마찬가지다. "이삭은 늙고 나이가 들어서 목숨이 다하자 죽어서 조상들 곁으로 갔다"(창 35:29). 욥도 마찬가지로 "…이렇게 오래 살다가 세상을 떠났다"(욥 42:17). 다윗도 "백발이 되도록 부와 영화를 누리다가 수명이 다하여" 죽었다(대상 29:28).

이러한 죽음은 하나님의 창조질서에 속하는 자연적 순리로서 이해되기도 한다. 즉 정신적으로나 물질적으로 어려움을 당하지 않고 유복한 삶을 향유하다가 천수天壽를 누린 죽음은 피조물에 대한 하나님의 창조질서에 속하는 자연적 죽음(자연사)으로 받아들여진다(전 3:1-2; 시 49:10-12; 시 90:1-6). 하나님의 창조질서에 속하는 자연적 죽음은 피조물의 유한성으로 인해 필연적으로 도래하는 죽음이기도 하다. 하나님 한 분만이 불멸하는 영원한 존재이시고, 인간을 위시한 모든 피조물은 사멸하는 유한한 존재다. 그러므로 모든 피조물의 생사生死는 창조주이신 하나님의 권한에 전적으로 달려 있다(삼상 2:6; 시 31:15; 잠 4:27; 10:27). 생명의 자연스러운 종결로서의 죽음은 전도서에서 다음과 같이 아주 분명하게 표현된다. "모든 일에는 다 때가 있다. 세상에서 일어나는 일마다 알맞은 때가 있다. 태어날 때가 있고, 죽을 때가 있다…"(3:1-2). "둘 다 같은 곳으로 간다. 모두 흙에서 나와서 흙으로 돌아간다"(전 3:20).

그럼에도 불구하고 성서는 죽음이 하나님께 이반되는 반신적反神的 존재, 생명에 적대적인 세력이라는 사실을 분명히 천명한다. 특별히 천수를 누리지 못하고 요절하거나 비명횡사하는 비자연적 죽음(비자연사)은 죄에 대한 하나님의 심판 또는 형벌로 간주되기도 한다. "내가 네 자손과 네 족속의 자손의 대를 끊어서, 너의 집 안에 오래 살아 나이를 많이 먹는 노인이 없게 할 날이 올 것이다.…네 가문에서는 어느 누구도 오래 살지 못할 것이다.…그의 자손들은 모두 젊은 나이에 변사를 당할 것이다"(삼상 2:31-33). 그러므로 성서는 죄와 죽음의 인과관계에 대한 확신을 견지한다. 이는 다음과 같은 구절에 잘 드러난다. "보라, 내가 오늘 생명과 복과 사망과 화를 네 앞에 두었나니…내가 오늘 하늘과 땅을 불러 너희에게 증거를 삼노라. 내가 생명과 사망과 복과 저주를 네 앞에 두었은즉 너와 네 자손이 살기 위하여 생명을 택하고"(신 30:15-16, 19, 개역개정; cf. 시 90:7-9; 겔 18:21, 28).

한편 이스라엘 민족은 이방 민족의 잔인한 식민 통치 아래 이루 말할 수 없는 수치와 모욕을 당하고 부조리와 모순된 경험을 몸소 겪으면서 죽음의 이해에 일말의 동요를 겪게 되었다. 즉 의로운 자들이 고난을 당하는 반면 불의한 자들이 행복한 삶을 누리는 부조리한 상황, 하나님에 대해 신실한 믿음을 지키기 위해 죽음의 형장에 끌려가는 순교자들은 온갖 고초를 당하는 반면 이들을 박해하는 자들은 득세하는 부당한 상황에 맞닥뜨리면서, 경건한 의인이나 불의한 악인이나 모두 죽을 수밖에 없는 동일한 운명을 타고났다는 생각이 공감대를 형성하게 된 것이다. 이에 따라 성서에는 다음과 같은 구절이 등장한다. "오호라 지혜자의 죽음이 우매자의 죽음과 일반이로다"(전 2:16, 개역개정; cf. 전 9:2-3; 시 49:10-12). 이로 말미암아 이스라엘 안에서 죄와 죽음의 인과관계에 대한 확신이 무너지고 극단적인 염세주의와 회의주의가 대두되기도 하였다. 하지만 오랜 회의와 묵상 끝에 결국 이스라엘 민족은 오직 하나님 한 분만이 생명과 죽음 모두에 대한 절대적 주권자라는 사실을 고백하게 되었다.

그러므로 구약성서는 죽음에 대해 상반된 이중적인 관점을 내비친다. 이런 죽음에 대한 이중적인 이해는 이스라엘 역사 속에서 서로 조화되지 않은 채 병립하여 면면히 이어져 내려오고 있다.[36] 하지만 우리는 죄의 결과로서의 죽음이 구약성서적 죽음 이해의 기본적 기조라고 말할 수 있다.[37] 죽음이 죄와 결합한 이래로 이스라엘 민족은 생명의 자연스러

---

36) J. Moltmann, 『오시는 하나님』, 153.

37) Misook Kwak, *Das Todesverständnis der koreanischen Kultur*, International Theology Vol. 11(Berlin/Bern/Bruxelles/Frankfurt am Main/New York/Oxford/

운 종결로서의 죽음을 배제하는 가운데 죽음에 대한 모든 긍정적인 의미를 부정하게 되었다.[38] 또한 주변 이방 민족들이 대대적으로 행했던 죽음과 관련된 모든 제의와 관습, 곧 죽은 자들에 대한 숭배와 신격화를 단호히 거부하였다.[39]

죽음에 대한 부정적인 인식은 신약성서에 이르러서 한층 더 강화됨으로써, 죽음에 대한 둘째 전통이 이스라엘 안에서 지배적인 영향력을 행사하게 되었다. 어떻게 보면 성서는 본질적으로 생명에 대한 강한 긍정 때문에 모든 형태의 죽음을 부정적으로 인식할 수밖에 없다. 이제 죽음은 생명의 자연적 종결로서 이해되지 않고, 하나님을 대적하고 생명을 파괴하는 세력인 '마지막 원수'로 이해된다(고전 15:26). 나아가 죽음의 권세를 깨뜨리고 모든 죽은 자를 부활시키실 하나님이 종국에는 생명을 위협하고 파괴하는 세력인 죽음을 영원히 폐기하실 것이다(계 20:14; 21:4). 마침내 죽음의 권세가 깨어지고 모든 죽은 자가 부활하는 결정적인 계기가 인류 역사 안에서 현실화되었는데, 이는 곧 예수 그리스도의 십자가 죽음과 부활을 통해서다. 예수는 친히 십자가에서 죽고 부활하심으로써 그를 믿는 모든 자가 죽음으로부터 부활하게 되는 새로운 길을 열어주신 것이다(롬 6:8-11; 8:11).[40]

Wien: Peter Lang Verlag, 2004), 111.

38) J. Moltmann, 『오시는 하나님』, 153.

39) G. von Rad, *Theologie des Alten Testaments*, Bd. I(München: 1987), 289.

40) "우리가 그리스도와 함께 죽었으면, 그와 함께 우리도 또한 살아날 것임을 믿습니다. 우리가 알기로 그리스도께서는 죽은 사람들 가운데서 살아나셔서 다시는 죽지 않으시며 다시는 죽음이 그를 지배하지 못합니다. 그리스도께서 죽으신 죽음은 죄에 대해서 단번에 죽으신 것이요, 그분이 사시는 삶은 하나님을 위하여 사시는 것입니다. 이와 같이 여러분도, 죄에 대해서는 죽은 사람이요, 하나님을 위해서는 그리스도 예수 안에서 살고 있는 사람이라는 것을 알아야 합니다"(롬 6:8-11).

또한 예수는 인류의 죄악을 대속하기 위해 십자가에서 저주의 죽임을 당하심으로써 그리스도인들을 저주의 죽음으로부터 해방시키셨다(롬 6:6-7).[41] 이를 예증하듯이, 예수는 나사로의 죽음으로 인해 슬퍼하는 마르다에게 믿는 자는 결코 죽지 않으며 영원한 생명을 누리게 된다고 약속하셨다(요 11:25-26).[42] 예수의 공생애에서의 모든 말씀과 사역의 핵심인 '하나님 나라'는 죽음의 세력을 추방하고 생명의 세계를 회복시키는 세계로 나타난다. 즉 '하나님 나라'의 도래와 더불어 죽음의 세력이 극복됨으로써 예수는 죄의 세력으로부터의 해방자이자 죽음의 극복자가 되신다. 그러므로 그리스도의 구원 사역을 결정적인 계기로 죽음은 만유일회적으로 모든 피조물을 위협하는 세력을 상실하게 되었다고 말할 수 있다(고전 15:55-57).[43]

이처럼 성서의 이중적 죽음 이해는 예수 그리스도의 십자가의 죽음과 부활을 전후로 확연히 구분된다. 즉 그리스도의 죽음과 부활 이전에는 죽음에 대한 패배주의적 사고가 팽배했지만, 그리스도의 죽음과 부활에 근거하여 죽음에 대한 생각이 근본적으로 변화되는 결정적 계기가 마련된 것이다. 이제 죽음은 그리스도의 죽음과 부활로 말미암아 섭리적 도구로 사용됨으로써, 하나님은 우리의 육체적 죽음을 통해 죄의 영원성

---

41) "우리 옛사람이 그리스도와 함께 십자가에 달려 죽은 것은, 죄의 몸을 멸하여서 우리가 다시는 죄의 노예가 되지 않게 하려는 것임을 우리는 압니다. 죽은 사람은 이미 죄의 세력에서 해방되었습니다"(롬 6:6-7).

42) "예수께서 마르다에게 말씀하셨다. '나는 부활이요 생명이니, 나를 믿는 사람은 죽어도 살고, 살아서 나를 믿는 사람은 영원히 죽지 아니할 것이다. 네가 이것을 믿느냐?"(요 11:25-26)

43) "죽음아, 너의 승리가 어디에 있느냐? 죽음아, 너의 독침이 어디에 있느냐?'…그러나 우리 주 예수 그리스도를 통하여 우리에게 승리를 주시는 하나님께 우리는 감사를 드립니다"(고전 15:55-57).

을 단절시키고 악이 불멸하지 못하도록 역사하신다.[44] 즉 하나님은 죽음을 통해 인간이 죄의 상태에 계속 머무는 것을 제어하시고 죄 속에서 영원히 살아가지 못하도록, 죄의 행위로 인해 다시는 하나님을 분노케 하지 않도록 역사하신다.[45] 곧 죽음을 통해 죄는 죽고 악은 불멸로 남지 못하도록 역사하신다. 인간의 영혼 안에 심긴 악이 불멸이 되지 않도록 영혼의 그릇인 육체가 죽음을 통해 일시적으로 부패하도록 역사하신다.[46]

한편 육체적 죽음은 우리가 유한하고 보잘것없는 미물에 불과하다는 사실을 깨닫게 해줌으로써 우리로 하여금 자신을 영원하고 거룩하신 하나님 앞에서 겸손히 낮추게 한다. 또 죽음은 우리의 몸이 흙으로 돌아가지만, 역사의 종말에 임할 부활의 날에 주님의 능력을 힘입어 새로운 몸으로 다시 부활하리라는 산 소망을 일깨워준다. 나아가 죽음은 인간을 인생의 온갖 질고와 굴곡, 걱정과 수고에서 벗어나게 하고 육체의 모든 고통과 아픔에 종지부를 찍게 하는 하나님의 사랑에 대한 방증으로 힘겹게 살아가는 모든 이들을 위로하는 은혜로운 사건이기도 하다. 이러한 연유에서 초대 기독교 교부 크리소스토무스Chrysostomus는 다음과 같이 말했다. "죽음은 은혜다. 왜냐하면 고생스러운 삶의 노고로부터 우리를 쉬게 해주기 때문이다! 아픔, 슬픔, 삶의 굴곡이 이 땅에서 마침내 멈추기 때문이다!…형제들이여, 죽음은 나쁜 것이 아니라 유익한 것이다."[47]

---

44) N. Basiliadis, 『죽음의 신비』, 6f., 76ff.

45) 안디옥의 주교 테오필루스(Theophilus)의 Πρὸς Αὐτόλυκον, B 26 ΒΕΠΕΣ 5, 39(5-6)에 수록된 글을 N. Basiliadis, 『죽음의 신비』, 76에서 인용.

46) 카파도키아 교부 중 한 명인 니사의 그레고리우스(Gregory of Nyssa)의 Λόγος ἐπικήδειος εἰς Πουλχερίαν, PG 46, 877A에 수록된 글을 N. Basiliadis, 『죽음의 신비』, 76에서 인용.

47) 4세기의 대표적 교부 크리소스토무스의 Περί ὑπομονης, PG 60, 725에 수록된 글을 N. Basiliadis, 『죽음의 신비』, 88에서 인용.

그러므로 하나님은 우리의 육체적 죽음을 통해 주님 안에서 회개의 삶을 살아가게 하시고 영혼에 해로운 죄악과 정욕을 제어하며 부활의 산 소망을 갖게 함으로써 종국적으로 우리의 구원에 유익한 약이 되도록 역사하신다. 비록 죄로 인해 죽음이 이 세상에 유입되었지만, 하나님은 이를 인간의 유익을 위해 활용하신다. 죽음은 죄의 열매이지만, 완전무결하신 하나님은 그것조차도 우리 인류의 유익을 위해 이용하신다는 말이다.[48] 그러므로 본래 죽음은 형벌로 취해진 것이지만, 결국 이 사건은 은혜와 자비로 귀결된다. 사탄은 우리를 파멸시키고 구원의 희망을 제거하기 위해 죄와 그 열매인 죽음을 들여왔지만, 그리스도는 그의 죽음을 통해 죽음을 선한 것으로 변화시켜 우리를 하늘로 인도하실 것이다.[49] 이처럼 쓴 것에서 단 것을 추출하시는 하나님의 지혜와 능력이 당신의 무한한 자비와 섭리 속에서 죽음이 선이 되게끔 하셨다. 우리의 적이었던 죽음은 이제 은혜로 바뀌고 우리에게 부과된 죄의 형벌은 인류에게 유익함이 된 것이다.

기독교 신학의 역사에서는 죽음의 이중성, 곧 자연적 죽음(생명의 자연적 종결로서 하나님의 창조질서에 속하는 죽음)과 비자연적 죽음(죄의 결과로서 하나님의 심판인 죽음)에 대한 신학적 논쟁이 오랫동안 이어졌는데, 이를 간략히 정리하면 다음과 같다. 고대와 중세 교회의 신학은 행위와 결과의 인과관계에 근거하여 죽음을 인간의 죄에 대한 하나님의 심판이자 형벌로 이해하였다. 인류가 짊어진 사멸의 운명에 대해 특히 아

---

48) 크리소스토무스의 *Εἰς Ψαλ, Ὁμ, 31, 3 PG 57, 374*에 수록된 글을 N. Basiliadis, 『죽음의 신비』, 78에서 인용.

49) 크리소스토무스의 *Εἰς τούς ἁγίους πάντας⋯, 1 PG 50, 707*에 수록된 글을 N. Basiliadis, 『죽음의 신비』, 90에서 인용.

우구스티누스Augustinus는 세 단계 이론으로 설명하면서[50] 인간의 죽음을 원죄로 말미암아 야기된 하나님의 형벌로 규정했다. 가톨릭교회의 신학은 529년 오랑주Orange 공의회와 1546년 트리엔트Trient 공의회에서 초대 교부들과 아우구스티누스의 입장을 추종하였다. 이들은 인간의 죽음을 세 가지 형태 곧 영적 죽음mors spiritualis, 육체적 죽음mors corporalis, 영원한 죽음mors aeterna으로 구분하면서, 이는 사탄의 유혹과 인간의 죄악, 하나님의 진노에 기인한다고 표명하였다. 그리고 이런 입장은 17세기 개신교 정통주의 신학에 이르기까지 서구 신학계에서 전반적으로 견지되었다.[51]

그러나 근대에 이르러 계몽주의가 발흥한 이래로 인간의 합리적 이성이 중요해지고 자연과학이 발달하면서, 인간의 죽음을 죄의 결과에 대한 하나님의 심판으로 간주하는 죽음 이해가 비판받기 시작했다. 한 인간(아담)의 죄로 말미암아 모든 인류가 사멸의 운명에 빠진다는 것이 비합리적이라는 견해가 급속도로 확산되었기 때문이다. 이러한 분위기 속에서 19세기 개신교 자유주의 신학—대표적으로 슐라이어마허[52]—은 죄와 죽음의 인과론적 관계성을 부정하고 인간의 육체적 죽음을 '자연적 죽음'으로 인식했다. 즉 인간의 죽음이 죄에 대한 하나님의 심판이 아니라 오히려 하나님의 창조와 함께 부여된 인간의 자연적 본성으로 이해되기 시작한 것이다. 그리하여 자유주의 신학은 인간을 죄와 심판과

---

50) 1. 파라다이스에서 아담은 사멸하지 않을 가능성을 가진(posse non mori) 상태로 창조되었다. 2. 죄의 타락으로 말미암아 인간은 사멸하지 않을 가능성을 상실하고(non posse non mori) 사멸의 상태로 전락하였다. 3. 죄를 폐기하시는 하나님의 은혜는 하나님의 선택된 자들에게 사멸할 가능성을 갖지 않은(non posse mori) 상태를 부여하였다.

51) 김균진, 『기독교 조직신학』 V, 155f.; 김균진, 『종말론』(서울: 민음사, 1998), 159f.

52) F. Schleiermacher, Der christliche Glaube, Bd. I, 7(1960), 75ff.

형벌의 종교적 틀에서 해방하고자 시도하였다.

20세기 전반기 최고의 신학자 칼 바르트는 자유주의 신학의 폐해와 문제점을 직시하면서 자유주의 신학의 붕괴를 평생 자신의 신학적 과제로 상정했지만, 예외적으로 죽음에 대해서만은 슐라이어마허의 이해를 전반적으로 수용했다. 그는 인간이 사멸하는 존재로 창조되었다고 추론함으로써 죽음을 인간의 본성으로 이해했다. 또한 죽음 그 자체가 유한한 인간 존재의 제한된 실존에 속하는 자연적 현실이라고 주장했다. 한 걸음 더 나아가 바르트는 죽음을 '자연적 죽음'과 '비자연적 죽음'으로 구분하면서 예수 그리스도에 대한 믿음이 있는 그리스도인들은 비자연적 죽음에서 자연적 죽음으로 해방된다고 역설했다.[53] 이는 죄가 없으신 그리스도가 십자가에서 죄인들이 당해야 할 저주의 죽음을 대신해서 당하셨기 때문에, 그리스도를 믿는 그리스도인들은 저주의 죽음에서 해방되어 자연적 죽음을 맞이하게 되었다는 것이다.

현대의 많은 신학자가 슐라이어마허와 바르트의 견해에 동조하여 인간의 육체적·생물학적 죽음과 죄악 사이의 인과관계를 거부한다. 그러나 일단의 현대 신학자들은 죽음을 자연적 속성으로 표명한 슐라이어마허와 바르트의 죽음 이해를 거부하고 죽음의 비非자연성을 역설한다. 대표적으로 에밀 브루너E. Brunner는 인간이 영원한 생명을 지닌 존재로 창조되었으나 죄로 말미암아 '죽음에 이르는 존재'가 되었다고 주장한다.[54] 헬무트 틸리케H. Thielicke도 죽음의 비자연적 속성을 간파하면서 죽음을 '생명의 원천이신 하나님으로부터의 분리', '생명에 대립되는 생명의 적

---

53) K. Barth, *Die Kirchliche Dogmatik*, Bd. III/2, 777.

54) E. Brunner, *Das Ewige als Zukunft und Gegenwart*, Siebenstern-Taschenbuch 32(München und Hamburg: 1965), 118.

이자 모순이자 생명의 훼손', '본래 존재해서는 안 되는 비非질서'로 인식한다.[55]

오늘날 신학계에서는 비자연적 죽음, 특히 죄의 결과로서의 죽음에 대해 더욱 냉철하게 분석해야 한다는 견해가 점차로 공감대를 형성하고 있다. 왜냐하면 오늘날 인류의 죄는 개인의 사적인 삶의 영역에서는 물론 조직화·합법화된 형태로 나타남으로써 불의한 정치적·경제적·사회적 구조를 통한 생명의 파괴가 비일비재하게 일어나기 때문이다. 즉 무수히 많은 사람이 자신의 죄악된 삶의 마지막 결과로서 죽임을 당할 뿐만 아니라 타인의 죄와 구조적 죄악, 조직화된 범죄로 인해 억울한 죽음, 폭력적 죽음, 강제적 죽음을 맞이하기 때문이다. 이러한 상황에 봉착하여 오늘날 신학자들은 세계 도처에서 다양한 형태로 진행되고 있는 비자연적 죽음에 저항하는 가운데 인류를 위시한 자연 세계의 모든 피조물이 충만한 삶을 향유하다가 자연적 죽음을 맞이할 수 있는 생명·정의·평화가 회복된 사회를 형성할 것을 촉구한다.

성서가 말하는 죽음의 이중성과 그에 대한 신학적 해석을 고려할 때, 그리스도인들은 죽음을 어떻게 바라보아야 할까? 앞서 강조했듯이 삶과 죽음을 관장하시고 산 자와 죽은 자 모두의 주님이신 하나님이 그리스도를 죽음에서 부활시키심으로 죽음의 세력을 만유일회적으로 깨뜨리셨기 때문에, 그리스도 안에서 죽은 자들은 새로운 생명으로 다시 태어나며 그리스도의 영원한 생명에 참여할 수 있다(롬 8:11). 이에 죽음은 아직 현실의 삶 속에 현존할지라도, 그리스도의 부활을 통해 결정적으로 그 무서운 위력을 상실하였다. 더욱이 죄가 없으신 그리스도가 죄인들을

---

55) H. Thielicke, *Tod und Leben. Studien zur christliche Anthropologie*, 2(1946), 109.

대신하여 십자가에서 죄인들이 당해야 할 저주의 죽음을 친히 감당하셨기 때문에, 그리스도를 믿는 그리스도인들은 저주의 죽음에서 해방되어 자연적 죽음을 맞이할 수 있다.

그리스도인들은 인간의 삶이 죽음과 함께 끝나버린다는 허무주의적 자포자기가 아니라 죽음 이후 누리게 될 영원한 생명에 대한 확신 속에서, 곧 죽음을 넘어서는 희망 속에서 죽음을 맞이할 수 있다. 왜냐하면 죽음이 하늘의 문을 열어줌으로 우리가 그곳으로 들어갈 수 있기 때문이다.[56] 곧 그리스도인들에게 있어서 죽음은 삶의 유한성과 제한성의 드러남인 동시에, 필멸에서 불멸로 혹은 지상에서 천상으로 혹은 유한에서 영원으로 가는 출구, 영원한 생명으로 향하는 관문을 의미하기 때문이다. 그리스도인들은 삶과 죽음을 초월하여 '그리스도 안에', '그리스도와 함께', '그리스도를 따르는' 존재이므로, 그들에게 있어서 죽음은 생명을 허락하신 하나님의 영원 속으로 들어가는, 곧 '그리스도와의 교통 속으로 들어가는 죽음'을 의미하기 때문이다. 이처럼 불멸의 생명이 죽음을 통해 가능하다는 것은 참으로 역설적인 진리다. 이것이 바로 죽음이 갖는 가장 큰 역설인데, 이 역설은 하나님의 무한한 사랑과 지혜에서 기인한다.

이러한 역설적인 죽음은 그 안에 이중성 혹은 양면성을 내포한다. 즉 죽음은 생물학적인 면에서는 한 개인의 삶의 끝이자 종결·단절이지만, 인격적이고 정신적인 면에서는 삶의 목적과 완성·성취를 의미한다. 이는 죽음을 통해서 한 인간의 전체 삶, 전 존재가 궁극적으로 완결되고 확정되기 때문이다. 죽음은 삶의 유한성과 제한성의 드러남인 동시에, 하나님의 영원 속으로 들어감, 그리스도와의 교통 속으로 들어감, 곧 그리

---

56) N. Basiliadis, 『죽음의 신비』, 87.

스도와 함께하는 삶의 시작을 의미한다. 죽음은 죄악된 삶에 대한 하나님의 부정과 심판인 동시에, 하나님의 자비로운 용서와 용납으로 말미암은 긍정을 의미한다. 죽음은 한 생명의 사라짐인 동시에, 다른 생명에게 생존의 장을 양보하고 그 존속을 가능하게 하는 일이다. 죽음은 고통스러운 동시에, 삶의 모든 고통으로부터의 해방이다. 그러므로 죽음은 무섭고 잔인한 일인 동시에, 아름답고 은혜로운 일이기도 하다.

죽음의 이중성 혹은 양면성을 깊이 유념할 때, 그리스도인들은 특별히 죽음의 긍정적인 측면을 직시하고 자신의 생명을 하나님께 맡기는 태도가 중요하다. 또한 죽음이란 이 세상에서 살아가는 모든 생명이 직면할 수밖에 없는 불가피한 현실이므로 삶과 죽음을 상호 불가분리의 연장선에서 이해할 필요가 있다. 하지만 삶과 죽음이 상호 불가분리의 연장선에 놓여 있다 하여, 죽음을 결코 미화하거나 정당화해서는 안 될 것이다. 왜냐하면 죽음 그 자체는 생명과 대립되는 것이요, 생명의 원천이신 하나님께 반하는 반신적 성격을 가짐으로써 역사의 마지막에 결국 하나님에 의해 폐기될 수밖에 없는 존재이기 때문이다(고전 15:26). 그러므로 그리스도인은 현실의 삶 속에서 죽음—특히 억울하고 부당한 비자연사—을 초래하는 모든 불의한 세력에 적극적으로 대항해야 할 것이다. 즉 과연 어떠한 원인과 세력들에 의해 인간과 자연의 피조물이 억울하고 부당한 죽임을 당하는지에 대해 심각하게 고민하고, 궁극적으로 이들을 제거하려는 현실적인 노력을 기울여야 한다. 한 걸음 더 나아가 그리스도인들은 "다시는 죽음이 없고 슬픔도 울부짖음도 고통도 없는"(계 21:4) 하나님 나라, 곧 하나님의 영원한 생명이 경험되는 새로운 세계가 죄와 고난과 슬픔과 죽음이 가득한 이 세상의 현실 한가운데 도래하도록 혼신의 힘을 기울여야 할 것이다.

한국에 전래되어 토착화된 종교들, 즉 무교·불교·유교·도교의 삶과 죽음에 대한 이해, 곧 생사관生死觀을 통해 오랜 세월 다종교적多宗敎的 사회 속에서 살아온 한국인들의 상이한 생사관을 전반적으로 살펴봄으로써 목회 현장에서 봉착하는 우리 국민의 생사관에 대한 폭넓은 이해를 얻을 뿐만 아니라 삶과 죽음에 대한 좀 더 깊은 성찰에 이르고자 한다.

1. 다종교적 한국 사회의 다양한 생사관

일반적으로 서구인들은 한국인이 단일 민족으로 유구한 역사를 이어왔기 때문에, 모든 한국인이 공유할 수 있는 공통의 사상과 가치관을 용이하게 발견할 수 있으리라 추측한다. 그러나 이는 한국의 실제 종교·문화적 상황을 고려할 때 심각한 속단이라고 말할 수 있다. 왜냐하면 한국 사회는 세계 종교사에 유례가 없을 만큼 다양한 동서양의 종교들이 역동적인 관계 속에서 공존하는 전형적인 다종교多宗敎 사회이기 때문이다.

즉 한국에는 유사 이래로 한국인들의 심성에 깊이 뿌리를 내린 무교의 기반 아래 유교·불교·도교와 여러 종류의 종교 사상, 그리고 이들과 연관된 무수히 많은 소종파가 공존한다. 이러한 종교 및 종교사상들의 터전 위에 근대 이후 한국에 전래되어 급속도로 세력을 확장한 기독교가 막강한 영향력을 행사하고 있다. 그러므로 모든 한국인이 공유하는 공통된 가치관 혹은 사상을 발견하기란 상당히 어려운 실정이다.

여기서는 한국에 전래되어 토착화된 대표적 종교들인 무교·불교·유교·도교의 생사관을 통해 오랜 세월 다종교적 사회 속에서 살아온 한국인들의 다양한 생사관을 전반적으로 살펴봄으로써 목회 현장에서 맞닥뜨리는 우리 국민의 생사관에 대한 폭넓은 이해를 얻을 뿐만 아니라, 삶과 죽음에 대한 더욱 깊은 성찰에 이르고자 한다. 그러나 무엇보다도 기독교와 타 종교 사이의 대립과 갈등이 나날이 심화하는 상황 속에서 그리스도인들로 하여금 타 종교의 생사관을 무조건 배척하기보다 열린 마음으로 그 차이점들을 이해함으로써, 기독교가 한국인들의 심성에 깊이 뿌리를 내릴 수 있는 정신적 터전을 마련하는 데 기여하고자 한다.

2. 무교의 생사관

무교는 한국에 전래된 종교들 가운데 가장 오래된 종교로서 우리 민족의 종교·문화적 심성의 기반을 형성해왔다. 특히 무교는 이후 전래된 외래 종교들과 종교 사상들 곧 불교·유교·도교·풍수지리설 등을 비롯한 종교들과 여러 종교 사상, 그리고 기독교가 한국 사회에 잘 정착할 수 있도록 융화의 기능을 담당해왔다. 그 결과 한편으로 무교는 다른 종교들로부터 자양분을 공급받아 자신의 종교 세계를 보다 풍성하게 할 수 있었으며 끈질긴 생명력으로 한국인들의 의식 속에 깊이 뿌리를 내리게 되었다. 그러나 다른 한편으로 한국에 전래된 다른 종교들 사이의 혼합을 초래함으로써, 다른 종교들이 '무교화'巫敎化되었다고 해도 과언이 아닐 만큼 무교에 깊은 영향을 받아 많은 변형을 일으키게 되었다. 이러한 부정적인 영향에도 불구하고 무교는 우리 민족의 역사에서 사회적으로 버림받고 소외된 밑바닥 계층의 고난과 한을 대변하는 종교의 역할을 감당해왔다고 말할 수 있다.

무교에서 인간의 죽음은 본질적으로 매우 '슬픈 일'이자 '한스러운 일'로 인식된다. 따라서 무교는 죽은 자들의 영혼을 달래는 일에 지대한 관심을 기울여왔다. 특히 무교는 인간이 생전에 유복한 삶을 살다가 천수를 누려 자연적 죽음自然死을 맞이한 사람은 선한 영善靈이 되지만, 불행한 삶을 살다가 비자연적 죽음非自然死을 맞이한 사람은 악한 영惡靈이 된다고 믿기 때문에, 사후에 악령이 된 영혼을 달래는 다양한 종류의 의례들을 많이 시행해왔다.[1] 이러한 의례들 가운데 대표적인 것으로는 '집가심' 혹은 '자리걷이'를 들 수 있다. 이는 고인의 장례를 지낸 날 밤에 죽음이 일어난 장소에서 치르는 의례로서, 이 의례의 목적은 비자연적 죽음, 이를테면 비명횡사, 요절, 병사, 객사, 자살, 타살 등이 초래하는 죽음의 부정성不淨性을 씻어내는 데 있다.

비자연사를 당한 이를 위한 무의巫儀로서 특별히 '씻김굿'이[2] 널리 알

---

1) 국사편찬위원회 엮음, 『상장례, 삶과 죽음의 방정식』, 18ff.
2) '집가심'과 '씻김굿'의 차이는 양자가 낙지천도 의례인 점에서는 공통적이나, 전자가 장례 직후에 행한다는 점에서 차이가 있다.

려져 있는데, 이는 고인이 비자연적 죽음을 당한 지 3년[3] 이내에 치르는 의례다. 낙지천도樂地薦度이자 제액초복除厄招福 의례인 '씻김굿'의 목적은 고인의 맺힌 원한과 억울함을 풀어 줌으로써(한풀이), 고인이 이승과 저승의 중간 단계로 표상되는 '중천'中天을 방황하면서 산 자들에게 해를 끼치지 않고 저승에 잘 안착할 수 있도록, 그리하여 원귀冤鬼가 조상신祖上神이 될 수 있도록 도와주는 데 있다. '씻김굿'은 한국의 전통적 상장례 문화가 가장 잘 보존된 전라도 지방에서의 명칭이며, 지역에 따라 각기 다른 이름을 가지고 있다. 예를 들면 서울·경기 지방의 '진오기굿', 경상도의 '오구굿'이라는 명칭이다.[4]

이처럼 무교가 비자연적 죽음을 통해 악령이 된 영혼을 위로하는 많은 의례를 시행하는 이유는 무교의 독특한 생사관에 기인한다. 무교는 이승과 저승을 완전히 동떨어진 공간으로 이해하는 것이 아니라, 양자를 하나의 길로 연결된 동일한 연장선 위에서 이해한다. 이것은 "대문 밖이 곧 저승이다"라는 한국의 옛 속담에 잘 나타나며, 무엇보다도 죽은 자들이 가는 '저승길'에 대한 표상이 이를 잘 대변해준다.[5] 무교에 의하면 이승과 저승이 서로 길로 연결되어 있으므로, 저승에 있는 죽은 자들은 이

---

3) 한국의 전통적 상장례에서 탈상(脫喪)의 기간은 3년, 정확히 25개월이다.

4) 국사편찬위원회 엮음, 『상장례, 삶과 죽음의 방정식』, 248f.

5) 무교는 이승과 저승이 길로 연결된 것으로 생각하는데, 이는 죽은 자들이 가는 '저승길'에 대한 표상에 잘 나타난다. 저승사자들에 의해 육체로부터 강제로 분리된 죽은 자들의 영혼은 험난한 저승길 여정을 거쳐야 한다. 이 여정에서 죽은 자들은 이승에서 보암직했던 가파른 산과 광활한 사막, 강과 호수 등을 경험한다. 마치 험난하고 고달픈 인생길과도 같이, 죽은 자들은 저승길 여행에서 무수히 많은 난관을 만나고 악한 영들의 괴롭힘을 당한다. 이 저승길 여행은 이승의 자연계의 리듬, 특히 달의 움직임에 상응하여 14일 간 지속되는 것으로 상정된다. 14일 간격으로 달이 만월이 되었다가 점차로 초승달이 되는 것을 보면서 고대 한국인들은 죽은 자들의 영혼이 14일 후 저승에 당도한다고 생각했던 것이다.

승을 마음대로 드나들면서 언제든지 산 자들에게 복과 화를 가져다줄 수 있으며, 산 자들은 초혼招魂을 통해 죽은 자들의 혼령을 불러들일 수 있다. 특히 죽은 자들이 산 자들의 삶에 영향력을 행사함으로써 양자는 지속적인 관계를 유지하는데, 이는 악연인 경우에 더욱 끈질기고 집요한 것으로 상정된다.

더욱이 죽은 자들은 죽음을 통해 신격화됨으로써, 악령이 된 죽은 자들과의 악연은 산 자들의 삶의 영역에 큰 불행과 재앙을 초래하는 것으로 인식된다. 바로 이러한 연유에서 무교는 악령이 된 영혼의 한과 억울함을 풀어줌으로써, 중천을 떠도는 악령을 저승세계에 영원히 안착시키는 동시에 산 자들의 평안하고 유복한 삶을 도모하고자 한다. 저승이 이승의 연장으로 이해되고 죽은 자와 산 자가 지속적인 관계를 맺는 것처럼, 죽은 자는 저승에서 산 자와 동일한 삶의 방식으로 살아가는 것으로 표상된다. 즉 죽은 자는 산 자와 동일하게 의식주가 필요하고 희로애락喜怒哀樂의 감정을 가지며 생전의 혈연과 친분 관계, 지위와 신분 등을 죽음 이후에도 그대로 유지하는 것으로 생각된다.

AD 5-6세기경에 만들어진 것으로 추정되는 고구려의 지하 무덤과 고분벽화에서 우리는 무교의 막강한 영향을 받았던 고대 한국인들이 얼마나 세심하게 죽은 자들을 위해 생전의 삶과 동일한 생활 환경을 조성해주었는지를 엿볼 수 있다. 이 무덤 안에는 죽은 자들의 고달픈 저승길 여행에 필요한 일체의 양식과 여행 도구, 생활용품 등이 정성스럽게 마련되어 있다. 저승을 이승의 연장으로 보는 한국인들의 이러한 내세관은 AD 4-6세기경 죽은 자의 저승생활을 돕기 위해 고인의 하인과 첩, 짐승 등을 산 채로 매장하는 순장殉葬의 형태로 극단화되었다. 이 순장의 관습은 6세기 말에 폐지되었는데, 폐지 사유는 산 채로 잔인하게 매장당하는 사람과 짐승에 대한 동정심보다는 경제적인 이유, 곧 노동력을 확보하기 위해서였던 것으로 파악되고 있다.

무교에서 죽음은 매우 슬프고 비통한 일로 여겨지면서도, 다른 한편으로는 새로운 삶을 가능케 하는 사건으로 기대되기도 한다. 왜냐하면 무교는 인간의 영혼이 육체의 죽음을 초월하여 재생再生한다고 믿음으로써, 현세에서의 죽음이 내세에서는 탄생을 의미한다고 생각하기 때문이다. 즉 죽음은 동전의 양면과도 같아서 이승에서는 죽음이지만, 저승에서는 새로운 탄생을 의미한다고 생각하기 때문이다. 더 구체적으로 말하면, 무교에서 죽음은 인간의 영혼을 육체의 감옥으로부터 해방시켜 내세에서 신적인 존재로 거듭나게 하거나, 현세에서 다른 생물체로 환생하게 한다. 이러한 죽음의 이중성은 전라도 지방에서 시행되는 '다시래기'—'다시 나기'에서 유래—라는 장례의례에 잘 나타난다.

발상發喪 후 상갓집은 고인의 죽음을 슬퍼하는 애도의 분위기로 가득하다. 그러나 장례 전야가 되면, 유족들은 온 마을 주민들을 위한 잔치를 배설함으로써 상갓집은 축제의 분위기로 전환된다. 이 잔치가 바로 '다시래기'인데, 그 중심부에 아이를 낳는 장면을 연출하는 연극이 시연된다. 이 연극을 통해 태어남이 곧 죽음이고 죽음이 곧 태어남이어서, 태어남과 죽음이 동전의 양면이라는 사실을 일깨우고자 한다. 이를 통해 발상 후 깊은 시름에 잠겼던 유족들은 잃었던 웃음을 되찾고 모처럼 유쾌한 분위기에 젖어들게 된다. 그러므로 '다시래기'는 유족들로 하여금 고인이 저승에서 다시 새로운 삶을 시작한다는 사실을 일깨워줌과 동시에 슬픔을 극복하고 현실의 삶에 적응케 함으로써, 상례 후 다시 정신적으로 건강한 삶을 살아갈 수 있도록 도와주는 기능을 감당한다.

여기서 무교가 믿는 재생再生과 불교가 신봉하는 윤회輪回의 차이점

을 간략히 설명할 필요가 있다. 전자는 죽음 이후 또 다른 삶이 이어진
다는 단순한 의미를 지니는 데 반해, 후자는 철저한 인과응보因果應報, 곧
행위-보상의 법칙에 따라 삶이 마치 수레바퀴처럼 이어진다는 의미를
지닌다. 본래 무교는 불교와 달리 낙관적인 인생관을 가지며 윤리의식
이 희박하기 때문에 사후 심판에 대한 표상을 갖지 않았지만, 시간이 경
과하면서 불교의 영향으로 인과응보에 근거한 사후 심판 사상을 수용
하게 되었다. 무교는 인간이 이승에서의 공적(선악)에 따라 저승에서 신
이 되거나, 이승에서 동식물로 환생한다고 생각함으로써 인간으로의 환
생은 원칙상 불가능하다고 믿는다.[6] 즉 무교는 인간으로서의 삶이 이승
에서 단 한 번밖에 주어지지 않는다고 믿기 때문에, 현실의 복에 대단
히 집착하는 현세 지향적인 생사관을 가진다. 이러한 무교의 현세 지향
적인 생사관은 한국인들로 하여금 무병장수無病長壽, 부귀영화富貴榮華, 입
신양명立身揚名 등을 삶의 최고의 이상으로 희구하는 인생관을 갖게 하는
데에 결정적인 역할을 했다고 볼 수 있다.

3. 불교의 생사관

불교는 AD 4세기경에 한반도에 전해져 거의 900여 년(528-1392) 동안
국가종교로서 한국의 찬란한 문화 창달에 기여했던 종교다. 그러나 불교
는 오랜 기간 국가종교였음에도 불구하고, 한국인들의 종교 및 정신세
계, 특히 삶과 죽음에 대한 이해에서 무교와 유교보다 상대적으로 미약

---

6) 이수자, "저승, 이승의 투사물로서의 공간", 한국종교학회 엮음, 『죽음이란 무엇인가』(서
   울: 도서출판 창, 1990), 66.

한 영향력을 행사해온 것으로 평가되고 있다. 그 까닭은 우선 불교가, 유교를 국가종교로 신봉한 조선왕조 5백 년 동안 당시의 권력층과 지식인 계층에 의해 혹독한 탄압을 받음으로써 공적인 삶의 영역에서 밀려났기 때문이다. 그러나 무엇보다도 결정적인 원인은 불교가 현세 지향적인 생사관을 추구하는 한국인들에게 지나치게 염세적이고 내세 지향적으로 여겨졌기 때문이다.

불교에서의 죽음 이해는 죽음의 비애와 허망함, 불가피함을 철저히 인식함과 더불어 시작한다. 이는 부처 자신의 어록을 전하는 문헌들에 분명히 나타나고 있다. 『우다나바르가』*Udāna-Varga*에 의하면, "도공이 만든 질그릇처럼, 사람의 생명도 모두 마침내는 부서져 버린다.…사형수가 한 걸음 한 걸음 형장을 향해 걸어가듯이, 사람의 생명도 그러하다." 또한 『수타니파타』*Sutta-Nipāta*에는 다음과 같이 기록되어 있다. "청년도, 장년도, 어리석은 자도, 지혜로운 자도 모두 죽음에는 굴복해버린다. 모든 사람은 반드시 죽는다"(578). "그들은 죽음에 붙들려 저 세상으로 가지만, 아비도 그 자식을 구하지 못하고, 친척도 그 친척을 구하지 못한다"(579). "보라! 친척들이 애타는 마음으로 지켜보지만, 사람은 하나씩 도살장으로 끌려가는 소처럼 사라져 간다"(580).[7]

그런데 불교는 현실적으로 죽음을 도저히 극복할 수 없기 때문에, 교리를 통해 죽음의 문제를 해결하고자 한다. 그 가운데 가장 대표적인 교리가 바로 '생즉사 사즉생'生卽死 死卽生, 또는 '생사즉열반'生死卽涅槃이다. '생즉사 사즉생'이란 삶이 곧 죽음이고 죽음이 곧 삶이어서 삶과 죽음이 상호 대립하는 고정된 실체가 아니라는 것이다. 다시 말해서 삶이 죽음일

---

7) 정승석, "죽음은 곧 삶이요 열반", 한국종교학회 엮음, 『죽음이란 무엇인가』, 81f.에서 재인용.

수 있고 죽음이 삶일 수 있다는 것이다. 이러한 생사일여적生死一如的 이해
는 불교의 세계관을 대변하는 '세 가지 진리'[8] 가운데 세 번째 진리인 '열
반숙정'涅槃肅靜에 기인한다. 즉 이 세상에 존재하는 모든 것은 그 자체로
서의 실재實在가 아니라 하나의 가상假相에 불과하므로 삶과 죽음, 존재
와 비존재의 경계는 고정적이지 않고 유동적이라는 것이다. 따라서 불교
에서 삶과 죽음, 존재와 비존재는 상호 구별되거나 대립하지 않고 심지
어 동일시될 수 있는데, 이 점이 불교의 생사관의 독특한 점이라고 말할
수 있다. 또한 '생사즉열반'이란, 죽음이 곧 삶이고 열반Nirvana(해탈)이라
는 것이다. 그러므로 불교는 사람들로 하여금 끊임없는 마음의 수련과
정신의 집중을 통해 삶과 죽음의 경계를 극복하고 죽음이 없는 상태, 곧
열반에 이를 수 있도록 독려한다.

이처럼 불교는 도저히 극복할 수 없는 죽음의 문제에 정면으로 맞서
기보다, 교리를 통해 죽음의 심각성을 완화 또는 미화시킴으로써 죽음의
치명적 현실을 도피하고자 한다. 더욱이 불교에서 죽음은 한편으로는 삶
의 모든 인연과 절연하는 허망한 사건이지만, 다른 한편으로는 이 세상
의 모든 고통으로부터의 구원을 의미하기 때문에, 불교도들은 이 세상의
고통스러운 현실로부터 등을 돌리고 내적인 평화를 추구하는 가운데 죽
음을 동경하는 허무주의적 성향을 띤다.

죽음을 동경하는 불교의 성향은 인간의 영혼과 육체를 엄격히 분리
하는 이원론적인 인간 이해와 영혼불멸을 지향하는 종교 및 종교 사상

---

8) 불교의 '세 가지 진리' 중 첫 번째 진리인 제행무상(諸行無常)에 의하면, 이 세상에 존재
하는 모든 것들은 무상하다. 즉 모든 존재는 윤회, 곧 끊임없이 되풀이되는 생성과 소멸
의 법칙에 종속되어 있다. 두 번째 진리인 제행무아(諸行無我)에 의하면, 존재하는 모든
것들은 변치 않는 그 자체로서의 실재가 아니다.

에서 일반적으로 보이는 모습이다. 이들 종교 및 종교 사상들은 인간의 육체를 유한하고 무가치한 존재로 보는 데 반해, 영혼을 영원히 불멸하고 가치 있는 존재로 간주한다. 그러므로 인간의 영혼이 '육체의 감옥'으로부터 분리되는 죽음을 영혼의 진정한 자유와 해방의 사건으로 인식한다.[9] 그러나 여기서 흥미로운 점은, 동일하게 영혼불멸설에 입각한 무교가 불교와 달리 죽음을 동경하지 않고 지극히 현세 지향적인 입장을 견지한다는 점이다. 이것은 무교가 영혼불멸설을 견지하면서도, 앞 절에서 살펴본 바와 같이, 인간으로서의 삶이 이승에서 일회적으로 주어진다고 믿는 데 기인한다.

한국의 불교에서 인간은 죽음 이후 전생에서의 선악 간의 공적에 따라 사후 심판을 받는 것으로 표상된다. 죽은 자는 저승의 주재자인 염라대왕이 보낸 저승사자들에게 이끌려 험난한 저승길 여정을 거쳐 저승에 당도하면, 저승의 십대왕十大王 앞을 차례로 지나가며 심판을 받게 된다. 제1대왕은 굶주린 사람에게 밥을 주었는지, 제2대왕은 목마른 사람에게 물을 주고 헐벗은 사람에게 옷을 주었는지, 제3대왕은 부모에게 효도하고 일가친척과 화목하며 동네 어른을 공경했는지, 제4대왕은 함정에 빠진 사람을 구출했는지, 제5대왕은 거짓말이나 이간질, 무죄한 사람을 모함하는 일구이언을 하지 않았는지, 제6대왕은 살인이나 강도, 역적 도모, 고문, 학대, 도적질 등을 하지 않았는지, 제7대왕은 상거래에서 공정했는

---

9) 앞서 언급한 바와 같이, 인간의 영혼과 육체를 엄격히 분리하는 이원론적 인간 이해는 고대의 대부분 종교와 종교 철학에 나타나는데, 특히 그리스-로마 문화권의 플라톤 (Platon) 철학이 대표적이다. 플라톤은 인간의 육체가 유한하고 허무한 실체인 반면, 영혼은 영원히 불멸하는 신적인 실체라고 생각하였다. 그러므로 그는 인간의 영혼이 육체의 사멸성을 항상 의식하면서 육체로부터 자신을 분리시킴으로써 참 자유와 평화를 누려야 한다고 주장하였다. 결국 플라톤은 인간의 영혼이 '육체의 감옥'으로부터 분리되는 사건인 죽음을 영혼의 해방으로 인식하고 이를 동경하였다.

지, 제8대왕은 음행이나 간음을 하지 않았는지, 제9대왕은 사람의 도리인 혼인을 했는지, 제10대왕은 출산의 의무를 감당했는지를 철저히 심판한다.

이러한 사후 심판의 기준은 크게 네 가지로 정리할 수 있는바, 첫째, 가장 큰 공덕으로 곤궁에 처한 타인을 위해 베푸는 선, 둘째, 부모와 친척 간의 가족관계 및 노인에 대한 공경심, 셋째, 공동사회의 질서유지를 위한 규범, 넷째, 혈연 집단의 계승과 관련된 의무라고 말할 수 있다. 그런데 사후 심판은 철저히 인과응보因果應報의 원리에 입각함으로써 죽은 자들은 철두철미하게 생전에 자신이 행한 선악 간의 행위에 따라 혹독한 심판을 받게 된다. 사후 심판의 결과에 따라 죽은 자들의 운명이 좌우되는데, 이 기간이 '49일'로 상정되어 죽은 자들의 사후 운명을 위해 '49재'四十九齋가 행해진다.

우리나라에서 '49재'는 불교 신자뿐만 아니라 보통 사람에게도 죽은 이를 위한 의식으로 관례화되어 있다. 불교에서 '49재'를 행하는 이유는 불교의 인과응보의 교리와 긴밀한 연관성이 있다. 불교에서는 죽은 자가 철저히 인과응보의 논리에 근거하여 사후에 반드시 징벌을 받는다고 믿는데, 그 징계 방법이 현세에서는 상상도 못 할 만큼 잔혹하다. 불교 신자들은 지옥에서의 징계 과정이 49일 동안 지속되며, 또한 죽은 이가 다시 새로운 생명을 얻기까지 최장 49일 걸린다고 표상한다. 그러므로 7일마다 제의를 행하여 7회, 곧 49일째 되는 날에 죽은 이의 극락왕생이 결정된다고 믿어 49일 동안 제사를 드리면서 죽은 이의 명복冥福을 비는 것이다.

사후 심판을 통해 공덕을 많이 쌓은 자는 내세에서 영생을 누리고, 선을 많이 행하지도 악을 많이 범하지도 않은 자는 현세에 인간이나 다른 생물체로 환생하며, 너무 많은 악행을 범함으로 인해 도저히 용서받을 수 없는 자는 지옥에서 상상할 수 없는 잔혹한 방법—예를 들면 칼날이 박혀 있는 산을 맨발로 오르기(제1대왕), 끓는 물(제2대왕)과 얼음(제3대왕) 속에 몸 담그기, 칼로 몸 베기(제4대왕), 집게로 혀 빼기(제5대왕), 독사로 몸 감기(제6대왕), 톱으로 뼈 켜기(제7대왕), 뜨거운 쇠판에 올리기(제8대왕), 바람길에 앉기(제9대왕), 흑암 속에 있기(제10대왕) 등—으로 형벌을 받게 된다.

그런데 한국 불교의 사후 심판과 잔혹한 형벌에 대한 사상은 오랜 기간에 걸친 상호작용 속에서 무교에도 지대한 영향을 끼쳤다. 본래 무교는 불교와 달리 낙관적이고 현세 지향적인 인생관을 가지며 윤리의식이 희박하기에 내세관이 막연할 뿐만 아니라, 사후 심판에 대한 정교한 표상도 없어서 무교 자신의 고유한 저승관을 발전시키지 못했다고 말할 수 있다. 그러나 오랜 세월을 지나면서 무교는 불교의 인과응보에 근거한 사후 심판 사상을 수용했다. 따라서 무교의 내세관과 사후 심판 사상은 불교의 강력한 영향력 아래 놓여 있다고 할 수 있다. 불교에서 인간은 선악 간의 행위에 따라 후세의 삶이 결정되는 엄격하고도 가혹한 윤회의 과정을 무수히 거쳐야 하는 고달픈 존재다. 이러한 연유로 인해 불교는 생사의 윤회를 거듭하는 인생사를 본질적으로 '고해'苦海로 규정한다.

4. 유교의 생사관

앞서 언급한 바와 같이, 무교가 사회적으로 소외계층을 대변하는 역할을 감당한 데 반해, 유교는 조선왕조 500년(1392-1910) 동안 국가종교로서 특히 상류층, 곧 권력층과 지식인 계층의 종교로 군림하였다. 즉 유교는 어떻게 하면 왕과 관리, 지식인 계층—철두철미 남성 위주의—이 일반 백성을 잘 다스릴 수 있는지를 연구하는 것을 가장 중요시함으로써 가난하고 억눌린 사회적 약자들을 위한 종교라기보다 힘 있는 지배 계층을 위한 종교 또는 종교 철학이라고 말할 수 있다. 이러한 유교는 한국인들의 사고방식과 가치관, 사회구조, 생활 양식, 각종 의례와 예의범절 등 다방면에 걸쳐 엄청난 영향력을 행사하였다.

특별히 생사관과 관련하여 상장례喪葬禮와 조상제례祖上祭禮에 미친 유교의 영향력은 거의 절대적이어서, 조상제례는 조선 후기 이래 마치 국교와도 같이 신봉되었다. 당시의 조상제례는 단순히 부모의 은공에 보답하기 위한 가족의례의 성격을 넘어서 현존하는 사회체제를 유지하고 지배 계층의 권력을 강화하는 정치·사회적 의례의 성격을 가짐으로써, 조상제례에 대한 거부는 곧 조정에 반역을 꾀하는 역적 행위로 간주되었다. 그러므로 종주국인 중국은 물론 아시아의 여타 국가들 그 어느 곳에서도 한국처럼 유교의 영향력이 지대한 곳이 없을 만큼, 유교는 한국인들의 정신세계와 삶의 영역을 지배해왔다.

여기서 우리나라에 유교적 조상제례가 정착할 당시의 상황에 대해 간략히 언급할 필요가 있겠다. 13세기 말엽에 유교의 조상제례가 한국에 전해질 무렵만 해도 조상제례는 주로 왕족을 중심으로 시행되었다. 그러다가 17세기 말엽에 이르러 기존의 사회체제가 와해할 위기에 봉착하자, 조정은 불의한 지배 계층에 도전하는 민심을 수습하고 사회체제를 견고하게 하기 위한 목적으로 조상제례를 전 국민이 감당해야 할 도덕적인 의무로 규정하였다. 당시 조정은 이러한 조상제례를 통해 부모에게 효도하듯이, 국가의 지배 계층에게 충성할 것을 종용하였다. 그 이래로 한국에서의 조상제례는 순수한 가정의례를 넘어서 지배 계층의 권력을 강화하는 정치·사회적 기능을 가지게 되었다. 이러한 맥락에서 조상제례는 마치 국교와도 같이 신봉됨으로써, 조상제례의 철폐는 곧 조정에 반역을 꾀하는 역적 행위로 간주되었던 것이다.

같은 동양 문화권의 대표적 종교인 불교가 염세적이고 내세 지향적인 데 반해, 유교는 삶에 대해 적극적이고 상당히 현세 지향적이다. 즉 불교적 전통에서는 인간의 삶의 현실을 고해로 간주하고 이에서 벗어나 절대적 자유와 해탈의 경지에 도달하고자 하지만, 유교적 전통에서는 삶의 의미와 가치를 무한히 확충하려는 자세를 취한다. 또한 불교는 인간을 둘러싼 자연 세계를 실재가 아닌 가상으로 보는 가운데 이 가상의 배후에 있는 불변의 실재를 추구하는 것을 적극적으로 권장하는 데 반해, 유교는 인간의 삶의 무대가 되는 자연 세계를 생명과 창조력으로 충만한 세계로 인식하는 가운데 이를 인간이 주체적으로 운용하고 최대한 향유하는 것을 삶의 올바른 방향으로 제시한다.

이처럼 유교적 전통에서 현세에 대한 존중 의식이 남달리 강하게 나타나는 것은 중국인들 특유의 세계관에 기인한다. 예로부터 중국인들은 자신들의 활동 무대인 광활한 대륙을 하나의 전체적 세계, 곧 천하天下로 표현함으로써 가장 최선의 세계로 생각했으며, 그 세계의 중앙에 중국이 있다는 중화사상中華思想을 오랜 세월 간직해왔다.[10]

무교와 불교가 영혼불멸설에 근거하여 인간의 영혼이 육체의 죽음을 초월하여 존속한다고 믿는 데 반해, 현세 지향적인 유교는 인류의 가장 오랜 믿음인 영혼불멸설을 이례적으로 부인한다. 유교는 인간의 영혼을

---

10) 배영기, 『살아 있는 사람들이 알고 싶은 죽음의 세계』(서울: 교문사, 1992), 222.

비롯한 모든 생명체의 영혼이 죽음 이후 일정 기간 존속하다가 결국 소멸하게 된다고 생각한다. 유교가 기반으로 삼는 기철학氣哲學에서 인간의 죽음이란 정精과 기氣와 신神의 결합체로 생성된 인간의 영혼이 하늘로 올라가 대기 중에 흩어져 소멸되는 현상을 의미한다.

이러한 인식에 따라 유교는 죽음을 대자연의 일부로 여겨지는 인간이 자연에 귀속되는 필연적인 자연 현상으로 인정하면서 인간이 이 자연 현상에 순응하는 것이 올바른 삶의 자세라고 강조한다. 이처럼 유교는 죽음을 인간의 육체와 영혼이 소멸되는 자연 현상이라고 생각하기 때문에, 죽은 자들의 영혼이 선한 영 혹은 악한 영이 되어 산 자들의 삶의 영역에 영향력을 끼친다는 무교의 믿음을 전적으로 거부한다. 이와 더불어 유교는 불교가 신봉하는 윤회설도 부인함으로써 죽은 자가 이승으로 다시 환생하는 것을 강하게 부정한다. 유교가 영혼불멸설을 부인하면서도 죽은 조상들에게 제사를 지낼 것을 적극적으로 종용하는 이유는, 죽은 조상들의 영혼의 존재를 믿기 때문이 아니라, 오히려 제사 행위를 통해 후손들의 도덕적인 품성, 특히 충효忠孝의 정신을 함양하기 위해서다.

이처럼 본래 중국에서 전래된 유교의 조상제례는 영혼불멸설에 입각하지 않는 하나의 도덕적인 의례인데, 우리 민족은 고대로부터 영혼불멸설을 신봉해왔기 때문에 유교의 조상제례를 나름의 종교성에 맞춰 변형시켰다. 그러므로 한국인들은 일반적으로 조상제례를 지내는 동안에 조상들의 영혼이 후손들 가운데 실제로 임재한다고 믿으며, 또한 후손들의 제물을 받은 조상들이 후손들에게 복을 내려준다고 믿는 경향을 보인다. 여기에는 죽은 자들이 죽음을 통해 신격화되며 산 자들과 지속적인 관계를 맺는다고 믿는 무교의 영향력이 깊이 내재해 있다.

유교의 창시자인 공자孔子의 교훈들을 수록한 『논어』論語에는 철저히 현세 지향적인 공자의 생사관과 조상제례에 대한 입장을 가늠할 수 있는 많은 구절이 제시되어 있다.[11] 공자의 현세 지향적인 입장을 엿볼 수 있는 대표적인 구절들을 살펴보면 다음과 같다. 공자에게 그의 제자인 '계로'가 "죽음이란 무엇입니까?"라고 묻자, 공자는 "아직 삶도 모르는데 어찌 죽음을 알리오?"라고 반문하였다(제11편 11절). 또 한 제자가 "조상에 대한 제사의 의미가 무엇입니까?"라고 묻자, 공자는 "모르네. 그 의미에 대해 아는 사람은 세상을 다스릴 수 있는 능력이 있는 사람일 걸세"라고 대답하였다(제3편 11절). 그러면서 공자는 제사에 임할 때에 "조상들이 있는 것 같이"(제3편 12절) 하라고 말함으로써 조상들의 영혼이 제사에 임재한다는 사실에 대해 회의적인 반응을 표명하였다.

공자의 현세 지향적인 생사관은 이후 신新유학자들에게도 이어졌다. 특히 송대宋代 신유학의 대표자인 주자朱子는 경험 가능한 현세의 일에만 몰두하고, 경험할 수 없는 내세에 대해서는 상념하지 말 것을 강력히 권고하였다. 『주자전서』 권 51에는 다음과 같은 주자의 말이 기록되어 있다. "이치를 따라야 할 일에 대해 따르도록 하고, 따를 수 없는 것은 옆으로 제쳐놓도록 하자." 이처럼 유교는 인간의 영혼 불멸과 영생에 대한 바람을 애초부터 포기하고 현실의 삶과 삶의 영역에 지대한 관심을 기울여 왔다. 그러나 유교는 자신의 영혼이 영생하는 직접적 영생은 포기하면서도 자신의 분신인 아들을 통한 간접적 영생은 포기하지 않았는데, 이를 현실화시키는 기제가 바로 조상제례라고 상정하였다. 즉 조상제례는 죽은 조상을 살아 있는 후손의 뇌리 속에서 계속 회상하게 함으로써 사람이 죽지 않고 지속적으로 살아 있다는 것을 확인시키는 의례인 것이다.[12]

---

11) 공자(孔子)/김형찬 옮김, 『논어(論語)』(서울: 슬기바다, 2005) 참고.
12) 류인희, "인간적 문화에서의 영생", 한국종교학회 엮음, 『죽음이란 무엇인가』, 160f.

유교가 영혼불멸을 거부하고 현실에 관심을 기울인 이유는 유교가 한편으로는 삶의 의미와 가치를 무한히 확장하려는 현세 존중 의식을 가졌기 때문이기도 하지만, 다른 한편으로는 인간의 피할 수 없는 운명인 죽음에 대해 해답을 제시할 수 없는 지극히 현실적인 입장을 견지하는 데에 기인한다고 말할 수 있다. 이러한 연유에서 유교는 지구 상에 존재하는 대다수 종교와는 달리 이례적으로 신과 사후세계, 인간의 사후 운명의 문제들에 대한 정교한 이론을 구성하지 않았다.

5. 도교의 생사관

도교는 유교와 동일하게 중국의 독특한 문화·종교·역사적 상황 속에서 중국 민족 고유의 생활 문화와 생활신조, 종교적 신앙 등을 기반으로 하여 형성된 대표적 민족 종교다. 도교와 유교는 공통된 사상적 기반 곧 기철학에서 형성되었지만 각기 다른 성향으로 발전했다. '도'道는 본래 도교와 유교를 위시한 중국의 모든 사상과 철학과 종교를 설명하는 핵심 개념인데, 이는 두 종교에서 각기 다르게 인식된다. 즉 도교에서의 도는 영구불변하는 우주의 본체를 의미하는 형이상학적이고 추상적인 개념 곧 만물생성萬物生成의 한 원리를 일컫지만, 유교에서는 인간이 반드시 지켜야 할 윤리이자 실천도덕으로 이해된다.

이러한 인식에 따라 도교는 인간이 인위적인 가식과 위선에서 벗어나 만물생성의 원리에 순응하여 자연 그대로의 순수함과 자연의 섭리대로, 어린아이와 같은 본래의 자기 모습대로 살아가는 무위자연無爲自然의 삶, 즉 도에 귀의하는 삶을 강조한다. 이에 반해 유교는 도덕적 실천과

학문의 연마를 통해 본래의 자신을 끊임없이 계발하고 수양해나가는 삶을 강조한다.

초기 도교 사상을 대표하는 인물인 장자莊子는 본질적으로 유교와 동일한 사상적 기반인 기철학에서 출발함으로써 인간의 삶과 죽음을 '기'氣의 변화 과정으로 이해했다. 그에 따르면 "사람의 삶은 기가 모인 것에 불과하다. 기가 모이면 삶이요, 흩어지면 죽음이다." 즉 인간의 삶과 죽음은 기의 모임과 흩어짐을 의미하며, 이는 자연의 순환 작용의 일부분에 속한다는 것이다. 따라서 도교에 있어서 인간의 죽음이란 유교와 동일하게 정과 기의 결합체로 상정되는 인간의 영혼이 대기 중에 흩어지는 자연스러운 현상이다.

장자와 더불어 초기 도교 사상을 대표하는 인물인 노자老子도 인간이 죽는다는 것은 자연의 이법에 따라 당연한 것이므로, 생명을 너무 아끼고 죽음을 두려워하는 것이 오히려 해가 된다고 말하였다. 이러한 인식에 근거하여 장자는 삶과 죽음을 하나로 보는生死一如 가운데 양자를 상호 동반자적인 친구로生死齊同 생각하였다. 그러면서 그는 현재 주어진 삶을 누리며 죽음 또한 즐겁게 맞이할 것을 권고하였다. 한 걸음 더 나아가 노자는 삶과 죽음이 본래 없다는 생사본무生死本無의 경지에까지 나아가며, 삶과 죽음을 잊는 무의 세계에 침잠하는 정신적 초월을 수련 방법으로 제시하였다.

한편 도교의 다른 일각에서는 유교가 영혼불멸설을 거부하는 것에 대한 반기로, 또한 무엇보다도 죽음의 문제를 극복하기 위한 일환으로 점차 장생불사長生不死, 곧 '육체의 불멸'을 추구하는 방향으로 나아갔다. 본래 현세 지향적인 중국인들은 고대로부터 내세나 사후의 문제보다는, 현세에서의 건강과 장수, 행복에 대한 바람을 끊임없이 간직해왔다. 이에 심신의 단련을 통해 기를 보존하고 수명을 연장할 수 있는 다양한 양생법養生法들을 개발하였다.

그러다가 중국인들은 이상향(이상세계)에 살면서 영생불사永生不死를 누리는 초월적인 존재, 곧 '신선'神仙, '신인'神人 혹은 '진인'眞人이 있다는 믿음을 갖게 되었다. 초기에는 신선으로부터 불사약不死藥을 받으면 누구나 신선이 될 수 있다고 생각했는데, 세월이 흐르면서 신선의 도움 없이도 인간의 노력만으로 육체의 불멸을 이룬 완전한 인간이 될 수 있다고 기대하게 되었다. 이러한 중국인들의 육체 불멸에 대한 오랜 바람과 기대가 장생불사를 구원의 목표로 제시하는 도교를 통해 더더욱 적극적인 국면에 접어들게 되었다고 말할 수 있다.

도교는 여러 양생법을 통해 정과 기의 결합체인 인간의 기가 발산되는 것을 최대한 막음으로써 현재의 몸을 영구히 보존하고자 온 심혈을 기울였다. 초기 단계에서는 흩어지지 않는 진기眞氣를 획득하기 위해 외단법—약물요법이 대표적임—이 성행하였다. 약물요법은 천지의 수기秀氣가 농축된 불변성과 조화성을 갖춘 특수한 약물 곧 불사약을 복용하는 것을 말하는데, 불사약 가운데 황금으로 만든 금단金丹이 최고의 명약으로 간주되었다. 하지만 엄청난 시행착오를 통해 그 불합리성이 널리 인식되었다.

이후 당·송대에 이르러서는 몸과 마음의 수련을 통해 장생불사에 이르고자 하는 내단법—명상법이 대표적임—[13]이 유력한 위치를 차지하게 되었다. 내단법의 대표적 인물인 갈홍葛洪은 장생술長生術의 백과전서로 일컬어지는 『포박자』抱朴子를 저술함으로써 그때까지 전승되어 온 장

---

13) 명상법에서는 내면적인 정신의 순화를 통해 도(道)와 합일하는 수일법(守一法)이 핵심을 이룬다.

생술과 신선 사상을 체계적으로 집대성했는데, 이는 오늘에 이르기까지 신선이 되는 법에 관한 교과서로 인정되는 고전이다. 그 당대인 AD 3세기부터 4세기 초엽에는 주로 외단법이 사용되었다. 이후 도홍경陶弘景은 후한後漢 이래의 도교 사상을 도교학으로 발전시켰는데, 그가 활동하던 5세기 중엽에서 6세기 초엽까지는 내단법이 성행하였다.

많은 세월이 흐르면서 주로 지식인 계층을 중심으로 종래의 도교가 절대적으로 추구해왔던 장생불사의 이상을 부정하게 되었지만, 대다수 일반 민중은 이를 포기하지 않고 이상향에서 신선처럼 영원히 불멸하는 삶을 끊임없이 소망하였다. 그러므로 도교를 신봉하는 이들은 육체의 불멸에 도달하기 위해 수 세기 동안 무수히 많은 시행착오를 거듭했는데, 이 과정에서 엄청난 인명 피해가 있었던 것으로 전해진다. 숱한 시행착오와 인명 피해를 겪은 후에야 비로소 도교는 육체의 불멸에 대한 바람을 포기하고 자포자기적인 심정으로 죽음에 굴복하게 되었다.

6강
한국의 종교·문화적 전통과 성서적 전통에 나타난 생사관

한국의 종교·문화적 전통, 특히 상장례^{喪葬禮}에 투영된 생사관과 성서적 전통에 나타난 생사관을 서로 비교하여 살펴봄으로써 양자의 생사관의 공통점 및 차이점을 파악할 뿐만 아니라, 다양한 생사관의 혼재 속에서 성서에 입각한 올바른 생사관을 구축할 수 있는 기반을 마련하고자 한다.

1. 한국인의 생사관의 다원성과 한국 기독교의 딜레마

여러 다양한 종교들이 집산된 전형적인 다종교^{多宗敎} 사회 속에서 살아가는 한국인들이 공유하는 공통 사상 혹은 가치관을 규정하기란 결코 쉬운 일이 아니다. 특별히 한국인들의 생사관^{生死觀}은 시대와 지역, 무엇보다도 각자가 신봉하는 종교 및 종교 사상에 따라 현격한 차이를 드러낸다. 현대를 기준으로 보면 무교·불교·유교·도교 및 기독교의 생사관 모두가 삶과 죽음에 대한 한국인의 이해를 형성한다고 해도 과언이 아니다. 따라서 우리가 진정한 의미에서 현대 한국인의 생사관에 대한 종합

적 견해를 제시하려면, 그들의 생사관에 지대한 영향을 미쳐왔던 앞의 종교 및 종교 사상을 모두 개별적으로 조명하고 이들을 다시 종합하는 작업이 선행되어야 할 것이다.

그런데 한국의 전통적 상장례喪葬禮에는 기독교를 제외한 전래 종교 및 종교 사상의 생사관이 함축적이고 집약적으로 잘 표현되어 있다. 한국의 상장례는 기독교 전래 이전 여러 다양한 종교 및 종교 사상에 영향을 받은 한국인들의 원초적 생사관을 가장 잘 대변한다고 볼 수 있다. 더욱이 한 민족의 상장문화喪葬文化는 상당히 보수적이어서 사고방식과 의식구조, 생활 양식 그리고 사회체제의 급속한 변천에도 불구하고 거의 변하지 않고 존속하기 때문에, 상장례를 통해 우리 민족이 본래 지녀왔던 생사관의 원형을 파악하는 일이 가능하다고 말할 수 있다.

다종교 사회에 터전을 잡은 한국 기독교—여기서는 개신교를 지칭—는 1884/5년 기독교 복음의 전래 이래로 지금까지도 한국에 이미 토착화한 다른 종교들과 심각한 갈등 상황에 놓여 있다. 여기에는 우리 민족의 종교·문화적 성향과 기독교 양편 모두에게 책임이 있는 것으로 보인다. 먼저는 예로부터 내려오는 한국의 좋지 않은 종교·문화적 병폐, 곧 텃세가 갈등의 중요한 원인으로 작용한다. 이것은 좋은 의미에서는 자신의 것을 끝까지 지키려는 보호 본능 또는 수호심에서 비롯되지만, 나쁜 의미에서는 남의 것이나 새로운 것을 받아들이지 않고 자신의 것만을 고집하는 외골수 심리에서 비롯된 것이다. 다음으로는 기독교의 배타적인 자세, 곧 예수 그리스도만이 유일한 구원의 길이라는 확고한 신조로 인해 타 종교에 대해 지나치게 우월적이고 호전적인 태도를 보인 것이 갈등의 또 다른 중요한 원인이다. 이러한 상황 속에서 기독교와 타 종교 사이의 접목점接木點을 모색하는 일은 참으로 어려운 작업이면서도 반드시 필요한 작업이라 아니할 수 없다.

죽은 자들의 신격화를 강하게 거부하는 가운데 이들을 살아 있는 자들의 영역으로부터 엄격히 구별하는 기독교는, 죽은 자들이 죽음을 통해 신격화되며 살아 있는 자들과 지속적인 관계를 맺는다고 믿는 무교를 위시한 타 종교의 생사관과 오랜 세월 대립과 반목을 거듭하고 있다. 이러한 생사관을 둘러싼 종교·문화적 충돌, 특히 상장례 문제는 한국 기독교의 목회 현장에서 가장 큰 긴장을 불러일으키고 촉각을 곤두세우게 하는 난제 중 하나다. 곳곳에서 상장례 문제로 인해 빚어지는 갈등과 마찰로 말미암아 많은 신자들과 목회자들이 심각한 고민을 하고 있는 실정이다.[1] 이러한 상황 속에서 한국 기독교의 최대 딜레마는 어떻게 하면 한국 기독교가 자국의 이교적 종교·문화 전통과 좋은 유대관계를 맺으면서도, 성서에 충실하고 기독교의 정체성(본질)을 잘 지킬 수 있는가의 문제라고 할 수 있다.

2. 한국의 종교·문화적 전통에 나타난 생사관: 한국의 전통적 상장례에 투영된 생사관을 중심으로

2.1 현세의 복에 집착하는 인생관

한국의 종교·문화적 전통에서 인간은 하늘의 신인 '천신'天神으로부터 생명을 부여받아 '삼신할머니'의 수호 아래 성장한다고 여겨진다. 이는 무교에서 유래한 믿음이다. 한국의 종교·문화적 전통은 무교의 영향으로

---

1) 김학도, 『한국의 전통상제와 성경적 장례의식』(서울: 바른신앙, 1991), 22.

예로부터 오복五福을 다 누리는 삶을 희구해왔는데, 그중 장수長壽의 복이 가장 으뜸으로 여겨졌다.[2] 이에 무병장수無病長壽, 부귀영화富貴榮華, 입신양명立身揚名 등이 인간의 이상적 삶의 요건으로 간주되었다. 여기에 도교의 '불로장생설'不老長生說이 가세하여 한국인들의 현세 지향적인 인생관을 강하게 부추겼다고 말할 수 있다.

한국의 전통적 상장례에서 시행되는 관습들 가운데 현세에 대해 강한 애착을 드러내는 단면은 다음과 같다.

1. 고복皐復: 금방 사망한 이의 옷을 들고 지붕으로 올라가 고인의 영혼을 부르면서 무조건 이승으로 돌아오라고 하소연한다.[3]
2. 저승사자를 위한 상차림(사잣상): 고인의 편안한 저승길을 위해 저승사자에게 일종의 뇌물 성격의 상을 차리는데, 여기에 죽은 자가 다시 회생하길 간절히 기원하는 마음으로 간장 종지를 올린다.[4]
3. 저승사자의 강제 구인拘引: 죽음을 맞이한 자는 저승에 가지 않고 이승에 계속 머물고자 계속 도망 다니다가 저승사자의 강제 포박에 의해 억지로 끌려가는 것으로 표상한다.
4. 시신의 입관과 매장 시점을 최대한 늦춤: 발상 후 최소한 사흘이 지난 연후에야 비로소 입관과 매장이 가능하도록 관례화하여 회생을 기원

---

2) 오복은 1. 수(壽): 천수를 다해 오래 사는 복, 2. 부(富): 재물이 많은 복, 3. 강녕(康寧): 건강하고 안녕한 복, 4. 유호덕(攸好德): 덕을 좋아하는 복(늘 남에게 주고 돕는 삶을 사는 복), 5. 고종명(考終命): 살 만큼 오래 살다가 편하게 죽는 복(수명을 다하는 순간에 고통 없이 떠나는 복)을 말한다.

3) 임재해, 『전통 상례』(서울: 대원사, 1998), 22f.

4) 이는 저승사자가 간장을 물인 줄 잘못 알고 들이키면 고인의 혼을 끌고 저승 가는 길에 목이 말라 이승으로 다시 돌아올 것이라는 매우 원시적이고 순진한 발상에서 시작되었다.

하고 조기 매장의 위험성을 미연에 방지하고자 한다.

5. 상주喪主를 죄인으로 규정: 좋은 이승을 두고 험한 저승으로 떠나야 하는 죽음 자체를 매우 부정적으로 인식하는 가운데 부모를 저승으로 보내는 자식을—비록 부모가 노환으로 자연사해도—죄인으로 간주한다.

6. 장례 전야에 주로 호남지방에서 시행되는 상여놀이인 '다시래기': 초상 후 깊은 시름에 잠겨 있는 유족들로 하여금 슬픔을 극복하고 현실의 삶에 적응케 함으로써 다시금 정신적으로 건강한 삶을 살아갈 수 있도록 도와줄 뿐만 아니라, 축제의 중심부에 아이를 낳는 장면을 연출하는 연극을 시연함으로써 태어남과 죽음이 동전의 양면이라는 사실을 암시한다.[5]

7. 반혼返魂: 육신을 매장한 후 그 영혼을 저승으로 보내지 않고 다시 이승의 집으로 모셔 탈상할 때까지 25개월 간 영좌靈座에 모시는 의례다.

8. 한국인들이 즐겨 말하는 속담: "개똥밭에 굴러도 이승이 좋다", "죽은 정승이 산 개만도 못하다" 등은 이승이 모든 수단과 방법을 동원하여 선택해야 할 유일한 세상이라는 암묵적 가정, 곧 한국인의 현세에 대한 강한 집착을 잘 대변한다.

이처럼 한국의 종교·문화적 전통이 현세의 복에 강하게 집착하는 인생관을 갖게 된 동기는 다음과 같다.

1. 과거 한국의 정치·사회적 정황과 기층 민중의 한恨, 곧 한국 역사상 무수히 많은 외세 침입과 전쟁, 특권 지배층의 억압과 착취, 절대적 빈

---

5) 임재해, 『전통 상례』, 46ff.

곤과 갖가지 질병 등의 요인들로 인해 천수天壽를 누리는 유복한 삶이 일반 민중에게는 전혀 불가능했던 절망적인 현실에 근거한다.

2. 무교의 죽음 이해, 곧 인간은 죽음 이후 여러 생을 살 수 있지만 현세에서의 인간으로서의 삶은 유일회적이라는 이해에 근거한다.

3. 무교의 영혼 이해, 곧 현세에서 유복한 삶을 살다가 자연적 죽음(자연사)을 맞이한 사람은 사후 선신善神 혹은 선령 또는 조상신祖上神이 되지만, 불행한 삶을 살다가 비자연적 죽음(비자연사)을 맞이한 사람은 악신惡神 혹은 악령 또는 원귀寃鬼가 된다는 믿음에 근거한다.

2.2 영혼불멸에 대한 믿음

한국의 종교·문화적 전통은 무교의 절대적 영향으로 영혼불멸설을 확고하게 신봉한다. 영혼불멸설은 인간의 영혼과 육체를 철저히 이원론적으로 분리하는 가운데 영혼을 영원히 불멸하는 가치 있는 실체로, 육체를 유한하고 무가치한 실체로 인식한다. 영혼불멸설은 죽음 이후 영속하는 신적인 존재인 영혼을 중시하는 반면 죽음 이후 썩어 소멸하는 허무한 육체를 천시하는 경향이다.

영혼불멸설은 으레 인간 영혼의 윤회輪回 사상으로 발전하지만, 한국인들이 신봉하는 영혼불멸설은 영혼의 윤회보다는 재생再生의 성격이 좀 더 강하다. 그 이유는 한국인들이 철두철미 '카르마'karma(행위-보상의 법칙)에 의거한 불교의 윤회설보다는, 오히려 단순히 사후에 여러 생을 산다고 생각하는 무교의 재생설을 더 신봉하기 때문이다. 한국의 종교·문화적 전통의 영혼불멸에 대한 믿음은 전통적 상장례의 근간을 이루며 상장례 절차의 시종을 지배한다. 덧없는 육신이 매장된 후, 불멸하는 영혼은 육신의 죽음을 초월하여 여러 생을 살아간다는 믿음이 지배적이다.

그런데 한국의 종교·문화적 전통이 영혼불멸설을 신봉하면서도 또한 현세에 대한 집착이 강하다는 것은 상당히 이례적인 현상이다. 일반적으로 영혼불멸설에서는 내세를 동경하는 가운데 현세를 내세에 들어가기 위한 준비과정 또는 통과의례 정도로 생각하기 때문이다. 한국의 전통이 영혼불멸설을 신봉하는 와중에도 현세의 복에 집착하는 인생관을 고수함은, 과거 한국의 열악한 정치·사회·경제적 정황과 불행한 기층 민중들의 한恨 많은 삶, 무교의 죽음 이해(인간으로서의 유일회적 삶)와 영혼 이해(선신과 악신)에 기인한다고 볼 수 있다.

2.3 죽음의 신화화

한국의 종교·문화적 전통에서 죽음은 유한하고 제한된 존재인 인간을 신적인 존재로 변화시킴으로써 신화적神話的 성격을 지닌다. 이 또한 무교의 영향이라고 볼 수 있는데 죽은 자들의 육체는 흙으로 돌아가지만, 그들의 영혼은 피안彼岸의 내세에서 신적인 존재로서 지속적으로 삶을 영위한다고 여겨진다. 특별히 한국의 전통은 앞서 언급했듯이, 차안의 현세에서 유복한 삶을 살다가 자연적 죽음(자연사)을 맞이한 인간이 사후 '조상신'으로 일컬어지기도 하는 선신이 된다고 믿는 반면, 불행한 삶을 살다가 비명횡사하거나 요절한(비자연사) 인간은 '원귀'로 불리는 악신이 된다고 믿는다.

죽음을 통해 신적인 존재가 된 죽은 자들의 영혼은 살아 있는 자들의 세계에 지속적인 영향력을 행사하면서 살아 있는 자들과 관계를 이어가는데, 선신과의 좋은 인연보다 악신과의 나쁜 인연(악연)이 살아 있는 자들에게 더욱 심각한 해악을 끼치는 것으로 인식된다. 이런 까닭에 한국의 전통적 상장례에서는 자연사를 맞이한 영혼과 비자연사를 당한 영혼을 위한 의례가 각기 구별되어 시행된다. 전자는 비자연사와 귀신의 존재를 인정하지 않고 자연사만을 중요시하는 유교적 의례에 따라 시행되는 반면, 후자는 비자연사를 당해 악신이 된 영혼의 위령에 관심을 기울이는 무교의 절대적 영향 아래 시행된다.[6]

2.4 이중적 죽음(자연적 죽음 vs 비자연적 죽음)

자연적 죽음을 맞이한 사람은 선신이 되기 때문에 한국의 종교·문화적 전통은 자연사自然死를 자연질서의 본질적 측면, 곧 생명의 자연적 순리로 이해하는 경향이 있다. 그러나 비자연적 죽음을 맞이한 사람은 악신이 되기 때문에 비자연사非自然死는 일생일대 최악의 비극이자 부정한 사건으로 간주된다.

　한국의 전통은 무교의 영향으로 비자연사의 원인을 인간의 잘못으로 말미암은 악신의 공격과 선신의 패배에 기인하는 것으로 이해한다. 인간은 현세에서 여러 신과의 상호관계 속에서 삶을 영위하는데, 이 관계는 절대적이지 않고 마치 살아 있는 자들의 인간관계와도 같이 상대적이어서 변화무쌍하게 변화한다. 이에 인간의 행위와 처신 여부에 따라 악신이 선신으로 변하거나, 선신이 악신으로 돌변하기도 한다. 이때 인간이 잘못을 행할 경우, 악신은 인간의 잘못된 행위에 대한 징벌로서 질병을 경고한다. 인간은 질병을 치유하고 우환을 막기 위해 악신을 물리치고자 선신의 도움을 요청한다. 그리하여 악신과 선신이 싸워 선신이 이기면 인간은 질병으로부터 쾌유하지만, 악신이 이기면 죽음에 이르게 된다.

　그런데 현실의 삶 속에서는 자연사가 거의 불가능했기에 한국의 종

---

6) 한국종교문화연구소 기획/이용범 엮음, 『죽음의례 죽음 한국사회』, 45-56.

교·문화적 전통은 죽음을 본질적으로 슬프고 비통한 사건으로 인식한다
(무교의 영향). 그럼에도 불구하고 죽음은 새로운 시작을 가능하게 하는,
다소 기대되는 사건으로 표상되기도 한다. 왜냐하면 죽음은 인간의 영
혼을 육체의 감옥으로부터 해방하여 내세의 신적인 존재로 거듭나게 하
거나, 현세에 다른 생물체로 환생還生하게 하기 때문이다. 이러한 죽음의
이중성은 아기가 태어나는 장면을 연출하는 장래 전야의 '다시래기' 의
례에 잘 표현된다. 이를 통해 태어남이 곧 죽음이고 죽음이 곧 태어남이
어서, 태어남과 죽음이 동전의 양면이라는 사실을 일깨우고자 한다.

2.5 삶의 현실로서의 죽음

죽음은 단순히 삶의 마지막에 도래하는 사건이 아니라 이미 삶 속에 존
재하는 현실, 삶과 분리될 수 없는 삶의 한 구성요소로서 이해된다. 특히
질병과 노화와 극심한 가난과 절망 속에서, 또한 사랑하는 사람과의 이
별과 슬픔과 고독 속에서 죽음의 치명적인 현실이 경험된다.

한국의 종교·문화적 전통에서는 생전에 수의壽衣와 묫자리(매장지),
고인이 된 조상에게 선물로 드릴 옷감—입관 시 시신과 함께 관에 넣는
다—등을 미리 준비하는 풍습과 함께 부모들이 자녀들에게 자신의 사
후 소망과 장례 방식에 대해 자연스럽게 토론하는 관습이 있다. 또한 죽
음을 삶 속에 존재하는 현실, 삶과 분리될 수 없는 삶의 한 구성요소로서
바라보는 가운데 가족과 친지, 지인 간에 죽음에 관해 나누는 대화를 일
상사로 간주하기도 하는데, 이는 죽음에 대한 일상적 대화를 기피하는
서구 사회와 확연한 대조를 이룬다.

이처럼 한국의 종교·문화적 전통이 일상사에서 죽음을 준비하는 것
은 죽음을 삶의 현실로 인정하는 정황을 표현한다. 이는 불교의 '생즉사

사즉생'生卽死 生卽死(삶은 곧 죽음이요, 죽음은 곧 삶이다)이란 독특한 생사관에서 유래하는 관습이기도 하다. 본래 불교에서 삶과 죽음은 상호 구별되거나 대립하여 존재하지 않고 동일시되는—생사일여적生死一如的 이해의—경향이 있다.

불교가 삶과 죽음을 동일시함은 불교의 세계관을 대변하는 '세 가지 진리' 중 세 번째 진리인 열반숙정涅槃肅靜에 연원을 두고 있다. 즉 이 세상의 모든 것은 '그 자체'가 아닌 하나의 '허상'이므로, 존재와 비존재, 삶과 죽음의 경계는 고정적이지 않고 유동적이라는 것이다. 그러므로 인간은 끊임없이 마음의 수련을 통해 삶과 죽음의 경계를 극복하고 죽음이 없는 상태에 이를 수 있는데, 바로 그것이 해탈, 즉 열반Nirvana의 상태다.

이런 불교의 생사관은 기나긴 오랜 세월에 걸쳐 한국인들에게 영향을 미쳤으나, 현세 지향적인 한국인들이 삶과 죽음을 동일시하는 불교의 염세주의적 생사관에 과연 어느 정도 공감하는지에 대해서는 회의적인 시각이 지배적이다.[7]

2.6 공동체적 사건으로서의 죽음

한국의 전통적 상장례에서 인간의 죽음은 한 개인의 일에 국한되지 않고 공동체의 대사大事로 이해되었다. 즉 공동체 구성원 한 사람의 죽음은 개인과 가정의 울타리를 넘어 공동체 전체의 일로 간주됨으로써 마을과 같은 지역 공동체 전체의 결속과 친목 도모에 이바지하는 역할을 감당했다. 임종을 앞둔 이는 생의 마지막 순간까지 사랑하는 가족과 친지의 보살핌을 받는 가운데 죽음을 맞이하며, 임종 후에는 마을 전체의 애도

---

7) 이 책의 5강 "한국에 전래된 종교들의 생사관"을 참고하라.

와 동참 속에서 상장례가 치러졌다.

앞서 언급한 고복 의례 후 고인의 옷가지가 지붕 위에 놓이면, 이를 본 마을 주민들은 다른 일을 멈추고 상장례를 돕기 위해 상갓집에 모여들었다. 특히 예로부터 한국의 마을마다 상장례를 효율적으로 돕기 위해 두레 형식으로 상부상조相扶相助하는 공동 조직(상두계, 상포계, 연반계 등)이 형성되어 있어서 평소에는 상사喪事에 필요한 기금과 물품을 모으다가, 초상이 나면 조직적으로 일을 분담하여 상장례를 도움으로써 마을 공동체의 유대와 친목 도모에 적극적으로 기여하였다.[8]

죽음을 개인의 사적인 사건이 아닌 공동체의 결속과 친목 도모에 이바지하는 사건으로 보는 한국의 전통적 죽음 이해의 관점은, 죽음을 공적인 영역에서 몰아내고 배제하여 사사화私事化, privatization시키는 현대 사회의 경향과 현격한 대비를 이룬다.

2.7 현세의 연장으로서의 내세, 산 자와 죽은 자의 지속적 관계성

한국의 종교·문화적 전통은 현세와 내세를 동일 선상에서 연속적으로 이해한다(무교의 영향). 즉 저승은 이승으로부터 완전히 동떨어진 공간이 아니라 이승과 동일한 환경을 가진 이승의 연장이다.[9] 이승과 저승은 길로 상호 연결되어 있는데, 이는 죽은 자들이 가는 저승길에 대한 표상에 잘 드러난다. 이승과 저승이 길로 연결되어 있으므로 저승에 있는 죽은 자들은 이승을 마음대로 넘나들며 언제든지 살아 있는 자들에게 복과 화를 가져다줄 수 있다. 이러한 믿음은 살아 있는 자들과 죽은 자들이 생사를 초월하여 혈연과 친분 관계를 유지하며, 죽은 자들이 살아

---

8) 한국종교문화연구소 기획/이용범 엮음, 『죽음의례 죽음 한국사회』, 63.
9) 국사편찬위원회 엮음, 『상장례, 삶과 죽음의 방정식』, 25ff.

있는 자들의 삶에 지속적인 영향력을 행사한다는 무교의 생사관에 기인한다.

내세가 현세의 연장으로 이해되기에, 내세에서 죽은 자들 또한 현세에서 살아 있는 자들과 같은 방식으로 삶을 영위하는 것으로 이해된다. 즉 죽은 자들도 살아 있는 자들과 같이 의식주가 필요하고 희로애락喜怒哀樂의 감정을 가지며 생전의 지위와 신분 등이 죽음 이후에도 그대로 존속한다는 것이다. 이러한 한국의 전통적 믿음은 상장례 절차의 곳곳에서 나타나며, 특히 과거 고구려에서 성행했던 장례 풍습, 곧 죽은 자들의 저승 생활을 돕기 위해 고인의 하인과 첩, 짐승 등을 산 채로 매장하는 순장殉葬 풍습에 극단적으로 드러난다.

현세와 내세, 살아 있는 자와 죽은 자 사이의 관계를 단절시키지 않고 동일 선상에서 지속적으로 연결하는 사고는 한국 전통의 죽음 이해의 근간을 이루는데, 이는 현세와 내세, 살아 있는 자와 죽은 자를 엄격히 구별하는 서구 기독교 사회의 죽음 이해와 결정적인 차이점을 이룬다. 한국의 전통에서 내세가 현세의 연장으로 여겨지고 저승이 이승과 동일 선상에서 이해된다는 사실은, 한국인들의 현세 지향적 입장을 확인시킬 뿐만 아니라 내세관의 빈곤, 즉 저승에 대해 아주 희미하거나 막연한 생각을 드러낸다고 말할 수도 있다.

3. 성서적 전통에 나타난 생사관

3.1 하나님의 은사로서의 삶에 대한 강한 긍정

본래 이스라엘 민족에게 있어서 현세의 삶(생명)은 그들의 삶과 신앙의 중심점을 형성해왔다.[10] 내세에 대한 희망을 강구한 근동의 이방 민족들과는 달리, 이스라엘 민족은 죽음 이후에 도래할 내세적 삶을 희망하기보다, 오히려 죽음 이전의 현세적 삶에서 이루어질 희망을 우선하여 주목하였다.[11] 이스라엘 민족은 하나님의 피조물인 인간의 현세에서의 삶을 창조주 하나님이 주신 최상의 선물이자 은사恩謝, 인간이 그 무엇과도 바꿀 수 없는 최고의 자산(욥 2:4)으로 바라보면서[12] 이를 최대한 향유해야 한다고 생각하였다(전 3:12-13; 5:18-20; 9:9).

이러한 생각에 근거하여 구약성서에는 물질적 풍요와 건강, 장수, 성취된 유복한 삶이 대단히 희구된다(출 23:25-26; 사 65:20). 이러한 삶은 하나님의 계명을 지킨 신실한 의인에게 하나님의 은사로 주어지는 것으로 인식되기도 한다(신 4:40; 5:33). 신약성서에 이르러서는 구약성서에서 지향된 현세의 복을 추구하는 삶은 상대적으로 약화되고 영적인 내면의 복이 부각되는 경향이 있지만, 현세적 삶에 대한 희망과 생명에 대한 강한 긍정 자체는 여전히 계승되고 있다.

성서의 현세적 삶과 생명에 대한 주목은 이스라엘 민족의 현세 중심적인 신앙에 근거한다. 이스라엘 민족의 신앙에 의하면, 하나님은 본질적으로 '죽은 자들의 하나님'이 아니라 '살아 있는 자들의 하나님'(마 22:32b; 막 12:27; 눅 20:38), '살아계신 하나님'(수 3:10; 왕하 19:4; 렘 10:10), '생명(영생)을 주시는 하나님'(신 30:15, 19; 시 103:4, 133:3), '생명의 하나님'(민 27:16a), '생명의 원천'(시 36:9)이시다. 이러한 하나님의 일차적 관심사는 죽은 자들과 죽음의 세계가 아니라 살아 있는 자들과 삶의 세계

---

10) H. Schwarz, *Jenseits von Utopie und Resignation*, 37f.

11) G. Fohrer, *Geschichte der israelitischen Religion* (Berlin: 1969), 174.

12) E. Jüngel, *Tod*, 79.

에 하나님의 주권을 세우고 통치를 확고히 하는 것으로 인식된다.

성서는 살아계신 하나님이 모든 피조물의 생명의 원천이 되시므로, 인간의 참된 생명은 오직 하나님의 임재臨在 안에서만 발견할 수 있다고 확언한다.[13] 즉 살아계신 하나님의 성령이 현존하시는 곳은 그 어디든지 하나님의 생명의 역사가 일어난다는 것이다.[14] 이에 반해 생명의 하나님 의 영이 떠나시고 하나님과의 생명의 관계가 어그러진 곳, 곧 하나님이 부재不在하신 곳은 죽음의 세력이 지배하게 된다.

이러한 생명에 대한 강한 긍정과 현세 중심적인 신앙에 따라 성서는 인간의 삶의 유일회성唯一回性과 불가역성不可逆性을 전제한다. 즉 인간의 이 땅에서의 삶은 유일회적으로 단 한 번 주어지며, 또한 지나간 삶은 다 시 되돌리거나 반복될 수 없다는 것이다. 그러므로 성서는 유한한 삶의 허무함을 탄식하면서도, 삶의 소중함과 아름다움을 찬양하면서 생명의 창조주이신 하나님의 영원하심을 칭송한다.

3.2 영혼불멸에 대한 신앙

그리스-로마 세계를 위시한 대다수 종교·문화권이 영혼불멸설을 신봉 하는 데 반해, 초기 기독교는 당시 주변 세계에서 보편적이었던 영혼불 멸설을 고백하지 않고 '사도신경'Apostles' Creed을 통해 공식적으로 몸의 부활, 곧 역사의 마지막에 영혼과 육체를 포괄하는 인간 전 존재의 부활 과 영원한 생명을 고백했다. "몸이 다시 사는 것resurrektionem carnis[몸의 부

---

13) C. Barth, *Die Errettung vom Tode*, 39.

14) V. Maag, "Tod und Jenseits nach dem Alten Testament", V. Maag(Hrsg.) *Kultur, Kulturkontakt und Religion: Gesammelte Studien zur allgemeinen und alttestamentlichen Religionsgeschichte* (Göttigen: 1980), 190.

활]과 영원히 사는 것을 믿사옵니다.”

지난 기독교 2,000년 역사에서 영혼불멸설은 성서적 신앙으로 인식되었으며, 유수한 전통 신학자들은 거의 예외 없이 영혼불멸설에 입각하여 기독교 신학을 전개하였다. 즉 아우구스티누스^{Augustinus} 같은 고대 교회의 가장 탁월한 교부만이 아니라 토마스 아퀴나스^{Thomas Aquinas} 같은 중세 교회의 대표적 신학자, 그리고 마르틴 루터^{M. Luther}와 장 칼뱅^{J. Calvin} 같은 위대한 종교 개혁자들에게 있어서도 영육 이원론적 인간 이해에 기반을 둔 영혼불멸설은 자명한 이론이었다.

그러다가 20세기 초반 신정통주의 신학자들이 등장하여―칼 바르트가 대표적이다―가톨릭의 연옥설을 포함한 모든 종류의 영혼불멸설을 이단사설로 규정하고, 영혼불멸설과 부활 신앙을 극단적으로 대립시켰던 '완전 죽음설'(전적 죽음설)을 주창하면서 영혼불멸설을 경원시하는 신학 조류를 형성하였다.[15]

하지만 다른 일각에서는 영혼불멸설이 기독교적 죽음 이해에 일조한다는 주장이 제기되기도 했는데, 왜냐하면 성서 안에 영혼불멸설을 입증하는 구절들이 존재할 뿐만 아니라(cf. 마 10:28),[16] 영혼불멸설이 전제되지 않고는 기독교적 죽음 이해가 불가능하다는 공감대가 형성되었기 때문이다. 그러므로 오늘날 신학계에서는 영혼불멸설을 무조건 경원시하기보다, 오히려 이를 기독교 신앙에 통합시킴으로써 몸의 부활 신앙과 함께 기독교적 죽음 이해를 정립하고자 한다.

그러나 성서가 추구하는 영혼불멸에 대한 신앙은 기존의 영혼불멸설

---

15) 이 책의 4강 "죽음을 넘어서는 기독교의 희망"의 각주 2번을 참고하라.

16) "몸은 죽여도 영혼은 능히 죽이지 못하는 자들을 두려워하지 말고 오직 몸과 영혼을 능히 지옥에 멸하실 수 있는 이를 두려워하라"(마 10:28).

을 신봉하는 이교적 세계와는 다른 기반에서 이해된다. 즉 후자는 영혼과 육체의 이원론적(이분법적) 인간 이해를 따르지만, 성서는 인간을 영혼과 육체의 합일체로 보는 통전적·전인적 인간 이해를 따른다. 일반적인 영혼불멸설이 인간의 영혼을 영원히 불멸하는 신적인 존재로 이해하는 데 반해, 성서는 영혼이 그 자체로는 신적인 속성을 소유하지 않은 존재, 곧 하나님의 피조물이라고 인식한다.

일반적인 영혼불멸설은 인간의 영혼만을 중시하고 육체를 멸시하는 반면, 성서는 영혼과 함께 하나님의 성령이 거하시는 '성전'인 육체도 하나님의 사랑의 대상으로 인식한다(고전 6:19-20).[17] 따라서 일반적인 영혼불멸설과 달리, 성서가 가리키는 인간의 영혼(구약: רוח 혹은 נפשׁ, 신약: πνευμα)은 육체로부터 분리될 수 있는 인간의 한 부분이 아니라, 삶의 역사를 통해 형성된 인간 전체의 고유한 자아, 인간의 존재 자체, 다른 어떤 것으로 대체될 수 없고 비교될 수 없는 전 인간의 고유한 정체성을 의미한다.

신구약성서에 나타난 영혼을 지칭한 사례를 간략히 제시하면 다음과 같다.

1. 영혼에 대한 구약성서의 구절.
1) "네 영혼을 다하여 네 하나님 야웨를 사랑하라"(신 6:5)에서, 영혼은 인간의 한 부분이 아니라, 인간의 전 존재를 가리킨다.
2) "야웨여 나의 영혼을 건지소서"(시 6:4)라는 기도는 영혼이라는 한 부

---

17) "너희 몸은 너희가 하나님께로부터 받은 바 너희 가운데 계신 성령의 전인 줄을 알지 못하느냐? 너희는 너희 자신의 것이 아니라 값으로 산 것이 되었으니, 그런즉 너희 몸으로 하나님께 영광을 돌리라"(고전 6:19-20).

분이 아닌 자신의 전 존재를 구해달라는 간구다.

3) 하나님이 "환난 중에 있는 내 영혼을 아셨다"(시 31:7)라는 말씀은 하나님이 나의 일부분인 영혼만이 아니라 나의 존재 전체를 아셨음을 의미한다. 이 외에도 구약의 많은 구절에서 영혼은 인간의 전 존재를 지칭한다.

2. 영혼에 대한 신약성서의 구절.

1) 마리아가 "내 영혼이 주를 찬양하며…"(눅 1:46)라고 고백할 때, 이는 그의 존재 전체가 하나님을 찬양한다는 의미다.

2) 바울이 "악을 행하는 각 사람의 영혼에게 환난과 곤고가 있으리라"(롬 2:9)고 말할 때, 이는 단지 영혼만이 아니라 악을 행하는 인간의 전 존재를 가리킨다. 이 외에도 신약의 많은 구절이 인간 영혼이 인간의 전 존재를 가리킴을 시사한다.

　　죽음을 통해 인간의 육체는 흙으로 돌아가지만, 바로 이 인간의 존재 자체가 죽음의 한계를 넘어 존속하여 '그리스도와 함께', '그리스도 안에'(빌 1:23; 살전 4:17) 거하다가 역사의 마지막 때에 몸의 부활을 경험하게 될 것이다.

3.3 몸의 부활에 대한 신앙

고대 근동 지방에서는 영혼불멸설을 추종하는 것이 일반적이었지만, 오로지 이스라엘 민족만이 예외적으로 몸(육체)의 부활을 고백하였다. 따라서 몸의 부활 신앙은 다른 민족과 구별되는 이스라엘 민족의 독특한 죽음 이해이자 내세관을 형성한다. 사실 이스라엘 민족은 오랜 세월 동안 죽음과 죽음 이후의 문제에 대해 거의 관심을 기울이지 않았는데, 왜냐하면 그들은 일차적으로 이 세계의 모든 피조물이 하나님 앞에서 건강하고 행복하게 살아가는 새로운 삶의 세계를 이루는 것이 죽음과 죽음 이후의 문제에 대해 성찰하는 것보다 더 중요한 문제라고 확신했기 때문이다. 그러므로 이스라엘 신앙의 역사는 철두철미 '희망의 역사'임에도 불구하고, 죽음 이후의 영원한 생명을 주목하기보다 현세에 전적으로 집중했던 것이다.[18]

그러다가 이스라엘 민족의 모든 희망이 잔인하고 무자비한 이방 통치자들에 의해 무참히 짓밟히고 극도의 고난과 불의가 엄습했을 때, 하나님이 그의 백성을 죽음 가운데 버려두지 않고 그들의 썩어 없어진 육신을 창조적 권능으로 새롭고 완전하게 회복시키실 것이라는 하나님의 계시가 임하게 되었다. 이런 하나님의 계시를 통해, 생명의 주님에 대한 기대는 죽음의 한계를 넘어 죽은 자들의 부활에 이르기까지 확장되었다. 이 부활 신앙은 마침내 죽음 자체의 폐기에 대한 신앙으로 발전하는데, 왜냐하면 인간을 포기하지 않으시는 하나님의 신실하심에 대한 희망이 이스라엘 민족으로 하여금 죽음의 마지막 한계를 계속해서 두드리도록 동기를 부여했기 때문이다. 이를 통해 그들은 죽음 자체를 멸하실 수 있는 하나님의 창조적 권능에 대한 인식에 점차로 이르게 되었다.

이러한 인식은 이사야 25:6-8 말씀에 잘 나타난다. 하나님을 거스르는 모든 세상의 세력과 천상의 세력에 대한 승리(사 24:21-23) 이후에 하나님의 왕권이 시온에 굳게 설 것이다. 그러고 나면 지금까지 수많은 인류를 사멸시켰던 죽음 자체가 영원히 폐기될 것이다. 이는 모든 고난과 울부짖음, 아픔과 눈물이 더는 존재하지 않게 된다는 사실을 의미한다.

---

18) H. Schwarz, *Die christliche Hoffnung: Grundkurs Eschatologie* (Göttingen: 2002), 23.

살아 있는 자들에게 가공할 만한 지배력을 행사하던 죽음의 모든 그림자와 전령들은 영원히 사라져버리게 될 것이다. 이것은 이스라엘의 선택받은 '남은 자들'만이 아니라 모든 인류가 경험하게 될 현실이다. 하나님은 친히 모든 사람의 얼굴에서 눈물을 닦아주시고 모든 나라에서 백성이 당한 수치를 없애주실 것이다(사 25:8; cf. 계 21:4).[19] 이처럼 이스라엘 민족의 고통스러운 역사적 경험 속에서 부활과 죽음 이후의 희망에 대한 신앙이 태동하고 성장하게 되었다.

죽은 자들의 부활에 대한 구약의 기대는 예수 그리스도의 부활을 통해 인류 역사 안에서 결정적으로 성취되었다. 인류 전체를 대표하는 둘째 아담이신 그리스도는 모든 죽은 자들의 '첫 열매'(고전 15:20)가 되시며 그의 부활을 통해 죽음의 권세가 극복되었다. 즉 예수 그리스도 한 사람을 통해 죽은 자들의 부활이 일어나게 되었으며, 죽음 속에 있던 모든 사람이 생명을 누리게 된 것이다(고전 15:21-22).[20] 그러므로 죽음의 권세를 극복하고 죽은 자 가운데서 부활하신 예수 그리스도에 대한 부활 신앙으로 말미암아 죽음과 죽음의 세계, 죽은 자들에 대한 새로운 이해의 결정적인 근거가 마련되었다. 이제 그리스도의 부활을 통해 하나님은 단지 '산 자만의 주님'이 아니라 '산 자와 죽은 자 모두의 주님'이심을 확증하셨다(롬 14:8-9).[21]

---

19) "주님께서 죽음을 영원히 멸하신다. 주 하나님께서 모든 사람의 얼굴에서 눈물을 말끔히 닦아주신다. 그의 백성이 온 세상에서 당한 수치를 없애주신다. 이것은 주님께서 하신 말씀이다"(사 25:8).

20) "한 사람으로 말미암아 죽음이 들어왔으니, 또한 한 사람으로 말미암아 죽은 사람의 부활도 옵니다. 아담 안에서 모든 사람이 죽는 것과 같이, 그리스도 안에서 모든 사람이 살아나게 될 것입니다"(고전 15:21-22).

21) "우리는 살아도 주님을 위하여 살고, 죽어도 주님을 위하여 죽습니다. 그러므로 우리는 살든지 죽든지 주님의 것입니다. 그리스도께서 죽으셨다가 살아나신 것은, 죽은 사람에

3.4 죽음의 탈신화화

고대 이스라엘은 거대한 열강들—북쪽으로는 메소포타미아, 남쪽으로는 이집트—에 둘러싸여 있었는데, 신화적·미신적 사고가 깊이 각인된 이 나라들에서는 영혼불멸 신앙에 따라 죽음을 신화화하고 죽은 자들을 신격화하는 일(죽음의 신화화)이 일반적 관례였다. 고대 근동의 종교 사상에 의하면, 죽은 자들의 영혼은 죽음의 세계(내세)와 생명의 세계(현세)의 한계를 마음대로 넘나들 수 있을 뿐만 아니라, 살아 있는 자들의 생명과 운명에 지대한 영향을 줄 수 있는 무서운 힘을 가진 존재다. 그리하여 죽은 자들의 영혼을 위로(위령)하기 위해 심지어 산 사람을 제물을 바치는 일이 자행되기도 하였다.

이스라엘 민족은 주변 국가들이 관습적으로 행하던 죽음의 신화화를 잘 알고 있었지만, 이를 단호히 거부함으로써 죽음의 탈신화화demythization 및 탈제의화desakralization를 지향하였다. 구약성서는 죽음과 관련된 모든 제의와 관습을 철저히 배격한다. 또한 죽은 자들의 숭배와 연관된 종교의식들을 혹독히 비판한다(레 19:28, 31; 20:6, 27; 신 18:11-12; 26:14).[22] 구약성서의 신앙에 의하면, 죽은 자들은 살아 있는 자들에 대해 아무 힘도 갖지 못할 뿐만 아니라, 그들의 영역은 살아 있는 자들의 세계에서 완전히 배제된다. 죽은 자들은 신적인 힘을 잃어버렸고, 죽음의 세계는 모든 신화적 성격을 상실했기 때문이다.

게도 산 사람에게도 다 주님이 되시려는 것이었습니다"(롬 14:8-9).
22) 김균진, 『죽음의 신학』, 142; 참고. "죽은 사람을 애도한다고 하여, 너희 몸에 상처를 내거나 너희 몸에 문신을 새겨서는 안 된다. 나는 주다"(레 19:28); "너희는 혼백을 불러내는 여자에게 가거나 점쟁이를 찾아다니거나 해서는 안 된다. 그들이 너희를 더럽히기 때문이다. 나는 주 너희의 하나님이다"(레 19:31); "주문을 외우는 사람과 귀신을 불러 물어보는 사람과 박수와 혼백에게 물어보는 사람이 있어서는 안 됩니다"(신 18:11-12).

구약성서가 죽음의 탈신화화를 추구한 이유는, 인간이 죽음을 통해 결코 신적인 존재가 될 수 없기에 죽은 자들은 살아 있는 자들에 대한 모든 영향력을 상실한 무기력한 존재일 뿐만 아니라, 죽음의 세계와 삶의 세계가 확연히 구분된다고 확신했기 때문이다. 이러한 맥락에서 죽음의 세계로부터 해방되고 죽은 자들의 영향력이 배제된 살아 있는 자들의 세계, 삶과 생명의 세계는 하나님의 배타적인 통치영역으로 규정된다. 이 세계는 오직 하나님께만 귀속된 세계이므로 오직 하나님만이 간섭하고 통치하시는 세계, 하나님만이 주님으로서 다스리시는 세계, 죽음의 모든 어두운 그림자가 사라져버린 삶과 생명의 세계로 여겨지는 것이다.[23]

구약성서가 추구한 죽음의 탈신화화는 신약성서에서도 계속 이어진다.[24] 신약성서 어느 곳에서도 죽음은 찬미되거나 신화적으로 미화되지 않는다. 사도와 순교자들의 죽음은 신적인 성격을 띠지 않으며 영웅적인 업적으로 칭송되지 않는다. 신약성서가 지향한 죽음의 탈신화화는 무엇보다도 예수 그리스도가 당하신 십자가 죽음에서 가장 분명하게 드러난다. 예수는 잡히시기 전날 밤 죽음을 앞두고 "매우 고민하여 죽게 될 만큼"(마 26:38a; 막 14:34a) 고통스러워하셨고 죽음이 지나가기를 바라시면서(마 26:39; 막 14:36; 눅 22:42) "심한 통곡과 눈물로 간구와 소원을 올리셨다"(히 5:7). 예수의 제자들은 예수가 당하는 고통을 함께 나누지 못하고 모두 도망갔기 때문에, 예수는 철저한 고독 속에서 죽음을 맞이하였다.

더욱 처절한 고통은 예수가 그토록 신뢰했던 하나님 아버지로부

23) 김균진, 『죽음의 신학』, 143.
24) J. Manser, *Der Tod des Menschen: Zur Deutung des Todes in der gegenwärtigen Philosophie und Theologie*, Diss. Univ. Freiburg(1975), 257.

터 버림을 받아 "나의 하나님, 나의 하나님, 어찌하여 나를 버리셨나이 까?"(마 27:46c; 막 15:34c; cf. 시 22:2)라고 부르짖으며 고립감과 절망감 속에서 홀로 죽어가야 했다는 점이다. 예수가 하나님의 생명의 능력으로 말미암아 죽은 자들 가운데서 부활하시고 제자들에게 나타나 보이신 연후에야 비로소 제자들은 예수의 죽음이 지닌 구원하는 능력을 깨닫고 그 의미를 해석하기 시작하였다. 부활의 빛 아래서 그들은 예수가 당하신 십자가 고난과 죽음이 인류에게 구원을 베푸시는 하나님의 구원 역사임을 깨닫게 되었던 것이다.

3.5 죽음의 이중성(하나님의 창조질서로서의 죽음 vs 죄의 결과로서의 죽음)

구약성서는 죽음에 대해 상반된 이중적인 전통을 보여준다. 첫째 전통은 죽음을 하나님의 창조질서에 속하는 자연적 순리, 생명의 자연스러운 종결로 보는 전통이다. 영적으로 충만하고 물질적으로 유복한 삶을 향유하다가 천수天壽를 누린 사람의 죽음은 피조물에 대한 하나님의 창조질서에 속하는 죽음(창 25:8; 35:29; 대상 29:28; 욥 42:17), 인간의 유한성으로 인해 필연적으로 도래하는 죽음(시 90:1-6; 49:10-12; 전 3:1-2, 20)으로 간주된다. 하나님 한 분만이 불멸하는 영원한 존재이시고, 인간을 위시한 모든 피조물은 사멸하는 유한한 존재다. 그러므로 모든 피조물의 생사生死는 창조주이신 하나님의 권한에 전적으로 달려 있다(삼상 2:6; 시 31:15; 잠 4:27; 10:27).

둘째 전통은 죽음을 인간의 죄로 말미암아 도래하게 된 것으로 봄으로써 죄와 죽음의 인과관계를 강조하는 전승에 기초한다(신 30:15-16, 19; 시 90:7-9; 겔 18:21, 28). 특히 천수를 누리지 못하고 요절하거나 비명횡사하는 죽음은 죄에 대한 하나님의 심판 또는 형벌로 간주된다(삼상

2:31-33).[25]

죽음에 대한 구약성서의 이런 두 가지 전통은 이스라엘의 역사 속에서 병존하고 있지만, 죄의 결과로서의 죽음이 성서 전체의 기본적 입장을 대변한다고 말할 수 있다. 신약성서에서도 죄의 결과로서의 죽음 이해가 지속적으로 계승될 뿐만 아니라, 그 본질적 의미가 더욱 강화되고 있기 때문이다. 죽음의 파괴적 세력에 대한 구약성서와 신약성서의 이해는 크게 차이가 없다고 연구되고 있는데, 전체적으로 신약성서는 구약성서보다 훨씬 철저하고 깊이 있게 죽음을 온 세계와 전 인류를 사로잡고 있는 강압적 세력으로 파악한다.[26] 특별히 사도 바울은 성서의 다른 저자들보다 더 죽음에 관해 심오한 신학적 성찰을 시도했는데,[27] 죄의 결과로서의 죽음은 바울서신의 중심적 주제를 형성하고 있다.[28]

사도 바울은 아담의 범죄로 말미암아 모든 인류가 죽음의 운명에 예속되었다고 말하면서 죄와 죽음의 인과관계를 강조한다(롬 5:12).[29] 그는 인간의 육체적 죽음을 생명의 자연적 종결로서보다는 하나님을 대적하고 생명을 파괴하는 세력, 마지막 원수로 표현한다(고전 15:26). 하지만 바울은 예수 그리스도가 죄인을 대신하여 십자가에서 저주의 죽임을 당

---

25) "내가 네 자손과 네 족속의 자손의 대를 끊어서, 너의 집 안에 오래 살아 나이를 많이 먹는 노인이 없게 할 날이 올 것이다.…네 가문에서는 어느 누구도 오래 살지 못할 것이다.…그의 자손들은 모두 젊은 나이에 변사를 당할 것이다"(삼상 2:31-33).

26) 김균진,『죽음의 신학』, 134.

27) J. Molmann,『오시는 하나님』, 155.

28) J. Manser, *Der Tod des Menschen*, 259; 참고. "죄의 삯은 죽음이요, 하나님의 선물은 우리 주 예수 그리스도 안에서 누리는 영원한 생명입니다"(롬 6:23).

29) "그러므로 한 사람으로 말미암아 죄가 세상에 들어왔고, 또 그 죄로 말미암아 죽음이 들어온 것과 같이, 모든 사람이 죄를 지었기 때문에 죽음이 모든 사람에게 이르게 되었습니다"(롬 5:12).

하심으로써 그리스도인들이 저주의 죽음으로부터 해방되었음을 역설한다(롬 5:17, 21; 고전 15:21-22). 그리하여 그리스도 안에서 죽은 자들은 새로운 생명으로 다시 태어나며 그리스도의 영원한 생명에 참여할 수 있다(롬 8:11). 그리스도의 구원 사역을 통해 죽음은 모든 피조물을 위협하는 치명적인 힘을 상실하게 된 것이다(고전 15:55, 57).

이로써 성서의 죽음 이해는 예수 그리스도의 십자가 죽음과 부활을 기점으로 확연히 구분된다. 즉 그리스도의 죽음과 부활 이전에는 죽음에 대한 패배주의적인 사고가 팽배했지만, 그리스도의 죽음과 부활에 근거하여 죽음에 대한 생각이 근본적으로 변화되는 결정적인 계기가 마련된 것이다. 이제 그리스도의 죽음과 부활을 통해 치명적인 힘을 상실하게 된 죽음은 그리스도인들에게 유익한 방식으로 역사할 수 있다. **죽음은 그리스도의 십자가의 죽음과 부활을 통해 이미 극복되었다.** 바로 이 사실이 신약성서와 구약성서의 죽음에 관한 견해에 있어서 결정적인 차이점을 형성한다고 말할 수 있다.[30]

3.6 삶 속에 현존하는 세력으로서의 죽음

구약성서에서 죽음은 삶의 마지막 순간에 일어나는 육체적인 사멸일 뿐만 아니라, 하나님을 거스르고 생명에 적대적인 이 세계의 죄악된 현실과 생명의 결핍상태를 가리키기도 한다.[31] 죽음은 언젠가 장래에 겪게 될 사건이지만, 우리가 살아가는 삶의 영역 속에 이미 현존하기도 한다. 특히 죽음은 공격적인 힘으로 본래 생명에 속했던 영역들을 확장해 나감으로써 생명의 영역에 대한 끊임없는 위협과 침략이다. 따라서 죽음은

---

30) 김균진, 『죽음의 신학』, 135.
31) J. Molmann, 『오시는 하나님』, 151f.

생명에 대해 대척점에 서 있지 않고 생명 한가운데 현존하면서 생명을 파괴하는 세력이라고 말할 수 있다. 이것은 생명과 죽음 사이에 확실하고 분명한 경계가 설정되지 않고, 양자 사이의 경계가 매우 주관적으로 생각될 수 있다는 사실을 시사한다.[32].

죽음의 세력은 인간의 삶의 영역 안에서 확실하게 경험 가능한데, 특별히 탄식 시편은 생명의 축복과 하나님을 향한 찬양이 가로막히는 모든 상황, 곧 불의와 비인간성, 폭력과 박해, 가난과 질병, 불행과 재앙, 고통과 고난, 억압과 착취, 굶주림과 기갈, 슬픔과 절망 등은 인간을 죽음 가까이로 이끈다는 사실을 분명히 알려준다. 탄식 시편에서 환난을 당해 탄식하는 자는 죽음의 현실을 삶 한가운데서 경험함으로써 마치 죽음의 세계 한가운데 자리하고 있는 것처럼 느끼며, 심지어 죽은 자와 비교되기도 한다(시 18:4-6; 88:3-5).[33]

모든 종류의 환난 중에서 특별히 죄악은 인간으로 하여금 죽음의 심연을 헤매게 한다. 왜냐하면 죄는 흑암이고 어둠인데, 흑암 및 어둠과 죽음은 서로 긴밀한 상관관계에 있기 때문이다. 외견상 죄인들은 아직 건재하고 행복한 것처럼 보이지만(시 73:4-12) 사실상 흑암과 어둠 속에 거함으로써(시 107:10f.; 잠 4:19), 종국에는 존재의 무無의 상태에서 하나님

---

32) H. Gese, "Der Tod im Alten Testament", 40.

33) "죽음의 사슬이 나를 휘감고, 죽음의 물살이 나를 덮쳤으며, 스올의 줄이 나를 동여 묶고 죽음의 덫이 나를 덮쳤다. 내가 고통 가운데서 주님께 부르짖고 나의 하나님을 바라보면서 살려달라고 부르짖었더니, 주님께서 그의 성전에서 나의 간구를 들으셨다. 주님께 부르짖는 나의 부르짖음이 주님의 귀에 다다랐다"(시 18:4-6); "아, 나는 고난에 휩싸이고, 내 목숨은 스올의 문턱에 다다랐습니다. 나는 무덤으로 내려가는 사람과 다름이 없으며, 기력을 다 잃은 사람과 같이 되었습니다. 이 몸은 또한 죽은 자들 가운데 버림을 받아서 무덤에 누워 있는 살해된 자와 같습니다. 나는 주님의 기억에서 사라진 자와 같으며, 주님의 손에서 끊어진 자와도 같습니다"(시 88:3-5).

의 진노로 말미암아 멸절되고 만다(잠 2:22).[34] 그리하여 하나님 없는 자의 길은 죽음에 이르며, 그의 행보는 죽음의 나라를 향해 달려간다. 따라서 한 사람을 죄의 길에서 돌이키게 만드는 것은 그를 죽음의 세력으로부터 구하는 것과 동일하다(잠 23:14).[35] 그러므로 생명의 원천이신 하나님이 계시지 않는 곳에 죽음은 이미 현존한다고 말할 수 있다(시 107:10-11).[36]

이로 보건대, 하나님과의 교통을 상실한 곳에는 죽음이 지배하게 된다. 즉 인간의 참된 삶은 살아계신 하나님과의 교통에 있으며, 참된 죽음은 하나님과의 교통을 상실함에 있다.[37] 삶과 죽음은 축복과 저주와도 같은 관계에 있어서(신 30:19), 죽음은 단순히 삶의 시간적 끝이나 생물학적 종결로 경험되지 않고 오히려 시간적 삶 한가운데 있는, 하나님과 어그러진(반신적인) 세력이나 삶에 대해 적대적인(반생명적인) 세력으로 경험되는 것이다. 하나님과의 생동하는 관계는 삶의 정점이고, 이 교통의 모든 단절은 하나님으로부터의 분리를 야기하기 때문에 불행과 저주로 생각되는 것이다. 그러므로 살아계신 하나님의 성령이 현존하시는 곳은 어느 곳이든지 하나님의 생명의 역사가 일어나지만,[38] 생명의 하나님의 영이 떠나시고 하나님과의 생명의 관계가 단절된 곳, 하나님이 부재하신 곳에는 죽음의 세력이 지배하게 된다.

---

34) "악한 사람은 땅에서 끊어지고, 진실하지 못한 사람은 땅에서 뿌리가 뽑힐 것이다"(잠 2:22).

35) "그에게 매질을 하는 것이 오히려 그의 목숨을 스올에서 구하는 일이다"(잠 23:14).

36) "사람이 어둡고 캄캄한 곳에서 살며, 고통과 쇠사슬에 묶이는 것은, 그들이 하나님의 말씀을 거역하고 가장 높으신 분의 뜻을 저버렸기 때문이다"(시 107:10-11).

37) J. Moltmann, 『오시는 하나님』, 151.

38) V. Maag, "Tod und Jenseits nach dem Alten Testament", 190.

하나님과 단절된 삶의 현실 속에 있는 죽음의 실재는 신약성서에서 더욱 철저하게 표명된다.[39] 신약성서에서도 죽음이란 삶을 종결짓는 마지막 사건일 뿐만 아니라, 하나님을 떠나 죄악 가운데 살아가는 불의한 인간과 세계의 현실을 가리킨다. 즉 죽음은 죄인의 일상생활의 근원적인 차원으로 현재의 삶 속에 속해 있는 것이다. 신약성서 가운데 요한 문서는 죽음을 하나의 파괴적이고 반신적인 세력으로 파악하는데, 특히 사랑 안에는 생명이 있는 반면 미움과 증오 속에는 죽음이 있다고 역설한다. 즉 사랑하지 않고 미워하고 증오하는 마음속에 이미 죽음의 파괴적인 세력이 작용하고 있기 때문에, 사랑하지 않는 사람은 죽음 가운데 머물러 있다는 것이다(요일 3:14).[40] 동시에 요한 문서는 예수 그리스도를 믿는 자는 죽어도 살고, 살아서 믿는 자는 영원히 죽지 않는다고 역설한다 (요 11:25f.).

하나님과의 관계 단절과 죽음의 연관성을 가장 깊이 성찰한 신약성서의 대표적인 인물은 사도 바울이다. 죽음에 관해 심층적으로 연구한 바울은 인간을 위시한 모든 피조물이 죽음의 세력에 사로잡혀 있다고 말하는데(롬 8:20), 여기서 죽음은 온 세계를 지배하는 우주적인 세력으로 생각된다. 현실의 삶 속에 현존하는 죽음은 온 세계를 우주적으로 지배하는 반신적인 세력, 생명에 대해 적대적인 세력인 것이다. 그러면서 사도 바울은 인간을 이 죽음이라고 하는 우주적인 세력으로부터 생명으로 자유케 하실 분은 오직 예수 그리스도뿐이시라고 선포한다(롬 5:17-

---

39) 김균진, 『기독교 조직신학』 V, 136.
40) "우리가 이미 죽음에서 생명으로 옮겨갔다는 것을 우리는 압니다. 이것을 아는 것은 우리가 형제자매를 사랑하기 때문입니다. 사랑하지 않는 사람은 죽음에 머물러 있습니다"(요일 3:14).

18; 고후 1:10).

3.7 공동체적 사건으로서의 죽음

초기 이스라엘 역사에서 개인은 오늘날 현대인들이 상상할 수 없는 방식으로 집단적 공동체에 귀속되어 있었다. 당시 '나'라는 개인적 존재는 출생에서 죽음에 이르기까지 가족, 지파, 민족 공동체에 긴밀하게 결합되었다. 개인은 공동체 전체의 틀 안에서 태어났기 때문에 죽을 때에도 그 공동체에 통합되었다. 즉 개인의식은 가족, 지파, 민족의 공동체적 집단의식의 영역 안에서만 존재했기 때문에, 개인은 죽음과 함께 조상들에게 귀속된다고 믿었던 것이다.[41] 구약성서의 족보가 보여주듯이, 죽은 이들은 열조들의 무덤에 함께 안장되어 열조들에게로 돌아간다(창 25:8; 35:29; 49:33 등). 죽음 이후에는 마을 공동체 구성원들의 애도와 공조 속에서 장례가 치러진다.

이처럼 성서에서 인간의 죽음은 개인이 공동체에 통합되는 공동체적인 사건으로 경험된다. 상호 간의 긴밀한 결합 속에서 죽은 조상들은 살아 있는 후손들 안에서, 곧 가족과 지파와 민족 공동체 안에서 계속해서 살아간다. 즉 죽은 자들이 살아 있는 자들에게 항상 현존하게 되는 것이다. 이런 연유로 말미암아 이스라엘 민족은 개인의 죽음 이후에 지속적인 존재를 보장하는 후손이 매우 중요했는데, 왜냐하면 후손이 없는 사람은 지속적인 존재에 대한 희망을 포기해야 한다고 여겨졌기 때문이다.

이와 같은 성서에서의 죽음 이해 속에서 기독교 역사상 그리스도인들은 죽음을 결코 개인의 고독한 사건이 아니라 공동체가 함께하는 공

---

41) J. Moltmann, 『오시는 하나님』, 151.

적인 사건으로 인식하였다. 즉 기독교 전통에서 죽음은 홀로 맞이하는 경험이 아니라 공동체가 함께 하는 경험이었던 것이다.[42] 이를 위해 교회는 죽음을 앞둔 사람들을 공개적 사건이자 공동체의 중심으로 부각시켰다. 죽음이 공개적 사건이자 공동체의 중심으로 부각되면, 죽음이 임박한 임종 환자들이 평온하게 임종을 맞이할 뿐만 아니라, 살아 있는 사람들이 죽음을 두려워하지 않게 되고 임종자들을 돌보는 일을 불안해하지 않게 되기 때문이다. 이를 통해 살아 있는 자들이 죽은 자들을 기억하고 함께해 주며 돌보는 끈끈한 생명 공동체가 형성될 수 있었다.

그뿐만 아니라 교회는 죽음을 앞둔 사람들을 장사지낸 이후에도 그들과 지속적인 관계를 유지할 수 있었다. 살아 있는 그리스도인들과 죽은 그리스도인들이 여전히 그리스도 안에서 한 몸이고 한 소망인 것이다. 이는 수백 년 전통을 간직한 오래된 교회와 그 공동체들이 죽은 형제자매들을 기억하면서 그들의 유해를 교회(시설)에 매장한 모습에서 잘 드러난다.[43] 동시에 살아 있는 자들은 죽은 자들과 더불어 역사의 마지막 때에 이루어질 영광스러운 궁극적 구원, 곧 부활과 영원한 생명을 소망하고 기다린다. 바로 이 공동의 소망이 살아 있는 자들과 죽은 자들을 서로 결합시킨다고 말할 수 있다.

3.8 현세와 내세, 산 자와 죽은 자의 엄격한 구분

성서는 죽음의 신화화를 단호하게 거부하고 죽음의 탈신화화를 지향하

---

42) M. T. Lysaught, "Memory, Funerals and the Communion of Saints: Growing Old and Practices of Remembering" in S. Hauerwas, B. Stoneking and K. G. Meador eds., *Growing Old in Christ* (Grand Rapids: Eerdmann, 2003), 285.

43) R. Moll, 『죽음을 배우다』, 233f.

기 때문에 내세(죽은 자들의 세계)를 현세(살아 있는 자들의 세계)로부터 엄격히 분리할 뿐만 아니라 양자의 접촉을 철저히 금지한다.[44] 특별히 구약성서는 죽은 자들이 거하는 곳으로 명시한 '스올'שְׁאוֹל을 하나님이 활동하시는 현세로부터 배제시킨다. 스올은 어둡고 황폐한 나라로(욥 10:21-22; 17:13-16; 시 88:12), 모든 살아 있는 자들이 언젠가 모이게 될 죽은 자들의 집으로(욥 30:23), 죽은 자들이 곤고와 쇠사슬에 묶여 있는 감옥으로(시 107:10-16; 116:3), 망각의 땅으로(시 88:12) 그리고 극도의 침묵이 지배하는 곳으로(시 94:17; 115:17) 묘사된다.

스올에 대한 부정적인 표상에 근거하여 죽음의 세계에서는 인간의 진정한 삶이 존재하지 않는 것처럼 보임으로써, 죽은 자들은 죽음의 세계에서 다시는 빛을 볼 수 없으며(시 49:19) 복과 구원을 경험하지 못하는 것처럼 보인다(욥 7:7). 또한 죽음은 인간을 살아 있는 자들의 세계로부터 최종적으로 갈라놓음으로써, 스올로 내려간 죽은 자들은 다시는 삶의 세계로 회귀할 수 없다(욥 7:9-10). 무엇보다도 비통한 일은 죽은 자들이 다시는 야웨 하나님을 볼 수 없으며, 죽음의 세계에서는 하나님의 역사와 하나님에 대한 선포와 찬양이 더는 존재하지 않는 것으로 보인다는 점이다(시 88:10-12).

성서는 죽음의 세계와 삶의 세계를 엄격히 구분할 뿐만 아니라, 살아 있는 자와 죽은 자도 철저히 구분한다. 성서에서 살아 있는 자와 죽은 자 사이의 직접적 교통은 매우 부정적으로 생각됨으로써, 이들 사이에 교통을 꾀하려는 모든 형태의 시도는 엄격히 금지된다. 따라서 죽은 자들의 영혼을 불러내는 초혼招魂 행위도 엄격히 금지된다.

---

44) 김균진, 『죽음의 신학』, 142.

당시 고대 근동에서는 죽은 자들의 혼을 불러내어 그것을 숭배하며 죽은 자의 혼에게 살아 있는 사람의 일에 관해 물어보는 일이 다반사였기 때문에, 이스라엘의 예언자들은 이에 대항해 치열하게 투쟁하였다. 그들의 가르침에 의하면 산 자의 세계와 죽은 자의 세계는 엄격히 구분되어야 하며, 산 자의 문제에 대한 해답을 죽은 자에게서 얻어서는 안 된다. 산 자의 문제에 대한 해답은 오직 살아계신 하나님과 그의 말씀에 있기 때문이다. 그러므로 산 자가 그들의 문제 해결을 위해서는 죽은 자가 아니라 하나님을 찾아야 한다는 것이다(사 8:19-20a).[45]

초혼과 관련된 대표적 사례로는 인간적 곤핍함 때문에 무당을 찾아가 죽은 사무엘의 혼을 불러내려 했던 사울왕의 이야기(삼상 28:3-25)를 들 수 있다. 이 이야기를 통해 구약성서는 죽은 자의 영혼을 불러내어 살아 있는 자의 문제에 대한 해답을 묻는 것은 어리석고 무익한 일일 뿐만 아니라 하나님의 진노를 자초하는 죄악임을 역설한다. 사실 위기에 처한 사울이 살 길은 무당을 찾아가 죽은 사무엘의 혼을 불러내는 데에 있는 것이 아니라, 살아계신 하나님을 찾아 그의 뜻을 청종하는 데에 있었다.[46] 그러나 사울은 하나님이 철저히 금하신 초혼의 방법으로 위기를 모면하려다 돌이킬 수 없는 죄악을 범하고 하나님께 버림을 받았다.

성서는 죽은 자들에 대한 숭배와 신격화를 철저히 배격하기 때문에, 죽은 자들을 위한 제의는 처음부터 하나님 자신에 의해 철저하게 금지된다(신 18:11-12; cf. 레 19:28, 31; 20:6, 27; 신 26:14). 특별히 성서는 주검

---

45) 김균진, 『죽음의 신학』, 140; 참고. "사람들은 너희에게…신접한 자와 무당에게 물어보라고 한다.…산 자의 문제에 해답을 얻으려면, 죽은 자에게 물어보아야 한다고 말한다. 그러나 너희는 그들에게 대답하여라. 오직 주께서 가르치신 말씀만 듣고, 그 말씀에 관한 증언만 들으라고 하여라"(사 8:19-20a).

46) 김균진, 『죽음의 신학』, 141.

(시신)에 접촉하는 것을 부정한 행위로 규정하는 가운데 그 부정을 해결하지 않으면 야웨의 성막을 더럽히며 이스라엘 총회에서 끊어질 거라고 엄중히 경고하기도 한다(레 11: 31f.; 21:11; 민 19:11-22).

이러한 구약성서의 전통은 당시 영육 이원론적 이해와 영혼불멸설을 신봉하고 죽은 자들을 숭배하던 근동 이방 민족의 관습이 이스라엘 민족에게 영향력을 행사하는 것을 철저히 경계한 데서 비롯된 것이다. 주검에 부정성不淨性을 부여한 의도는 죽음이 죄의 결과임을 확고히 할 뿐만 아니라, 하나님의 백성으로 하여금 죽은 자들에게 종교적 의미를 부여하거나 어떠한 섬김이나 숭배의 행위를 하는 것도 배척하기 위해서라고 해석할 수 있다.

비록 구약성서는 주검에 대한 접촉을 강력히 규제하지만, 장례를 치르지 못하는 것을 큰 불행과 저주로 간주한다(왕상 14:11; 16:4). 성서 곳곳에는 시체가 공중의 새와 땅의 짐승들의 밥이 되어도 그것을 쫓아줄 자가 없거나, 시체를 매장해줄 사람이 없어서 땅바닥에 분토같이 되어 짓밟히도록 방치되는 것은 수치요 이웃의 비방거리가 된다고 기록되어 있는데(왕하 9:10; 시 79:2-4; 렘 16:4), 특히 신명기서는 하나님의 말씀을 순종치 않고 그의 명령과 규례를 지키지 않는 자에게 이러한 저주가 임할 것이라고 선언한다(신 28:26; 렘 34:20).

그러므로 성서는 다른 사람의 시신을 장사하는 것을 큰 덕행이요 사람의 마땅한 도리로 간주한다(삼상 31:12; 삼하 2:4-6). 또한 고인의 시신을 정중히 장사하는 것은 근친자의 의무이기도 하다. 하지만 성서는 고인의 시신을 처리할 때는 성의를 다해야 하지만, 주검의 부정성을 의식하고 죄와 저주를 미워해야 하므로 장사 후에는 반드시 예법에 따라 성결케 하도록 힘쓸 것을 권고한다.

4. 한국의 종교·문화적 전통의 생사관과 성서적 전통의 생사관 비교

4.1 공통점

1. 한국의 종교·문화적 전통과 성서적 전통은 기본적으로 죽음 이후 피안彼岸의 내세를 동경하기보다 죽음 이전 차안此岸의 현세에 충실하고 적극적인 자세를 취하도록 독려하는 가운데 삶(생명)을 하나님(신)의 은사로 생각한다. 다만 성서는 한국의 종교·문화적 전통과 달리 인간의 삶의 궁극적인 지향점을 현세의 유한한 삶에 두지 않고 내세에서 누릴 영원한 삶에 소망을 둔다. 그렇지 않을 경우, 자칫 현세 지향적인 인생관이 극단화되어 그리스도인의 정체성을 상실하는 가운데 현세의 축복에 지나치게 집착하는 이기적이고 세속적인 삶의 자세에 빠질 수도 있기 때문이다.

2. 한국의 종교·문화적 전통과 성서적 전통은 인간의 영혼이 죽음 이후 소멸되지 않고 죽음을 초월하여 영속하는 영생의 존재로 믿는다. 다만 성서는 영혼만이 영생을 누릴 존재라고 믿는 데서 머물지 않고, 장차 부활하게 될 몸(육체)도 영생을 누리는 존재로 믿기 때문에 영혼불멸에 대한 신앙과 함께 몸의 부활에 대한 신앙을 받아들인다. 이에 반해 한국의 종교·문화적 전통에서는 진정한 의미에서의 영생의 개념이 없으며, 단지 재생再生의 의미로서의 사후생死後生 개념이 강하다.

3. 한국의 종교·문화적 전통과 성서적 전통은 죽음에 대한 이중적·양면적 이해, 곧 죽음을 한편으로는 생명의 자연적 순리이자 하나님(신)의 창조질서로, 다른 한편으로는 인간의 죄의 결과, 하나님(신)의 형벌이자 심판으로 이해한다. 성서의 초기 역사에서는 죄와 죽음의 인과관계에 대한 확신이 지배적이었으나, 점차로 죽음의 이중성에 대한 확신이

깨어지면서 죽음에 대한 상반된 두 가지 전통이 서로 병존하고 있다.

4. 한국의 종교·문화적 전통과 성서적 전통은 죽음을 단지 삶의 마지막에 도래하는 사건이 아닌, 현재의 삶 속에 이미 내재하는 현실로 생각함으로써 삶 속에서 죽음을 의식하고 죽음을 준비하며 죽음 앞에서 자신을 돌아본다. 이러한 죽음 이해는 현대 사회의 심각한 난제인 죽음의 배제 문제에 대해 중요한 교훈과 가르침을 제시한다.

5. 한국의 종교·문화적 전통과 성서적 전통은 죽음을 개인의 사사로운 사건이 아닌, 가족과 친지를 넘어 공동체적인 사건으로 이해한다. 죽은 자들은 개인의 죽음을 넘어 죽은 조상들과의 공동체 속으로 귀속되며, 살아 있는 자들은 마을 공동체 구성원들의 상부상조 아래 장례를 치르면서 공동체의 친목과 결속을 다진다. 이러한 죽음 이해는 나날이 사사화되어가는 현대 사회의 죽음 이해와 커다란 대조를 이룬다. 또한 고독사 및 무연사, 곧 버려진 죽음이 급증하고 있는 현대 사회에 시사하는 바가 매우 크다.

6. 한국의 종교·문화적 전통과 성서의 전통은 상장례 측면에서도 적잖은 공통점을 가진다. 먼저 양자의 전통에서는 고인의 삶과 연계된 편안한 장소(주로 고인의 가정)를 장례를 치르는 공간으로 삼는데, 이는 고인의 삶과 절연된 장례 전담 장소이자 죽음을 위해 분화된 공간(주로 장례식장)에서 죽음을 처리하는 오늘날과 현격한 대비를 이룬다. 또한 양자의 전통에서는 죽음을 애도하면서 슬퍼하는 일정 기간을 갖지만, 오늘날 한국의 전통적 삼년상 개념은 사라진 지 오래이며 탈상脫喪이란 개념 자체가 무의미해지고 있다. 장례의 방식에서도 공통점이 발견되어 양자는 매장을 선호하고 화장을 기피하는 경향을 보이는데, 이는 화장이 대세인 오늘날의 세태와 차이를 이룬다.

4.2 차이점

1. 서로 다른 인간관을 형성한 한국의 종교·문화적 전통과 성서의 전통은 인간의 영혼에 대한 견해에서 현격한 차이를 보인다. 영혼과 육체의 이원론에 근거한 한국의 종교·문화적 전통의 인간 이해는 썩어 소멸하는 육체보다 사후 육체로부터 해방되어 불멸하는 영혼을 중시한다. 여기서 영혼은 신적인 속성을 가진 인간의 한 일부분으로 인식된다. 이에 반해 성서는 인간을 영혼과 육체의 통일체로 생각하는 통전적·전인적 인간 이해에 근거하여 영혼과 육체 모두 하나님의 선한 피조물이자 하나님의 사랑의 대상으로 인식한다. 특히 성서에서 말하는 인간의 영혼은 육체로부터 분리될 수 있는 인간의 한 부분이 아닌 인간의 자아, 인간 존재 자체를 가리킨다. 그러므로 전자에서 영혼은 신적인 속성을 가지나, 후자에서 영혼은 하나님의 피조물로서 그 자체 안에 신적인 속성을 소유하지 않는다.

2. 성서가 지향하는 죽은 자들의 몸(육체)의 부활 신앙은 기독교의 죽음 이해를 한국의 종교·문화적 전통은 물론 다른 종교들의 죽음 이해와도 현격히 구별하는 경계선이자 기독교만의 죽음 이해의 핵심을 이룬다.

3. 한국의 종교·문화적 전통은 죽음을 신화화하여 죽은 자들을 신적인 존재로 신격화(죽음의 신화화)하지만, 성서는 죽음을 탈脫신화화하는 가운데 죽음과 관련된 모든 종교적 제의를 철저히 배격하고 죽은 자들에 대한 숭배와 신격화를 강하게 부정한다.

4. 한국의 종교·문화적 전통은 죽은 자들이 이승으로 다시 환생할 수 있다고 믿는 데에 반해, 성서는 죽은 자들의 환생설이나 윤회설, 재생설 등을 모두 철저히 배격한다.

5. 한국의 종교·문화적 전통은 현세와 내세를 동일 선상에서 이해하는

반면, 성서는 양자를 엄격히 구별하여 격리한다. 이와 같은 맥락에서 전자는 살아 있는 자와 죽은 자들이 지속적인 유대관계를 맺는다고 생각하는 데 반해, 후자는 양자 간의 엄격한 구별을 견지한다.

6. 한국의 종교·문화적 전통과 성서의 전통은 상장례 측면에서 중요한 차이를 보이기도 하는데, 가장 두드러진 차이점으로는 죽은 이들에 대한 태도다. 일반적으로 한국의 전통적 상장례에서는 죽은 이들을 위해 살아 있는 사람들이 할 수 있는 최고의 정성을 기울이는 가운데 모든 의례의 중심을 고인에게 맞추는 경우가 많다. 그러나 이는 기독교에서는 비성서적·비기독교적 요소로 간주되며, 기독교적 상장례 의례는 살아 있는 사람들을 중심으로 진행된다. 여기서 개신교와 가톨릭의 차이점도 거론할 수 있는데, 전자에서는 죽은 고인에 대한 추모와 살아 있는 유가족의 위로가 상장례 의례의 중심이라면, 후자에서는 연옥에 있는 고인의 구원을 위해 하나님께 끊임없이 기도함으로써 죽은 이들에게 중점을 둔 의례를 진행한다고 말할 수 있다.[47]

47) 한국종교문화연구소 기획/이용범 엮음, 『죽음의례 죽음 한국사회』, 103-129.

기독교의 아름다운 전통으로서의 좋은 죽음의 기술, 임종 시 특별한 현상과 영적인 체험, 좋은 죽음의 기술 전통을 잃어버린 현대 기독교, 죽음이 서서히 진행되는 과정과 아름다운 마무리에 대해 살펴봄으로써 좋은 죽음과 아름다운 마무리를 위해 필요한 현실적 노력을 제언하고자 한다.

1. 좋은 죽음: 기독교의 아름다운 전통

교회의 태동부터 그리스도인들은 임종의 자리가 예수 그리스도의 십자가의 길을 실천할 수 있는 마지막이자 가장 중요한 장소라고 인식하였다.[1] 따라서 그들은 죽음을 인생사에서 가장 중대한 사건, 철저한 준비가 필요한 영적인 사건, 영생의 모든 것이 걸린 심오한 사건으로 인식하는 가운데 죽음이라는 신성한 순간을 위해 오랫동안 준비하였다. 초기 그리

---

1) J. Fenestil, *Mrs. Hunter's Happy Death: Lessons on Living from People Preparing to Die* (New York: Random House, 2006), 53, 147.

스도인들은 죽음에 맞서 싸워야(투병) 한다고 생각하기보다, 오히려 잘 죽는 방법을 모색하면서 좋은 죽음을 맞이하기 위해 고민해왔던 것이다.[2] 그들은 좋은 죽음을 준비하면서 그리스도의 삶과 죽음에 대한 신앙을 드러내고자 심혈을 기울여왔다. 특별히 기독교 전통에서 죽음을 앞둔 이들은, 세례를 받을 때처럼 그리스도의 죽음과 부활이라는 부활절 신비에 담긴 그리스도인의 죽음에 깊이 잠기는 의식을 행하였다.[3]

기독교 역사 면면히 그리스도인들은 죽음을 앞둔 이들을 헌신적으로 돌보는 가운데 자신들의 죽음을 예수 그리스도의 죽음과 부활을 믿는 신앙으로 표현할 방법을 모색하였다. 그들은 죽음을 자주 묵상하고 성찰했는데, 이는 죽음에 대한 묵상과 성찰이 기독교 역사 내내 이어져 내려온 전통이기 때문이다.[4] 더욱이 과거에는 남녀노소 할 것 없이 갑작스러운 질병으로 죽는 사람들이 대단히 많았기 때문에 당시 사람들은 인생을 죽음의 대비과정으로 생각하는 가운데 죽음을 준비하는 일을 모든 사람의 의무로 간주하였다.[5] 노인들만큼이나 죽음에 빈번히 노출되어 있었던 어린아이들에게도 기독교적 신앙과 가치관을 표현하는 좋은 죽음을 준비시켰다.[6] 당시 그리스도인들이 죽음에 대비하는 가장 확실한 방

---

2) R. Moll, 『죽음을 배우다』, 55.

3) D. Heinz, *The Last Passage* (New York: Oxford University Press, 1998), 127.

4) R. Moll, 『죽음을 배우다』, 36.

5) R. C. Bald, *John Donne: A Life* (New York: Oxford University Press, 1986), 527.

6) 당시 아이들에게 이 땅의 삶이 잠시뿐이라는 내용의 동요를 가르치기도 했는데, 알파벳을 가르치는 영어 동요 중에는 다음과 같은 노래가 있다: "X는 크세르크세스(Xerxes) 대왕이 죽었으니 / 너랑 나도 죽고요. Y는 젊음(youth)이 앞으로 미끄러지니 / 죽음이 순식간에 낚아챕니다." 아이들은 매일 밤 잠들기 전에 기도했는데, 잠은 죽음과 닮은 구석이 많았기 때문이다: "이제 잠자리에 듭니다. 주님, 제 영혼을 지켜주세요. 만약 내일 아침 깨기 전에 죽는다면, 주님이 제 영혼을 거두어 주시길 기도합니다": R. Moll, 『죽음을 배우다』, 83에서 인용.

법은 마음속으로 죽음을 통과하고 기대감으로 그 모든 과정을 견뎌냄으로써 그리스도의 구원하는 은혜를 믿는 그리스도인이 된다는 확신 속에서 죽음을 맞이하는 것이다.

이러한 죽음에 대한 마음의 준비가 바로 '죽음의 기술'―혹은 '죽음의 예술'―을 의미하는 '아르스 모리엔디'*ars moriendi*라는 결과물로 나타나게 되었다. 본래 '죽음의 기술'은 15세기에 출판업자 윌리엄 캑스턴^{W. Caxton}이 좋은 죽음을 준비하자는 뜻에서 최초로 제작한 목판화다.

15세기에 활용된 "아르스 모리엔디"의 예

이 목판화가 출판된 1347년에는 유럽 전역을 휩쓸었던 흑사병으로 인해 당시 전 유럽 인구의 대략 3분의 1이었던 7,500만 명이 사망하여 도처에 죽음의 기운이 가득하던 때였다. 당시에 사경을 헤매는 사람들이 너무 많아 교회에서 성직자를 집집마다 보내줄 수 없게 되자, 스스로 좋은 죽음을 맞이하는 법을 익히라는 의도에서 '죽음의 기술'이 출판되었던 것이다. 흑사병 이외에도 콜레라와 천연두 같은 급성 전염병에 의해 많은 사람이 한꺼번에 죽는 일이 다반사로 일어났기 때문에, 중세 유럽에서는 '죽음의 기술'과 함께 '메멘토 모리'memento mori 사상이 성행하게 되었다.[7]

당시 죽음을 앞둔 그리스도인들은 성직자의 도움을 기대할 수 없는 상황 속에서 '죽음의 기술' 목판화를 보면서 부활을 기대하는 마음으로 죽음을 견뎌냈다. 평상시에는 사제들이 종부성사終傅聖事를 집전하고 임종자들을 보살폈지만, 흑사병이 창궐할 때는 수많은 사람이 한꺼번에 죽었기 때문에 사제가 절대적으로 부족했다. 따라서 사람들이 홀로 죽음을 맞는 경우가 다반사였기에 교회에서는 불가피하게 죽는 법을 가르칠 수밖에 없었는데, 이때 목판화가 널리 보급되어 혼자 죽음을 맞이하는 이들에게 사제 역할을 대신했던 것이다.[8] 목판화의 그림들은 임종 장면, 이를테면 죽음을 앞둔 사람 주변에 영혼을 서로 차지하려는 마귀와 천사들이 둘러 있는 장면을 묘사하면서 임종자들이 맞닥뜨리게 되는 두려움을 극복할 수 있는 방법을 표현하였다. 처음에 한 권짜리 그림책으로 시작한 '죽음의 기술'은 이후 기독교의 중요한 전통이 되어 19세기 말까지 다양한 형태로 지속되면서 신자들에게 죽는 법을 가르치는 문서뿐 아니라 그리스도인들의 임종 실천으로 자리 잡게 되었다. 이러한 '죽음의 기술'은 그리스도인들이 어떻게 좋은 죽음을 배우고 실천했는지에 대한 본보기로서 그리스도인들이 죽음을 준비하는 데 사용한 수많은 매뉴얼

---

7) P. Fenwick, E. Fenwick 공저/정명진 옮김, 『죽음의 기술』(서울: 부글북스, 2008), 296ff.

8) A. E. Imhof, "How to Live and How to Die" in H. M. Spiro, M. G. McCrea Curnen, Lee Palmer Wandel eds., *Facing Death* (New Haven, Conn.: Yale University Press, 1996), 116.

의 시초라고 말할 수 있다.

사실 '죽음의 기술' 전통이 기독교에서 꽃을 피운 것은 단지 흑사병 때문만은 아니었다. 예로부터 그리스도인들은 죽음에 대한 인식이 남달랐다. 구약성서는 몸과 영혼에 대한 통전적·전인적 이해 속에서 하나님의 형상대로 창조된 몸이 신성하다고 가르쳤는데, 초기 그리스도인들은 이 믿음을 그대로 물려받았다. 미국 오리곤 주립대 역사학과 교수 개리 펀그렌G. B. Ferngren은 『초기 기독교의 의학과 보건』Medicine and Health Care in Early Christianity에서 "그리스도가 성육신하신 것은 몸을 구원하기 위해서였다"라고 기술한다.[9] 몸의 신성함과 몸과 영혼의 하나됨에 대한 인식은 그리스도인들이 병든 몸을 남다른 관점으로 바라보았다는 사실을 시사한다.

영혼만이 영원하고 몸은 없어도 된다고 본 주변의 이교도들과 달리, 초기 그리스도인들은 환자와 죽음을 앞둔 사람들을 방치할 수 없었다. 그들은 죽음을 이기신 그리스도를 신앙하고 예배했기 때문에 비非기독교 세계의 사람들과는 다른 모습으로 죽었고 또 죽음을 앞둔 이들을 남달리 보살폈다. 그리스도인들은 전염병이 창궐했던 도시에 남아 환자들을 헌신적으로 보살폈고 임종자들을 장사지내주기도 했는데, 이것은 아픈 사람들을 경멸했던 로마인들과는[10] 확연히 구별되는 행동이었다.[11] 이로써 병간호는 환자와 죽음을 앞둔 사람을 돌보는 일에 헌신한 그리스

---

9) G. B. Ferngren, *Medicine and Health Care in Early Christianity* (Baltimore: Johns Hopkins University Press, 2009), 102.

10) 고대 로마의 의사들은 대부분 불치병이나 난치병 환자들을 돌보기를 꺼렸는데, 이 때문에 환자들은 결국 안락사를 택하는 것 외에 다른 선택의 여지가 없었던 것으로 전해진다. 이러한 연유로 고대 사회에서는 안락사나 조력 자살이 흔하게 행해졌다: I. Daubigin/신윤경 옮김, 『안락사의 역사』(서울: 섬돌, 2007), 27.

11) G. B. Ferngren, *Medicine and Health Care in Early Christianity*를 참고하라.

도인들의 오랜 전통에 속하는 거룩한 사역이 되었다.[12] 또한 환자를 돌보는 사람들에게는 기본 책임 이외에도 의미 있는 과제가 부과되었다.

이러한 기독교의 확고한 믿음에서 경이롭고 효과적인 의료 시스템이 나오게 되었다. 교회가 태동하고 나서 200년 만에 교회는 그리스-로마 세계에서는 매우 이례적인 조직, 곧 환자들을 돌보는 체계적이고 효율적인 조직을 만들었다. AD 251년 무렵 로마 교회는 1,500명의 과부와 환자를 정성껏 돌보았고, AD 4세기 안디옥에는 교회의 도움을 받은 3,000여 명의 명단이 남아 있다. 이러한 초기 기독교의 노력이 바탕이 되어 환자 치료에 전념하는 서양 최초의 병원이 설립되었다. 로드니 스타크[R. Stark] 미국 베일러대 사회학과 교수는 주장하기를, 이 덕분에 그리스도인들의 사망률이 현격히 낮아져 외부인들이 쉽게 기독교로 개종할 수 있었다면서 이것이 초기 기독교의 빠른 성장에 기여한 중요한 요인으로 작용했다고 한다.[13]

병자와 노인과 임종자, 빈곤층과 과부와 고아들에 대한 돌봄은 초기 기독교에만 국한된 것이 아니라 이후 중세 시대에서도 계속되었다. 중세 초기 기독교의 영향력이 급격히 성장하면서 당시 아픈 사람들을 경멸했던 사회적 분위기가 많이 개선되었을 뿐만 아니라, 이들을 돌봐주어야 한다는 도덕적 의무감도 점차 자리를 잡았다. 이러한 도덕의식은 병자, 과부, 고아에 대한 동정심을 중시하는 새로운 정신으로 이어졌고[14] 태아와 노인의 죽음을 경박하게 대하던 당대의 그릇된 태도를 종식시켰다. 이후 기독교 역사 내내 그리스도인들은 기독교 복음이 전파되고 교회가

---

12) N. Basiliadis, 『죽음의 신비』, 319.
13) R. Moll, 『죽음을 배우다』, 146f.
14) I. Daubigin, 『안락사의 역사』, 43.

세워지는 각처에 병원을 세웠고, 죽음을 앞둔 가난한 이들과 과부들을 돌보는 기관을 설립하기도 하였다. 특히 중세의 종합 병원은 종교 기관의 형태로 설립됨으로써 기독교 정신이 병원 구석구석에까지 스며들게 되었다.[15]

기독교 역사를 보면, 좋은 죽음에는 준비가 필요하다는 사실이 분명하다. 예수님은 죽으시기 전날 밤 자신의 죽음을 준비하셨을 뿐만 아니라 제자들에게도 죽음을 준비시키셨다(마 26:17-46; 막 14:12-42; 눅 22:14-46 등). 이렇게 죽음에 대한 준비를 강조함으로써 그리스도인들은 허망하게 스러져갈 이 세상의 부귀영화에 마음을 빼앗기지 않고 평생 영원을 염두에 두고 살아갈 수 있었다. 항상 죽음을 떠올리면서 삶의 최우선 순위에 마음의 중심을 모을 수 있었던 것이다. 그리스도인답게 올바른 삶을 영위한 사람은 자연스레 그리스도인답게 올바른 죽음을 맞이할 수 있다. 즉 그리스도인으로서의 정체성을 지키면서 평생을 신실하게 살아가면 좋은 죽음을 맞이하는 데 도움이 될 수 있다. 이로 보건대, 좋은 죽음에 반드시 필요한 영적인 준비는 하루아침에 이루어지는 것이 아니라, 평생에 걸쳐 서서히 쌓아가야 한다는 사실을 알 수 있다.

사실 성서는 내세가 어떤 곳인지, 예수가 우리를 데려가겠다고 약속하신 말씀―"가서 너희를 위하여 거처를 예비하면 내가 다시 와서 너희를 내게로 영접하여 나 있는 곳에 너희도 있게 하리라"(요 14:3)―의 정확한 의미가 무엇인지 자세히 알려주지 않기 때문에 천국의 삶을 소망하는 그리스도인들에게도 죽음의 과정은 여전히 두려울 수밖에 없다. 성서는 우리가 궁극적으로 구원받을 운명이라는 것을 확실하게 약속하지만,

---

15) I. Daubigin, 『안락사의 역사』, 41.

거기까지 가는 과정이 두려운 것이다. '아르스 모리엔디'를 배운 중세 그리스도인들도 이 점에서는 동일한 상황이었을 것이다. 그러나 종교개혁자들은 그리스도인들이 죽음을 두려워하는 것이 당연하다고 말하면서도, 죽음이라는 영적인 과정이 그리스도가 십자가에서 거두신 승리를 믿고 평안을 누리는 과정이라는 사실을 강조하였다.[16]

마르틴 루터M. Luther는 "죽음 준비에 관한 설교"Sermon on Preparing to Die에서 죽음을 앞둔 사람들이 겪는 공포심에 공감하면서도 "하나님께 가는 길에 기쁘고 담대하게 발을 내디디라"고 성도들을 독려하였다.[17] 그러면서 그는 임종 현장이 악의 세력과 싸우는 곳이 아니라 그리스도 안에서 안식하는 장소, 이 세상 문제에서 내세의 문제로 우리의 관심을 옮기는 영적인 과정이라고 주장했다. 또한 임종 시에 사제가 있건 없건, 믿음이 있는 자들에게 그리스도의 죽음은 여전히 유효하다고 역설하였다. 그러므로 급작스럽게 맞이하는 죽음이든, 서서히 진행되는 죽음이든, 참된 그리스도인은 평안과 소망 가운데 죽음을 받아들일 수 있다고 힘주어 말했다.

2. 임종 시 특별한 현상과 영적인 체험

초기 그리스도인들은 좋은 죽음을 맞이하기 위해 심혈을 기울이는 가운데, 죽음을 앞에 두고 영성이 깊어지는 임종자들에게서 배우기를 힘썼

---

16) R. Moll, 『죽음을 배우다』, 87.

17) A. Reinis, *Reforming the Art of Dying: The Ars Moriendi in the German Reformation(1519-1528)*(Surrey, U.K.: Ashgate, 2007), 51에서 인용.

다. 존 패네스틸J. Fanestil 목사의 증언에 의하면, 근대 초기 영국과 미국에 살았던 그리스도인들은 사람이 죽음에 가까워질수록 그 사람의 영혼이 하나님께 더 가까이 다가간다고 확신하였다.[18] 이러한 확신 속에서 임종자의 가족과 친구들은 사랑하는 사람의 죽음을 기록으로 남겨 이를 그 자리에 함께하지 못한 공동체의 일원에게 들려주기도 하였다. 그러면 형제자매를 잃은 교회 공동체는 하나님이 주시는 평안과 소망 가운데 하나가 되어 고인을 애도했고, 세상을 떠난 이의 이야기에서 위로와 격려를 받으면서 다시금 자신들의 신앙을 표현하고 새롭게 마음을 모을 수 있었다.[19]

죽음을 앞둔 사람은 다른 사람들에게 자신의 신앙의 증거로 교훈을 주기 위해 공개적으로 임종을 맞이하기도 했는데, 이를 통해 죽음을 지켜보는 다른 이들로 하여금 삶의 변화를 가져오게끔 하기 위해서였다. 본래 죽음은 무척 슬프고 끔찍스러운 사건이지만, 좋은 죽음은 얼마든지 아름답고 감동적인 추억이 되어 오히려 슬픔을 거둬가는 사건이 될 수도 있음을 알리기 위해서였던 것이다. 더욱이 죽음이 공개적이고 공적인 사건이 되면 주변 사람들이 죽음을 두려워하거나 거부감을 갖지 않게 될 수도 있기 때문이다. 실제로 가족과 친지들의 좋은 죽음을 목격한 이들은 죽는 법을 배우기가 한결 수월해진다. 이처럼 좋은 죽음은 죽음을 앞둔 환자 못지않게 가족과 친지들에게도 매우 중요하다. 그러므로 설교자들은 사람들의 임종을 기회 삼아 회중에게 그리스도 안에서 영생을 얻어 죽음의 문제를 해결할 수 있음을 상기시키면서 좋은 죽음을 독려하였다. 이렇게 그리스도인들은 죽음이 공적인 사건이요, 교회에 교훈

---

18) J. Fanestil, *Mrs. Hunter's Happy Death*, 89.
19) R. Moll, 『죽음을 배우다』, 29.

을 주는 사건임을 매 순간 기억하였다.

　과거의 그리스도인들은 죽음을 앞둔 이들을 지근거리에서 반복하여 대면하면서 좋은 죽음으로 향하는 필수 요건을 터득했는데, 특별히 죽음을 앞둔 신자들이 임종하면서 영생으로 들어갈 때 내세 곧 천국을 엿보곤 하였다.[20] 사람들이 죽을 때에는 말로 설명하기 힘든 신비로운 일들이 많이 일어나서, 어떤 임종자들은 이미 고인이 된 다른 가족이나 친척들과 대화하는 모습을 목격하거나, 천국으로 가는 길을 돕기 위해 천사나[21] 예수가 찾아오는 환상을 보았다는 사례들도 들을 수 있다. 임종의 자리에서 천국을 보았다는 증언은 그리스도인들 사이에서 드물지 않은 이야기이며,[22] 죽음을 앞둔 환자들을 보살피는 사람들 역시 이와 유사한 이야기를 끊임없이 들려주기도 한다. 이러한 이야기들은 영적으로 숭고해지는 느낌을 받았다는 증언부터 천사와 빛을 보았다는 증언까지 그 종류도 매우 다양하다.

　오랜 세월 임종의 자리를 지켜온 많은 전문 사역자들은 이구동성으로 말하길, 임종자들을 동행하면서 경험하는 놀라운 사실은 임종 시에

---

20) R. Moll, 『죽음을 배우다』, 63, 120.

21) 세계적 죽음학의 대가이자 정신의학자인 엘리자베스 퀴블러-로스(E. Kübler-Ross)는 환자들의 임종 시 나타나는 수호천사에 대해 이야기한다. 모든 사람에게는 출생에서 사망에 이르기까지 보호하는 영적인 존재, 곧 수호천사가 곁에 있는데, 이 수호천사가 임종자를 마중 나온다는 것이다: E. Kübler-Ross/최준식 옮김, 『사후생』(서울: 대화문화아카데미, 2009), 28ff, 99f.

22) 달라스 윌라드(D. Willard)는 『하나님의 모략』(The Divine Conspiracy)에서 다음과 같이 기술한다. "강력한 진정제를 투여하는 일이 보편화되기 전만 해도, 밤을 새워 간병하는 사람 중에 이런 현상을 목격한 이들이 흔했다. 흔히 이행기에 있는 (죽어가는) 사람이 먼저 간 사람들과 대화를 시작한다. 우리가 아직 산 사람들과 접촉하고 있는 동안 그들이 우리를 맞으러 나온다": D. Willard/윤종석 옮김, 『하나님의 모략』(서울: 복있는 사람, 2007) 참고.

특별한 현상과 영적인 체험이 너무도 자연스럽게 느껴진다고 한다. 그들은 죽음을 앞둔 이들과 함께 있으면 인간의 불멸성, 곧 죽어가는 사람이 죽음을 통해 영원으로 들어간다는 사실을 실감하게 된다고 주장하기도 한다. 또한 하나님이 사랑하는 자녀들의 임종 시에 분명히 활동하신다고 말하기도 하는데, 이는 하나님 편에서 신자의 죽음이 참으로 귀한 까닭에 우리가 이생을 떠나는 과정을 하나님이 통제하실 뿐만 아니라, 우리가 어떻게 떠나는지가 그분께는 초미의 관심사이기 때문이라는 것이다. 그러므로 죽음이 기술(예술)인 까닭은 하나님이 죽음을 통해 일하시기 때문이라고 말할 수도 있다. 이러한 연유로 이 세상에서 저 세상으로 옮겨 가는 누군가와 함께하는 일에는 아름다움과 축복이 뒤따른다고 말할 수 있다. 이는 다른 신자의 영혼이 하나님께 돌아가는 모습을 곁에서 지켜보면서 자신을 기다리고 있는 아름다운 운명을 살짝 엿볼 수 있을 뿐만 아니라, 인생을 잘 살아야 좋은 죽음도 맞을 수 있다는 사실을 깨닫고 영원의 관점에서 살아갈 원동력을 얻기 때문이다.[23]

통증 조절을 위해 여러 형태의 진통제를 많이 사용하는 오늘날과 같은 의료적 상황 속에서도 죽음을 앞둔 이가 눈에 보이지 않는 사람들과 대화하거나 비가시적인 사물을 보는 모습이 자주 목격되기도 한다.[24] 죽음의 시점에 즈음하여 일어나는 것으로 전해지는 환영이나 환상 같은 초자연적인 현상을 뒷받침하는 일화들도 무수히 많다.[25] 특별히 호스피스 병동에서 야간 근무를 하는 간호사들에게 죽어가는 환자들 다수가

---

23) R. Moll, 『죽음을 배우다』, 65, 249f.
24) R. Moll, 『죽음을 배우다』, 67.
25) P. Fenwick, E. Fenwick 공저, 『죽음의 기술』, 44.

삶의 종말 경험을 토로하는 것으로 알려졌다.[26] 물론 의료계의 전문가들은 아직 이런 현상을 인정하는 데 인색한 것이 사실이며, 이에 대한 심도 있는 과학적 연구도 매우 미흡한 상황이다. 하지만 죽음을 앞둔 임종자가 이성적으로는 알 수 없는 것들을 보고 듣고 지각할 수 있다는 사실은 과학도 어느 정도 인정하고 있는 바다. 그리고 이러한 신기한 일들은 죽음을 앞둔 사람들에게는 삶과 죽음의 경계가 모호하다는 사실을 암시한다. 즉 생사 간에는 희미한 경계, 과도기가 있다는 것이다.[27]

임종자들 중에는 직관적으로 자신에게 생의 종말이 다가오고 있음을 아는 이들이 적지 않다고 한다. 죽음을 맞이하고 있는 본인이 죽음의 시간을 예측할 수 있다는 사실은 참으로 의미심장하다. 임종자들을 돌보는 호스피스 간호사들은 죽어가는 사람들이 종말에 이르는 즉시 뭔가가 일어나고 있다는 것을 안다는 생각이 든다고 말한다.[28] 종말에 가까워지면 평소 매우 흥분하던 환자들이 차분해지면서 침대에 평화롭게 누워있는가 하면, 평소 조용하던 환자들이 갑자기 에너지를 폭발하는 경우도 간혹 있다고 한다. 특히나 간호사들은 환자들이 갑자기 기운을 내면 죽음이 임박했다는 생각이 들기도 하는데, 이는 흡사 그들이 떠나기 직전에 자신이 가진 모든 에너지를 쏟는 것처럼 보인다는 것이다. 어떤 환자들은 혼수상태에 빠져 있다가 죽기 직전에 잠시 맑은 정신으로 돌아오기도 하고, 금방 숨이 끊어질 것 같은 상황 속에서도 특정한 이와 마지막 작별을 나눌 때까지 생명의 끈을 놓지 않는 경우도 있다고 한다. 이로 보

---

26) P. Fenwick, E. Fenwick 공저, 『죽음의 기술』, 52f.

27) S. Kiernan, *Last Rights: Rescuing the End of Life from the Medical System* (New York: St. Martin's Press, 2006), 71.

28) P. Fenwick, E. Fenwick 공저, 『죽음의 기술』, 313.

건대, 죽음 직전의 시간은 매우 특별한 시간임이 분명하다.[29]

말기 환자들이나 임종자들을 돌보는 많은 전문 간호사들은 이러한 사실을 이미 숙지하고 있기에, 환자가 돌아가신 부모님이나 친척의 방문에 관한 이야기를 시작하면 환자의 종말 곧 죽음이 가까워지고 있다는 사실을 간파한다고 한다.[30] 그때는 환자의 영적인 요구에 더 많은 관심을 기울이는 가운데 환자가 이 세상에 대한 모든 끈을 내려놓고 평화롭게 세상을 떠날 수 있도록 각별히 배려한다고 한다. 또한 마음이 뒤숭숭한 환자의 이야기에 동조해주면서 그들을 안심시키는 등 위안을 준다고 한다.[31] 이러한 과정을 오랜 기간 목도해온 한 요양병원 간호사는, 임종에 즈음하여 환자에게 모종의 영적인 변화가 일어난다는 사실을 확신한다고 말한다. 또 다른 간호사는, 인간이 죽음을 맞이하는 종말의 경험을 가리켜 죽어가는 환자의 침대 주변에서 일어나는 활기찬 변화라고 설명하면서, 어떤 환자가 죽은 직후에 그 방으로 들어가면 '따스하고 온화한 기분'이 느껴진다고 표현하기도 한다.[32]

헌신된 그리스도인이자 미국 시카고 지역 호스피스 프로그램 담당자인 낸시 캐포시[N. Capocy]는 수많은 사람의 임종을 도우면서, 죽음의 과정이 인간의 출산만큼이나 기적과 신비에 싸인 실제적인 사건이라고 말한다.[33] 그는 이생에서 영원으로 옮겨가는 임종 현장을 지켜보면서 영적인 존재를 분명히 느낄 때가 자주 있다고 토로한다. 그는 죽음이 우리의 구원만큼이나 현실적으로 영적인 여정이 될 수도 있다고 확신한다. 그러면

29) P. Fenwick, E. Fenwick 공저, 『죽음의 기술』, 317.
30) Cf. 최준식, 『너무 늦기 전에 들어야 할 죽음학 강의』, 51-56.
31) 한국죽음학회 엮음, 『한국인의 웰다잉 가이드라인』(서울: 대화문화아카데미, 2010), 69.
32) P. Fenwick, E. Fenwick 공저, 『죽음의 기술』, 49f.
33) R. Moll, 『죽음을 배우다』, 110f.

서 그는 죽음을 맞이하는 순간이 심오한 영적인 사건이 될 수 있을 뿐만 아니라, 죽음을 기다리는 과정은 죽음이 정말로 닥치기 오래전부터 영적인 회복을 가져다준다고 역설한다. 이처럼 임종의 시간에 일어나는 환상이나 인상적인 사례들은 동서고금을 막론하고 많이 보고되고 있다.[34]

임종의 순간에 벌어지는 경이로운 일들을 우리는 잘 알지 못하지만, 사랑하는 가족이 저 너머 세상을 어렴풋이나마 보는 모습을 목격하는 것이 그리스도인들에게는 위로가 될 수도 있을 것이다. 이러한 일은 사랑하는 가족의 죽음을 지켜본 사람들에게 믿음과 소망이 깃든 위안을 주고 슬픔을 누그러뜨리는 역할을 하기도 한다. 하나님은 죽음을 앞둔 사람들을 보살피는 과정에서 우리가 깨닫는 사실들로 인해 우리에게 위로와 소망과 평강을 안겨주실 것이다. 이러한 경험들은 요한복음 14장에 나오는 예수의 약속, 곧 그가 우리를 하나님께로 인도하겠다는 말씀을 확인시켜주기도 한다. 그러므로 우리는 임종 시의 영적이고 초자연적인 체험을 비록 과학적으로 일일이 증명할 수는 없겠지만, 죽음을 앞둔 이들에게 이성적으로 설명하기 어려운 깊이 있는 영적인 체험이 분명히 일어나고 있다는 사실을 간파할 수는 있다.[35]

물론 이러한 현상을 죽음의 과정에 나타나는 물리적인 결과, 이를테면 환자들의 뇌가 죽으면서 일어나는 화학작용의 결과로 설명하는 사람들도 있다. 하지만 과거의 그리스도인들과 오늘날 죽음을 앞둔 이들 곁을 지키는 사역자들은 임종 때 발생하는 영적인 사건들에는 영적인 설명이 가능하다고 믿는다.[36] 하나님은 그리스도인들의 임종에 다양한 방

---

34) 최준식, 『임종 준비』, 94f.

35) P. Fenwick, E. Fenwick 공저, 『죽음의 기술』, 65.

36) P. Fenwick, E. Fenwick 공저, 『죽음의 기술』, 109.

식으로 일하시기에 가족과 지인의 죽음을 지켜보면서 숭고한 영적인 능력을 체험하는 사람들이 있는가 하면, 영적인 세계를 생생하게 체험하는 사람들도 있다. 또한 불치병을 진단받고도 비교적 건강을 유지하는 사람들은 임종의 경험을 통해 자신들의 영성이 회복되는 모습을 발견하기도 한다.

사실 성서는 그리스도인들이 죽을 때 임종의 자리에서 일어나는 일들에 관해 분명하게 말하지 않지만, 임종자들을 돌보는 사역자들의 경이로운 증언은 우리로 하여금 나름대로 해석할 수 있는 충분한 여지를 남겨준다. 여기서 중요한 사실은 죽음을 앞둔 이들이 영적으로 매우 활기가 넘친다는 것이다. 그들은 육체적으로는 매우 쇠약해졌지만, 영적인 차원에서는 대단히 활발하고 민감하게 영적인 환경을 인식한다. 그러므로 우리는 죽음을 앞둔 사람들을 영적으로 지지해주고 또 영적인 환경을 만들어주는 것이야말로, 그들이 좋은 죽음을 맞이할 수 있도록 도와주는 일이라고 말할 수 있다.[37]

3. 좋은 죽음의 전통을 잃어버린 현대 기독교를 위한 제언

앞서 살펴본 바와 같이 기독교에는 좋은 죽음이라는 아름다운 전통이 있으며, 초기 그리스도인들은 죽음이라는 신성한 순간을 오랫동안 준비하였다. 하지만 이러한 기독교의 아름다운 전통은 19세기 말까지 지속하다가 점차로 설 자리를 잃게 되었다. 좋은 죽음, 올바르게 죽는 법을

---

37) P. Fenwick, E. Fenwick 공저, 『죽음의 기술』, 104.

말하는 죽음의 기술은 임종의 무대가 병원으로 옮겨감에 따라 점점 더 구현되기 힘들어진 것이다. 이제 좋은 죽음의 기술은 현실의 삶 속에서는 실현 불가능한, 마치 신화처럼 여겨지고 있다.[38] 오늘날 기독교가 좋은 죽음이라는 옛 비전vision을 잃어버린 것은 참으로 안타까운 일이 아닐 수 없다. 결과적으로 죽음에 대한 그리스도인들의 믿음은 여전히 미개척 분야라고 해도 과언이 아니다.[39]

현대 기독교가 좋은 죽음의 기술 전통을 잃어버린 것은, 20세기에 들어와 과학이 급속도로 발달하고 유물론이 나날이 우세해지는 분위기 속에서 생명을 연장하는 각종 의료기술이 발전함에 따라 죽음을 터부시하게 된 상황과 밀접한 관련이 있다. 이러한 상황 속에서 첨단 의료기술은 예수 그리스도를 만나고 그분과 함께하는 죽음의 순간을 준비하도록 그리스도인들을 도와주었던 전통적인 의례들을 훼손했다. 그리스도의 죽음과 부활을 믿는 신앙을 통해 노인과 죽음을 앞둔 이들을 헌신적으로 돌보았던 초기 교회의 전통도 차츰 희석되었다. 그 와중에 현대 그리스도인들은 죽음과 애도를 기념하는 방식에 영향을 주었던 많은 관습—죽음과 애도를 공적으로 표현하는 수단—을 점차로 포기했다.

과거의 장례식이 고인의 죽음을 슬퍼하는 교회 공동체를 하나로 결속시키고 부활하신 예수 그리스도를 통해 하나님과 함께 영생을 누린다는 기독교 복음에 대한 믿음을 공개적으로 표출하는 자리였다면, 오늘날의 장례식은 죽음의 의미와 목적을 이해하고 영생에 대비하기 위해서가 아니라 단지 유가족의 슬픔을 달래는 데 신앙을 사용하는 정도에 머무

---

38) S. B. Nuland, 『사람은 어떻게 죽음을 맞이하는가』, 18f.
39) R. Moll, 『죽음을 배우다』, 59, 68.

는 경우가 많다.[40] 현대인들에게 죽음은 단지 '끝'을 의미하기 때문에 장
례 역시 망각을 위한 절차, 주검을 처리하는 의식에 불과한 실정이다.[41]
20세기 이전만 해도 죽음의 고통과 부활의 기쁨이 균형을 이루었지만,
현대의 교회들은 죽음과 부활에 대해 오랫동안 유지해왔던 전통과 의식
과 신념을 포기해버린 것이다.

사실 과거에는 죽음이 그리스도인 대다수가 살아가면서 겪는 자연스
러운 일상으로 간주되었는데, 20세기 이후에 와서는 그리스도인들이 죽
음을 점점 더 부인하거나 회피하고 있다. 이는 기독교 역사상 전례가 거
의 없는 일이다. 임종자들을 병원으로 내몬 현대 사회의 세태에 부응한
그리스도인들 역시 집에서 죽음을 몰아내고서 이제는 그 누구도 집에서
죽음을 맞이하려 하지 않는다. 사람들은 '죽어간다'는 말 대신 '투병'鬪病
이라는 표현을 사용하고 있는데, 이를 통해 환자와 가족, 의료진들로 하
여금 임박한 죽음을 자연스럽게 받아들이도록 독려하기보다는 오히려
죽음에 맞서 싸우도록 종용하고 있다. 이러한 상황 속에서 그리스도인의
정체성을 간직한 채 좋은 죽음을 준비하고 맞이하는 기독교의 아름다운
전통은 뒷전으로 밀려나게 된 것이다.

죽음을 부정하고 회피하는 자세는 목회자들이라고 해서 예외가 아니
다. 현대 교회의 목회자들은 임종에 대한 아무런 지식 없이 목회자가 되
는 경우가 대부분이다. 상당수 목회자는 한 사람의 영혼이 임종을 앞두
고 삶에 대한 의욕이 사그라지고 이생에 대한 희망을 놓는 과정을 지켜
본 경험이 전혀 없고, 죽음이 서서히 진행되는 사람을 곁에서 돌본 적도
거의 없다. 인생사에서 가장 중대한 사건이자 철저한 준비가 필요한 영

---

40) R. Moll, 『죽음을 배우다』, 169.
41) 김열규, 『한국인의 죽음과 삶』(서울: 철학과현실, 2001).

적 사건인 죽음에 대해 진지하게 묵상하거나 성찰해본 적도 거의 없을 것이다. 곧 많은 목회자들이 임종을 앞둔 이들에 대한 사역은 커녕 이들에게 위로의 말을 건넨 경험조차 거의 전무한 실정이다. 그러다 보니 목회자들이 죽음을 앞둔 환자와 그 가족들을 영적으로 돌볼 뿐만 아니라, 더 나아가 신자들에게 좋은 죽음과 잘 죽는 법에 대해 가르쳐야 할 중차대한 소임을 전혀 감당하지 못하고 있는 것이다.

목회자들이 임종과 죽음에 관해 문외한이 된 것은 이들을 가르치고 양성하는 신학교의 책임이 매우 크다고 할 수 있다. 불행하게도 신학자들은 노년기 사목에 대한 연구를 거의 하지 않고, 또 신학교에서도 이에 대해 가르치지 않음으로써 노령화되는 사람들의 사회적 소외를 방조하고 있는 것이다.[42] 세계 도처에 있는 무수히 많은 신학대학과 신학대학원마다 죽음을 앞둔 임종자들을 위한 영적인 돌봄을 가르치는 강좌나 사역 프로그램, 노인 사목 강좌가 개설된 곳은 거의 전무한 실정이다. 미국의 한 신학대학에서는 임종 시에 의학적 선택과 관련한 윤리 문제를 논의할 때만 죽음을 앞둔 이들을 위한 영적인 돌봄을 다루는데, 그곳에서조차도 이를 반드시 수강하는 신학생들을 찾아보기 어렵다고 한다. 영국 교회의 한 전도사는 노인을 대하는 영국 교회의 태도를 연구하면서 노인과 죽음에 대한 성직자 교육이 상당히 부족하다고 지적한 바 있다.[43]

해외에서 유명한 어느 복음주의 신학교 총장은 건강상의 위기를 겪은 후 목회자 훈련에 대한 관점에 엄청난 변화가 생겼다고 토로했다. 즉 자신의 질병을 계기로 예비 목회자들에게 죽음을 앞둔 이들을 돌보기

---

42) M. A. Kimble 외 3인 공저/노인사목연구위원회, 김열중, 이순주 공역, 『노화, 영성, 종교』(서울: 소화, 2011), 146; cf. 149-166.

43) R. Moll, 『죽음을 배우다』, 211.

위한 훈련이 대단히 부족한 현실에 대해 진지하게 생각하기 시작했다는 것이다.[44] 우리나라 신학교 상황도 별반 다르지 않다. 교과과정이 장례식 집전을 어떻게 하고 하관식 집례를 어떻게 한다는 예전론적인 측면에서 전문지식을 제공하는 일에만 치우쳐 있고, 죽음 그 자체와 죽음 이후의 문제, 죽음을 앞둔 이들을 영적으로 돌보고 좋은 죽음을 준비시키는 일에 관한 프로그램이나 세미나가 개설된 적은 아직 없다.[45] 신학 교육에서 노화와 노년기에 대한 이해와 기술을 성직 후보자들에게 제공해야 할 책임을 진지하게 생각해야 하는 상황이다.[46]

죽음을 목전에 두고 살아가는 노인이나 환자들은 신학교에서도 소외당하는 경향이 강한데, 신학생과 목회자들이 가장 주력하는 사역이 주로 건강한 청소년이나 중·장년층 중심이기 때문이다. 그래서 대다수 기독교 교단들은 아동과 청소년 대상 사역을 위한 특별 강습은 많이 개설하지만, 노인 관련 수업은 거의 개설하지 않는다. 또한 65세 이상의 교인들과 사역할 예비 목회자들을 위한 훈련 프로그램도 거의 개설하지 않음으로써 노인과 죽음을 앞둔 이들의 영적인 필요를 다루는 강의가 매우 드문 실정이다. 상황이 이렇다 보니 요양원에 있는 노인이나 환자, 죽음을 앞둔 이들은 목회자들의 관심사에서 밀려나 있는 경우가 많다. 심지어 교회가 해야 할 일은 장차 교회를 이끌어나갈 젊고 건강한 사람들을 양육하는 일이지, 곧 이 세상을 떠날 노인이나 환자, 죽음을 앞둔 이들이 아니라고 생각하는 목회자들도 부지기수다.

그러나 이러한 현대 기독교와 달리, 기독교 역사에서 노인과 죽음을

---

44) R. Moll, 『죽음을 배우다』, 211f.
45) 정현채, "죽음을 보는 의사의 시각", 63f.
46) M. A. Kimble 외 3인 공저, 『노화, 영성, 종교』, 151.

앞둔 이들을 돌보는 일은 항상 교회의 기본 기능이었다. 노인과 죽음을 앞둔 이들 역시 교회의 중요한 지체였던 것이다.[47] 현대 기독교는 초기 그리스도인들이 전염병이 창궐했던 대단히 열악한 상황 속에서도 예수 그리스도의 죽음과 부활을 믿는 신앙으로 죽음을 앞둔 이들을 헌신적으로 보살폈다는 사실을 다시금 깊이 유념할 필요가 있다. 그들은 삶과 죽음의 주님이신 그리스도(롬 14:9)를 신앙했기에 비기독교인들과 다른 방식으로 살아가면서 임종자들을 돌보았을 뿐만 아니라, 환자와 과부와 가난한 이들을 돌보는 기관들을 설립하는 단계로까지 나아갔던 것이다. 초기 그리스도인들이 감당했던 사역은 오늘날 현대 세계가 기독교에게 요청하는 사역과 많은 부분이 중첩한다. 특별히 죽음이 점진적으로 진행됨으로 인해 아름다운 마무리가 절실히 요청되는 시대적 필요 앞에서, 기독교가 오랜 세월 간직했던 좋은 죽음의 전통은 현대 기독교가 계속해서 계승하고 구현해나가야 할 매우 귀중한 신앙의 전통이다.

이제 교회는 노인들을 중요한 구성원으로 인식하는 가운데 마지막 숨을 내쉬는 순간까지 이들을 교회생활에 적극 참여시켜야 할 것이다. 교회는 그동안 청소년 사역과 중·장년 사역에 집중하느라 노인과 죽음을 앞둔 신자들에게 등한한 것을 반성하면서, 이들이 말년에 충만한 인생을 살아갈 수 있는 장을 마련해주어야 한다. 이는 단지 교회가 곤궁에 처한 과부와 노인들을 돌보라는 부르심을 받았기 때문만은 아니다. 우리가 노인과 죽음을 앞둔 사람들을 헌신적으로 잘 돌볼 때, 좋은 죽음을 잘 맞이한 사람들을 통해 살아 있는 모든 교인이 잘 죽는 법을 배우면서 교화되고 변화될 수 있기 때문이다. 그러므로 교회는 노인과 죽음을 앞둔

---

47) R. Moll, 『죽음을 배우다』, 213.

이들이 교회에서 자신의 은사를 활용할 수 있도록 격려함으로써 그들의 말년에 가치를 부여하고, 그들이 공동체와 활발한 관계를 유지하도록 도와주어야 한다.

성서에는 일생 동안 믿음으로 충만한 인생을 살다가 말년에 하나님께 쓰임을 받은 노인들이 많이 등장한다.[48] 특히 신약성서에 나오는 시므온은 성전에서 일하면서 메시아를 보기 전에는 죽지 않으리라는 하나님의 약속이 성취되기를 고대한 인물이었다. 그는 평생 하나님의 일에 충성하다가 아기 예수를 품에 안는 것으로 보상받았는데, 그 순간 이 땅에서 자기에게 주어진 시간이 얼마 남지 않았음을 감지했다. 이에 그는 아기 메시아를 바라보면서 "주님, 이제 주님께서는 주님의 말씀을 따라 이 종을 세상에서 평안히 떠나가게 해주십니다"(눅 2:29)라고 기도했다. 84세 고령의 과부 여선지자 안나도 성전을 떠나지 않고 주야로 금식하고 기도하면서 하나님을 섬겼는데, 예루살렘의 속량을 바라는 모든 사람에게 아기 메시아에 대해 증언하고 하나님께 감사하며 말년을 보냈다(눅 2:36-38).

특별히 사도 바울은 나이 든 그리스도인들에게 교인들에 대한 영적인 책임을 맡김으로써 교회 내에서 각별한 지위를 부여했다.[49] 이는 그가

---

48) R. Moll,『죽음을 배우다』, 214f.

49) 사도 바울은 특히 나이 든 과부들에게 중요한 지위를 부여하였다. 그는 디모데전서에서 이 자리에 적합한 사람이 누구인지를 직접 언급하면서 가족과 사별한 여인들을 본보기로 여겼다. 또한 디도서에서는 이 여인들을 가리켜 "늙은 여자로는…선한 것을 가르치는 자들이 되고 그들로 젊은 여자들을 교훈하되 그 남편과 자녀를 사랑하며 신중하며 순전하며 집안일을 하며 선하며 자기 남편에게 복종하게 하라"(딛 2:3-5)고 말씀한다. 사별의 슬픔을 극복한 여성들은 젊은 교인들을 가르칠 자격을 갖추었는데, 그중에서도 특히 자녀를 양육하며 혹은 나그네를 대접하며 혹은 성도들의 발을 씻으며 혹은 환난당한 자를 구제하며 혹은 모든 선한 일을 행하는(딤전 5:10) 것을 가르칠 수 있었다. 이러한 영향으로 '사도헌장'(Apostolic Constitutions)은 과부 중에 여집사를 택하여 안수했다고 명시하고 있다: R. Moll,『죽음을 배우다』, 216.

나이 든 교인들이 젊은이들에게 훌륭한 그리스도인으로 살아가는 법을 가르칠 수 있다고 확신했기 때문이다. 그리하여 노인들은 초기 교회에서 성도들의 보살핌을 받는 동시에, 구체적인 역할을 감당하며 교회를 섬겼다. 여기서 우리는 젊은 세대가 연장자들의 경험과 지혜에서 유익을 얻는 공동체의 비전을 발견할 수 있다. 오늘날 급속한 사회변화로 말미암아 세대마다 전혀 다른 환경에서 성장하여, 한 세대의 경험이 이전 세대의 인생에 대한 관점과 전혀 다른 관점을 만들어내면서 갈등을 유발하고 있다. 젊은이들은 나이 든 사람들이 시대에 뒤떨어지고 과거에만 집착한다고 여긴다. 이로 인해 젊을 때 신실하게 교회를 섬겼던 노인들이 공동체에서 뿌리가 뽑히고 그들과 정기적으로 만날 기회가 없어져 죽음을 앞두었음에도 교회로부터 아무런 지원을 받지 못할 때가 많다.

우리가 죽음의 참된 의미를 배우고자 한다면, 노인과 죽음을 앞둔 이들을 의도적으로 교회에 편입시켜야 할 것이다.[50] 그러면 우리와 우리 자녀가 그들의 신실한 삶을 보면서 잘 살고 잘 죽는 법을 배울 수 있을 것이다. 이렇게 구세대와 신세대가 어우러진 공동체는 젊은이들에게는 의미심장한 가르침을 부여하고, 노인들에게는 목적의식을 심어준다. 한 공동체에서 영적인 도움을 주고받는 것은 좋은 죽음에 꼭 필요한 핵심요소다. 적극적인 영성생활은 사람들에게 말년의 도전에 긍정적이고 생산적으로 맞설 힘을 제공해준다. 그러므로 끈끈한 인간관계와 풍성한 영성생활을 누리면서 끝까지 인생을 잘 살아가는 노인들이 죽음도 잘 준비할 수 있다.

우리 시대의 나이 든 성도들도 시므온과 안나처럼 하나님의 중요한

---

50) R. Moll, 『죽음을 배우다』, 218.

사역을 감당할 만한 잠재력이 있다. 그들은 우리의 믿음의 족장으로서 인생의 지혜와 젊은 세대를 위한 본보기를 간직하고 있으며, 죽음을 앞두고서도 사람들을 이끌고 가르치고 권면하고 기도하고 간증할 수 있다. 우리가 노인과 죽음을 앞둔 이들을 지속적으로 교회생활에 동참시킨다면, 이것은 우리와 그들의 삶을 든든하게 할 뿐만 아니라 우리로 하여금 말년에 좋은 그리스도인으로 살아가는 법을 배우게 할 것이다. 심지어 불치병에 걸린 사람도 성도들을 권면하고 기도하고 영성훈련에 참여함으로써 교회에 기여할 수 있다. 오늘날 죽음은 순간적인 사건이 아니라, 일정 기간에 걸친 점진적인 과정이다. 환우들은 기도와 성경 읽기, 봉사 등의 영성훈련에 집중하면서 이생에서 영원으로 옮겨가는 과도기를 준비할 수 있는데, 그 모습을 지켜보면서 모든 신자들이 영적인 능력을 공급받을 수 있을 것이다.

누구에게나 하나님이 특별한 목적이 있어서 자신을 이 세상에 보내셨다는 확신이 필요하다. 이 점에서는 노인이나 죽음을 앞둔 사람도 예외가 될 수 없다.[51] 사람은 누구나 소명감과 인생의 의미가 필요하지만, 특히 죽음을 앞둔 이들에게는 더욱 그러하다. 이들이 자기 인생에서 남은 것이 죽음뿐이라고 생각할 때, 이들에게서는 막대한 자원이 흘러나온다. 하나님이 자신들을 본향으로 데려가시기 전까지는 아직 할 일이 남아 있다고 믿는 것이다. 그러므로 목회자들은 노인과 중환자들이 하나님이 주신 사명감을 잘 감당하고 세상을 떠날 수 있도록 특별히 배려해야 한다. 그렇게만 할 수 있다면 그들은 생이 끝나는 날까지 되찾은 활력을 잃지 않을 것이다. 이처럼 죽음을 앞둔 사람들이 사명감을 회복하면 하

---

51) R. Moll, 『죽음을 배우다』, 216f., 221.

나님 나라의 사역을 위해 큰일을 감당할 수도 있다.

앞으로는 노인과 죽음을 앞둔 사람은 늘어나는 반면, 그들을 돌볼 가족들은 줄어 일손이 많이 모자라질 것이다. 예전에는 교회를 거부했던 사람들이 외롭게 요양원에서 지내다 목회자의 심방을 받거나, 교회의 도움을 받으면 복음에 좀 더 마음이 열릴 수도 있다. 환자가 이런 도움을 받으면 환자 가족들이 복음을 받아들이기도 수월해질 것이다. 실제로 이것이 초기 교회가 성장하는 데 디딤돌이 된 모델이었다. 초기 교회가 환자와 죽음을 앞둔 이들을 헌신적으로 돌보자 수많은 사람이 이 새로운 공동체로 몰려들었던 것이다. 오늘날의 그리스도인들도 초기 교회 성도들과 같은 사랑과 도움의 손길을 노인과 죽음을 앞둔 이들에게 내밀어야 한다.

좋은 신앙인으로 '잘 사는 것'도 중요하지만, 신앙적으로 '잘 죽는 것'도 대단히 중요하다. 이제 그리스도인들은 평소에 죽음을 신앙의 관점에서 분명히 정리하고 좋은 죽음을 맞이하는 훈련을 해야 한다.[52] 이를 위해 교회는 기독교의 아름다운 전통이었던 좋은 죽음의 기술을 다시금 회복시켜야 할 것이다. 신자들은 기독교의 풍요로운 자산이었던 애도의 관습을 다시금 배워야 한다. 목회자들은 죽음을 앞둔 신자들이 그리스도인으로서의 정체성을 지키면서 잘 죽을 수 있게 도와야 한다. 곧 한편으로는 죽음을 "마지막 원수"(고전 15:26)로 저주하면서도, 다른 한편으로는 죽음을 잘 준비하여 좋은 죽음을 맞이하게 돕는 것이다. 또한 애도하는 이들이 충분히 애도할 수 있도록 배려해주고, 상실과 슬픔의 감정이 하나님의 은혜 안에서 잘 치유되어 회복될 수 있도록 물심양면으로 지원해야 한다.[53]

---

52) 김동건, 『빛, 색깔, 공기: 우리가 죽음을 대할 때』(서울: 대한기독교서회, 2013), 49f.
53) R. Moll, 『죽음을 배우다』, 15.

4. 점진적인 죽음의 과정과 아름다운 마무리

20세기 의료기술의 발달은 죽음의 과정을 완전히 뒤바꾸었다. 현대 의학 덕택에 인간의 평균 수명은 물론 죽음의 과정이 과거보다 훨씬 길어지면서, 대다수 노인이 심각한 질병을 진단받고도 대략 5-6년(10년 전에는 3-4년) 정도 지난 후에나 사망에 이른다. 20세기 전반에는 주요 사망원인이 급성 전염병에서 3대 질병(암, 뇌혈관 질환, 심장 질환)으로 바뀌었다면,[54] 20세기 후반에는 사람들을 서서히 죽음으로 몰고 가는 만성질환(고혈압, 당뇨, 고지혈증 등)이 주요 사망원인으로 대두했다.[55] 사망원인이 급성질환에서 만성질환으로 변화된 것은, 사람들이 과거처럼 갑작스러운 죽음을 맞이하지 않고, 점진적으로 죽음에 이르게 되었다는 사실을 의미한다.

이처럼 죽음의 과정이 점진적으로 길어지는 추세는 우리에게 죽음준비에 대한 최고의 기회를 부여한다. 역사상 최초로 우리는 자신의 죽음을 예상할 수 있게 된 것이다.[56] 사실 죽음이라는 문제는 인류 역사와 함께 존재해왔으므로 전혀 새로울 게 없지만, 죽음이 언제 찾아올지를 어느 정도 예상할 수 있다는 것은 실로 획기적인 사건이다. 우리는 자신의

---

54) 1976년에는 주로 심장마비로 나타나는 심장 질환이 사망원인 1위였으며, 뇌졸중도 빈번한 사인이었다. 그러나 최근에는 사망으로 이어지는 심장마비의 발생 빈도가 30년 전과 비교해서 61% 이하로 떨어졌다. 신속하고 적절한 응급처치 덕분에 교통사고나 심장마비 같은 사고로 인한 사망률이 현저히 감소한 것이다.

55) 최근 15년간 만성 호흡 질환으로 인한 사망률이 77% 증가하였다. 알츠하이머병으로 죽은 사람의 수는 1980년 이후 두 배로 증가하였다. 요즘에는 많은 사람이 울혈성 심부전증, 폐 질환, 당뇨로 인한 신부전증, 루게릭병, 파킨슨병, 골다공증 같은 만성질환을 앓는다.

56) S. Kiernan, *Last Rights*, 12.

죽음을 지켜볼 수 있을 뿐 아니라, 죽음을 기다리면서도 열정적으로 일하고 가족과 아름다운 시간을 보내면서 평소 꿈꿔왔던 곳으로 여행도 갈 수 있게 되었다. 많은 그리스도인이 이 마지막 시간에 인생에서 가장 소중한 것들을 경험하고 있다. 죽음이 예상할 수 있는 방식으로 천천히 다가오기 때문에, 가족과 충분히 시간을 보내고 작별인사를 건네며 평생의 비전과 기도제목을 위해 헌신하면서 하나님과 함께하는 삶으로 조금씩 옮겨갈 기회를 얻은 것이다.

그런데 갑작스러운 사고사와 달리 서서히 찾아오는 죽음이 삶을 유용하게 활용할 방법을 알려주기도 하지만, 실제 만성질환으로 죽음에 이르는 환자와 그 가족에게는 더욱 힘겨운 문제들이 생겨날 수도 있다. 발병과 사망에 이르는 동안 환자는 물론 간병하는 가족의 육체적·재정적 자원이 고갈되는 고통이 크게 증가하는 것이다.[57] 생명을 연장하는 의료기술은 과학의 승리로서 환영할 만하지만, 자칫 인생의 마지막을 병원에서 여러 첨단 의료기계들에 둘러싸인 채 보낼 수도 있다.[58] 오늘날 점진적 죽음 덕분에 죽음을 미리 경고할 수 있다는 이점이 생기기도 했지만, 다른 한편으로는 애매한 죽음 궤도로 인해 좋은 임종을 준비할 기회를 놓칠 수도 있다. 무엇보다도 만성질환은 임종 과정을 길게 만들어, 그 과정 중에 복잡한 법적·의료적 문제나 생명 윤리학이 제기하는 다양한 질문들이 불거질 수 있다.

죽음의 과정이 길어지면서 그 어느 때보다도 지혜로운 의료행위가 요구되고 있다.[59] 의술의 급격한 발전은 우리를 현혹해 마치 의술이 모든

---

57) 이이정, 『죽음학 총론』, 163.
58) A. Deeken, 『죽음을 어떻게 맞이할 것인가』, 17.
59) R. Moll, 『죽음을 배우다』, 45.

병을 고칠 수 있다는 비현실적인 기대를 품게 만들 수 있는데, 우리는 의술의 치료 효과에 잘못된 소망을 두지 않도록 주의해야 할 것이다. 자칫 그러한 기대는 우리가 자신이나 가족의 죽음을 충분히 숙고하거나 준비할 필요가 없다고 생각하도록 부추길 수도 있다. 또한 환자와 그 가족이 헛된 기대를 키웠다가 별 효과도 없는 의료 성과에 실망하고 당황하여 죽음을 받아들이기가 더 힘들어지는 결과를 낳기도 한다.[60] 이처럼 우리는 현대 의료기술의 눈부신 발달로 인해 죽음을 많이 늦추었지만, 그에 따른 고통 또한 증가한 사실을 직시해야 한다.[61]

이러한 상황 속에서 내가 대단히 안타깝게 생각하는 것은, 많은 그리스도인이 의술을 지혜롭게 사용하지 못해 일반인들보다 더 낮은 수준의 죽음을 맞이하고 있다는 사실이다. 이것은 실제 삶 속에서 그리스도인들이 타 종교인들에 비해 죽음을 잘 받아들이지 못하는 모습에서 적나라하게 드러난다. 많은 그리스도인이 본인이나 가족은 물론 다른 사람들이 무거운 질병으로 인해 몹시 힘들어할 때 충분히 공감하지 못하는 경향을 보인다. 심지어 믿음이 무슨 만병통치약이라도 되는 양 중병을 앓는 환자들을 향해 믿음이 부족하다고 꾸짖거나, 죄로 인한 질병이라고 정죄하는 그리스도인들도 부지기수다. 이는 결과적으로 죽음의 질을 현격히 떨어뜨리고 그리스도인들을 불행한 임종으로 유도할 수 있다. 대단히 안타깝게도 실제로 수많은 그리스도인이 신앙과 생명 존중을 이유로 의학이라는 무기를 과도하게 사용한 후에야 비로소 너무나 힘겹게 죽음을 맞이한다.[62]

60) S. B. Nuland, 『사람은 어떻게 죽음을 맞이하는가』, 335ff.
61) P. Ariés/고선일 옮김, 『죽음 앞의 인간』(서울: 새물결, 2004).
62) R. Moll, 『죽음을 배우다』, 46, 53f.

「미국의학협회지」*Journal of the American Medical Association*가 발표한 연구 결과에 따르면, 종교를 믿는 사람들(그중 95%가 개신교인)은 죽음을 앞두고 적극적인 연명의료를 선택하는—그 의료방법이 수명연장에 별 도움이 되지 않는다는 사실을 알면서도—경향이 일반인들보다 무려 세 배나 높다. 또한 이 연구는 시한부 말기암 환자가 종교를 의지하면 죽음을 앞두고 적극적인 항암치료를 받는 성향이 더 커질 수 있다고 밝힌다. 한 연구원은 "목회자의 심방을 받은 환자는 그렇지 않은 환자와 비교할 때 죽음의 질이 더 낮다"고 증언하기도 한다. 그러면서 이 연구는 종교—주로 개신교—가 있는 사람들이 적극적인 의료개입을 강행할 뿐 아니라, 신변 정리나 법적 서류 준비에 소극적이라는 사실을 밝힌다. 왜 그럴까? 이 연구에 따르면, 불치병으로 고통당할 때 신앙에 매달리는 사람들은 하나님이 자신을 치료해주시리라고 믿거나, 적극적인 연명의료로 수명을 연장하는 동안 기적과도 같은 치유가 일어나기를 간절히 기대하는 마음에서 공격적인 의료행위를 선택하는 듯하다.[63]

물론 생애 말기에 적극적인 연명의료를 받는 데에는 정당한 사유와 나름의 의미가 있을 수 있다. 하지만 모든 수단과 방법을 동원했음에도 불구하고 병세가 호전되지 않고 오히려 악화된다면, 또는 환자가 치료에서 오는 부작용을 감당할 수 없다면 더 이상의 적극적인 연명의료는 아무런 의미가 없다. 서울성모병원 중환자실 김석찬 교수는 "사망 한두 달 전까지 항암제를 쓰는 경우를 포함해 진작 중단했어야 할 치료를 너무 오랫동안 하는 분들을 자주 본다"면서 "중환자실에 누워 있는 암 환자

63) M. Balboni, "More on the Christians/Aggressive Measures Study"〈http://blog.christianitytoday.com/ctliveblog/archives/2009/03/more_on_the_chr.html〉(2014.11.11).

열 명 중에 두세 명은 항암제를 일찍 끊었다면 오히려 지금보다 상태가 나았을지 모른다"라고 말한다.[64] 심지어 적극적 항암치료를 강조하는 전문가들도 "마지막 한 달은 항암치료가 오히려 환자에게 해가 되는 단계"라는 데 대체로 동의하고 있다. 더욱이 말기암에 대한 공격적인 항암치료는 죽음의 질을 확연히 떨어뜨릴 뿐만 아니라, 가족들이 사별에 잘 대처하지 못하게 하기에 오히려 부정적인 결과를 초래하는 경우가 대부분이다. 즉 생애 말의 적극적인 연명의료 행위는 환자와 가족으로 하여금 종국적으로 죽음에 대비할 시간을 갖지 못하게 함으로써 대단히 불행한 임종과 사별의 경험을 초래할 수 있다. 적극적인 연명의료 뒤에 죽음을 맞이하는 사람들은 과거 그리스도인들이 자신과 가족의 죽음에서 애써 찾으려 했던 좋은 죽음의 귀중한 가치들을 놓칠 수도 있다.

복음주의 그리스도인들은 생명을 존중한다는 신념 때문에 죽음을 앞두고 현명한 결정을 내리기가 더 어려울 수도 있다. 믿음이 좋다는 어느 그리스도인은 "생명을 대단히 존중하기 때문에 죽음을 반대한다"는 입장을 표명하기도 한다. 생명을 진정 존중하는 사람이야말로 다가오는 죽음을 적극적으로 껴안을 수 있다는 사실이 많은 사람에게는 모순처럼 보이는 듯하다. 그러나 생명이 신성하므로 목숨을 부지하기 위해 모든 의술을 총동원해야 한다고 요구하는 그리스도인들은 교회와 목회자들이 좋은 죽음과 잘 죽는 법을 가르치고 훈련하지 못함으로 인해 파생된 결과라 아니할 수 없다. 그러므로 어느 정도 충만한 인생을 살았다면 무슨 수를 써서라도 신성한 생명을 지키겠다고 고집하기보다, 하나님의 계획을 받아들이고 그리스도 안에서의 영원한 삶을 소망하는 가운데 하나

---

64) 조선일보 특별취재팀, "한국인의 마지막 10년"(2부), 3회, 「조선일보」(2014.09.03).

님이 이생에서 다음 생으로 향하는 여정에서도 돌보아주실 것을 신뢰할 때 하나님은 영광을 받으실 것이다.[65]

적극적인 연명의료를 받으면서 더 할 수 있는 일이 없을 때까지 오로지 의술에만 의지하다가는 좋은 임종을 준비할 기회를 허비해버리기 쉽다. 가족과의 아름다운 시간이나 마지막 신변정리, 하나님과의 삶을 기대하면서 영성이 깊어질 기회를 놓칠 공산이 매우 크다. 이에 적극적인 연명의료를 선택할 때는 치료에 대한 인간적인 욕구와 죽음이라는 궁극적인 실체 사이에서 올바른 균형을 잡는 법을 배워야 한다.[66] 이는 오늘날 많은 의사가 스스로 인정하듯이 오로지 법적인 이유—주로 의료소송 문제—때문에 환자의 요구보다 더 적극적인 연명의료, 심지어 과잉 의료행위를 제공하는 경우가 많기 때문이다. 더욱이 많은 의사가 죽음을 패배로 인식하며 환자의 수명을 하루라도 늘리는 것이 의사의 절대적인 사명이라고 확신하고 있다. 환자가 죽을 경우 의료인들은 일종의 직업적인 상실감과 함께 의술을 통해 질병을 격파시키지 못했다는 무력감을 느끼기도 한다. 그러므로 의사들은 가능한 한 모든 연명의료를 해야 한다는 생각이 본능처럼 뼛속까지 배어 있는 경우가 많다.[67]

교회에서 그리스도인들이 어떻게 죽어야 하는지를 가르치지 않으면 인생을 아름답게 마무리할 길은 요원해지고 만다. 목회자들이 임종을 앞둔 신자들을 영적으로 돌보고 심방하기를 꺼린다면, 신자들은 잘 죽는 법을 훈련받을 기회를 박탈당하고 말 것이다. 현대 기독교가 좋은 죽음이라는 기독교의 아름다운 전통을 포기해버리면, 기독교의 정체성마저

---

65) R. Moll, 『죽음을 배우다』, 48f.
66) R. Moll, 『죽음을 배우다』, 50.
67) 나가오 카즈히로, 『평온한 죽음』, 33, 42.

흔들릴 수 있다. 그렇게 되면 의료 시스템이라는 강력한 세력이 우리 인류의 죽음을 좌지우지할 것이고, 수많은 사람이 매우 불행하고 비인간적인 임종을 맞이하게 될 것이다. 그러나 서서히 찾아오는 죽음의 과정은 현대 그리스도인들에게 그리스도인으로서 신실하게 죽는 것이 무엇을 뜻하는지 다시 배울 기회를 제공한다.[68] 기꺼이 죽음을 받아들이는 태도는 기독교의 좋은 죽음의 전통에서 중요한 부분이다. 그러므로 그리스도인이라면 인생의 말년뿐 아니라, 평생을 영원의 관점에서 살도록 마땅히 힘써야 할 것이다.

서서히 다가오는 죽음을 내다보면서 아름다운 마무리를 위해 먼저 해야 할 일은 사랑하는 가족 간에 평소에 죽음에 대한 대화를 하는 일이다. 가족과 친구들과 온전한 관계를 맺으면서 좋은 죽음을 맞이할 수 있는 환경을 마련하고자 한다면, 임종 관련 논의를 일찌감치 시작하는 것이야말로 무엇보다 중요한 일이다. 건강할 때 마지막 순간을 어떻게 맞이하면 좋을지 환자, 가족, 의사가 의논하는 기회가 있다면 분명 좀 더 나은 마무리가 되지 않을까 한다. 죽음이 임박하기 훨씬 이전부터 임종에 관한 대화를 하면, 건강에 적신호가 켜졌을 때는 이미 결정한 사안을 다시 정리하고 구체적인 상황에 적용하기만 하면 된다.[69] 이렇듯 평소 건강할 때부터 죽음과 관련한 논의를 많이 할수록, 우리 자신과 사랑하는 가족이 좋은 죽음을 맞이할 가능성은 훨씬 더 커질 것이다. 실제로 좋은 임종에 기여하는 가장 큰 요소는 바로 의사소통인데, 임종 때 무엇을 원하는지 이미 대화를 마무리한 가족은 좋은 죽음을 맞이하는 경우가 많다고 보고된다. 또한 의학적 결정을 내려야 하는 상황에서는 의료진, 환

---

68) R. Moll, 『죽음을 배우다』, 44.
69) R. Moll, 『죽음을 배우다』, 126.

자 가족, 성직자가 충분히 대화할 수 있는 구조를 만들어야 할 것이다.

'사전의료의향서'가 임종 관련 대화를 시작하도록 동기부여하고 환자의 건전한 치료 방향을 설정하는 데 도움을 줄 것이다. 이것이 사전의료의향서가 주는 가장 큰 유익이고, 환자의 바람이 실행되도록 보장하는 기준을 갖게 된다는 것은 부차적인 유익일 것이다. 사전의료의향서란 당사자가 뜻하지 않은 질병이나 갑작스러운 사고로 의식불명 상태가 돼서 스스로 의사결정을 할 수 없을 때를 대비해 '어떤 의료 처치를 받을 것인가'를 명시하여 유사시 의료진이 치료 방침을 정할 수 있는 문서다. 즉 죽음이 임박하지 않은 건강한 시점에 죽음이 임박했을 때의 생명연장 의료의 시행 여부에 대한 결정을 미리 당사자의 의지와 선호에 따라 결정하는 것이다. 사전의료의향서를 작성해놓지 않았을 경우에는, 당사자가 원하지 않는 연명의료가 시행되어 당사자의 뜻과는 다르게 임종시에 인간으로서의 품위와 존엄성이 손상될 수도 있다. 따라서 사전의료의향서는 당사자로 하여금 회복할 수 없는 상태에서 무의미한 생명연장 장치와 의료 서비스가 남용되는 것을 방지함으로써 당사자에게는 존엄한 임종을 맞이할 수 있게 하는 한편, 가족들로 하여금 임종자를 편안하게 보낼 수 있게 한다.

사전의료의향서를 작성할 때에는 가족들과 충분히 의사소통하는 가운데 본인의 의사를 분명하게 밝히는 것이 좋다. 만약 가족이 환자의 뜻을 확실하게 알지 못하면 환자의 의사와는 무관한 의료적 조처가 이뤄질 수도 있기 때문이다. 반면에 사전의료의향서를 작성해놓으면 의료진은 환자가 의식불명 상태에 들어갔을 때 환자의 가족들과 합의하여 환자의 뜻을 최대한 존중하는 의료행위를 제공할 수 있게 된다. 이때에도 가족들은 의료진에게 환자의 평소 뜻이 어떠했는가를 충분히 설득력 있게 밝혀야 한다. 사전의료의향서에 명시하는 내용은 주로 연명의료—심폐소생술 시행, 인공호흡기 사용, 인공적인 영양공급, 혈액 투석, 수혈, 항생제 투여 등—에 관해서인데, 이 연명의료가 무의미한 상황이 되었을 때 환자의 뜻에 따라 의료를 시행하지 않는 것이다. 또한 향후 의료 방향에서부터 말기 상황을 어디에서 보낼 것인지, 임종 장소를 어디로 택할 것인지, 환자의 임종 시에 의료문제들을 결정해줄 대리인을 선정하는 문제까지 포함할 수 있다. 물론 이 의향서는 유언장처럼 본인의 뜻에 따라 언제든지 철회할 수 있다.[70]

사전의료의향서와 함께 자신의 장례식을 미리 구상하는 '사전장례의향서'의 작성도 인생을 아름답게 마무리하는 하나의 방법으로 권장할 만하다. 사전장례의향서란 부고 범위, 장례 형식, 부의금이나 조화를 받을지, 염습/수의/관 선택, 화장이나 매장의 장례 방식과 장소 등을 미리 적어서 자녀들에게 전하는 문서다. 사전에 장례식의 형식과 절차를 정리해두는 일이 필요한 이유는, 자칫 장례식이 당사자가 원하지 않는 방향으로 흐를 가능성이 많기 때문이다. 오늘날 우리 사회에서 장례식은 고인과 남겨진 사람들이 화해와 용서로서 마지막 이별을 하는 본래 의미를 상실한 채 의미 없는 허례허식만 남은 경우가 많다. 더욱이 대부분의 장례 절차를 대학 병원이나 전문 장례식장에 의존함으로 인해 장례식이 하나의 상업적인 비즈니스처럼 치러지는 형편이다. 이러한 상황 속에서 소박하고 간소하게, 그러나 참석한 사람들 모두가 삶과 죽음에 대해 깊이 성찰할 수 있는 뜻깊은 의식이 될 수 있도록 장례식을 미리 정성스럽게 구상하면서 삶의 마무리를 준비하는 일은 당사자에게는 참으로 의미 있

---

70) 한국죽음학회, 『한국인의 웰다잉 가이드라인』, 19ff.

는 일일 것이다. 천편일률적인 방식으로 장례식을 치르는 것보다 자기만의 방식으로 자신의 장례식을 디자인하고—예컨대, 부조금을 독거노인을 위한 지원금으로 기부하기—자신이 주도해서 마지막 가는 길을 준비하는 것도 인생을 잘 마무리하는 방법 가운데 하나일 것이다.[71]

토드 프리젠[T. Friesen]이라는 목사는 "장례식이 보기 드물면 성도로서는 영성을 형성할 기회를 놓치는 셈이다"라고 말했다. 장례식은 마치 북극성과 같아서 항해사들이 북극성을 보고 항로를 결정하듯, 사람은 장례식에서 인생의 좌표를 얻을 수 있기 때문이다. 사실 우리가 장례식에서 듣는 말은 하나님과 네 이웃을 사랑하라는 예수 그리스도의 두 계명(마 22:37-40; 막 12:29-31; 눅 10:27)이 전부인 경우가 많다. 실제 삶에서 우리는 승진이나 연봉과 집값 상승 같은 데에 온갖 신경을 쓰면서 살아가지만, 정작 장례식에서는 고인이 얼마나 많은 사랑을 베풀고 주변 사람들을 돌보았는지를 이야기하면서 고인을 기억한다. 장례식은 이렇게 남을 바라보고 평가하는 것과 동일한 기준으로 우리가 자신을 바라볼 기회를 부여하기도 한다. 실제로 장례식 이전에 죽음을 앞둔 이들이 임종하면서 남긴 말 중에서 가장 많은 비중을 차지하는 것은 사랑과 베풂이라고 한다. 또한 장례식은 우리가 남은 날을 계수하는 데에도 도움이 되는데, 이는 인생이라는 연장선에서 현재 내가 어디쯤 와 있는지 바라보게 된다는 뜻이다.[72] 그러므로 우리가 사전에 장례식을 준비하면서 인생의 마무리 계획을 세운다면, 지금 인생에서 얼마나 귀한 시간을 누리고 있는지를 다시금 깨달을 뿐만 아니라, 좀 더 값진 인생 마무리를 할 수 있을 것이다.

---

71) A. Deeken, 『죽음을 어떻게 맞이할 것인가』, 188.

72) R. Moll, 『죽음을 배우다』, 229f.

8강
죽음의 판정과 뇌사 문제

의학기술과 생명과학 기술의 급속한 발달로 대두된 죽음의 정의와 진단이 크게 변화한 오늘의 상황 속에서, 새로운 죽음의 개념으로 등장한 뇌사와 장기 기증을 둘러싼 문제, 최근 나날이 연구 성과가 쌓여가는 임사체험과 사후생에 대한 증언들에 관해 살펴보고자 한다.

1. 죽음에 대한 정의의 변화와 난점

"생애 종말을 뜻하는 죽음, 무엇을 죽음으로 보느냐?" 하는 질문과 그 대답은 인류의 오랜 관심사이자 논쟁거리다. 인간의 죽음을 정의하는 문제는 결코 수월한 문제가 아닌데, 여기에는 여러 요인이 직간접으로 연관되어 있기 때문이다. 인간의 죽음은 생물학적 측면, 의학적 측면, 사회적 측면, 문화적 측면, 법률적 측면, 종교적 측면, 철학적 측면 등 바라보는 각도에 따라 서로 다르게 조명될 수 있기에, 인류는 죽음에 대한 정의를 여러 측면에서 탐구해왔다. 그러나 인간의 죽음을 정의하는 일이 아무리

어려운 문제라고 해도 죽음에 대한 의학적 정의를 제대로 수립한다면 어느 정도 실마리가 풀릴 것이다. 여타의 죽음에 대한 정의는 의학적 정의를 근거로 하여 결정되므로, 죽음에 대한 의학적 정의가 일반적 정의의 기본 토대를 이룬다고 말할 수 있기 때문이다. 하지만 죽음에 대한 의학적 정의가 매우 복잡하다는 것이 커다란 딜레마인데, 왜냐하면 그것이 시대와 지역에 따라 계속 변화해왔기 때문이다. 역사적으로 볼 때, 인간의 죽음에 대한 정의는 고정불변하지 않고 의학의 발전, 종교·문화적 배경 등과 함께 변천해왔다.

고대로부터 중세에 이르기까지 인간에 대한 해석에서 영혼은 매우 중요한 부분을 차지했고, 인간의 죽음 역시 영혼과 밀접한 관련이 있다는 믿음이 지배적이었다. 예로부터 죽음은 영혼이 육체로부터 빠져나가는 현상으로 이해되었다(영혼설). 이러한 이해를 근간으로 1768년 발행된 『브리태니커 백과사전』 *Encyclopaedia Britannica* 초판에는 인간의 죽음이 "영혼과 육신의 분리"로 정의된 바 있다. 그러나 1768년을 기점으로 의학이 눈부신 발전을 거듭했기 때문에, 이러한 죽음의 정의는 이후 계속해서 논란에 휩싸였다.[1] 17세기에 윌리엄 하비 ^{W. Harvey}가 발견한 혈액순환에 이어 18세기에 심장박동 측정기가 발명되면서 오랜 세월 통설로 여겨졌던 영혼설이 설 자리를 잃게 되었고 심폐기능설이 대두하기 시작한 것이다. 이때부터 죽음이란 심장의 박동이 멈추고 폐에서의 호흡운동이 정지되는 상태라는 의학적인 소견이 널리 인정된 가운데 심장이 먼저 정지하면 '심장사'心臟死라 하고, 호흡운동이 먼저 정지하면 '폐장

---

1) M. King/이민정 옮김, 『거의 모든 죽음의 역사』(서울: 성균관대학교출판부, 2011), 251에서 인용.

220 존엄한 삶, 존엄한 죽음

사'肺臟死라고 정의하게 되었다.[2]

하지만 18세기에 통용되었던 죽음의 판정 기준은 20세기 후반에 들어와 각종 소생 관련 의료기술이 급속도로 진보함에 따라 다시금 새로운 국면으로 접어들었다. 1960년대까지만 해도 모든 나라에서 죽음은 심박과 호흡이 모두 중단되는 순간으로 정의되었다. 그러나 이후 제세동 defibrillation(심박을 정상으로 되돌리기 위해 심근에 가하는 전기충격 요법) 개발을 계기로 심폐소생술CPR[3] 같은 생명유지 기술의 획기적인 발전과 더불어, 심박을 되살리고 죽어가는 장기의 기능을 유지하는 일이 가능해지면서 상황이 급변했다. 바야흐로 심폐소생술 시대가 도래하면서 죽음이란 필연적으로 심장과 폐의 활동 중단과 연계된다는 기존의 죽음에 대한 정의는 심각한 딜레마에 봉착한 것이다.[4] 심폐소생술을 통해 생사의 기로에서 되살아난 환자들이 나날이 증가함에 따라 심장사, 폐장사 등 종전의 죽음에 대한 정의는 의료진들 사이에서 석연치 않은 개념으로 인식되기 시작하였다. 이와 더불어 기존에 사망으로 판정받았던 환자들이 실제로 사망에 이르렀었는지에 대한 의문도 제기되었다.

이처럼 현대 의학의 발전과 더불어 죽음에 대한 정의는 매우 난해한 문제가 되었다. 그러나 무엇보다도 죽음 판정의 어려움은 뇌사brain death(임상적으로 뇌의 모든 활동이 회복 불가능하게 정지된 상태) 문제에서 정점에 달할 것이다. 심폐운동은 정상적으로 이루어지지만 뇌 기능 전체가 영구적으로 소실된 상태인 뇌사 문제가 대두하면서, 죽음에 대한 정

---

2) 심장과 폐의 기능 정지가 각각 사망을 정의하지만, 심장과 폐의 운동이 동시에 멈추는 일은 거의 일어나지 않는다고 보고된다.
3) 심폐소생술은 1960년 전기기사인 쿠벤호벤(Kouwenhoven)이 체외에서 심장을 압박하여 응급환자의 생명을 구한 것을 시작으로 점차 현대 심폐소생술로 발전하였다.
4) M. King, 『거의 모든 죽음의 역사』, 256.

의가 갈수록 난감한 상황을 맞이하고 있기 때문이다.[5] 그런데 사실 뇌사는 죽음에 대한 새로운 개념이라기보다는 현재까지 없었던 영역에 대한 죽음의 정의를 재구성한 것이라고 볼 수 있다. 과거에는 심장이 멈추면 그대로 사망이었지만, 심폐소생술이 발달하면서 죽었던 사람을 회생시킬 수 있게 되었다. 그러나 심정지 후 심폐소생술을 시행하기까지 뇌에 4분[6] 이상 산소가 유입되지 않으면 무산소증으로 인해 아시도시스 acidosis(산성혈증)가 발생하기 시작한다. 이를 통해 뇌를 형성하는 신경세포와 영양세포, 간질세포의 효소계가 교란됨으로써 급기야 뇌의 자기융해, 곧 뇌 전체가 마치 부패한 연두부처럼 질퍽하게 녹아버리는 현상이 일어나게 된다. 이러한 상태는 뇌의 불가역적인 죽음을 의미하는데, 심폐소생술을 통해 심박을 되살리면서 뇌는 죽고 심장은 뛰는 딜레마가 시작된 것이다.

여기서 심정지 후 뇌사가 진행할 수밖에 없는 인체구조에 관해 간략히 살펴보자. 뇌는 인체의 최대 '미스터리 존'mystery zone으로 알려질 만큼 천몇백억 개나 되는 신경세포가 복잡한 경로를 만들어내어 체내의 중요한 생명활동을 조절한다. 이러한 복잡한 활동을 감당하기 위해 뇌는 대단히 많은 에너지가 필요하지만, 그 에너지원인 포도당을 자체적으로 생산하지 못함은 물론 이를 저장하는 시스템도 가지고 있지 않다. 이런 뇌에 지속적으로 에너지를 공급하는 장기가 바로 혈액을 생산하는 심장이다. 뇌는 심장에서 공급받은 혈액 중에서 포도당을 분해해 에너지로 변환하여 뇌 신경세포의 기능을 유지할 수 있다. 이처럼 뇌는 심장에 전

---

5) 문국진, 『주검이 말해주는 죽음, 시활사』(서울: 오픈하우스, 2009), 108-159.
6) 심정지 상황에서는 4분이 골든타임(golden time)이다. 그러나 심정지 후 다시 심장을 뛰게 해도 80%는 혼수상태, 70%는 뇌사상태에 빠질 가능성이 많다.

적으로 의존함으로써, 심장에서 배출된 혈액의 20%가 뇌로 흘러들어 간다. 그러므로 심장이 움직이지 않으면 뇌도 기능을 멈춰버린다. 심장이 멈추면 뇌에 공급되는 포도당 유입이 정지될 뿐만 아니라 산소마저 공급이 끊겨버리기 때문이다. 그렇게 되면 뇌는 대사 부전에 빠져 매우 짧은 시간 안에 회복 불능 상태, 곧 뇌사가 되는 것이다.

뇌사에 대한 이해가 확장되면서 죽음에 대한 정의가 난관에 봉착하자, 하버드대 의과대학은 기존의 사망에 대한 정의를 재논의하기 시작하였다. 이 논의의 결과는 1968년 8월 5일 「미국의학협회지」*Journal of the American Medical Association*를 통해 '재생 불능 혼수상태에 대한 정의: 뇌사상태 심의를 위한 하버드 의대 특별 위원회 보고서'라는 논문으로 발표되었다.[7] 이 논문은 반사행동과 인지, 고통이나 외부 자극에 대한 반응이 완전히 결여된 상태를 일컫는 '재생 불능 혼수상태'(오늘날의 뇌사상태)를 사망의 새로운 척도로 정의함으로써 기존의 사망에 대한 정의를 새롭게 변경했다.[8] 이 논문이 발표되고 나서는 사망 판별 시 심장이나 폐보다 뇌에 집중하게 되었고, 특별히 뇌간brain stem이 주목 대상이 되었다. 즉 대뇌와 척추를 잇는 줄기 격인 뇌간이 기능을 멈추면 뇌 전체가 죽은 것으로 판단하게 되었다. 이는 호흡과 심박 등 생명의 핵심기능을 조절하는 뇌간의 도움 없이는 어떤 생물도 단 며칠밖에 생존하지 못하기 때문이다. 한편 뇌간은 정상적으로 기능하지만, 인지와 추론 및 성격을 좌우하는 뇌의 일부분, 곧 대뇌가 손상된 경우는 상급 뇌사로 판정하게 되었다.

---

7) 하버드대 의과대학이 이 보고서를 발표한 배후에는 1960년대 후반 미국에서 뇌사상태에 빠진 환자에게서 장기(간) 적출 수술을 한 사건이 있었다. 심장이 뛰고 있는 사람의 장기를 적출한 이 수술에 대해 광범위한 윤리적 논란이 일었는데, 이 일을 계기로 미국 하버드대에서 독자적으로 뇌사 판정에 관한 기준을 정하게 되었던 것이다.

8) M. King, 『거의 모든 죽음의 역사』, 256.

이후 현대 의학계에서는 심폐 기능보다는 신경학적 기능을 기준으로 사망을 판정했는데, 이 새로운 기준은 전 세계적으로 다양하게 변용되어 채택되었다. 1976년 영국의 왕립 의대 협의회 임직원들이 뇌사의 정의를 발표했고, 미국에서는 1981년 의학·생물의학·행동학 연구의 윤리적 문제점에 관한 대통령 자문위원회가 '사망의 정의'Defining Death라는 보고서를 공개하였다.[9] 이 보고서는 뇌간은 물론 뇌의 전 영역의 기능이 멈추어 회복 불가능한 상태에 이르렀을 때에 한해서 사망을 선고할 수 있다는 견해를 밝혔는데, 많은 신경과 전문의들도 뇌간이 영구 손상되었을 때에만 사망이 선고되어야 한다는 관점에 동의하고 있다. 일단 뇌간이 회복 불능 상태로 손상되면 뇌의 전 영역이 단 며칠을 넘기지 못하고 죽어버린다고 볼 수 있다. 프레드 플럼F. Plum 코넬 의과대학 신경과 교수는 뇌간 사망으로 진단받은 환자가 훗날 뇌간 기능을 회복하거나 자극에 대한 반응 또는 의식 회복의 기미를 보인 사례는 전혀 없다고 언급하기도 했다.[10]

최근에 이르기까지 일반인들은 혈액을 전신으로 보내는 중요한 장기 중 하나인 심장이 멈추는 현상을 죽음으로 생각해왔다. 그러나 의료진들의 세계에서는 사망 판정을 보다 확실히 하기 위해 특별히 세 가지 사항을 확인하는데, 이는 곧 심박 정지, 호흡 정지, 동공 확산 및 대광반사對光反射 소실이다. 이 세 가지는 '사망의 세 징후'라고 불리며 오늘날에 이르기까지 의학적 사망 판정의 기준으로 통용되고 있다. 심박 정지로는 심장이 멈췄는지를 확인할 수 있고, 호흡 정지로는 폐 기능의 정지 여부

9) M. King, 『거의 모든 죽음의 역사』, 257.
10) S. J. Youngner, *The Definition of Death: Contemporary Controversies* (Baltimore: Johns Hopkins University Press, 2009), 53.

를 확인할 수 있다. 폐는 생명활동에 절대 필요한 산소를 공급하는 장기로서 심장과 마찬가지로 죽음 판정의 중요한 기준이 된다. 여기서 동공 확산 및 대광반사 소실 검사가 다소 생소한데, 이것이 바로 뇌 속에서 생명유지 기능을 담당하는 뇌간이 제 기능을 하는지 검사하는 것이다.[11] 일반적으로 사람이 사망하면 동공이 열려 빛을 비춰도 수축하지 않는데,[12] 이 동공 확산 및 대광반사의 소실 여부를 확인하기 위해 눈꺼풀을 들어 올리고 눈에 펜 라이트를 비추는 검사를 시행한다.

의학기술이 크게 발달하기 전까지는 위의 세 기능을 검사하는 것만으로도 사망을 쉽게 판별할 수 있었다. 그런데 최근에는 죽음 판정에 더더욱 어려움이 따르는 난처한 일들이 일어나고 있다. 의학기술의 엄청난 발달로 심장이 멎으면 곧 죽은 것이라는 절대적인 믿음이 점점 힘을 잃고 있기 때문이다. 심지어 가슴을 절개하고 내부를 교정해야 하는 심장 수술 시에는 일정 시간 심장을 정지시키기도 하는데, 이를 위해 심장을 멈추게 하는 약물을 주입하고 다른 방법으로 생명을 유지해야 하는 상황이 불가피하다. 이를 가능하게 하는 의료 장비가 바로 체외순환기 extracorporeal circulation(심장의 혈액순환 작용과 폐의 가스교환 기능을 대신하여 수술 도중 일시적으로 심장과 폐의 역할을 하는 장치)다. 체외순환기는 심장으로 들어오는 혈액을 모두 차단해 몸 밖으로 뽑아낸 후, 이산화탄소를 제거하고 산소를 공급해 다시 전신으로 운반하는 심장의 역할을 대

---

11) 문국진, 『주검이 말해주는 죽음, 시활사』, 118.

12) 그런데 간혹 죽음의 세 징후에 들어맞지 않는 죽음이 발생하기도 한다. 예를 들어 심장과 호흡은 멈추었는데 동공이 확장되지 않은 특정한 사례가 존재한다. 동공은 뇌간이 지배하는 부교감 신경에 의해 열리는데, 유기인산 화합물과 같은 농약에 중독될 경우 동공이 굳게 닫히고 사망 시에도 열리지 않게 된다. 이에 심박 정지와 호흡 정지가 확인되었지만 동공이 확장되지 않은 경우에는 반드시 농약 중독을 확인한 후 죽음을 판정해야 한다: 문국진, 『주검이 말해주는 죽음, 시활사』, 121.

신 감당한다. 그렇다면 심장을 수술하는 동안 심장이 정지된 환자는 죽은 것인가, 아니면 살아 있는 것인가? 심장이 멎은 직후에, 또는 멎으려고 예상되는 그 순간에 심장을 대체할 수 있는 장비를 인체와 연결해서 혈액순환을 계속 유지할 수 있다면, 이론상으로는 적어도 심장 때문에 사람이 죽는 것은 아니라고 볼 수 있다.[13]

이로 보건대, 인간의 죽음에 대한 정의는 의료적 상황에 따라 크게 달라진다는 사실을 확연히 알 수 있다. 가장 최근에 『브리태니커 백과사전』에 명시된 죽음에 대한 정의는 "모든 생물이 종국에 경험하게 되는 생명이 완전히 중단되는 현상"이다.[14] 그런가 하면 죽음에 이르는 과정에 대한 개념은 문화적 배경과 해당 지역의 법률에 따라 다각화되어 있는데, 특히 사망 판정 부문은 사회 전반을 지배하는 종교·문화적 사고에 좌우되기도 한다. 이를테면 정통파 유대인과 기독교 근본주의자, 아메리카 원주민, 불교신자 중 일부는 생명보조 장치의 이용 여부와 무관하게 심장박동이 멈춰야만 사망을 인정하는 경향을 보인다. 사실 생물학적인 견지에서 보더라도 정확한 죽음의 순간을 판별하기란 몹시 까다로운 일이다. 정확한 사망 시점이란 심장이 멈추는 순간인가, 아니면 뇌가 죽는 순간인가, 혹은 이 두 현상이 동시에 발생해야 하는가, 혹은 세포를 비롯한 생물 자체의 수명이 다하는 순간이 죽음인가? 그러므로 신기술과 정교한 생명유지 장치가 눈부시게 발전한 오늘날에는 사망 진단이 과거보다 한층 더 복잡한 문제로 인식되고 있다.

그런데 인간의 죽음은 생물학적·의학적 측면에서만 정의 내릴 수

---

13) KBS, "금요기획: 생로병사, 죽음에 관한 세 가지 시선"(2011.03.18)에서 오삼세 흉부외과 전문의와의 인터뷰.

14) M. King, 『거의 모든 죽음의 역사』, 251에서 인용.

있는 것은 아니다. 실존적인 시각에서 볼 때에는 인간의 죽음이 생물학적·의학적 죽음보다 좀 더 일찍 일어난다고 볼 수도 있다. 인간의 실존적인 죽음은 어느 시점에 일어나는가? 실존적인 죽음은 생물학적·의학적 죽음이 오기 전에 의식 불명이 되어 다시는 건강을 되찾을 수 없는 상태가 되었을 때 발생한다. 이 경우에 뇌파는 여전히 활동 중일 수 있지만, 인간으로서 기능하지 못하기 때문에 실존적인 죽음에 이른 것이라고 말할 수 있다. 실존적 죽음 이후 이윽고 심장과 폐와 뇌의 기능이 모두 정지하면 생물학적·의학적 죽음을 맞이하는 것이다. 그러므로 인간의 죽음을 정의하는 문제는 대단히 다차원적인 문제다.[15] 이처럼 인간의 죽음이라는 문제는 정의 내리기가 쉽지 않기 때문에 죽음을 한순간에 일어나는 일로 보지 않고 하나의 과정으로 이해하는 추세도 생겨나게 되었다.

인간의 죽음에 대한 정의가 의학적 상황에 따라 계속 변화함으로 인해, 의료 및 법률기관 등에서는 기존의 죽음에 대한 정의를 상황에 적절하게 변경하느라 매우 분주해졌다. 그렇다 하더라도 각종 교의와 미신이 죽음이라는 상태를 모호하게 규정함으로써, 죽음에 대한 정확한 정의는 문화권과 법률 체계별로 다른 양상을 보이면서 많은 논란을 불러일으켰다. 죽음에 대한 모호한 이해 속에서 한때 서구 사회에서는 조기 매장에 대한 공포가 휩쓸기도 했는데, 이는 대개 정확한 사망 진단의 어려움으로 말미암아 조장되었다.[16] 결과적으로 조기 매장의 폐해를 없애고 실제

---

15) 최준식, 『죽음학 개론』, 79.
16) 역병, 콜레라, 발진티푸스, 장티푸스 같은 질병들은 현대 의학의 발달 이전에 자주 발병했는데, 이들은 맥박이 극도로 느려짐과 동시에 체온이 급격히 저하되므로 흡사 이미 사망 단계로 접어든 것처럼 보였다. 즉 흔히 사망 징후로 간주되는 혼수상태와 심장 박동 및 체온의 저하를 동반함에 따라 당대 저명한 전문의들도 종종 사망 진단에 혼돈을 느꼈던 것으로 전해진다. 또한 의식을 잃고 사지 경직이 지속되는 강직증 환자도 사망상태로 오인되는 경우가 많았다. 이에 과거 유럽에서는 시신에 종을 매달거나 부패가

사망 여부를 확진할 수 있는 진단 도구를 시급히 발명해야 할 필요성이 대두하였고, 사람들은 수 세기 동안 사망을 정확히 진단하고 사망 징후를 보이는 환자들을 소생시키는 데 도움이 될 만한 다양한 검사법들을 고안하는 데 주력해왔다. 그 다양한 검사법 가운데 뇌사와 식물인간 상태를 판정하는 검사법이 가장 까다롭고 신중을 요구하는 정교한 작업이라고 할 수 있다.

2. 뇌사의 판정과 장기 기증 문제

인간의 죽음을 정의하는 문제는 오랜 세월 동안 심폐 기능설에 의해 지배되었다가, 최근 들어와 장기 이식술의 급속한 발전으로 인해 장기 기증 문제가 불거지면서 뇌사설이 활기를 띠게 되었다. 본래 뇌사설은 사후보다는 생존 시에 장기를 이식하는 것이 성공률이 높으므로, 어차피 머지않아 죽는다면 그 죽음을 미리 앞당겨 장기를 제공받는 게 유리하다는 실용적인 요구 때문에 제창된 것이다. 사실 뇌 기능 전체의 영구적인 소실인 뇌사에 빠지면 호흡 및 심박동의 불가역적인 기능 정지로 말미암아 결국은 심장사에 이른다.[17] 종전에는 심장사와 뇌사 사이의 시간 간격이 짧아서 뇌사상태라는 것이 명확히 인식되지 않았고 죽음의 정의

시작될 때까지 시체 대기 안치소에 시신을 안치해두는 행위를 통해 조기 매장을 예방하고자 하였다: M. King, 『거의 모든 죽음의 역사』, 32ff.

17) 뇌는 다섯 부분(대뇌, 간뇌, 중뇌, 소뇌, 연수)으로 나뉘어 있는데, 뇌사의 경우 심장박동과 호흡운동의 중추가 되는 연수가 손상된 상태다. 따라서 뇌사상태에서는 자발호흡과 심장박동이 불가능하기 때문에 인공호흡기를 떼는 순간 죽게 되며, 생명유지 장치를 해도 머지않아(대략 14일 후) 심장이 정지하게 된다.

에 이용할 하등의 가치가 없었기 때문에 뇌사가 특별히 주목받지 못하였다. 그러나 의료기술이 급속도로 발전하면서 뇌의 기능이 불가역적으로 정지된 후에도 연명적 의료 장치를 사용하여 길게는 열흘 정도 심장을 박동시킬 수 있게 됨에 따라, 뇌사와 심장사 사이에 일정한 시간적 간격이 벌어지게 된 것이다. 그러므로 뇌사는 '현대 의료가 만들어낸 인공적인 산물'로 일컬어지기도 한다.[18]

다른 한편으로는 뇌사와 심장사 사이의 시간 차이를 이용하여 아직 죽지 않은 환자의 장기를 적출하여 이식하려는 노력이 장기 이식술의 발전과 더불어 노골화되었다. 그뿐 아니라 뇌사상태에 빠진 환자에게 무의미한 연명의료를 중단해야 한다는 목소리가 높아짐에 따라 뇌사를 개체사로 인정할 필요가 있다는 주장이 나오기 시작했다. 많은 사람이 뇌사상태는 어떠한 의학적 조처를 통해서도 원상 복구될 수 없으므로 뇌사가 돌이킬 수 없는 죽음이라고 주장하지만, 뇌사는 현행법상 개별적인 죽음으로 인정되지 않고 있다. 뇌사가 개체사로 인정될 수 있는지에 대해서는 아직까지 의견이 분분한 가운데 여러 문제가 발생하고 있다. 뇌사 개념은 죽음에 대한 다른 정의에 비해 논쟁을 불러일으킬 만한 요소가 많은데, 이는 죽음에 대한 전통적 정의에서는 시신 처리가 타인의 이익과 거의 무관하지만, 뇌사 판정은 장기 기증으로 이어질 수 있기 때문이다. 이처럼 의료기술의 획기적 발달은 이전에는 죽을 수밖에 없었던 많은 사람의 수명을 연장하는 긍정적 변화를 가져온 동시에 법적·의학적·윤리적 문제들을 새롭게 불러일으켰다.

이러한 상황 속에서 죽음을 판정하는 권한을 위임받은 의사들의 다

---

18) 문국진, 『주검이 말해주는 죽음, 시활사』, 131.

수는 뇌사가 사망이라는 의견에 이미 동의하고 있다. 우리나라에서 뇌사 상태에 있는 환자의 장기 기증이 가능한 것은, '장기 등 이식에 관한 법률' 제21조("뇌사자가 이 법에 따른 장기 등의 적출로 사망한 경우에는 뇌사의 원인이 된 질병 또는 행위로 인하여 사망한 것으로 본다")에 의해서다. 그렇다면 이것은 우리나라가 뇌사를 죽음의 판정 기준으로 보고 있다는 것을 의미하는 것인가? 이에 대해 일부 의료진들은 "장기 이식을 하면 뇌사가 사망으로 인정되는데, 무슨 사망의 정의가 장기를 떼어주면 사망이고, 장기를 떼어주지 않으면 사망이 아닌가? 이것이 어떤 논리로 설명될 수 있는가?"라고 강하게 반문하고 있다.[19] 목적에 따라 사망일 수도, 혹은 사망이 아닐 수도 있다는 논리적 모순이 제기되는 가운데 의료계에서는 뇌사도 사망으로 정의하려는 움직임이 일고 있다.

이처럼 뇌사 판정에 대한 논란이 많은 상황 속에서 많은 의료인이 뇌사를 심폐사처럼 개체사에 포함시키려고 한다. 그렇다면 뇌사를 사망으로 보기 위해서는 정확한 뇌사 진단이 선행되어야 할 것이다. 그동안 의료계는 뇌사 진단을 위한 여러 가지 방법을 개발해왔는데, 여기에는 첨단적 의료기술은 물론 고전적 니플 핀처Nipple Pincher(유두 꼬집기) 진단법 같은 단순한 검사까지 실로 다양한 방법이 적용되었다. 뇌사 진단의 첫 단계는 먼저 혼수상태의 명확한 진단인데, 혼수상태로 판명되려면 영구적인 뇌 구조 손상이 증명되어야 한다. 이 단계에서 뇌 혈전이 확진되면 응혈을 제거해야 한다. 또한 저혈압이나 혈중 산소량이 감소할 경우 그에 상응하는 조치를 취해야 한다.[20]

---

19) KBS "파노라마: 우리는 어떻게 죽는가"(2013.12.19)에서 고윤석 서울아산병원 호흡기 내과 교수와의 인터뷰.
20) M. King, 『거의 모든 죽음의 역사』, 257f.

그다음 단계로 모든 감각의 인지능력이 완전히 상실되었는지 확인하는 일련의 검사가 진행된다. 동공에 직접 불빛을 비추는 것으로 시작되는 이 검사과정은 18세기적 방식이라 해도 좋을 만한 절차인데, 이를테면 안구에 탈지면을 대고 문질러보는 방법까지 동원된다. 비록 혼수상태에 있을지라도 뇌가 정상적인 기능을 하는 환자라면 이러한 자극에 불편함을 느껴 무의식적으로나마 움찔하는 반응을 보이게 마련이다. 다음으로는 찬물 50ml를 귓속에 주사해 뇌 신경 반응을 검사한다. 이 절차역시 매우 극심한 고통을 수반하므로 뇌간 기능이 정상적으로 유지되는 환자라면 어떤 반응을 보인다. 그러고 나서 눈 주변에 압력을 가해 고통에 대한 반응을 검사한다. 그뿐만 아니라 목에 연결된 인공호흡기 튜브를 흔들어 기침과 구토 반응을 유도하는데, 정상적인 경우 구토 증세를보인다. 이후에는 폐에 연결된 인공호흡기 튜브에 흡입관을 삽입하는데,기침 반응을 보이면 뇌간이 정상적으로 활동한다는 증거다.[21]

이 모든 검사를 마치고 마지막 단계로 수면 중 무호흡 검사를 실시한다. 이 과정에서는 환자에게 고농축 산소O_2를 5분 동안 주입한 다음 인공호흡기를 떼어내고 최대 10분까지 환자의 반응을 살피는데, 정상적인 경우 자동으로 숨을 쉴 뿐만 아니라 혈액검사 시 뇌간에서 이산화탄소CO_2가 검출된다. 전 세계적으로 통용되는 수면 중 무호흡 검사는 관찰시간을 최소 10분에서 최대 24시간까지 다양하게 적용한다. 이 검사를 모두완료한 후에도 환자의 자발호흡이 되살아나지 않으면 뇌사로 판정한다.

이처럼 뇌사를 확실히 증명할 만한 주도면밀한 검사가 수반되지만,장기 이식술이 나날이 발전하면서 많은 사람이 뇌사 진단이라는 개념에

---

21) M. King, 『거의 모든 죽음의 역사』, 258.

불편함을 느끼고 있다. 이식술은 각종 소생술이 진보를 거듭하면서 사망에 대한 기존의 법적·의학적 정의에 변혁을 일으킨 수십 년 동안 그와 어깨를 나란히 하며 발전해왔다. 1954년 세계 최초로 신장이식 수술이 성공했고, 1955년 최초로 심장판막이 이식되었고, 1963년 최초로 폐 이식이 이루어졌으며, 1967년 최초로 심장과 간 이식이 모두 성공적으로 실현되었다. 이후 1981년 심폐 이식이 최초로 시도되었는데, 우연히도 같은 해 뇌사를 사망으로 인정한 '사망의 정의'가 발표됨으로써 장기 이식 문제와 관련하여 뚜렷한 반향을 불러일으켰다. 여전히 혈액순환이 이루어지는 기증자의 신체에서 장기를 적출해 수혜자에게 이식하면 장기가 소생할 가능성이 커진다. 그러므로 뇌사 판정을 받았으나 인공호흡기나 기타 소생술의 도움을 빌려서라도 장기가 살아 있다면, 그러한 환자에게서 장기를 적출하는 편이 이상적인 것으로 간주되기 시작한 것이다.

그러나 생명유지 장치에 의존해 연명하는 뇌사상태의 환자에게서 장기를 적출한다는 개념은 한편으로는 새로운 차원의 우려, 곧 현대판 생매장이라는 공포를 다시금 불러일으키기도 한다. 뇌사 판정을 비판하는 사람들은 관련 검사가 아무리 철저하다고 해도 오판의 가능성을 전혀 배제할 수는 없다고 주장하기 때문이다.[22] 환자가 모든 종류의 정밀한 뇌사 검진을 받았다고 해서 반드시 '뇌 전체 기능의 영구 중단'으로 직결되지 않을 수 있다는 점은 사람들의 우려를 더욱 증폭시킨다.[23] 이러한 정

---

22) M. King, 『거의 모든 죽음의 역사』, 260.
23) 연구 결과에 의하면, 뇌사 기준에 부합하는 환자의 20%가 뇌파를 측정했을 때 전기 활성 반응을 보인 것으로 드러났다. 또한 뇌사로 판정된 환자 일부는 수술 중 절개에 반응하여 장기 적출 시 심박 상승이 동반되는 현상이 관찰된 바 있다. 만일 여전히 살아 있는 환자를 대상으로 수술을 진행하는 도중에 이러한 반응이 일어났다면 더 많은 마취제를 투여해야 한다는 신호로 해석될 수 있다.

황 때문에 일단의 의사들은 '사망의 재발견'이라고 하는 뇌간 기능 정지라는 개념이 장기 적출을 명분으로 고안된 것이라고 주장하기도 한다. 또한 뇌사 판정을 위해 시행하는 수면 중 무호흡 검사가 오히려 영구적인 뇌 손상을 야기할 수 있으므로 이 검사를 폐지해야 한다는 주장도 나오고 있다.[24]

그나마 뇌사는 이를 진단할 만한 나름의 방법들이 있지만, 식물인간 상태PVS에 대해서는 정확한 진단을 이끌어낼 만한 임상실험 방법이 아직도 부재한 상황이어서 장기 법정 공방의 표적이 될 가능성이 많다. 뇌간이 죽으면 뇌사로 판정할 수 있지만, 식물인간 진단은 이보다 훨씬 더 까다로운 문제에 속한다. 식물인간 진단은 주로 관찰에 의존해 환자의 의식 결여를 입증해야 하기 때문이다. 뇌사의 경우 뇌 기능 중 심장박동과 호흡운동의 중추가 되는 연수가 손상된 상태이기 때문에 자발호흡과 심장박동이 불가능하지만, 식물인간은 연수의 기능이 살아 있는 상태이므로 자발호흡과 심장박동이 가능하다. 그런데 식물인간 환자는 신피질 기능이 손상됨에 따라 만성적 각성상태를 보이고 의식은 회복하지 못함에도 불구하고 뇌간의 전체 혹은 일부가 여전히 기능하면서 호흡과 소화, 순환기능과 함께 반사반응, 항상성 메커니즘을 유지한다. 이처럼 뇌간의 전체 혹은 일부가 여전히 기능하는 식물인간 환자의 장기 기증은 현행법상 불법이다. 이러한 상황 속에서 장기간 식물인간 환자를 돌보는 가족들은 환자의 죽을 권리를 주장하는 한편, 일부에서는 스스로 고통 없는 안락사를 택하고자 투쟁하기도 한다.[25]

오늘날 뇌사를 사망이라고 인정하는 견해는 전 세계적으로는 물론

---

24) M. King, 『거의 모든 죽음의 역사』, 261.
25) M. King, 『거의 모든 죽음의 역사』, 255ff.

국내에서도 주류를 이루고 있는 의학적 사고방식이다. 1986년 오스트 레일리아 시드니에서 열린 제22회 세계의학협회 총회가 채택한 '시드니 선언'을 통해 처음으로 뇌사를 사망으로 인정했으며, 그보다 앞서 뇌사가 전제된 심장 이식수술이 1967년 남아프리카 공화국에서 시행되기도 하였다. 그 후 미국과 유럽의 많은 나라가 종전의 심폐 정지 외에 뇌사도 죽음의 기준이라고 법적으로 인정했고, 아시아에서는 1987년 대만이 처음으로 뇌사를 인정한 이래 태국, 싱가포르, 필리핀, 일본 등에서 뇌사를 법적으로 수용하였다. 오늘날은 대다수 국가에서 의학적으로 뇌사를 사망으로 인정하고 있다.

우리나라에서는 1983년 대한의학협회에 구성된 '죽음의 정의 특별 위원회'가 발표한 '죽음의 정의 및 뇌사 판정 기준'을 통해 죽음을 심장 및 호흡 기능과 뇌반사의 불가역적 정지 또는 소실을 의미한다고 규정하였다. 의학적으로 생명이란 유기적 통일체를 의미하는데, 뇌사상태에서는 뇌가 가진 고유한 기능 및 뇌에 의한 신체의 각 부분에 대한 통합 기능이 불가역적으로 상실되었기 때문에, 비록 신체 장기 일부분이 약간의 기능을 유지하고 있다고 해도 더 이상 살아 있다고 보기 어려우므로 뇌사를 의학적 사망으로 본다. 국내에서 뇌사자 장기 이식은 1979년에 뇌사자로부터의 신장 이식이 최초로 시행되었고, 1988년에 뇌사자로부터의 최초의 간이식이 시행되었으며, 1992년 7월에는 국내 최초의 췌장, 신장 동시 이식이 시행되었고, 1992년 10월에는 췌장 단독 이식이 이루어졌다. 그리고 같은 해 11월에는 국내 최초의 심장 이식이 이루어졌으며, 1996년에는 폐 이식도 성공하기에 이르렀다. 1999년에는 '장기 등 이식에 관한 법률'이 제정되어 뇌사를 사망의 한 형태로 법률적으로 인정하면서 장기 이식을 법적인 보호 아래 두었다.

현대 의학의 눈부신 발달로 각종 장기 이식은 나날이 그 규모가 커지고 있다. 장기 이식은 난치병과 불치병으로 고생하는 환자들의 고통을 덜어주고 생명을 구하는 데 도움을 줄 뿐만 아니라, 환자 자신이 새 생명을 얻어 사회 활동을 가능케 함으로 가족과 사회에 헌신할 기회를 제공한다. 그러므로 장기 기증은 나 혼자 잘 살면 된다는 자기중심적인 사고에서 벗어나 내 이웃을 위해 내 것을 나누어주는 아주 고귀하고 아름다운 행동으로 칭송받고 있다. 이러한 행동이 생사의 갈림길에 서 있는 생명에게 새로운 삶의 기회를 부여해준다면, 어떠한 말이나 이론보다 가치 있는 일이라 할 수 있다. 그럼에도 불구하고 뇌사가 아직 현행법상 개별적 죽음으로 인정되지 못하는 이유는 그것이 악용될 소지가 너무나 많기 때문이다. 현재 전 세계에서는 상상을 초월할 정도로 엄청나게 많은 인체조직 및 장기가 암암리에 밀거래되고 있다. 밀거래되는 무수히 많은 인체조직 및 장기의 주인공들은 합법적 죽음을 맞이한 경우보다 불법적으로 죽임당한 비참한 희생양일 가능성이 많다.[26] 그래서 뇌사의 합법화를 반대하는 사람들은 뇌사가 개별적 죽음으로 합법화될 경우 생명 경시 풍조가 가속화될 수 있다고 우려하고 있는 것이다. 실제로 장기 이식은 순수한 의도와는 달리 현실에서 왜곡되거나 오용될 위험성이 너무 크다.

장기 이식은 긍정적인 측면에도 불구하고 여러 사회문제를 야기할

---

26) 오늘날 장기와 신체조직을 이식이나 연구에 사용할 수 있는 잠재력이 커지면서 신체 일부의 거래가 급증하고 있다. 많은 검시관, 시체보관소 노동자, 의사들이 당사자의 동의를 얻지 않고 장기와 조직을 빼내어 이식용으로 팔고 있다. 심지어 사고 희생자들의 몸에서 장기를 훔쳐내는 사례(1999년 터키 대지진 희생자들의 장기를 밀거래한 '신체 중개 브로커'를 체포한 사례)도 있다: L. B. Andrews, D. Nelkin/김명진·김병수 공역, 『인체 시장』(서울: 궁리, 2006), 259.

수 있다. 장기의 수요와 공급의 불일치에서 오는 상업성을 극복하지 못
하면, 장기 이식은 새로운 형태의 범죄와 인신매매를 낳을 위험성이 늘
상존한다. 장기 수요의 급증에 비해 공급이 턱없이 부족한 상황은 가난
한 자들이 생계를 위해 자신의 장기를 파는 장기 매매와 제3세계에서 장
기를 수입하는 장기 무역업을 발생시킬 수 있다. 따라서 양적이고 질적
으로 나날이 발전하는 장기 이식술과 범죄적 장기 매매의 연결고리를
어떻게 차단하느냐가 대단히 중요한 사회적 과제가 될 것이다. 또한 뇌
사자 자신의 동의 없는 가족의 의사결정에 의한 장기 이식은 뇌사자의
인권을 해칠 위험이 있다는 사실도 간과해서는 안 될 것이다. 그뿐 아니
라 장기 이식은 엄청난 비용 부담으로 인해 가진 자에게만 혜택이 돌아
가는 기회의 불평등을 초래할 수도 있다. 그러므로 장기 이식에 대해 신
중한 입장을 견지하는 사람들은 한편의 이익을 위해 다른 한편이 희생
된다면, 장기 이식이 애초에 의도한 좋은 의미는 무의미해질 수도 있다
고 일침을 놓는다. 이처럼 불의한 인간 세상에서 장기 이식이 지닌 본래
의 순수한 목적이 훼손될 위험성이 늘 상존하는 만큼 이와 관련한 조항
의 법률적 원칙이 더욱 엄정하고 철저하게 준수되어야 함은 아무리 강
조해도 지나침이 없다.

3. 임사체험자들의 급증과 사후생에 관한 증언

"인간에게 영혼이 있는가, 혹은 인간은 뇌가 없어도 생각하는 기능이 있
는가?"와 같은 질문을 과학적으로 증명한다는 것은 그동안 인류 역사에
서 실현 불가능한 일로 여겨왔다. 그러나 이 질문에 과학적으로 긍정적

인 답변을 해줄 수 있는 역사적인 사건이 20세기 후반에 일어나기 시작했는데,[27] 대표적인 것이 바로 '임사체험'NDE, Near Death Experience (근사체험, 의식·호흡·심장박동이 없으므로 의학적으로 사망한 상태에서 일정 시간 삶과 죽음의 경계를 체험하는 현상)에 대한 연구다. 즉 인류 역사상 최초로 죽음 이후의 세계에 관한 과학적·체계적 연구가 시작된 것이다. 의사를 비롯해 과학자들이 죽음의 문턱까지 갔다가 가까스로 살아 돌아온 경험을 털어놓으면서 '죽음의 이미지 체험'에 관한 이야기를 분석했는데, 이에 대해 '임사체험'이라는 용어가 사용되기 시작했다. 사실 최근까지도 서구 과학이나 의학은 어떤 형태로도 인간이 죽음 이후에 생존하는 것에 대해 매우 부정적인 태도를 견지하였다. 죽음의 과정에서 경험했다고 주장하는 임사체험은 너무나 기괴한 체험, 종교적 희망이나 미신에 근거를 둔 허구적인 것으로 과학적 연구의 영역에서는 거의 배척당해왔다.

그러나 두 사람의 선구자, 곧 정신과 의사 레이몬드 무디R. Moody Jr. 박사와 엘리자베스 퀴블러-로스E. Kübler-Ross 박사의 연구를 결정적 계기로 임사체험을 진지한 학문적 연구대상으로 삼으려는 움직임이 싹트기 시작했다. 1975년 무디 박사는 사망 판정을 받고도 살아난 환자들을 진료

---

27) 임사체험에 관해 나름대로 진지하게 연구한 사례는 19세기 말 스위스 지질학자 앨버트 하임(A. von Heim)에 의해 최초로 이루어졌다. 앨버트 하임은 알프스 산을 오르던 중 임사체험에 비견될 만한 체험을 한 후 조난을 경험한 다른 사람들이 비슷한 체험을 술회하는 것을 접했다. 그러다가 연구 범위를 넓혀서 치명적인 사고를 당한 사람들을 대상으로 조사하던 중 이들 모두가 거의 유사한 체험담을 말하는 것을 발견하면서 1892년 "치명적인 조난에 대한 고찰"(Remarks on Fatal Falls)이라는 글을 발표했다. 여기서 그는 사고를 당한 사람들이 임상상태에서 겪었던 체험이 95% 정도가 유사하다고 주장했는데, 주목할 만한 것은 그 내용이 후일 이루어진 연구와 거의 일치한다는 점이다. 하지만 당시에는 큰 호응을 얻지 못하다가 1972년 이 글이 영역되면서 임사체험 분야에서 선구적 위치를 차지하게 되었다: 최준식, 『죽음, 또 하나의 세계』(서울: 동아시아, 2006), 82ff.

하면서 모은 자료들을 체계적으로 정리해 발표했는데 이 책이 바로『삶 이후의 삶』*Life after Life*이다. 여기서 '임사체험'이라는 말이 처음으로 주창 되었고, 당시 세계적인 죽음학자였던 퀴블러-로스 박사가 서문을 작성하 여 무게감을 더해주었다. 퀴블러-로스 자신도 환자들을 진료하면서 만난 임사체험자들의 이야기를 모아『사후생』*On Life after Death*이라는 책을 출간 하였다. 1980년에는 임사체험에 관한 학술서를 발표한 케니스 링*K. Ring* 미국 코네티컷 대학 교수의 연구 결과를 발단으로 임사체험에 관한 수 많은 연구가 잇따라 시행되었다. 이후 임사체험에 관해 학술적으로 연구 하는 학회들의 연구 활동이 더욱 활발하게 진행되면서, 임사체험을 직접 경험했던 사람들은 죽어 있는 동안에 일어났던 일에 강력히 추동되어 자비를 들여가며 자신들의 체험을 연구하는 모임을 만들기도 하였다.

여기서 퀴블러-로스가『사후생』에서 밝힌 여러 체험 사례들에 대한 이야기를 언급하지 않을 수 없다. 매사에 반신반의하는 회의주의자로서 죽음 뒤 삶의 문제에 대해 별 관심이 없었던 퀴블러-로스는 임종 환자 들을 돌보면서 이들이 고백한 임사체험에 관심을 기울이게 되었다. 그러 다가 그 자신이 경이로운 임사체험을 하게 되었는데, 이 체험에 대해 그 는 "말로는 표현할 수 없는 거듭나는 과정", "인간이 물질적 차원에서 경 험할 수 있는 가장 엄청난 황홀경"이라고 말했다. 더욱 충격적인 것은 그 가 책에서 밝힌 죽은 환자와의 해후다.[28] 퀴블러-로스는 죽음과 임종에 관한 연구와 임종 환자를 돌보는 일을 포기하려는 순간 생전에 그 일에 큰 동기부여를 했던 죽은 환자와의 믿기 어려운 재회를 통해 다시금 마 음을 돌이키게 되었다는 놀라운 고백을 하였다. 퀴블러-로스는 평생 죽

---

28) E. Kübler-Ross,『사후생: 죽음 이후의 삶의 이야기』, 66-74, 132f.

어가는 환자들과 함께 고통을 겪으면서 삶이 무엇인가를 배우며 죽음을 깨닫기 시작했는데, 그가 이해하는 죽음은 결코 슬퍼하거나 두려워할 문제가 아니라 계속해서 성숙할 수 있는 더 높은 의식 상태로의 변화, 현재의 삶으로부터 고통과 고뇌가 없는 다른 존재로의 변화일 따름이라는 것이다.[29]

　최근에 나온 임사체험에 관한 연구 중에서 주목할 만한 연구로는 종양학 전문의 제프리 롱[J. Long] 박사가 밝힌 최초의 사후생 보고서를 들 수 있다.[30] 그는 1998년 '임사체험연구재단'[Near Death Research Foundation]을 설립해 웹사이트를 운영해왔으며, 2000-2010년 사이 10년간 1,300명이 넘는 임사체험자들을 대상으로 100개가 넘는 상세하고도 방대한 설문조사를 시행하였다. 그 결과 응답자의 95% 이상이 자신이 죽음 직전까지 갔던 경험을 명백한 사실이라고 답변했고, 나머지 5%도 거의 사실일 거라고 확신했으며, 사실일 리 없다고 말한 응답자는 단 한 명도 없었다.[31] 제프리 롱 박사는 이를 통해 1,000건 이상의 임사체험에 공통적으로 들어 있는 핵심요소를 추출했는데, 정말 경이로운 것은 모든 사례에서 거의 동일한 핵심요소가 나타난다는 사실이다. 요컨대 임사체험자들이 어디서 어떤 언어를 사용하고 어떤 종교·문화적 배경을 가졌든, 임사체험의 양상은 전 세계적으로 거의 유사하다는 것이다. 이는 임사체험이 종교적 믿음이나 신념체계, 문화적 산물이 아니라는 강력한 증거라고 말할

---

29) E. Kübler-Ross, 『사후생: 죽음 이후의 삶의 이야기』, 39, 58, 160; E. Kübler-Ross/이주혜 옮김, 『죽음 그리고 성장』(서울: 도서출판 이레, 2010).

30) 이 사후생 보고서는 *Evidence of the Afterlife* (한상석 옮김, 『죽음, 그 후』라는 제목으로 에이미팩토리 역간)라는 책으로 발표되었다.

31) 일부 응답자는 임사체험이 자신에게 일어났던 그 어떤 사건보다 가장 확실한 일일 뿐 아니라, 지금껏 살아오면서 '가장 행복했던 일'이라고 고백했다.

수 있다.[32] 마침내 그 재단은 임사체험 사례들을 과학적으로 연구하면서 9개의 '사후생'死後生의 증거들을 도출했는데, 이들은 하나의 진실, 곧 '죽음 이후의 삶'이 존재한다는 사실로 수렴되었다.

재단이 사후생의 존재를 증명하기 위해 제시한 아홉 가지의 매우 독특한 증거들은 다음과 같다.[33]

1. 임사체험은 의학적으로 사망한 상태에서 일어남에도 불구하고 체험 중에는 의식과 주의력이 평소보다 더 고조되어 아주 생생하고 실제적일 뿐만 아니라 잘 체계화되고 논리적인 순서로 나타났다.
2. 임사체험자들이 유체이탈遺體離脫 상태에서 보고 들었던 내용들은 거의 대부분 사실로 판명되었다.
3. 선천적 시각 장애인들도 임사체험 중에는 정상적 시력으로 사물을 인식했다.
4. 신체의 모든 활동과 의식이 잠들어 있는 전신마취 중임에도 의식이 또렷하게 활동했다.
5. 임사체험 중 삶을 회고하는 내용 중에는 체험자가 오랫동안 잊고 지냈거나, 기억하지 못했지만 실재했던 일들도 포함되었다.
6. 임사체험자들이 만났던 존재들은 대부분 이미 사망한 사람들—사랑했던 사람들이나 죽은 친척들—이었다.
7. 주변의 정보나 가치관에 영향을 받지 않은 어린아이들의 임사체험도 성인의 체험과 놀라울 정도로 유사하였다.
8. 임사체험의 내용과 구성요소는 전 세계 어느 종교·문화권과 언어권

---

32) J. Long, P. Perry/한상석 옮김, 『죽음, 그 후』(서울: 에이미팩토리, 2010), 12.
33) J. Long, P. Perry, 『죽음, 그 후』, 68-75.

에서도 거의 일관될 정도로 동일했다.

9. 임사체험자들의 인생은 '그 이후' 전적으로 변화될 만큼 임사체험의
   잔존 효과는 아주 강력하고 지속적이었다.

　사실상 우리 중 누구도 임사체험자들만큼 죽음을 직접적이고 구체적
으로 체험할 수는 없다. 아이러니하게도 죽음의 문턱에 발을 들여놓은
끔찍한 체험에도 불구하고, 체험자 대부분은 죽음에 대한 공포가 가중되
기보다는 오히려 감소하거나 완전히 없어졌다고 토로하는 것으로 전해
진다. 죽음에 대한 공포가 줄어들거나 완전히 사라졌다고 고백하는 임사
체험자들의 메시지는 매우 강력하고 일관적이다. 이들이 죽음에 대해 공
포를 느끼지 않는 가장 큰 이유는 '죽음이 끝이 아니고 그 후에는 경이로
운 세계가 반드시 존재한다'는 확신과 관련된다. 즉 이들이 죽음 이후의
세계를 믿고 죽음에 대한 공포가 줄어든 것은 '천상'의 실재를 체험했기
때문이라는 것이다. 임사체험은 체험자들 대부분에게 치유 효과도 일으
켜서, 이들은 종교에 더 충실해지거나 영적으로 좀 더 성숙한 사람이 되
기도 하고, 삶의 신성한 가치와 여생의 삶에 지침이 될 만한 특별한 지식
도 얻게 된다고 보고된다. 특별히 임사체험자들은 일관되게 '신과 사랑',
'사후세계', '살아야 할 이유', '삶에서 경험한 고통에 대한 용서' 등의 개
념을 배우게 되었다고 진술하기도 한다.[34]

　제프리 롱은 의사이자 과학자로서 임사체험에 대한 연구 결과를 정
리하면서 '죽음 이후의 세계'에 대한 탐구가 매우 심오한 함축적 의미를
지니고 있다는 사실에 주목한다. 그는 '육체적 뇌만으로는 설명할 수 없

---

34) J. Long, P. Perry, 『죽음, 그 후』, 12f.

는 의식과 기억이 존재한다'는 일치된 결론을 도출한다. 그러면서 자신의 연구를 통해 인류가 오랫동안 풀려고 노력했던 수수께끼의 고리가 풀릴지도 모른다고 주장한다. 이는 곧 인간이 이 세상에 보내진 목적이 먼지처럼 덧없이 흩어지기 전까지 그저 생존하고 경쟁하기 위한 냉혹한 목적만은 아닐 거라는 신념이다.[35] 그에 따르면 인간은 심오한 가치를 실현하고 다른 모든 생명과 공존하면서 행복하게 살아가기 위해 태어났으며, 궁극적인 존재는 인류를 단죄하거나 처벌하는 징벌적인 초월자가 아니라 우리를 사랑하고 품어주는 인류애의 또 다른 모습이다. 따라서 우리가 하는 모든 일에는 의미가 있으며, 우리는 무언가 유의미한 일을 하라고 이 세상에 보내졌다는 사실을 인식하는 순간 우리의 삶은 달라지기 시작할 것이다.

하지만 임사체험을 근거로 사후생을 밝혀내고자 하는 연구들에 대한 비판과 반론도 만만치 않아, 임사체험을 믿지 않는 사람들은 그것이 뇌의 비정상적 상태가 야기한 환각에 불과하다고 주장한다. 유물론적 세계관을 가진 사람들에게 임사체험이란 단순히 병든 뇌가 일으키는 일종의 환각에 지나지 않는다. 또한 사후세계를 믿지 않는 사람들은 임사체험이 이 세상에 머물렀던 최후 단계의 체험이지 이 세상을 완전히 떠난 저 세상의 체험은 아니기 때문에 사후에도 의식이 지속된다는 증거가 될 수 없다고 반론하기도 한다. 어떤 이들은 임사체험을 단지 산소 결핍의 결과나 약물 투여의 부작용, 소망 사고wishful thinking의 투사로 간주하기도 한다. 일련의 뇌 신경 전문의들은 임사현상이 뇌의 측두엽과 관계를 맺는다고 주장하면서 임사체험에 대한 연구 결과를 일축한다. 그러면서도

---

35) J. Long, P. Perry, 『죽음, 그 후』, 229f.

그들은 측두엽 자극만으로 임사현상의 모든 것을 설명할 수는 없으며 여전히 설명할 수 없는 부분이 존재한다는 점은 인정한다.

특별히 임사체험자들이 심장 정지 후에 경험하는 생생한 의식의 문제는 오랫동안 해명되지 않은 부분이었다. 왜냐하면 임사체험은 뇌가 활동한다는 신호가 측정되지 않을 때 일어나며, 의사들이 생명의 어떠한 징후도 전혀 찾아볼 수 없다고 판단할 때 자주 발생하기 때문이다.[36] 그런데 마침내 이 문제에 대해서 논의가 이루어졌다. 하버드대 신경외과 의사이자 그 자신이 뇌사상태에서 임사체험을 했던 이븐 알렉산더 E. Alexander 박사는 『나는 천국을 보았다』 *Proof of Heaven*에서 최첨단 뇌과학 이론과 의학적 추론을 통해 임사체험 중의 의식 문제를 입증했다. 사실 그는 본시 오늘날 주류 과학자들이 견지하는 관점, 곧 의식이나 자유의지 혹은 비물질적 영혼의 존재를 믿지 않는 가운데 '의식'이라는 것은 뇌의 생화학적 기능에 의해 발생하는 산물이라고 확신하고 있었다. 또한 임사체험에 대해서도 동일한 관점에서 부정했는데, 물질적이고 과학적인 세계관을 가진 그로서는 그것이 의학적으로 불가능하다고 판단했던 것이다. 그는 임사체험이 극도의 스트레스 상황에서 뇌가 만들어내는 환상에 불과하다고 이미 결론을 내린 상태였었다.[37]

그러나 알렉산더 박사는 의사들에게 사망 판정을 받은 7일간의 뇌사 상태에서 생생한 의식을 경험한 이후에 뇌, 의식, 생명에 대한 그의 오랜 신념을 바꾸지 않을 수 없었다. 그동안 철저히 무시해왔던 임사체험을 몸소 경험하면서 관점이 급변한 것이다. 그는 주류 과학자들이 물질주의적인 관점에서 부정해왔던 영혼, 신, 사후세계 등의 비물질적인 영역을

---

36) E. Kübler-Ross, 『사후생: 죽음 이후의 삶의 이야기』, 95.
37) E. Alexander/고미라 옮김, 『나는 천국을 보았다』(서울: 김영사, 2012), 128.

밝힐 뿐만 아니라, 임사체험은 뇌가 만들어내는 환각이 아님을 증명했다. 이처럼 신경외과 전문의가 임사체험 중에 의식을 경험했다고 증명한 것은 생명에 대한 현대 과학의 정설을 뒤엎고 죽음의 의학적 금기를 깨는 것이었다. 이는 뇌가 완전히 멈춘 순간에 임사체험을 함으로써 의식에 관한 과학적 금기를 깬 사례가 되었기 때문이다. 이것은 뇌가 꺼져서 기능을 완전히 상실해도 의식이 지속적으로 존재한다는 결정적 증거가 됨으로써, 임사체험은 뇌가 만들어내는 환각이나 산소 결핍의 결과라고 주장하는 비판가들에 강력히 대항할 수 있는 사례가 되었다.

뇌의 활동이 완전히 멈추는 임상적 사망 상태에서도 의식이 살아 있을 수 있다는 가장 최근의 연구 결과는 2014년 10월 영국 사우샘프턴 대학의 샘 파니아S. Parnia 박사 연구팀에 의해 제기되었다. 이 연구팀은 최근 4년 동안 영국과 미국과 호주 등의 병원 15곳의 심장마비 환자 2,060명을 조사한 결과, 심장마비를 겪고도 살아난 330명 가운데 약 40%인 140명은 심폐소생술을 받는 동안 의식을 느꼈다고 말했다. 특히 한 50대 남성 사회복지사는 의식을 잃고 '죽어 있던' 3분 동안 간호사가 보인 구체적 상황을 묘사하기도 했는데, 파니아 박사는 "이 남성이 말한 것은 실제로 일어났던 일"이라고 주장했다. 또한 자세하게 돌이켜내지는 못해도 5명 중 1명은 평소와 다른 평화로움을 느꼈다고 했고, 3명 중 1명은 시간의 흐름이 빨라지거나 느려졌다고 말하기도 했다. 심장마비 상태에서 의식이 남아 있었다는 이들 가운데 약 13%가 신체에서 자신이 분리되는 것을 느꼈다고 말했으며, 황금이나 태양이 빛나는 것처럼 밝은 빛을 봤다거나 두려움을 느꼈다고 회상하는 이들도 있었다. 파니아 박사는 "이런 결과는 수백만 명이 죽음과 관련된 생생한 경험이 있는 것으로 추정하게 한다"면서 "많은 사람이 환각이나 환상이라고 추측하지만 이는 실제 발생하는 일에 대한 반응으로 보인다"고 주장했다.

설령 임사체험이 비판가들의 주장처럼 뇌 안의 화학적인 변화에 의해 초래되는 현상이나 현시로 체험되는 것이었다고 해도, 임사현상을 체험한 사람은 이전과는 분명히 다른 의식과 가치관을 지니게 되었다는 보고가 많다. 임사체험의 진위 여부에 대해서는 여전히 논란과 비판이 많지만, 임사체험이 당사자들의 삶에서 말할 수 없이 중요한 전환점이 됐음은 이견이 없는 사실이다. 그렇다면 임사체험은 그 자체만으로도 연구해볼 만한 충분한 가치가 있다는 생각이 든다.[38] 임사체험을 믿지 않는 사람들은 어떠한 증거를 제시해도 우연의 일치, 환상 혹은 환영이라고 치부할 것이기 때문에 사실상 이들을 설득할 방법이 없을 수도 있다. 이들을 향해 퀴블러-로스는 "다른 사람들을 확신시키려 할 필요는 없다. 왜냐하면 어쨌든 그들도 죽을 때 그 사실(사후생이 존재한다는 것)을 알게 될 테니까"라고 일침을 놓았다.[39]

임사체험과 사후생의 증언을 마무리하면서 다시금 죽음에 대한 정의의 문제를 생각해본다. 활발하게 움직이던 뇌가 멈추고 힘차게 뛰던 심장도 멈춘다면, 이제 정말 돌이킬 수 없는 죽음이라고 말할 수 있는가? 무엇을 죽음이라고 부를 수 있는지, 그 정확한 해답은 아직도 밝혀지지 않고 있다. 죽음의 정의가 새로워지는 시대를 살아가는 우리는 이제 어느 곳을 죽음의 다음 지점이라고 짐작할 수 있겠는가? 그리고 죽음을 판단하는 기준은 앞으로 얼마나 더 바뀌어갈 것인가? 어쩌면 우리는 죽음을 이전 세대와 전혀 다르게 생각해야 할지도 모를 일이다. 즉 죽음은 우리의 의식에서 일어나는 현상과 그 과정을 통해 새롭게 정의될 수도 있

---

38) 최준식, 『죽음, 또 하나의 세계』, 261.
39) E. Kübler-Ross, 『사후생: 죽음 이후의 삶의 이야기』, 26f.

을 것이다. 왜냐하면 우리는 인간의 사망 후에도 의식이 지속되는 일이 여러 과학적·의학적 연구들을 통해 밝혀지고 있는 대단히 경이로운 시대 속에 살고 있기 때문이다.

안락사와 존엄사가 서로 혼용되거나 오해되는 현실 속에서 양자 사이의 오
랜 논쟁의 역사와 이를 대하는 다른 나라들의 사례, 안락사와 존엄사를 둘
러싼 우리나라의 상황을 살펴보며, 진정한 의미의 존엄한 죽음을 구현하기
위해 오늘날 심각한 현안 중 하나인 안락사 문제를 극복할 수 있는 최선의
대안을 모색하고자 한다.

1. 안락사와 존엄사: 서로 혼용되는 현실

안락사, 존엄사, 의사 조력 자살, 무의미한 연명의료 중단 등 죽음과 관
련한 여러 용어가 우리 사회에서 혼재되어 사용되고 있다. 그런데 이 용
어들이 정확한 의미 규정과 개념 구분 없이 사용되고 있어서 우리 국민
의 사회적 합의 도출을 이끌어내는 데 혼선을 빚고 있다. 우리 국민이 아
직 이 용어들을 올바로 구분하지 못한다는 것은 이에 대한 기본적 이해
와 공감대가 부족할 뿐만 아니라, 사회적 인식과 제도적 기반이 미비함

을 반증하는 것이다.[1] 크게 구분해 안락사와 존엄사, 이 용어들에 대한 이해의 부족과 오용이 죽음을 대하는 우리나라의 사회적·제도적 취약성을 드러내고 있는 상황 속에서 이들을 제대로 이해하기 위해 함께 논의해나가는 노력이야말로 우리 국민의 죽음의 질 개선을 향한 가장 확실한 출발점일 것이다.[2]

안락사와 존엄사는 과연 무슨 의미이고 또 서로 어떻게 다른가? 일각에서는 존엄사라는 용어가 안락사에 대한 오해를 불식시키기 위한 과정에서 파생된 표현이어서 소극적 안락사를 미화시키는 용어에 불과하다는 지적도 많지만, 안락사는 존엄사와 그 의미와 의도에서 엄연히 서로 다른 개념이다.[3] 일반적으로 안락사는 불치병이나 만성질환의 말기상태에 있는 환자의 고통에 마침표를 찍어주고자 통증 없이 사망에 이르게 하는 조처다. 따라서 극심한 통증으로 인해 고통을 받고 있는 환자의 요청에 따라 의사가 독극물을 투여하거나 다른 수단을 제공하여 환자의 자살을 돕는 이른바 의사 조력 자살은 안락사의 또 다른 형태다. 안락사와 의사 조력 자살은 인위적으로 환자의 죽음을 앞당긴다는 측면에서 동일한 종류의 행위라고 말할 수 있다.

그런데 의학계에서는 타자에 의한 인위적 죽음인 안락사를 적극적 안락사와 소극적 안락사로 구분하고 있다. 적극적 안락사는 치료가 불가

---

1) 윤영호, 『나는 죽음을 이야기하는 의사입니다』, 65f.
2) 지난 2010년 OECD 주요 회원국 40개국을 대상으로 한 죽음의 질 조사 결과에 따르면, 한국은 최하위인 32위(3.7점)에 불과했다. 참고로 1, 2위는 영국, 호주(7.9점), 3위는 뉴질랜드(7.7점), 4, 5위는 아일랜드, 벨기에(6.8점), 9위는 미국(6.2점), 23위는 일본(4.7점)이다: "The quality of death Ranking end-of-life care across the world," 「Economist Intelligence Unit」(2010).
3) 나가오 카즈히로, 『평온한 죽음』, 33, 43.

능한 질병으로 고통받는 환자가 요구할 경우 인위적 방법—통상 치사량의 약물을 사용—으로 죽음에 이르게 하는 행위인 데(이와 관련한 대표적 사례는 잭 케볼키언 사건이다) 반해, 소극적 안락사는 환자의 생명유지에 필수적인 영양 공급 및 약물 투여와 같은 의료를 중단함으로써 환자를 서서히 죽음에 이르게 하는 행위다(이와 관련한 대표적 사례는 테리 쉬아보 사건). 양자는 환자의 수명을 인위적인 방법으로 단축시킨다는 의미에서 공통적이라고 말할 수도 있지만, 전자가 거의 모든 국가에서 범법행위로 금지된 조처인 데 반해, 후자는 사회와 국가에 따라 합법적 행위로 간주되기도 한다.

잭 케볼키언 사건: 잭 케볼키언J. Kevorkian은 '머시트론'mercitron(환자가 스스로 치사량의 약물을 주입하여 자살하는 것을 돕는 기계)을 발명하여 1990-1998년에 130여 명의 환자를 안락사시킴으로써 '죽음의 의사'로 불렸다. 이후 그는 네 차례나 살인혐의로 기소되었지만, 번번이 증거 불충분으로 석방되었다. 구치소에 수감당할 때마다 항의 표시로 단식 투쟁을 벌였던 그는 "나는 인간의 존엄성을 위해 나의 일생을 바쳤다"면서 자신의 행위가 신념에 바탕을 둔 정당한 행위임을 주장하기도 했다.

테리 쉬아보 사건: 1990년 테리 쉬아보T. Schiavo는 26세의 젊은 나이에 심장 마비로 쓰러져 의식불명 상태에 빠졌는데, 그녀의 남편 마이클이 아내의 진료 차트에서 '소생시키지 마시오'라는 글귀를 발견한 후 아내에게 영양소와 수분의 공급을 중단할 것을 법정에 요청하였

다. 당시 판사는 남편의 요청을 받아들여 테리가 기아와 탈수로 죽음에 이르는 것을 허락했지만, 재판은 여기서 끝나지 않고 치열한 법정 공방전을 이어갔다. 이는 테리의 부모가 딸이 소생할 수 있다는 희망을 포기하지 못해 환자의 영양소와 수분 공급 중단을 강하게 반대했기 때문이었다. 결국 2005년에 이르러서야 테리는 영양 공급관을 떼어내고 숨을 거둘 수 있었다. 의료 소송 판례가 풍부한 미국에서도 가장 큰 논란을 일으켰던 이 사건은 법정 공방이 10년 이상 이어지면서 종교 단체, 미국 의회와 대통령까지 나서며 존엄사 논란의 태풍을 몰고 왔지만, 환자 가족에게는 아물 수 없는 상처만 남겼다.

종종 안락사와 혼동되어 사용되는 존엄사를 가리키는 공식적인 용어는 '말기 환자의 무의미한 연명치료의 중단'[4]이다. 즉 존엄사는 소생이 불가능한 환자에게 의미 없는 연명의료를 더는 시행하지 않는 것이다. 다시 말해 존엄사란 말기 환자가 돌이킬 수 없는 죽음에 임박했을 때 생명을 연장하거나 환자의 삶의 질을 높이는 데 의학적인 행위가 의미 없다고 판단되는 경우 연명적 의료행위를 중단하는 것이다. 연명적 의료행위란 생명유지를 위해 기계적·인위적으로 시행하는 의료행위를 말한다. 여기에는 심폐소생술, 인공호흡기, 혈액투석, 항암제 투여 등이 포함된

---

4) 지금까지는 '말기 환자의 무의미한 연명치료의 중단'이라는 말을 써왔는데, 2013년 8월 1일 국가생명윤리위원회가 '임종기 환자의 연명의료 결정'이라는 표현을 사용할 것을 권고하였다. 그 이유는 오해의 소지가 많은 '말기'보다 '임종기'가 더 정확한 표현이고, '무의미한'이라는 단어 자체가 가치중립적이지 않기 때문이다. 또한 긍정적 의미를 지닌 '치료'를 하지 않겠다는 것이 비윤리적인 것으로 잘못 받아들여질 소지가 있으며, 의사 입장이 일방적으로 반영된 '중단'이라는 표현보다는 환자 입장이 반영된 '결정'이라는 용어가 더 적합하기 때문이다.

다. 존엄사는 인간적 삶을 살 수 있도록 의학적 치료에 최선을 다했음에도 불구하고 돌이킬 수 없는 죽음이 임박했을 때 의학적으로 무의미한 연명의료를 중단함으로써 질병에 의한 자연적 죽음을 받아들이는 것인데, 이는 인간으로서 지녀야 할 최소한의 품위와 존엄성을 지키면서 죽음을 맞이하도록 하기 위해서다. 이때는 의학적 치료가 그 이상 생명을 연장할 수 없기 때문에 무의미한 연명의료를 중단하더라도 그 의료행위의 중단으로 생명이 더 단축되는 것을 의미하지는 않는다.[5]

본래 '존엄사'라는 단어는 의학 전문용어가 아니라, 일반인에게 죽음의 의미를 알기 쉽게 전달하기 위해 언론에서 먼저 사용하기 시작한 용어다. 우리나라에서 안락사와 존엄사 논쟁을 촉발한 '세브란스 병원의 김 할머니 사건'(2009년)에 내린 1심과 2심 그리고 대법원 판결문에는 존엄사라는 단어가 사용되지 않고 단지 '연명의료 중단' 또는 '무의미한 생명연장'이라는 용어가 사용되었는데, 이를 보도한 언론이 '존엄사'로 표현한 것이다. 이는 일본이 존엄사 제도를 받아들이기 위해 사용한 용어를 우리 언론이 그대로 사용한 것이라고 볼 수 있다. 일본이나 우리 언론은 존엄사라는 용어를 '환자의 죽음을 방지하기 위해 의학적으로 최선의 노력을 다했음에도 불구하고 돌이킬 수 없는 죽음이 임박했다면, 무의미한 의학적 연명의료를 중단하고 인간의 품위와 존엄성을 지키면서 자연스럽게 죽음을 맞이하게 한다'는 의미로 사용했는데, 이는 안락사를 허용하는 미국의 존엄사와는 다른 개념이다.[6]

안락사와 존엄사가 서로 혼동되는 혼란스러운 상황의 배후에는 말기 환자의 죽음과 관련해 1976년 미국에서 '자연사법'Natural Death Act, '존

---

5) 윤영호, 『나는 한국에서 죽기 싫다』, 203.
6) 문국진, 『주검이 말해주는 죽음, 시활사』, 138f, 250f.

엄사법'Death with Dignity Act이라는 법안이 통과된 사건이 있다. 이 법안에는 일정한 요건을 갖춘 말기 환자가 의사의 처방을 받아 극약을 복용함으로써 자살하는 것—안락사, 의사 조력 자살—을 허용한다는 내용이 들어 있었다. 당시 이 법안에 충격을 받은 미국인들이 반대하고 나서자 언어 구사에 능한 정치인들은 서둘러 사태를 무마하고자 '존엄사'라는 용어를 제시했다. 그런데 미국에서 통용되는 존엄사의 원래 뜻은 문자 그대로 '존엄한 죽음'을 의미하는 것이 아니라 안락사의 의미를 내포하고 있었다. 즉 '존엄'이라는 단어가 사용되어 미화된 이미지를 풍기지만, 실제로는 '의사 조력 자살', 곧 안락사와 동일한 의미였던 것이다.[7] 특히 2014년 11월 3일 국내 언론에 '존엄사'로 보도된 브리트니 메이나드B. Mzynard의 죽음은 엄밀히 말해 '안락사'의 성격을 가진다.[8] 이처럼 언론이 안락사와 존엄사를 혼용해 사용하는 것은 우리 국민으로 하여금 양자에 대한 올바른 이해를 가로막는 요인으로 작용할 수 있다.

일반적으로 적극적 안락사와 존엄사는 어느 정도 식별이 가능한데, 문제는 소극적 안락사와 존엄사의 구별이 다소 애매모호하다는 점이다. 사람들이 소극적 안락사와 무의미한 연명의료 중단을 혼동하는 이유는, 양자가 모두 불가항력적으로 죽음을 받아들일 수밖에 없는 상태에서 선택된다는 점 때문일 것이다. 그러나 죽음이란 자연적 질서에 따르는 것

---

7) 문국진, 『주검이 말해주는 죽음, 시활사』, 138f.
8) 말기암으로 투병하던 29세의 미국인 메이나드는 2014년 10월 6일 자신이 원하는 일시에 "의사가 처방한 약을 먹고…세상과 작별하겠다"는 내용의 동영상을 유튜브에 올린 후, 11월 2일 이를 실행에 옮겼다. 이 사건에 대해 우리나라 언론은 일제히 '존엄사'로 보도했는데, 이는 우리나라의 관념상 '존엄사'보다는 '안락사'에 가까운 죽음이다. 즉 의사가 처방한 극약을 먹고 사망하는 죽음은 적극적 안락사 내지 의사 조력 자살인 것이다. 이에 반해 우리나라에서의 '존엄사'는 말기질환 상태에서 무의미한 연명의료를 거부함으로 자연사를 지향하는 죽음이다.

이지, 인간의 선택 사항이 아니라는 것이 오늘날 국내 의료계가 인위적 죽음 곧 안락사를 반대하는 이유인데, 바로 이것이 존엄사가 견지하는 입장이다.

단적으로 말하면, 안락사와 존엄사의 차이는 인위성의 여부에 달려 있다. 곧 소극적 안락사가 환자의 생명유지에 필수적인 영양 공급을 중단하는 반면, 존엄사는 영양 공급은 유지하면서 환자가 자연사하도록 유도하는 것이다. 혹자는 인공호흡기를 제거하면서 영양 공급을 계속하라는 게 오히려 환자의 고통만 연장하는 비인간적인 처사가 아니냐고 반문할 수도 있겠지만, 이것은 그리 간단히 말할 수 있는 문제가 아니다. 인공호흡기로 인한 고통을 덜어주고 환자에게 해가 되지 않는 범위에서 하는 영양 공급은 환자가 자연스럽게 죽음에 이르도록 하는 조처일 따름이다.[9] 물론 임종기에 접어든 환자들에게 영양 공급이 때로는 상태를 더 악화시킬 수도 있으므로, 이는 상황에 따라 매우 조심스럽고 세심하게 대처해야 할 문제다.[10]

대부분의 소극적 안락사 찬성론자들은 적극적 안락사를 다음의 세 가지 이유 때문에 반대한다. 첫째, 불치병 환자가 고통에 못 이겨 적극적 안락사를 선택하는 경우라 해도 불치병이라는 판단 자체가 오진일 수

---

9) 윤영호, 『나는 죽음을 이야기하는 의사입니다』, 73.

10) 사실 자연사 및 평온사를 맞으려는 경우 탈수는 해롭지 않다. 탈수 상태에서는 몸 전체가 에너지를 줄이는 모드가 될 뿐만 아니라, 심장에 부담을 주지 않고 심부전이 일어나지 않으며 호흡곤란도 없기 때문이다. 게다가 부종이 적고 흉수나 복수로 고민하는 일도 없다. 빈혈도 말기 환자에게는 그다지 나쁘지 않은데, 암세포에게 공급되는 혈액이 줄면 암의 진행도 늦춰지기 때문이다. 하지만 많은 물과 영양을 인공적으로 넣으면 암이 급성장할 뿐만 아니라, 흉수나 복수, 장폐색, 구토, 호흡곤란 등 고통이 가중될 수 있다. 그러므로 임종기 환자에게 고칼로리 투여는 도리어 수명을 단축시킨다는 게 정설이다. 이때는 사람의 몸의 순리에 따라 자연적으로 에너지를 줄여가는 것을 지켜보는 용기가 필요하다: 나가오 카즈히로, 『평온한 죽음』, 66, 137ff.

있고 향후 치료법이 개발될 수도 있다는 점, 둘째, 현대 의학에서 대부분의 육체적 고통은 조절될 수 있다는 점, 셋째, 환자가 적극적 안락사를 선택하는 판단을 신뢰할 수 없다는 점이다. 그런데 소극적 안락사 찬성론자들도 윤리적 결함에서 결코 자유로울 수 없다. 그 이유는 첫째, 의학적 판단의 불완전성을 인정한다면 소극적 안락사를 선택한 의학적 판단 또한 예외일 수 없다는 점, 둘째, 대부분의 육체적 고통이 조절될 수 있다면 굳이 소극적 안락사를 선택하여 죽음을 앞당길 필요가 없다는 점, 셋째, 적극적 안락사를 택한 환자의 선택이 의심스럽다면 소극적 안락사를 의뢰한 환자의 판단도 신뢰하기 어렵다는 점이다.[11]

2. 안락사와 존엄사에 대한 오랜 논쟁의 역사

본래 '안락사'euthanasia라는 단어는 '좋은 죽음'good death(훌륭한 죽음, 선의의 죽음)을 의미하는 그리스어에서 유래한 것으로서, 17세기 초 영국의 철학자 프랜시스 베이컨Fr. Bacon에 의해 처음으로 사용되었다.[12] 하지만 안락사라는 용어가 근대에 이르러 최초로 등장했다고는 하지만, 그 개념은 이미 수천 년 전부터 전해 내려온 유구한 역사를 갖고 있다. 자살이라

---

11) 윤영호, 『나는 죽음을 이야기하는 의사입니다』, 72f.

12) 프랜시스 베이컨은 『카이사르 가의 인물들의 생애』(*The Lives of the Caesars*)에서 로마 역사가 수에토니우스(Suetonius) 이후 최초로 '안락사'라는 단어를 사용했다. 또한 베이컨의 『뉴 아틀란티스』(*The New Atlantis*)에는 중증 환자들이 순조롭고 편안하게 생을 마감하도록 도움을 제공하는 의사들의 모습이 묘사되어 있다. 그런데 베이컨과 수에토니우스가 말하는 안락사란 의사가 극약을 써서 환자의 죽음을 앞당기는 행위가 아니라, 환자의 육체적 고통을 덜어주어 그가 좀 더 편안하게 죽음을 맞이하도록 도와주는 행위다: I. Daubigin, 『안락사의 역사』, 49f.

는 죽음의 방식이 인류 역사 속에 늘 존재했듯이, 안락사라는 죽음 방식과 그 개념 자체도 인류가 죽음에 대해 심각하게 고민해온 역사와 함께 늘상 있어왔다고 해도 과언이 아니다. 이를 입증하듯이 자살과 안락사에 대한 찬반양론의 팽팽한 대립 국면은 인류사에서 가장 오랜 논쟁의 역사를 가진다. 여기서는 자살과 안락사를 둘러싼 논쟁의 역사를 살펴보고자 한다.

먼저 고대 그리스와 로마에서는 조력 자살과 안락사가 사회적으로 용인된 평범한 행위이자 법적으로 허용된 행위였다.[13] 당시 환자들은 종종 자신의 죽음을 앞당기고자 스스로 의사들에게 독극물을 요청했고, 의사들은 환자들의 요청에 응했다고 전해진다.[14] 그리스 신화의 각 장면이 자살에 관한 일화로 가득하다는 사실은 자살과 안락사가 빈번하게 자행되었던 당대 그리스와 로마의 상황을 대변한다. 로마의 학자 플리니 디 엘더Pliny the Elder는 자살할 수 있는 능력이란 신이 인간에게 주신 '가장 큰 선물'이라고 확신하는 가운데 인간이 스스로 죽음을 선택할 수 있는 자유가 있다는 것은 곧 자율성에 대한 증거이자 삶에 대한 인간의 통제력을 의미한다고 생각했다.[15] 로마 시대 스토아학파 작가 가운데 안락사를 몸소 실행한 인물로 알려진 세네카Seneca는 "생명을 연장하는 행위와 죽음을 연장하는 것은 큰 차이가 없다. 하지만 만일 육체가 그 기능을 다하지 못하게 된다면, 고통받는 영혼을 놓아주지 못할 이유가 무엇이란 말인가? 또 그리하기로 마음을 정했다면 궁극의 마지막 순간이 다가오기 전에 실행에 옮겨야 마땅할 것이다"라고 말하면서 안락사를 옹호하

---

13) I. Daubigin, 『안락사의 역사』, 24f.
14) M, King, 『거의 모든 죽음의 역사』, 272.
15) I. Daubigin, 『안락사의 역사』, 25f.

는 입장을 대변했다.[16]

한편 에피쿠로스학파와 피타고라스학파는 안락사에 대해 이의를 제기했다. 특히 BC 5-3세기경에 기록된 것으로 추정되는 '히포크라테스 선서'에는 조력 자살이나 안락사를 금지하는 조항이 있는데, 여기서는 죽어가는 환자의 생명을 연장하는 의료행위를 삼가도록 권하고 있을 뿐만 아니라 조력 자살이나 안락사를 반대해야 할 의사의 자세를 권고하고 있다. "나는 누구에게도 죽음으로 이어질 수 있는 약품을 제공하지 않을 것이고, 이런 행위를 제안하지도 않을 것이다." 히포크라테스 선서의 안락사 금지 조항은 안락사가 너무나 빈번하게 자행되었던 당시 관습에 대한 일종의 반발이었던 것으로 보인다. 이처럼 일각에서 안락사를 반대하는 여론이 강하게 일었음에도 불구하고, 그리스와 로마의 의사들은 이에 개의치 않고 환자들의 안락사 요청을 거부하지 않은 것으로 알려졌다. 그리하여 자살과 안락사 행위는 기독교 시대가 도래하기 전까지 아무런 제지를 받지 않고 계속해서 시행되었다.[17]

그러나 AD 4세기 이후 기독교의 공적인 등장은 자살과 안락사 역사에 결정적인 획을 그었다. 즉 기독교가 그리스-로마 세계의 국교로 제정되고 기독교적 세계관과 가치관이 강력한 영향력을 행사하면서, 자살과 안락사를 너그럽게 용인하던 사회 분위기는 급속도로 퇴조하게 되었다. 사실 자살과 안락사에 대한 강력한 반대 입장은 이미 기독교 등장 이전

---

16) 세네카와 함께 로마의 작가 리바니오스(Libanios)도 안락사에 대해 다음과 같이 말했다: "더 이상 삶을 지속하고 싶지 않은 자는 원로원에 사유를 고하고 허가를 받은 다음 생을 저버릴 수 있다. 자신의 존재가 저주스러운 자여, 죽음을 택하라. 운명과 술, 독이 당신을 압도한다면, 비탄에 잠식당한 자여, 생을 포기하라. 불행한 이는 그의 불운을 털어놓고 재판관은 구제책을 내놓을지니, 그의 비참한 삶은 종국을 맞이하리라": I. Daubigin, 『안락사의 역사』, 272f.에서 인용.

17) I. Daubigin, 『안락사의 역사』, 273.

에 로마 제국에 널리 퍼져 있던 수많은 유대교 집단을 통해 제기되었지만, 점차로 로마 세계에서 신자 수가 늘어가던 기독교와 통합하면서 자살과 안락사에 대한 사회 전체의 입장을 대변하게 되었다.[18] 유대-기독교는 하나님이 주신 생명의 신성함을 지향하면서 자살과 안락사를 신성모독으로 간주하고 이를 혹독히 비판하였다. 특히 초기 기독교의 가장 대표적 교부 아우구스티누스는 『신국론』*De Cicitate Dei*을 통해 스스로 삶을 빼앗는 행위의 사악함에 대해 질타했다. 자살을 죄악으로 여기는 기독교적 입장을 최초로 관철한 그의 가르침은 기독교 역사에 지대한 영향을 주었으며 오늘날까지 대다수 그리스도인에게 추앙받고 있다.[19]

자살과 살인을 동일시했던 아우구스티누스의 입장은 이후 중세를 주도함으로써, 중세 시대 내내 자살과 안락사는 끔찍한 죄악으로 간주되었다. 가장 위대한 중세 신학자로 손꼽히는 토마스 아퀴나스는 『신학대전』 *Summa Theologiae*에서 논리적인 분석을 통해 자살을 정당화하는 모든 의견을 철저하게 반박했다.[20] 그 외 아벨라르*P. Abélard*, 둔스 스코투스*D. Scotus*,

---

18) I. Daubigin, 『안락사의 역사』, 31f.

19) 아우구스티누스는 자살을 금하는 이유를 두 가지로 설명했다. 첫째, 자살은 '자신에 대한 살인'이므로 '살인하지 말라'는 계명에 분명히 저촉하며, 둘째, 인간에게는 일시적 고통으로부터 해방되기 위해 생명을 포기할 권리가 없으므로 자살은 정당화될 수 없다. 이러한 아우구스티누스의 영향으로 서구 기독교 교회는 공의회들을 통해 자살자들의 처벌을 결의한 가운데 자살자를 위한 장례미사 및 추모미사, 중보기도 금지령 등을 공식화할 뿐만 아니라, 자살자들의 파문과 성찬예식을 금지하는 교회령 등을 선포하기도 하였다: 곽혜원, 『자살문제, 어떻게 할 것인가』, 165f.

20) 토마스 아퀴나스가 제시한 자살이 죄가 되는 이유는 다음과 같다. 그는 첫째, 자기애의 자연의 법칙에 역행하는 행위이고, 둘째, 공동선과 사회에 손해를 끼치거나 모독이 될 수 있는 행위이며, 셋째, 생명에 대해 절대권을 행사하는 하나님의 권위를 침해하는 행위이므로 절대로 허용될 수 없다고 강변하였다. 이러한 그의 입장은 자살을 금기시하는 중세 유럽의 근간을 이루었으며, 자살자들을 비난하는 사회·문화적 주류를 형성하게 만들었다: 곽혜원, 『자살문제, 어떻게 할 것인가』, 166.

솔즈베리의 존John of Salsbury, 장 뷔리당J. Buridan 등도 모두 자살과 안락사를 강력히 반대하는 편에 섰다. 당대 일부 작가들의 작품을 제외하고는, 자살과 안락사를 비판한 기독교의 가르침을 크게 거스를 만한 움직임은 관찰되지 않았다.[21] 따라서 자살과 안락사에 대한 기독교의 입장은 중세기 전체를 대변하는 입장이 되었고 이후 천 년간 견고한 입지를 구축했다. 그리하여 기독교가 지배하는 서구 유럽에서 자살이나 안락사에 대한 논의는 설 자리를 잃었을 뿐만 아니라, 이를 실행한 사람들에 대해 지나치게 가혹한 형벌과 함께[22] 이들을 비난하는 사회적·문화적 분위기가 형성되었다.[23]

중세가 저물어가고 르네상스Renaissance의 기운이 싹트면서 자살과 안락사에 대해 관용하는 사회적 입장이 차츰 명확한 모습을 드러내기 시작했다.[24] 하지만 16-17세기는 과학에서부터 종교에 이르기까지 많은 분야에서 혁명적 변화가 일어났고 기독교의 전통적 윤리 체계가 근본적 변화를 겪을 수밖에 없었던 격동의 시기였음에도 불구하고, 생명의 존엄성에 대한 믿음을 비롯한 기독교의 기본적 윤리 원칙은 변함없이 그 지위를 유지하고 있었다.[25] 또한 당시 자살문제에 대한 해법을 모색하기 위한 기록들이 엄청나게 쏟아져 나왔지만, 자살에 대한 기독교 윤리와 도

---

21) M, King, 『거의 모든 죽음의 역사』, 274.

22) 자살자들이 받았던 형벌에 대해 곽혜원, 『자살문제, 어떻게 할 것인가』, 167ff.; É. Durkheim/황보종우 옮김, 『자살론』(서울: 청아, 2008), 415ff.; G. Mischler/유혜자 옮김, 『자살의 문화사』(서울: 시공, 2002), 63을 참고하라.

23) 곽혜원, 『자살문제, 어떻게 할 것인가』, 167; 이진홍, 『자살』(서울: 살림, 2006), 31.

24) I. Daubigin, 『안락사의 역사』, 44.

25) 특히 과학의 눈부신 발전을 이룩하면서 혁명을 일으켰던 선구자들(코페르니쿠스, 케플러, 갈릴레오, 뉴턴 등)은 다양한 지적 논의를 불러일으켰지만 기독교 윤리의 기본 가치를 흔들지는 못하였다: I. Daubigin, 『안락사의 역사』, 47.

덕규범을 흔들지는 못하였다. 이러한 상황은 기독교계에서도 마찬가지여서 마르틴 루터와 장 칼뱅을 위시한 종교개혁자들은 로마 가톨릭의 수많은 의식과 교리를 혹독히 비판했지만, 자살과 안락사를 반대하는 가톨릭의 전통적 입장만은 여전히 고수했다. 그리하여 개신교와 가톨릭 모두 자살과 안락사가 용서받을 수 없는 죄악이라고 믿는 데에는 이견이 없었다.[26]

그러나 18세기에 기독교를 날카롭게 비판하면서 등장한 계몽주의가 기독교 세계를 강타하면서 자살과 안락사를 둘러싼 상황은 반전을 맞이했다. 계몽주의가 확산되면서 기독교 정신에 정면으로 배치되는 '죽을 수 있는 권리'라는 현대적 개념이 등장한 것이다. 당시 자살은 서구 지식인들 사이에서 가장 치열한 논쟁의 주제로 부각되었는데, 특히 당대 뛰어난 지성인들─볼테르, 몽테스키외, 달랑베르, 흄 등─은 자발적 죽음을 정당화하면서 안락사를 합리적인 관점에서 바라보는 입장을 표명했다. 이러한 움직임은 죽음을 대하는 서구인들의 태도에 획기적인 변화를 가져온 사건이자, 자살을 옹호했던 고대 그리스-로마적 신념의 부활이라고도 말할 수 있다.[27]

18세기가 저물어갈 무렵 이성과 지성을 지나치게 강조했던 계몽주의에 대한 반동으로 낭만주의가 태동하여 종교가 부흥하는 시기를 맞이하면서 다시금 자살과 안락사에 대한 비판이 거세졌다. 당시 종교 부흥에 큰 기여를 했던 감리교 창시자 존 웨슬리J. Wesley가 계몽주의자들의 자살에 대한 입장을 공격하면서 자살을 죄악시하는 기독교의 입장을 재차 천명했던 것이다. 웨슬리의 가르침을 따르는 감리교인들은, 자살을

---

26) I. Daubigin, 『안락사의 역사』, 46, 52.
27) I. Daubigin, 『안락사의 역사』, 57.

하도록 이끄는 것은 악마이고 뜨거운 신앙을 통해서만 이 악마의 유혹을 극복할 수 있다는 기독교의 정통 교리를 적극적으로 옹호했다. 시간이 지나면서 자살과 안락사를 비판하는 입장은 영미권 전체와 그 주변 세계로까지 더욱 확장되었다. 이에 자살에 대한 계몽주의자들의 논리는 힘을 잃었고, 안락사는 끔찍한 범죄로 취급되었다. 그래서 19세기 당시 다양한 질환과 전염병으로 인해 많은 사람이 한꺼번에 죽음을 당하고 삶이 신성하다는 종교적 관점에 강력히 대항하는 일들이 발생하는 와중에서도, 자살과 안락사의 합법화를 요구하는 주장은 제기되지 않았다.

하지만 20세기 초반이 되자 자살과 안락사에 대한 새로운 인식이 다시금 성행하기 시작했는데, 그 배후에는 의학기술의 눈부신 발전으로 말미암아 파생된 길고도 고통스러운 죽음의 과정에 대한 공포라는 새로운 변수가 놓여 있었다. 과학과 의학기술이 엄청나게 발달함으로 인해 인류는 이전 시대보다 평균 수명 연장과 장수의 꿈을 실현하기가 훨씬 수월해졌다. 그런데 인류가 겪는 사망의 형태가 과거의 급성질환에 의한 급사에서 만성질환에 의한 점진적 사망으로 바뀌면서 죽음의 과정이 길어진 것이다. 그뿐 아니라 때로는 무의미한 연명의료로 인해 환자 본인은 물론 가족들도 많은 고통을 겪게 되었다. 이러한 길고도 고통스러운 죽음의 과정을 단축하고자 하는 노력은 안락사에 찬성하는 거대한 흐름을 일궈내는 밑바탕이 되었고, 이로 인해 안락사와 존엄사라는 죽음의 방식에 대한 해묵은 논쟁에 다시금 불이 붙게 되었다. 지난 한 세기 동안 안락사를 둘러싼 논의는 크게 두 가지로 나뉘어 진행되었는데, 이는 다음과 같다.[28]

---

28) I. Daubigin, 『안락사의 역사』, 16f.

한편에서는 눈부신 발전을 거듭한 의학기술과, 인간 생명의 존엄성을 옹호하는 전통적인 도덕관을 융화시키려는 노력을 계속해왔다. 이 입장은 인간의 '죽을 수 있는 권리'를 주장하기보다는, 죽음을 목전에 둔 환자들에게 특별한 배려와 효과적인 치료를 제공하는 것을 더욱 중요하게 생각했다. 교황 요한 바오로 2세^{John Paul II}는 2004년 발표된 교서를 통해 이 입장을 지지하면서, 스스로 생을 마감하고자 하는 소망을 분명히 밝힐 수 없는 중환자들에게는 영양소와 수분 공급을 중단해서는 안 된다는 점을 명시했다. 21세기에 접어들면서 WHO(세계보건기구)에서도 이 입장을 수용하여 모든 사회 구성원이 통증 완화의료를 보장받을 수 있기 전에는 적극적 안락사와 조력 자살을 합법화하지 않도록 권고하고 있다.

그러나 다른 한편에서는 생물학적 범위, 실용적 기준, 과학에 대한 믿음, 인도적 의료행위, 자율성의 원칙 혹은 인간으로서의 기본 권리라는 관점에서 인간 생명의 가치를 논하고자 하는 이들이 위의 견해에 반대하는 입장을 표명하였다. 이 입장은 18세기 계몽주의나 19세기 후반 진화론의 대두와 같은 중요한 문화적 변화와 함께 역사 속에 등장했는데, 이후 20세기를 분기점으로 인간 생명을 연장할 수 있는 각종 의료기술과 장비가 혁신적으로 발전하는 상황 속에서 한층 더 공고해졌다. 이는 특히 현대 의학이 죽어가는 환자들의 수명을 연장할 수 있을 정도로 발전한 그 이면으로, 많은 사람이 인위적 수단에 의존해 겨우 목숨만 붙어 있는 비인간적인 삶을 연명할 수도 있다는 두려움이 엄습하면서 스스로 죽음의 시간이나 장소, 방식을 결정할 수 있는 권리를 보장하는 안락사 합법화를 지지하는 움직임으로 이어졌다.

사실상 안락사를 옹호하는 주장이 과학과 의학기술이 약진한 시기에 그 어느 때보다 활기를 얻었다는 점은 부정할 수 없을 것이다. 하지만 좀 더 깊이 생각해보면 과학과 의학기술의 발전만으로 이러한 주장이 힘을 얻었다고는 말할 수 없으며, 적어도 서구 사회에서는 자살과 안락사에 대한 전통적 유대-기독교의 입장에 반발하고 도전하려는 노력이 안락사 합법화 운동에 꾸준히 힘을 불어넣었다고 볼 수 있다. 21세기에 접어들면서 안락사에 대한 논쟁은 각 사회와 국가의 특수한 상황에 따라 다양한 방향으로 진행되었다. 즉 정치·경제·사회·문화적 배경이 서로 다른 여러 국가가 안락사와 존엄사에 대해 저마다 상이한 자세를 견지하게 되었다.

3. 안락사와 존엄사를 대하는 다른 나라들의 사례

안락사와 존엄사는 윤리적·종교적·법적·의학적 문제들이 복합적으로 얽혀 있는 사안이기 때문에, 대부분의 국가에서 적극적 안락사와 조력 자살은 법적으로 금지되어 있다. 전 세계적으로 많은 국가에서 존엄사, 곧 무의미한 연명의료 중단이 법적으로 용인되어가는 추세 속에서 적극적 안락사와 조력 자살은 극히 일부 국가들에서만 허용되고 있다. 먼저 네덜란드에서는 1970년대 이래로 조력 자살이 묵인되어 오다가, 2002년에 와서 '요청 및 조력 자살에 의한 삶의 종결 법안'에 근거하여 적극적 안락사와 조력 자살이 최종적으로 합법화되었다.[29] 현재 지구촌에서 특

---

29) 네덜란드는 적극적 안락사 시행을 위한 엄격한 기준을 두고 있는데, 안락사 시술에 필요한 법률 요건은 다음과 같다. 먼저 안락사를 신청하는 환자는 완전히 의식이 있어야 하고, 환자가 도저히 견딜 수 없을뿐더러 그칠 줄 모르는 고통에서 앞으로도 벗어날 가

별히 까다로운 조건 없이 적극적 안락사와 조력 자살을 허용하고 있는 나라는 네덜란드가 유일하다.

2002년 벨기에에서도 안락사가 합법화되었지만, 여기에는 전문의 두 명의 진단이 수반되어야 한다는 단서 조항이 첨부되어 있다. 2014년 2월에는 미성년자의 안락사를 허용하는 법 개정안을 통과시킴으로써, 벨기에는 네덜란드에 이어 세계에서 두 번째로 미성년자의 안락사를 허용하는 국가가 되었다. 2009년에는 룩셈부르크도 안락사를 허용했다. 미국에서는 1997년 오리건 주가 처음으로 주민투표를 통해 안락사를 허용한 이후, 2006년 미국 연방 대법원은 안락사 문제를 각 주가 자율적으로 규제하도록 판결했다. 이에 따라 2008년 11월과 12월에 각각 워싱턴 주와 몬태나 주 대법원이 존엄사—다시 한 번 밝히지만, 우리나라와 개념상의 차이가 있으며 실제로는 안락사를 의미—합법 판결을 내렸고, 2013년 5월 버몬트 주가 미국에서 네 번째로 안락사를 허용하는 주가 되었다. 미국은 2014년 현재 뉴멕시코 주를 포함한 다섯 개 주에서 안락사가 합법화되고 있다. 나머지 40여 개 주에서는 인공호흡기 제거와 같은 소극적 형태의 안락사를 허용하는 추세다.

이처럼 많은 나라가 적극적 안락사를 금지하는 대신 존엄사(혹은 무의미한 연명의료 중단)를 점차로 인정하는 분위기로 나아가고 있다. 1941년부터 조력 자살이 합법화된 스위스는 오늘날 비영주권자의 조력 자살을 허용하는 유일한 국가인데, 안락사를 공식적으로 합법화하지는 않

망이 없는 상태여야 하며, 안락사에 대한 의뢰는 자발적이고 심사숙고의 과정을 거쳐 이루어져야 하고, 환자와 의사는 모두 다른 대안적 치료법이 없다는 의견에 동의해야 한다. 거기에 마지막으로 의사, 법률가, 윤리전문가 등으로 구성된 전문위원회가 시행 여부를 판단해야 한다.

았지만 묵인하고 있다. 프랑스에서는 죽음을 적극적으로 선택하는 적극적 안락사와 조력 자살은 허용하지 않지만, 존엄사는 인정한다. 곧 1999년 477호법과 2005년 370호법 등을 통해 치료 불능 말기 환자의 '고통완화치료를 받을 수 있는 권리'를 폭넓게 인정함으로써 소극적 안락사와 존엄사의 권리를 인정하게 되었다. 2014년 6월에는 그동안 불법이었던 식물인간의 소극적 안락사와 존엄사를 허용했지만, 프랑스가 곧바로 적극적 안락사의 법제화로 나아가지는 않을 것이라는 전망이 지배적이다.[30]

영국에서는 1931년 킬릭 밀라드^{C. K. Millard}에 의해 최초의 '자발적 안락사 법안' 초안이 마련되었지만 1936년 무효 처리된 후, 1950, 1969, 1985, 1991, 1994년에 잇따라 기각되었다. 이 법안은 그 후 30년이 지난 2005년에 말기 환자들의 안락사와 조력 자살을 합법화하기 위해 의회에 제출되었는데, 적용 대상이 견딜 수 없는 통증에 시달리는 환자들로 제한되었다. 하지만 현재 영국 형법상에는 안락사를 법으로 금지하고 조력 자살을 최대 14년의 징역형에 처한다고 명시하고 있다. 오스트레일리아에서는 북부에서 한때 거의 2년 동안 안락사가 법적으로 허용되었지만, 1997년에 이르러 해당 법률이 폐지되었다. 이후 2006년 제정된 '환자자기결정법'에 따라 연명의료 중단을 제한적으로 허용하고 있지만, 환자가 미리 관련 의료상담을 받은 뒤 법적 유언을 남기고 담당 의사가 이를 확인했을 때에만 연명의료 중단이 가능하다.

독일은 안락사에 대해 매우 불편한 역사를 가졌는데, 이는 곧 과거

---

30) 프랑수아 올랑드(Fr. Hollande) 대통령은 대선 공약으로 '존엄하게 죽을 권리'를 검토하겠다고 말하면서 대선에 당선되었지만, 최근 가톨릭계의 강력한 반발로 인해 안락사와 조력 자살을 합법화할 가능성에 대해 부인하고 있다.

히틀러의 나치 정권이 육체적·정신적 장애인들에 대한 불임수술과 안락사를 시행했기 때문이다. 당시 600만 유대인의 죽음을 낳은 홀로코스트와 함께 안락사 프로그램을 통한 '살 가치가 있는 생명'과 '살 가치가 없는 생명'을 선별하는 일은 나치의 대표적인 악행이다. 따라서 독일은 안락사에 대해 매우 조심스러울 수밖에 없어 이를 살인행위로 처벌하고 있지만, 최근 들어 무의미한 연명의료에 대한 환자의 자기결정권을 중시하는 편이다. 다만 2009년에 개정된 민법은 환자의 사전 의료지시와 후견인 확인, 추정적 의사, 법원의 승인 등 엄격한 과정을 거쳐 연명의료 중단을 결정할 수 있게 한다. 오스트리아는 2006년 '환자자기결정법'에 따라 유언에 의한 연명의료 중단을 허용하고 있는데, 즉 환자가 미리 관련 의료 상담을 받은 뒤 법적 유언을 남기고 담당 의사가 이를 확인했을 때에만 연명의료 중단이 가능하다. 그 외에 유럽과 아메리카 대륙의 대다수 국가에서는 현재까지 조력 자살을 위시한 적극적 안락사를 불법으로 간주하는 가운데 존엄사가 법제화되어 있지 않다.

아시아에서도 안락사와 존엄사가 뜨거운 논란이 되고 있지만, 안락사와 조력 자살을 허용하는 곳이 전혀 없는 가운데 일본과 대만만이 존엄사를 허용하고 있다. 일본은 존엄사를 법제화하기보다 판례에 기초한 기준, 곧 '종말기(우리나라로 말하면 말기) 의료 결정 프로세스 가이드라인'을 2007년에 마련하였다. 일본에서는 말기 환자가 의료진으로부터 충분한 사전 설명을 들은 뒤 존엄사를 주체적으로 결정한다는 전제하에 사전의료의향서, 가족 등을 통한 추정적 의사 확인 및 대리 결정을 통해 무의미한 연명의료를 중단할 수 있도록 허용하고 있다. 대만도 '안녕완화의료조례법'(2000)을 통해 존엄사를 제한적으로 용인하고 있는데, 여기서 안녕安寧완화의료는 말기 환자의 고통을 줄이거나 없애기 위해 환자에게 육체적으로 큰 부담을 주는 심폐소생술을 시행하지 않는 것을 뜻한다.

4. 안락사와 존엄사를 둘러싼 우리나라의 상황

우리나라는 아직 안락사와 존엄사 관련 법률이 제정되지 않았기 때문에 법적인 공백을 비롯해 판례의 축적도 매우 미약한 형편이다. 이에 따라 그동안 무의미한 연명의료에 대한 명확한 사회적인 합의나 법적인 근거가 없어 논란이 대단히 많았다. 현재는 생명권을 포기하는 반인권적 행태라는 주장과, 환자와 가족 모두에게 고통이 큰 만큼 인정해야 한다는 의견이 팽팽히 맞서고 있다. 무엇보다도 아직도 제대로 된 '법'이 존재하지 않는다는 사실이 문제의 심각성을 보여준다. 어디까지가 정상적인 치료이고, 어디까지가 무의미한 연명의료인지, 어떤 경우에 지속하고 어떤 경우에 중단할지에 대해 명료한 기준과 절차가 없는 것이 현실이다.

1983년 대한의사협회와 대한변호사협회가 안락사를 주제로 공동 세미나를 개최한 이후 그동안 안락사와 존엄사에 관해 별다른 논의를 하지 않고 있다가, 1997년 12월 '보라매 병원 사건'을 계기로 안락사와 존엄사 논쟁이 본격화되었다. 그런데 우리나라 의료계에서 안락사와 존엄사 논란을 최초로 유발한 이 사건은 당시 뚜렷한 사회적인 합의 없이 어정쩡하게 마무리됨으로써 의료계에 엄청난 갈등과 분쟁의 불씨를 만들었다. 이 사건 이후 회복 불가능한 환자의 퇴원을 요구하는 가족과 형사처벌을 두려워하는 의료진과 병원 측이 이를 거부하면서 양자 간의 마찰이 끊이지 않게 되었기 때문이다. 실제로 이 사건의 여파로 그 후 병원의 동의 없이 환자의 생명을 끊는 가족의 범죄가 이어지면서 가해자 아닌 가해자를 낳았다. 또한 의료현장에서 환자와 가족의 의사에 반하는 방어 진료 혹은 과잉 진료가 일반적 관행이 됨으로써 우리 사회에 새로운 윤리적 갈등을 가져왔다. 전문가들은 이 사건에 대해 "당시 의료계는 법을 몰랐고, 법조계는 의료 현실을 몰랐다"라고 회고한다.[31]

보라매 병원 사건이 일어난 지 10년 후 '세브란스 병원 김 할머니 사건'(2009년)으로 안락사와 존엄사를 둘러싼 논란이 다시금 점화되었다. 2009년 5월 21일 대법원은 국내 최초로 존엄사를 인정했다. 곧 무의미한 연명의료는 환자의 인간으로서의 품위와 존엄성을 해칠 수 있으므로 식물인간 상태인 70대 여성의 인공호흡기를 제거하도록 판결한 것이다. 한편으로 이 사건은 우리 국민이 죽음의 방식을 진지하게 고민하도록 만든 계기를 마련했을 뿐만 아니라, 인간이 존엄하게 자연사할 수 있는 권리를 처음으로 인정했다는 점에서 향후 존엄한 죽음을 위한 제도적 장치 마련에 기여한 바가 크다. 그러나 다른 한편으로 김 할머니가 인공호흡기 제거 후 모든 국민의 예상을 깨고 6개월 이상 생존함으로써 의학적·법률적 판단의 한계와 함께 무의미한 연명의료 중단의 판단 기준에 대한 사회적 혼란이 가중되기도 했다. 특히 김 할머니가 식물인간 상태였기 때문에, 무의미한 연명의료 중단이라는 법원 판결의 첫 번째 대상으로 부적절했다는 지적이 거셌다. 더욱이 연명의료 중단에만 관심을

---

31) 사건 당시 인턴 의사로 유죄판결을 면했던 강문철 서울 원자력병원 흉부외과 과장은 "병원이 아니라 집에서 마지막을 맞고 싶어 하는 환자들도 있는데, 그 사건 이후 사실상 그런 퇴원이 불가능해졌다"라고 말한다. 또한 1심 유죄판결을 내렸던 권진웅 당시 서울지법 남부지원장은 이제야 의료진의 고민을 이해한다면서 정작 자신의 어머니는 "고령이고 회복 가능성이 없어 연명치료는 하지 않았다"고 토로하였다: 조선일보 특별취재팀, "한국인의 마지막 10년"(2부), 4회, 「조선일보」(2014.09.04).

갖느라 정작 임종 환자와 가족의 고통을 해결할 근본적 대책 마련에는 소홀해 우리 사회가 품위 있고 존엄한 죽음을 향해 진일보하는 계기를 만드는 데도 실패했다.[32]

보라매 병원 사건: 1997년 12월 4일 술에 취한 58세 남성이 넘어져 머리를 다쳤고 보호자 없이 병원으로 이송되었다. 의료진이 '일단 사람부터 살리고 보자'며 응급 뇌수술을 시행했다. 뒤늦게 연락받고 나타난 환자 부인은 인공호흡기에 의존해 생명을 유지하고 있는 남편을 보더니 병원비를 감당하기 어렵다며 퇴원시켜 달라고 요구했다. 담당 레지던트가 지금 퇴원하면 죽는다고 말렸지만, 부인은 "남편이 17년간 무위도식하며 가족을 폭행하더니 이렇게 됐다"며 막무가내로 나왔다. 처음에는 극구 만류하던 병원도 그녀가 고집을 꺾지 않자, '환자 사망 시 병원에 책임을 묻지 않겠다'는 각서를 받고서 퇴원을 허락했다. 결국 환자는 집으로 이송돼 인공호흡기를 제거한 지 5분 만에 호흡곤란으로 사망했다. 문제는 부인이 경찰서로부터 장례비를 받아내기 위해 남편을 병사病死가 아닌 변사變死로 위장 신고함으로 인해 경찰의 수사를 받게 되면서 불거졌다. 당시 검찰은 환자를 담당했던 신경외과 전문의와 전공의를 사법사상 처음으로 살인죄를 적용하여 불구속 기소하였다. 이 사건은 7년여에 걸친 검찰과 변호인 측 사이의 치열한 법리 논쟁 끝에 종결되었는데, 2004년 6월 24일 환자의 부인에게는 '부작위에 의한 살인'을, 담당 전문의와 전공의에게

---

32) 윤영호, 『나는 죽음을 이야기하는 의사입니다』, 71.

는 '작위에 의한 살인 방조죄'를 인정하였다. 이 사건 이후 보건복지부는 '의료서비스의 단절로 사망의 가능성이 있는 환자에게 퇴원조치를 해서는 안 된다'고 고지하였다.

세브란스 김 할머니 사건: 2008년 2월 당시 75세였던 김 할머니는 신촌 세브란스 병원에서 폐암 조직검사를 받다가 예상치 못한 과다출혈로 심정지가 된 후 뇌 손상을 입어 식물인간PVS 상태에 빠졌다. 이후 가족 측은 '기계장치로 수명을 연장하지 말라'는 것이 어머니의 평소 뜻이었다고 주장하면서 같은 해 5월 인공호흡기를 제거해달라는 소송을 냈다. 1년 만에 김 할머니는 국내 최초로 대법원에서 '무의미한 연명의료를 중단하라'는 판결을 받았는데, 1개월 뒤 2009년 6월 23일 인공호흡기에서 분리되고 나서도 무려 201일이나 생존하다가 2010년 1월 10일 유명을 달리했다.

당시 대법원은 김 할머니 사건을 판결하면서 연명의료 중단(존엄사)을 법제화할 것을 정부에 권고했으며, 이에 따라 정부는 2009년 각계 전문가로 구성된 사회적 협의체를 만들어 사회적 합의를 위한 논의를 시작하였다. 하지만 2010년 7월 연명의료 중단 대상 환자와 중단할 치료의 범위 등에 대해서만 의견을 모으는 데 그치고 입법화 논의는 중단되었다. 무의미한 연명의료 중단 문제가 다시 주목받은 것은 2012년 2월에 정부가 사회적 협의체 논의를 재개하고, 대통령 직속 자문기구인 '국가생명윤리심의위원회'(이하, '국생위')가 같은 해 11월 무의미한 연명의료 중단을 제도화하는 방안을 적극적으로 추진하라고 정부에 입법을 권고하면서였다. 2012년 12월 '국생위'는 환자의 자기결정권 보장과 의료현장에서 발생하는 혼란을 방지하기 위해 제도화가 반드시 필요하다는 인식 아래 무의미한 연명의료 중단의 제도화를 논의할 특별위원회를 구성했고, 이듬해 7월 특별위원회는 '연명의료 결정에 관한 권고안'을 확정하여 정부에 제정을 건의했다.

그런데 존엄사에 대한 정부 차원의 첫 합의 도출이 매우 어려운 과정을 거쳐 힘들게 나왔지만 논란의 소지가 다소 있었다. 물론 '연명의료 결정에 관한 권고안'이 연명의료의 결정 대상자에서 식물인간 상태의 환자를 배제하고 회생 가능성이 없고 치료에 반응하지 않으며 급속도로 악화하는 임종기 환자로 제한할 뿐만 아니라, 심폐소생술, 인공호흡기 등 특수 연명의료에 국한한 것은 부작용을 최소화하기 위한 조처로 평가받을 수 있다. 또한 연명의료의 결정에 대한 권고안이 환자의 자기결정권을 중시하여 스스로 자신의 죽음과 진료 방식을 결정할 권리를 갖도록 해야 한다고 명시한 데에도 큰 이견이 없어 보인다. 하지만 가장 큰 논란은 환자의 의사를 전혀 추정할 수 없을 때 가족 전원의 합의나 대리인에 의한 의사표시가 법적 효력을 갖는 것이 얼마나 정당하게 시행될 수 있는가의 문제다. 경제적 부담이나 유산 분쟁, 보험금 지급 등의 이유로 가족들이 서로 입을 맞추는 경우 환자의 의사가 왜곡될 뿐만 아니라 환자의 생명권 경시로 이어질 소지가 많기 때문이다. 여기서 최선책은 환자가 '사전의료의향서' 등을 통해 자신의 의사를 미리 명확히 밝혀 가족이나 의료진이 대리 결정하는 상황을 최소화하는 것이다. 이 외에도 생명 경시 풍조의 조장을 막을 제도적 보완이 절대적으로 요청된다는 지적이 우세하다.

또한 대리인조차 없는 고아, 독거노인, 무연고자나 노숙인 등은 병원

윤리위원회의 연명의료 중단 결정만으로 생명권을 포기해야 하는 상황에 맞닥뜨리는 것도 다소 문제가 있어 보인다.[33] 병원윤리위원회를 구성할 능력이 있는 의료기관은 전국적으로 10% 미만인 데다가, 이조차도 병원이 꾸림으로 인해 이해관계가 발생할 수 있어 객관성을 유지하기 어렵다는 지적도 만만치 않기 때문이다. 따라서 제삼자가 당사자의 합법적 죽음을 결정하는 것을 허용하는 이 권고안은 종교계와 환자단체 등의 거센 반발을 불러일으켰다. 이 단체들은 고아, 독거노인, 무연고자나 노숙인 등의 인권보호 차원에서 이들의 연명의료 중단 결정에 관한 최종 권한을 병원윤리위원회에 부여하는 것에 부정적 입장을 견지하는 가운데 정부에 적극적인 제도 보완을 요구하고 있다. 또한 대리인이 없는 경우 이해관계가 있는 병원에만 결정권을 맡기지 말고 연명의료 중단 결정의 적절성과 공정성을 재확인하는 별도의 공적인 감시기구를 추가로 더 가동해 재확인하도록 해야 한다는 주장이 나오고 있다.

　'국생위'가 제시한 존엄사 허용 조건 가운데 '회생 가능성이 없는 환자' 부분에 대해서도 의견이 분분하다. 환자가 회생 가능성이 있는지를 판단하는 기준이 모호해 자칫 오진 및 오판으로 존엄사를 남용하는 상황이 벌어질 수 있기 때문이다. 실제로 우리나라에서 최초로 존엄사를 인정한 사례인 김 할머니의 경우 병원이 연명의료를 중단한 이후로도 200일 넘게 생명을 유지함으로 인해 의료계와 법조계의 과실 여부를 두고 논란이 벌어지기도 했다.[34] '국생위'에서는 이번 권고안의 적용 대상이 '임종

---

33) 이런 주장이 나오는 이유는 병원윤리위원회를 병원이 꾸리므로 객관성을 유지하기 어렵다는 지적이 만만치 않기 때문이다. 이에 대리인이 없는 경우 이해관계가 있는 병원에만 결정권을 맡기지 말고 별도의 공적 기구를 추가로 더 가동해 재확인하도록 해야 한다는 주장이 나오고 있다.

34) 이 사실은 김 할머니가 의료계의 판단과 달리 인공호흡기 없이도 자발호흡할 수 있는

기' 환자에 국한되므로 큰 문제가 없을 거라고 주장하지만, 오진 및 오판 등 의료 사고나 의료 과실의 위험성은 상존한다. 그러므로 전문가들은 존엄사를 둘러싼 문제에서 가장 중요한 건 생명연장의 가능성이 없다는 의학적 판단이라고 주장하면서, 의료 사고나 의료 과실은 입증이 어렵기 때문에 존엄사를 법제화하는 과정에서 세부적인 판단 기준과 오용, 악용을 막기 위한 철저한 방안 등이 반드시 마련되어야 한다고 조언하고 있다.

2014년 7월 보건복지부는 10개월 동안 사회적 논의를 거친 '연명의료 결정에 관한 권고안'에 대한 결과를 '국생위'에 보고했다. 보건복지부의 당초 계획으로는 공청회 등을 통해 드러난 문제점들을 보완한 뒤 일명 '존엄사법'(연명의료결정법)을 서둘러 마련하여 이르면 2014년 2월 국회에 법안을 제출한 다음, 상반기 중 통과되면 실무 준비를 거쳐 2015년부터 시행하고자 하였다. 그러나 보건복지부가 사회적 논의를 취합하는 과정에서 의료계와 마찰을 빚고 또 학계와 종교계 내부에서도 의견 일치를 보지 못함으로 인해 존엄사 법제화 일정은 표류하고 있다. 하지만 존엄한 죽음을 위해 무의미한 연명의료의 중단에 대한 국민적 관심이 나날이 고조되는 상황 속에서[35] 존엄사 법안은 종교계와 여러 인권단체

<hr>

환자였고 존엄사의 대상이 아닐 수 있었음을 의미한다. 그러다 보니 말기 환자가 아닌 식물인간 상태인 환자에게 연명의료를 중단하라는 법원의 첫 판결이 나옴으로써 순서가 뒤바뀌었다는 지적이 나오게 되었다: 윤영호, 『나는 한국에서 죽기 싫다』, 180ff.

35) 한국갤럽이 2013년 8월 26일부터 29일까지 전국 만 19세 이상 남녀 1,208명에게 가족이 동의하면 무의미한 연명의료를 중단할 수 있도록 하는 것에 대한 찬반을 물은 결과 '찬성'은 78%, '반대'는 17%였으며, 5%는 의견을 유보하였다. 찬성 의견은 특히 40대 이상 중·장년층에서 80% 이상으로 높은 반면, 20대에서는 찬성이 상대적으로 낮은 67%, 반대 의견은 30%에 달하였다. 종교별로 보면 불교인(260명)의 82%가 무의미한 연명의료 중단에 찬성했으며, 개신교인(292명)의 74%, 천주교인(126명)의 76%, 무종교인(525명)의 78%가 찬성했다. 이러한 종교 간의 차이는 불교인 중에 고령자가 상대적으로 많기 때문으로 이 사안에 대한 종교별 견해차는 크지 않아 보인다.

의 반대에도 불구하고 결국 법제화 과정에 돌입할 것이다. 왜냐하면 현재 국내에서는 연간 3만 명이 넘는 환자들이 회복하기 어려운 임종기에 접어든 후에도 인위적 방법으로 생명을 연명하다가 매우 불행하게 생을 마감하는 것이 현실이어서 특단의 조처가 반드시 필요한 상황이기 때문이다.[36]

상황이 이러하다면 존엄사 법제화에 결사적으로 반대하기보다 임종기 환자와 그 가족들을 보호하고 이들이 현재 당면하고 있는 최악의 상황을 해결할 수 있는 최선의 방향으로 법제화가 이루어질 수 있도록 지혜를 모으는 일이 필요할 것이다. 또한 존엄사 법제화가 생명 경시 풍조를 조장하고 생명윤리에 일대 혼란을 주는 일이 없도록 철저히 감시해야 할 것이다. 생명윤리에 대해 매우 보수적인 관점을 보이는 로마 교황청조차 지난 1980년 치료 불가능한 임종 환자의 무의미한 연명의료 중단을 인정한 바 있다.[37] 사실 무의미한 연명의료를 중단하는 존엄사 법제화를 논하는 것은 무의미한 의료행위, 의료집착적 의료행위를 하지 않음으로써 환자로 하여금 자연스럽게 죽음(자연사)에 이르도록 유도하자는 것이지, 환자를 그냥 죽도록 방치하자는 것이 결코 아니다.[38] 환자가 도저히 회생할 수 없는 상황인데도 불구하고 생명연장의 의료기술만 과잉 공급하는 현상은 의료의 인플레이션이자 환자와 가족 모두에게 고통을 연장시키는 것에 불과하다. 이제는 이러한 의료적 상황을 차분히 숙고하면서 최선의 대책을 마련해야 할 시간이 되었다.

---

36) 보건복지부와 한국보건의료연구원의 조사결과에 따르면, 만성질환으로 오랜 기간 투병하다 숨지는 환자는 매년 18만 명인데, 이 가운데 3만여 명이 의학적으로 회복하기 어려운 임종기에 접어들고도 연명의료를 받는다고 한다.

37) 윤영호, 『나는 죽음을 이야기하는 의사입니다』, 54.

38) 윤영호, 『나는 한국에서 죽기 싫다』, 172.

존엄사 법안이 제정된 후에도 법으로서의 실제적인 효력을 발생하는 단계까지 나아가는 데에는 상당한 시간이 소요될 것이다. '죽음'에 대한 결정은 윤리적·종교적·법적·의학적 문제들이 복합적으로 얽혀 있는 데다가 충분한 논의를 통한 원만한 사회적 합의와 공론화 과정이 절대적으로 필요하기 때문이다. 따라서 이 기간을 통해 사회 각계각층의 의견을 최대한 수렴하고 보완함으로써 일반 국민들의 호응을 유도할 뿐만 아니라, 의료계와 종교계가 모두 수용할 만한 법안을 도출할 수 있도록 심혈을 기울여야 할 것이다. 갈수록 노령화되어가는 사회, 암처럼 인간을 죽음으로 내모는 치명적 질환이 급증하는 사회 현실에서 이제 죽음은 더 이상 개인사가 아닌 사회사의 범주에서 논의해야 할 대상이다. OECD 회원국 중 죽음의 질이 최하위권에 속해 있는 우리나라가 매우 불행하고 비인간적인 임종문화를 개선하기 위해서라도 바람직한 임종의료에 대한 좀 더 적극적인 사회적·공개적 논의가 필요하다.[39]

존엄사 법제화에 앞서 무엇보다 절실히 요청되는 것은 죽음 문화의 성숙과 죽음의 질 향상을 위해 영적·종교적·철학적으로, 또 생사학적으로 죽음에 대해 심층적으로 논의하는 일이다. 지금 우리 사회가 죽음을 바라보는 방식은 죽음의 영적·종교적·철학적 측면이 상당히 도외시되는 경향이 있는데, 이러한 상황 속에서 존엄사 법제화에만 초점을 맞추는 것은 상당히 위험한 발상이고 생명 경시 풍조의 확산을 야기할 가능성이 매우 농후하기 때문이다. 현재 우리나라는 존엄사를 받아들일 준비가 전혀 되어 있지 않은 상태에서 법제화만을 서두르는 것이 가장 큰 문제다. 죽음 문화가 성숙되지 않은 상태에서 존엄사를 법제화한다면 그야

---

39) 윤영호, 『나는 죽음을 이야기하는 의사입니다』, 193.

말로 사람들이 우려하는 대로 '현대판 고려장'이 될 가능성이 매우 크기 때문이다.[40] 삶이 중요한 만큼 그 마지막을 장식하는 죽음에 이르는 과정 역시 존엄하고 윤리적이지 않으면 생명 윤리는 큰 혼란을 빚을 수 밖에 없다. 죽음의 질이 향상되지 않은 상태에서 존엄사가 허용되면 오히려 생명 경시 풍조를 강화할 위험성이 있다는 것이다. 그러므로 존엄사 법제화를 서두르기에 앞서 우리 사회에서 죽음의 질 향상과 성숙한 죽음 문화의 정착을 위한 실제적 방안이 강력히 모색되어야 할 것이다.

아울러 우리는 안락사와 존엄사에 대한 우리 사회의 논의를 마무리 하면서, 우리 사회가 안락사의 요구 조건이 되고 있는 말기 환자들의 신체적·심리적·사회적·영적 욕구를 이해하고 극심한 통증과 고통을 완화하고자 하는 노력을 충분히 기울였는지 반성해보아야 할 것이다. 안락사나 존엄사를 비판하기 전에 임종기 환자들이 죽음의 과정을 고통스럽게 느끼지 않고 평화롭게 맞이할 수 있도록 인간적 돌봄이 충분히 선행되었는지 돌아보아야 할 것이다. 또한 연명의료 중단이라는 법적·윤리적 근거의 제도적 차원에 초점을 맞추기 전에 환자들의 고통과 가족의 경제적 궁핍과 정신적 피폐함을 외면하고 있지는 않은지 생각해보아야 할 것이다. 이러한 맥락에서 재정적 부담 때문에 말기 환자와 그 가족들이 안락사나 조력 자살을 선택하지 않을 수 있도록, 말기 단계의 막대한 의료 비용을 함께 나눌 수 있는 사회적·정책적 배려가 필요할 것으로 보인다.

---

40) 윤영호, 『나는 죽음을 이야기하는 의사입니다』, 213.

5. 안락사 문제에 대한 최선의 대안은 무엇인가?

말기 질환자나 임종기 환자들이 직면하는 가장 힘든 문제는 아마도 극심한 통증일 것이다. 도저히 감내하기 어려운 끔찍한 통증으로 인해 이들은 의료인이나 주변인에게 자신들을 죽여줄 것을, 곧 안락사를 요청하게 된다. 여기서 안락사에 대한 인류의 오랜 딜레마가 시작되었다고 볼 수 있다. 주지하는 바와 같이, 안락사 시술은 인류 역사에서 가장 오랫동안 존중되어 온 도덕률, 곧 '살인하지 말라'를 위배하는 시술이다.[41] 그러나 안락사가 인간으로서 지켜야 할 가장 기본적인 도덕률을 침해하는 행위임에도 불구하고 그토록 오랜 역사 동안 암암리에 시행되어왔던 것은, 극심한 통증 앞에 선 환자들의 처절한 간청을 차마 뿌리치기 어려웠던 상황과 긴밀하게 연관되어 있다고 해도 과언이 아닐 것이다. 이러한 맥락에서 안락사 문제를 해결하기 위해 노력하는 많은 전문가는 안락사 문제에 대한 우선적 해결 방안으로서 극심한 통증의 완화 혹은 제거를 제시하고 있다.

가령 말기암 환자들이 느끼는 암성 통증은 일반인들이 결코 상상할 수 없을 정도로 극한의 고통이다. 통증을 전혀 못 느끼는 0점부터 극도의 고통을 느끼는 10점까지 척도를 매겨 환자들에게 스스로 고통을 평가하게 하는 소위 '간이통증평가'brief pain index를 시행할 때, 말기암 환자들의 경우 7-10점 정도의 통증이 일주일 내내 지속된다고 보면 거의 틀리지 않을 것이다.[42] 이렇게 환자들이 극심한 통증에 시달리게 되면, 통

41) T. Hope/김양중 옮김, 『안락사는 살인인가?: 사례로 만나는 의료윤리의 쟁점들』(서울: 한겨레, 2011).
42) 출산의 고통이 10점 만점에 7-8점이라면 암 환자의 통증은 10점 이상도 간다고 전해진

증에 얽매여 다른 아무 생각도 못 하게 된다. 이때 그들에게 다가가 바람직한 삶의 마무리니 존엄한 죽음을 운운하는 것은 어불성설일 것이다. 눕지도 못하고 제대로 잠들지도 못하면서 '차라리 죽여달라'고 하소연하는 말기암 환자들에게 자신의 인생을 의미 있게 마무리할 여력은 존재하지 않을 것이다.[43] 김여환 대구의료원 호스피스센터장은, 한 목회자가 너무나 고통스럽게 죽어가는 모습을 신자들이 지켜보다가 시험에 드는 것을 경험하면서 호스피스 의사가 되기로 마음먹었다고 토로하기도 한다.[44]

그러나 통증이 완화되면, 환자들은 진정으로 하고 싶었던 일들이나 그동안 미뤄두었던 일들을 하게 된다. 말기암 환자에게 몸과 마음의 지옥을 펼쳐놓던 통증이 조절되고 나면 비로소 자신의 삶과 주변을 돌아볼 여력이 생기게 된다. 이제 본격적으로 자신의 인생과 대면하여 마지막 삶을 정리해야 할 때가 온 것이다.[45] 이러한 현실은 통증 조절이 되어야만 비로소 환자들이 정상적으로 삶을 영위하는 가운데 아름다운 마무리와 존엄한 죽음을 맞이할 최소한의 준비를 할 수 있다는 사실을 의미한다. 때로는 식욕이 회복되어 식사량이 늘어나고 운동량도 증가하여 상태가 호전되는 사례도 적잖이 보고되고 있다.

이처럼 아름다운 마무리를 위해 극심한 통증의 조절은 다른 무엇보다도 중요한 과제다. 그런데 매우 안타까운 현실은 여전히 많은 말기암 환자들이 마지막 생애를 너무나 고통스럽게 보낸다는 것이다. 사실 말기

다: "'죽'이는 여의사 김여환의 행복처방" 2회, 「조선일보 프리미엄」(2013.11.16).
43) 윤영호, 『나는 죽음을 이야기하는 의사입니다』, 159.
44) 김여환, 『죽기 전에, 더 늦기 전에』(서울: 청림, 2012).
45) 윤영호, 『나는 죽음을 이야기하는 의사입니다』, 177.

암 환자 가운데 90%는 극심한 통증을 호소하는데, 합법적인 마약성 진통제만 사용해도 고통을 훨씬 경감시킬 수 있다. 그런데 왜 말기암 환자의 절반은 여전히 고통 속에서 생을 마감하는가? 이는 부작용, 중독, 법적인 제재 등을 두려워하는 의료진들의 극단적인 신중함이 부른 비극이라고 말할 수 있다. 미국에서 신경과 전문의를 대상으로 한 연구 결과에 따르면, 전문의들의 40%가 교과서적인 모르핀 투약조차 의사 조력 자살로 오해할 정도라고 한다.[46] 호스피스 의료가 대단히 활성화된 미국에서도 그런 상황이니 우리나라의 상황은 훨씬 더 열악할 것이다.

특별히 진통제에 대해 잘못된 편견이 강하게 자리 잡고 있는 우리나라에서 말기암 환자들이 겪는 고통은 다른 나라의 환자들보다 훨씬 더 심각하다. 우리나라 말기암 환자들을 상대로 하는 마약성 진통제의 사용은 의료 선진국의 10분의 1에 지나지 않는다. 이는 우리나라 말기암 환자들의 거의 50%가 적극적인 항암치료를 받는 현실과 커다란 대조를 이룬다. WHO에서 공개한 2006년 자료를 기준으로 보면, 우리나라 말기암 환자들은 항암 화학치료를 받는 비율이 매우 높아서, 특히 임종 1개월 전까지도 10명 중 3명이 항암 화학치료를 받는 것으로 나타나는데, 이는 미국에 비해 무려 3배나 높은 수치다. 이러한 사실은 우리 국민이 극심한 통증 속에 매우 불행한 임종을 맞이하는 현실을 여실히 보여준다.

	임종 6개월 전	임종 3개월 전	임종 1개월 전
한국	48.7%	43.9%	30.9%
미국	35%	22%	10%

〈표A〉 암 환자 항암요법 사용 비율(출처: 윤영호 박사팀 2007년 12월)

---

46) 윤영호, 『나는 죽음을 이야기하는 의사입니다』, 56.

	항암제	응급실	모르핀
한국	30.9%	33.6%	2.3%mg/capita
미국	10%	9.2%	57.9%mg/capita

〈표B〉 말기암 환자 진료 현황(출처: 서울대병원 2009, WHO 2006)

일반적으로 우리나라 사람들은 말기암 환자가 사용하는 진통제에 대해 좋지 않은 선입견을 품고 있다. 그동안 잘못된 편견이나 무지로 인해 대다수 의료진은 말기 환자들에게 사용하는 항抗통증 약물을 과도하게 억제해왔다. 이 때문에 2010년 영국 경제지 '이코노미스트' 산하 연구소인 EIUEconomist Intelligence Unit에서 40개국을 대상으로 발표한 '죽음의 질 지수'(진통제 이용 가능성의 평가)에서 우리나라는 최하위 수준에 해당하는 네 번째 그룹에 속하였다.[47] 그러나 많은 연구 결과를 통해 통증 억제제가 거의 중독이나 내성이 없다는 사실—특히 극심한 통증에 시달리는 말기 환자들에게—과 함께 의학적 해악이 그리 심각하지 않다는 사실이 밝혀짐으로써, 오늘날 말기암 환자들을 돌보는 의료진들은 안락사를 원하는 대다수 말기암 환자들의 주된 바람인 통증 억제를 통해 환자들의 삶의 질을 높여 여생을 아름답게 마무리하도록 도와줄 수 있다고 확신하고 있다.[48] 그러므로 일단의 의사들은 환자가 고통에 못 이겨 안락사를 선택하고자 할 경우 통증에 대해 적절한 처치를 하지 않는 부분을 지적하면서, '과도한' 약물 투여로 인한 부작용이나 중독을 우려해 진통제 투

---

47) 국가별로 모르핀 등을 포함한 진통제 이용 가능성을 평가해 5개 그룹으로 분류했을 때 최상위 그룹에 속한 나라는 오스트리아, 캐나다, 덴마크, 룩셈부르크, 네덜란드, 뉴질랜드, 포르투갈, 스웨덴이었으며, 우리나라는 체코, 러시아, 우간다 등과 함께 네 번째 그룹에 속하였다.

48) 윤영호, 『나는 죽음을 이야기하는 의사입니다』, 163.

여를 주저하는 것은 '의료 범죄'라고 주장하기도 한다.

진통제는 약효의 지속 시간에 따라 만성 통증을 다스리는 서방형 제제와 극심한 돌발 통증을 조절하는 속효성 제제로 구분된다. 말기암이라고 해서 처음부터 마약성 진통제만 처방하는 것은 아니다. 보통 아스피린이나 타이레놀 같은 비非마약성 진통제로 조절이 안 될 경우에 코데인, 옥시코돈, 모르핀 등의 마약성 진통제가 동원된다. 때로는 항경련제나 항우울제 같은 진통 보조제를 써서 신경손상으로 인한 통증을 완화하기도 하고, 약물치료가 효과를 보지 못할 경우에는 방사선 치료나 신경차단술을 시행해 통증을 조절하기도 한다. 사실 1990년대 초반만 해도 말기암 환자들의 통증 조절이 여의치 않았는데, 왜냐하면 이들의 통증을 신속하게 잠재울 속효성 경구용 모르핀이 아직 국내에서 생산되지 않았기 때문이었다. 게다가 환자와 가족, 의사마저도 일반적인 사회 정서상 마약성 진통제에 대해 거부감을 가지고 있었기 때문이다. 하지만 이는 오해에 불과하며 마약성 진통제가 위험하지 않다는 것은 여러 실험을 통해 입증되었다. 그러므로 WHO도 '암 환자 통증 관리 보고서'에서 말기암 환자들에게 사용하는 마약성 진통제가 위험하지 않다는 의견을 제시하면서 암성 통증 해소가 국가 암 관리 계획의 일부로 포함되어야 한다고 강조한 바 있다.[49]

마약성 진통제에 대한 또 다른 오해는 내성에 대한 염려, 곧 진통제를 쓰면 쓸수록 내성이 생겨서 계속 용량을 늘려야 하지 않을까 하는 걱정에서 비롯된다. 물론 그럴 가능성을 완전히 배제할 순 없지만, 대다수 말기암 환자들에게 점점 더 많은 진통제가 필요한 이유는 내성이 아닌 병

---

49) 윤영호, 『나는 죽음을 이야기하는 의사입니다』, 163; 윤영호, 『나는 한국에서 죽기 싫다』, 131.

의 악화 때문이다. 시간이 지날수록 암 덩어리가 커지면서 환자의 정상적 세포나 조직을 파괴하고 신경을 손상하는데, 이 과정에서 자연히 통증도 커질 수밖에 없다. 마약성 진통제를 미리 사용하면 나중에 쓸 약이 없다고 걱정하는 환자와 가족들도 있지만, 통증 관리에 쓰는 마약성 진통제는 용량을 증가시켜도 진통 효과가 늘어나지 않는 천정효과ceiling effect가 없기 때문에 통증이 심해지더라도 걱정하지 않아도 된다. 또한 임종 직전 최악의 상황이 닥쳐와 도저히 조절할 수 없는 통증이 엄습할 때 환자를 수면 상태로 유지하는 등의 다각적 조절을 시도할 수도 있으므로 안심해도 된다.[50] 한편 심리적 이유로 인해 통증이 악화하기도 하는데, 가정 불화나 경제적 빈곤처럼 환자의 심경을 괴롭히는 요인이 발생하면 우울과 불안이 가중되면서 통증의 역치가 낮아지게 된다. 그러므로 통증 조절은 적절한 약물처방과 함께 반드시 총체적 돌봄이 동반되어야 한다.

여기서 극심한 통증의 조절과 총체적 돌봄이 말기 질환자와 임종기 환자들에게 있어서 가장 필요한 일임을 분명히 깨달을 수 있다. 또한 이것이 인류의 오랜 딜레마인 안락사 문제를 해결할 방안이라는 사실도 깨달을 수 있다. 말기 질환자와 임종기 환자들의 극심한 통증 조절과 총체적 돌봄은 호스피스와 완화의료의 주된 목적이므로, 바로 호스피스와 완화의료가 안락사에 대한 최선의 대안이라는 결론에 도달하게 된다. 이에 따라 종교계와 WHO 등에서는 안락사를 예방하는 대안으로 호스피스와 완화의료의 확대를 제시하고 있다. 죽음을 앞둔 말기 환자와 그 가족을 사랑으로 돌보는 데 주력하는 호스피스는, 환자가 여생 동안 인간으로서의 품위와 존엄성을 유지하면서 삶의 마지막 순간을 평안하게 맞

---

50) 윤영호, 『나는 죽음을 이야기하는 의사입니다』, 163f.

이하도록 신체적·정서적·사회적·영적 도움을 주려는 총체적 돌봄이기 때문이다. 그런데 매우 안타깝게도 호스피스와 완화의료에 대한 왜곡된 인식을 가지고 있는 우리나라 현실에서는 많은 말기 질환자와 임종기 환자들이 웰다잉well-dying에 대한 기대조차 하지 못한 채 극심한 통증에 시달리면서 비참한 생을 연명하거나 안락사만을 바라고 있는 실정이다. 그러므로 호스피스와 완화의료에 대한 잘못된 편견이 하루속히 극복되어 죽음을 앞둔 환자들이 인간으로서 마땅히 지녀야 할 품위와 존엄성을 갖추고 행복하게 삶을 마무리하면서 평온하게 임종에 이를 수 있어야 할 것이다.

10강
호스피스 케어와 고통· 완화의료

호스피스와 완화의료에 대해 잘못된 편견이 만연한 우리 사회의 현실 속에서 호스피스와 완화의료가 주력하는 사역, 곧 임종에 대처하는 말기 환자케어와 사별에 대처하는 유가족 케어를 살펴봄으로써 호스피스와 완화의료가 좋은 죽음을 위한 최선의 의료 장치임을 제시하고자 한다.

1. 호스피스와 완화의료에 대한 편견

인간은 생물학적·사회적·정신적, 그리고 영적인 존재다. 따라서 환자들을 돌볼 때에도 이 모든 측면을 중시하는 총체적이고 전인적인 관점을 가져야 한다. 이러한 총체적·전인적 접근은 모든 환자에게 다 필요하지만, 특별히 죽음을 앞두고 극심한 신체적 고통은 물론 사회적·정신적·영적 측면에서 총체적이고 전인적인 고통을 겪고 있는 말기 환자들에게 더욱 절실히 요청된다.[1] 죽음을 목전에 둔 말기 환자들은 생을 마감하는

---

1) 윤영호, 『나는 한국에서 죽기 싫다』, 20.

마지막 순간까지 자신의 존엄성을 잃지 않는 가운데 한 인간으로 존중받을 수 있기를 희구한다. 이를 위해 육체적 고통을 완화해주기를 간절히 바랄 뿐만 아니라, 죽음을 어쩔 수 없이 받아들여야만 하는 상황 속에서 불안과 두려움, 우울과 절망감 등의 심적 고통을 위로받기 원한다. 또한 사랑하는 가족과 친지의 공감과 사랑을 받으면서 종국에는 이들에게 둘러싸여 아름다운 이별을 할 수 있기를 원한다. 무엇보다도 영적인 평안을 누리며 절대자에게 귀의하기를 간절히 소망한다.

이러한 말기 환자들에게 총체적이고 전인적인 돌봄을 제공하는 것이 바로 호스피스hospice다. 호스피스는 죽음을 앞둔 환자들이 여생 동안 인간으로서의 품위와 존엄성을 유지하면서 삶의 마지막 순간을 평안하게 맞이하도록 신체적·정신적·사회적·영적 도움을 주는 '총체적·전인적 돌봄'holistic care이다. 즉 호스피스는 질병의 완치를 목표로 하는 통상적 의료 행위가 더 이상 효과가 없을 때 질병의 마지막 과정에서 겪는 환자들의 신체적·사회적·정신적·영적 문제를 해결하고자 도움을 주는 의료 서비스인 것이다. 더 나아가 호스피스는 임종 후 사별 기간에 겪는 유가족들의 상실과 비탄의 문제까지 포괄적으로 돌본다. 인간은 누구나 인간으로서의 품위와 존엄성을 지키면서 인간답게 죽을 권리를 가지므로, 말기 환자와 임종자들을 위한 호스피스 케어와 고통 완화의료는 선택이 아닌 필수라고 말할 수 있을 것이다.

호스피스는 환자와 가족들에 대한 총체적·전인적 돌봄을 위해 여러 의료진들(정신건강의학과, 재활의학과, 마취통증의학과 등)과 협진하면서 다양한 분야의 인력들(의사, 간호사, 사회복지사, 성직자, 전문치료사, 약사, 영양사 등)이 한 팀을 이뤄 서로 긴밀하게 협력하여 사역을 감당한다. 이 사역에는 비전문가인 환자와 가족, 자원봉사자들도 팀원으로 함께 참여한다. 이들은 주기적인 팀 회의를 통해 환자와 가족들의 고통을 진단할 뿐만 아니라, 총체적·전인적 접근을 통해 고통을 완화할 수 있는 개별적인 돌봄 계획을 세워 최상의 서비스를 제공하고자 한다. 환자가 남아 있는 시간을 충분히 선용할 수 있도록 각 분야의 전문가들이 협력해서 전방위적으로 보살피는 것이다. 그러므로 호스피스는 말기 환자들에게 인간으로서의 품위와 존엄성을 잃지 않도록 도와줌으로써 이들이 고귀하게 생을 마감하도록 도와주는 대단히 가치 있는 일을 감당한다고 말할 수 있다.

미국호스피스협회는 호스피스를 말기 환자와 가족들에게 가정 돌봄과 입원 돌봄을 연속적으로 제공하는 프로그램으로 규정하면서 현대의 호스피스 케어와 고통 완화의료를 다음과 같이 정의한다. "호스피스는 완치와 생명연장을 목표로 하는 치료에 반응하지 않고 질병이 점차 진행됨으로 인해 수개월 내에 사망할 것으로 예상되는 환자와 그 가족들이 질병의 마지막 과정과 사별 기간 동안 인간의 존엄성과 높은 삶의 질을 유지할 수 있도록 신체적·정신적·사회적·영적 문제들을 해결하는 전인적 의료 서비스다." 또한 WHO의 정의를 살펴보면 다음과 같다. "완화의료는 치유될 수 없는 질환을 가진 환자에게 적극적인 전인치료를 시행하는 것이다. 이를 위해 통증은 물론 다른 증상들과 환자가 가지고 있는 심리적·사회적·영적 문제들을 해결하도록 최선을 다해 도와준다. 완화의료의 목표는 환자와 그 가족들로 하여금 최상의 삶의 질을 유지하도록 하는 것이다. 완화의료의 많은 부분은 질병의 초기부터 항암치료와 함께 적용하는 것이 가능하다."[2]

---

2) 한국가톨릭호스피스협회 엮음, 『호스피스의 이해』(서울: 현문사, 2005), 17.

본래 호스피스는 중세에 예루살렘으로 가는 성지 순례자나 오랜 여행에 지친 여행자들이 쉬어가는 쉼터였으나,[3] 수도원이 아픈 사람과 죽어가는 사람들을 위해 필요한 간호를 베풀기 시작하면서 죽음을 앞둔 이들의 안식처라는 의미로 점차 변모하였다. 현대적 의미의 호스피스 운동은 19세기 중반 아일랜드 자선수도회의 여자 수도사 메리 아이켄헤드 M. Aikenhead에 의해 시작되었는데, 그로부터 1906년 런던의 성 조셉 호스피스 St. Joseph Hospice가 세워졌다. 이 병원에서 통증 완화 연구에 종사했던 영국 여의사 시실리 손더스 S. Saunders는 말기 환자와 관련된 통증을 조절하기 위한 기술을 개선했는데, 1967년 이상적인 호스피스 돌봄을 위해 성 크리스토퍼의 호스피스 St. Christopher's Hospice를 설립하였다. 이는 현대적 호스피스 운동의 모체가 되었고, 오늘날 미국과 캐나다에서 체계화되고 전문화된 호스피스 케어를 시도하는 모델이 되었다. 현재 호스피스가 가장 활성화된 미국도 1970년에는 호스피스가 세 개에 불과했지만, 1982년에는 약 400개로 늘어났고, 1996년에는 2,700개, 2013년에는 5,300개를 넘어섰다.

우리나라에서는 1963년 강원도 강릉의 갈바리 의원에서 '마리아의 작은 자매회' 수녀들이 임종자들을 간호한 것이 체계적으로 실시한 최초의 임종 환자 관리였다. 이후 1980년대 들어서 서울성모병원, 세브란스병원, 이화여자대학교 부속병원과 같은 종교적 배경을 가진 학교의 병원에서 호스피스를 시작하면서 점차 널리 퍼지게 되었다. 현재는 보건복지부가 54개의 호스피스 및 완화의료 기관을 지정하여 병동형으로 운영하고 있으며, 보건복지부에서 지정하지는 않았으나 자체적으로 호스

---

3) '호스피스'는 라틴어 'hospitium'(나그네를 맞이하는 장소)이라는 말에서 유래했다.

피스 또는 완화의료 병동이나 관련 부서를 운영하는 병원들도 있고, 의료기관이 아닌 종교적 배경을 가진 봉사단체에서 호스피스 봉사 활동을 하기도 한다. 전 세계적으로는 수많은 국가에서 호스피스를 운용하면서 유관 전문 인력들이 서로 협력하여 환자의 삶의 질 향상을 위해 혼신의 힘을 기울이고 있다.

최근 들어 호스피스의 의미가 말기암 환자뿐 아닌 다른 환자에 대한 총체적·전인적 돌봄으로 확대되면서 완화의료palliative care라는 용어와 함께 사용되기도 한다. 물론 호스피스와 완화의료는 환자로 하여금 참된 쉼을 누리는 가운데 의미와 사랑을 느끼도록 돕는 면에서 서로 중첩되는 면이 많지만, 각각의 역할 사이에는 약간의 차이가 존재하기도 한다. 사실 호스피스, 완화의료, 완화의학, 말기치료 등은 모두 같은 의미로 사용되는 듯하지만, 그 내용과 강조점이 조금씩 다르다.[4] 암을 예로 든다면, 완화의료 및 완화의학은 암 치료의 시작 단계부터 말기 단계에 이르기까지 환자의 증상 완화에 중점을 둔 의료인 반면, 호스피스는 그 이상 적극적 항암치료(외과적 수술, 방사선 치료, 항암제 투여)가 불가능한 말기 암 환자에게 제공되는 집중적인 돌봄을 의미한다. 호스피스가 말 그대로 죽음을 앞둔 환자들을 돌보는 말기치료(터미널 케어)의 의료 영역이라면, 완화의료의 범위는 그보다 더 방대해서 말기암 환자 외에도 적극적 항암치료를 받는 환자가 통증 조절이나 심리적 돌봄을 받기 위해 이용할 수도 있다.

완화의료는 말기 단계 이전이라도 투병과정에서 발생하는 통증 및 증상 완화가 필요한 모든 환자에게 제공되는 의료인데, 기존의 통상적

---

4) 한국가톨릭호스피스협회 엮음, 『호스피스의 이해』, 17ff.

치료와 병행하여 환자를 돌보다가 더 이상 완치를 기대할 수 없을 때에는 호스피스만 제공한다. 이때는 환자의 남은 삶의 질을 최대한 높이면서 인간다운 품위와 존엄성을 유지시키고 최대한 평온하게 임종을 맞이할 수 있도록 도와준다. 그러나 호스피스와 완화의료가 적극적 치료보다는 증상 완화에 중점을 둔다 하여 의료행위 자체를 거부하는 것은 아니다. 대신 환자의 희망에 따라 화학치료나 방사능치료도 병행하는 등 각종 검사와 의료적 조처를 적절히 안배하면서 환자에게 최적의 돌봄을 제공하고자 노력한다는 것이다. 이 점에서 호스피스와 완화의료 병동은 결코 죽음을 기다리는 장소가 아니라, 그와 정반대로 환자가 그동안 살아온 삶에 의미를 부여하고 삶을 완성함으로써 마지막 순간까지 환자의 삶의 질을 높이기 위해 모든 방법을 동원해 봉사하는 장소라고 말할 수 있겠다.

말기암으로 사망하는 환자들이 늘어나면서[5] 요즘 들어 호스피스와 완화의료에 대한 관심이 증가하고 있다. 호스피스와 완화의료의 중요성은 우리나라에서 매년 발생하는 암 환자 수가 엄청난 비율로 증가하고 있는 현실에 잘 나타난다. 우리나라에서 암 환자는 2005년 14만여 명에서 2007년 16만여 명으로, 2009년에는 19만여 명으로 증가했다. 생존 암 환자 수가 2009년에 80만 명을 넘어서던 것이 2012년에 100만 명을 돌파했으며, 암 유병자도 110만 명에 달한다. 더욱이 보건복지부와 국립암센터가 벌인 '국가암등록통계사업'(2013)에 따르면, 우리 국민 3명 중 1명(36.9%)에게 암 발병 우려가 있다고 하니, 이제 암이라는 질환은 남의

---

5) 암에 대한 치료기술이 지속해서 발전하는 와중에 암 발생률도 늘어나서 1999년 이후 2010년까지 연평균 3.5%의 암 발생 증가율을 보이고 있다. 이에 따라 암으로 인한 사망자 수는 해마다 증가해서, 2011년에는 7만 1,579명이 암으로 사망하였다. 암 치료를 위한 의료기술은 좋아지고 있지만 여전히 사망원인 1위는 암이다.

이야기가 아닌 분명한 우리의 현실이라고 해도 과언이 아닐 것이다. 물론 암 발생률이 증가하는 것에 견주어 이를 치료하기 위한 의학적 연구 성과도 쌓여가는 상황이어서, 이제 암은 과거처럼 절대 극복할 수 없는 질병이 아니다(2006-2010년 발생한 암 환자의 5년 상대 생존율: 64.1%, 2014년의 생존율: 66.3%). 하지만 보건복지부와 중앙암등록본부 자료에 의거하여 2011년 한해 사망한 암 환자 수가 7만여 명이라는 사실을 고려할 때, 이는 우리 국민 10명 중 4명이 암으로 사망한다는 사실을 시사하기도 한다.

이처럼 암 발병과 사망자 수가 증가하는 현실에서 의학계도 새로운 고민거리를 떠안을 수밖에 없는데, 이는 곧 '적극적 치료 방식으로 암을 고칠 수 없는 환자들을 위해 어떤 의료행위를 펼쳐야 하는가?'의 문제다. 발병 사실을 알게 된 환자는 암세포를 죽이기 위해 다양한 치료들을 받지만, 온갖 노력에도 불구하고 치료의 효험을 누리지 못하는 환자들이 불가피하게 생길 수 있기 때문이다. 그런 환자들에게는 갈수록 항암치료 효과가 줄어들 뿐만 아니라, 추후에는 치료의 부작용이 치료 효과를 앞지르는 상황이 될 수 있다. 이렇게 되면 계속 치료를 고집해보아야 의료기계들에 둘러싸인 채 고통 속에서 죽음을 맞이할 가능성만 높아지게 된다. 이에 대해 평생 암을 연구해온 허대석 서울대병원 종양내과 교수는 치료로 얻는 이득과 부작용으로 인한 손해를 잘 고려해야 한다면서, "기대 여명이 3-6개월밖에 남지 않은 상황에서 새로운 항암제를 투여하는 것이 과연 타당한가?"라고 반문한다. 항암제가 기적의 치료제가 아닌 이상 약물로 인한 부작용이 오히려 생명을 단축시키거나 삶의 질을 악화시킬 수 있기 때문이다. 덧붙여 허 교수는 "말기암 환자 10명에게 항암제를 쓰면 8-9명은 부작용만 겪고, 1-2명만이 생명이 연장되는데 그래야 한두 달이다.…더욱이 생명이 연장된 사람들도 대부분 '그렇지 않은 것만 못한 상태'로 산다.…이미 쇠약해진 사람들에겐 힘든 과정이다. 미국과 캐나다의 말기암 환자들이 왜 우리보다 항암제를 덜 쓰겠는가" 라고 말한다.[6] 그러면서 그는 의료진들이 법적·윤리적 차원의 비난을 염려해 무의미한 항암치료를 계속하는 관행을 지적하면서 호스피스와 완화의료의 새로운 역할에 주목하고 있다.[7]

그렇지만 호스피스와 완화의료에 대해 우리 국민은 '생존의 가능성을 포기한 선택'이라는 좋지 않은 선입견을 품고 있다. 죽음에 대한 금기와 거부감이 많듯이, 호스피스도 죽으러 가는 곳으로 잘못 인식하는 것이다. 흔히 '호스피스'라는 말이 들어가면 고통 속에서 죽을 날만을 기다리는 환자들을 돌보는 일로 오해하는 게 현실이다. 즉 여전히 '호스피스 = 죽으러 가는 곳'이라는 편견이 지배적이다. 우리나라에는 호스피스 관련 병동이 절대적으로 부족하거니와, 혹여 있다고 해도 사람들의 오해 섞인 시선으로 인해 외면당하기 일쑤다. 호스피스 병동을 두고 환자나 가족들이 흔히 하는 말이 "저기는 살아서 못 나오는 데야. 죽는 날만 받아놓고 있는 곳이지…"라는 것이다. 말기암 판정을 받은 환자와 그 가족들이 가장 힘들어하는 순간이 있는데, 이는 그동안 치료받던 병원을 떠나 호스피스 병동이나 요양병원으로 옮기라는 얘기를 들을 때라고 한다. 그만큼 호스피스와 완화의료에 대한 세간의 통념은 아직도 부정적이다.[8] 일반 병동의 의료진들이 '치료가 잘 안 됐으니 이제 호스피스에 가라'는 식으로 마치 실패한 작품을 내던지듯 환자를 보내는 관행도 호스피스에 대한 부정적

---

6) 조선일보 특별취재팀, "한국인의 마지막 10년"(2부), 1회, 「조선일보」(2014.09.01).
7) 윤영호, 『나는 죽음을 이야기하는 의사입니다』, 134.
8) 윤영호, 『나는 죽음을 이야기하는 의사입니다』, 61.

인식을 부추긴다. 그러므로 우리나라에서 호스피스와 완화의료의 정착을 가로막는 가장 큰 장애물은 이에 대한 접근이 생명을 포기하고 죽음으로 걸어 들어가는 것과 일반이라는 부정적이고 왜곡된 인식일 것이다.

상황이 이렇다 보니 우리 국민의 호스피스 이용률은 매우 안타깝게도 10% 안팎에 불과하다. 싱가포르 국민의 80% 이상이 호스피스 시설에서 죽음을 맞이하고, 미국의 호스피스 이용률이 40%를 넘는 것과는 커다란 대조를 이룬다. 우리나라의 경우 호스피스 관련 시설도 열악하여 통상 인구 5,000만 명당 필요한 병상 수 2,500개의 35.3%—2014년 9월 현재 883개—밖에[9] 충족시키지 못하는 상황 속에서 그마저도 지역별 편차가 커서 심한 불균형을 보이고 있다.[10] 우리나라에 호스피스 개념이 도입된 지 50년이 다 되어가지만 아직도 부정적인 사회인식이 변화되지 않고 호스피스 이용률도 거의 개선되지 않은 것이다. 이러한 호스피스에 대한 오해를 해결하려면 먼저 기존의 수술과 방사선, 항암제 같은 통상적 치료만이 생존기간을 연장해줄 거라는 근거 없는 믿음이 하루속히 시정되어야 할 것이다. 이미 이에 대한 연구가 국내외에서 시행된 바 있

---

9) 한 해 암 사망자는 7만 5,000명인데, 현재 우리나라의 호스피스 병상은 883개에 불과해서 암 사망자 84명당 1개꼴이다. 미국은 암 사망자 10명 중 6.5명이 호스피스에서 마지막 순간을 맞는데(65%, 2011년 기준), 한국은 1명 정도만이 동일한 혜택을 볼 수 있다(12%, 2012년 기준). 우리나라가 호스피스 선진국인 영국 수준으로 되려면 호스피스 병상이 2,500개 필요하며, 싱가포르, 대만 수준만 되려고 해도 1,200-1,400개의 병상이 있어야 한다. 우리나라의 소위 '빅5병원'(서울대병원, 삼성서울병원, 서울아산병원, 서울성모병원, 신촌세브란스병원)은 최첨단 연명의료 장비와 중환자실을 갖추고 있지만, 그중 호스피스 병동이 있는 곳은 서울성모병원과 신촌세브란스병원 두 곳뿐이다. 정부가 암 환자의 삶의 질을 높이기 위해 만든 국가기관인 국립암센터에도 호스피스 병상은 없다. 이보다 규모가 작은 병원도 사정은 동일해 현재 전국 상급종합병원 43곳 중 18곳, 지역거점병원 38곳 중 13곳만이 호스피스 병동을 갖추고 있다.

10) 국가암정보센터, "통계로 보는 암", 〈http://www.cancer.go.kr/mbs/cancer/subview. jsp?id=cancer_040101000000〉(2014.11.11).

는데, 폐암 환자를 대상으로 한 외국의 연구자료에 의하면 진행암 판정 후 기존 치료와 함께 조기에 완화의료를 받는 경우가 계속해서 적극적 치료만을 고집하는 경우보다 더 오래 생존한 것으로 나타났다.

미국에서의 연구 결과에 따르면 적극적 항암치료를 받든, 완화의료를 받든 생존기간에는 큰 차이가 없다. 즉 말기암 환자들을 대상으로 조사한 결과, 마지막까지 항암 화학치료 및 연명의료를 받은 환자들과 완화의료를 선택한 환자들의 생존기간에는 큰 차이가 없는 것으로 보고된 것이다.[11] 또한 적극적 치료와 완화의료를 비교했을 때 생존기간이 비슷하거나 완화의료를 받은 경우가 좀 더 긴 것으로 나타난 연구 결과도 있다. 집중적인 연명의료를 받은 환자와 이를 그만두고 마약성 진통제로 안정을 유지한 환자의 수명이 비슷하다는 연구 결과도 있다. 국내에서 시행한 연구 결과도 이와 유사해서 481명의 말기암 환자를 대상으로 관찰한 결과, 완화의료를 병행한 환자군과 그렇지 않은 환자군 사이의 생존기간은 별 차이가 없는 것으로 드러났다.[12] 그러므로 적절한 시기에 시작하는 완화의료는 환자의 삶의 질을 향상할 뿐만 아니라 생명의 기간까지도 연장할 수 있을 것이다.[13]

이처럼 적극적 치료를 받든, 완화의료를 받든 말기암 환자의 기대 여명에 별 차이가 없다면, 환자의 삶의 질에 긍정적 영향을 미치는 완화의료를 택하는 것이 환자를 위하는 길이라는 사실은 명약관화하다. 완화의료를 받게 되면 적극적 치료를 받을 때보다 통증, 오심, 구역질, 불안, 우

---

11) 출처:「미국임상종양학회지」(*Journal of clinical Oncology*), 2011.6.

12) 윤영호, 『나는 한국에서 죽기 싫다』, 169; 윤영호, 『나는 죽음을 이야기하는 의사입니다』, 135.

13) 윤영호, 『나는 한국에서 죽기 싫다』, 113.

울과 같은 증상에 대한 관리가 더욱 세심하게 이뤄짐으로써 환자의 심신을 더 평안하게 해줄 수 있을 뿐만 아니라, 고가의 연명의료와 중환자실 이용에 따른 불필요한 의료비 지출을 줄일 수 있게 된다. 실제로 조기에 완화의료를 병행한 환자군에서 삶의 질도 더 좋아지고 불필요한 의료이용이 줄어든 것으로 나타나고 있다. 진행암 환자의 경우 항암치료와 함께 조기에 적극적 완화의료를 제공함으로써 삶의 질을 향상하는 것은 물론 생명연장과 같은 최상의 결과도 기대해볼 수 있다는 결론이다.[14] 그러므로 말기암으로 진단받은 사람은 한시라도 빨리 완화의료를 받는 것이 바람직하다고 말할 수 있다.

2. 임종에 대처하는 말기 환자 케어

호스피스와 완화의료가 감당하는 사역 가운데 가장 중요한 일이 바로 임종에 대처하는 말기 환자 케어care다. 이들을 돌보는 호스피스 의료진들의 전언을 따르면, 종교적 신앙 덕분에 사후생死後生을 굳게 믿는 사람들은 임종의 순간까지 담담하고 평온하게 지낸다고 한다. 자신이 죽음 이후에도 계속 존재할 뿐만 아니라 먼저 죽은 가족이나 친지를 재회하여 좋은 곳에서 새로운 삶을 살 수 있다고 확신하기 때문이다. 이러한 확신 속에 있는 사람들은 마지막 삶을 잘 정리할 수 있으며, 또 여력이 된다면 다른 말기 환자들을 도우면서 존엄하고 행복하고 평온한 임종을 맞이할 수 있을 것이다.[15] 반면 사후생을 믿지 않는 이들은 임종이 다가

---

14) 윤영호, 『나는 죽음을 이야기하는 의사입니다』, 136.

15) 최준식, 『죽음학 개론』, 27f.; 한국죽음학회 엮음, 『죽음맞이』, 41.

올 때 대단히 황망해 하면서 단 몇 분이라도 더 살기 위해 삶에 집착하는 경우가 많다고 한다. 이번 생이 전부라고 생각하며 살면서 만났던 사람들이 전부라고 여겼는데, 자신에게 전부인 이생을 떠나 언젠가는 잊힐 뿐만 아니라 재회도 기약할 수 없다고 생각하니 두렵기 그지없는 것이다. 인간이 죽음에 대해 느끼는 두려움은 아주 근원적이어서, 특히 죽음을 목전에 두고 있는 상황에서는 극심한 외로움을 느끼게 된다. 아무도 마지막 가는 길에 동행해줄 수 없기에 마지막 관문인 죽음 앞에서 임종자는 혼자 설 수밖에 없으며, 더군다나 전혀 모르는 사후세계를 혼자서 가야 하니 두렵지 않을 수 없는 것이다.

상황이 이렇다 보니 사람들 대부분은 죽음이 다가올 때 도망가려고 처절하게 몸부림치다가 죽음을 억지로 맞이하는 모습을 보인다. 말기 질환자들도 얼마 남지 않은 소중한 시간을 인생을 정리하는 데 쓰지 않고 필패할 수밖에 없는 무의미한 생명연장 시도에 헛되이 사용하는 경우가 많다. 이성적으로는 생명연장이 무모한 일이라는 것을 알고 있지만, 죽음의 공포에 반비례해서 생기는 삶에 대한 집착이 워낙 크기 때문에 절박한 심정으로 생명연장에 매달리는 것이다.[16] 김훈교 성빈센트병원 종양내과 교수는 "환자나 가족이나 의사나 최선을 다하기 위해서 사망 직전까지 적극적 치료를 하는 경우가 적잖다. 어떤 면에선 최선을 다한다는 의미가 있지만, 뒤돌아보면 환자한테 의미 없는 치료를 함으로써 더욱더 육체적 부담을 가하기도 하고 또 의미 없는 희망을 주기도 한다"고 말하면서 말기암 환자의 적극적 항암치료에 대해 우려를 표명했다.[17] 이경식 서울성모병원 호스피스센터 교수도 "암이 점점 진행되다 말기 상

---

16) 최준식, 『죽음학 개론』, 26f.
17) KBS, "생로병사의 비밀: 아름다운 마무리 웰다잉"(2012.01.21)에서 인터뷰.

태 가까이 가면 항암제 치료가 환자에게 도리어 해가 될 수 있다. 그때에는 적극적 화학치료를 과감하게 포기하는 것이 환자를 위하는 것이다. 의사들도 대개 그 시기를 안다. 그런데도 가족이 계속 해달라고 하면 거절하기 참 어려운 시기이다"라고 고충을 털어놓았다.[18]

그렇다면 환자가 마지막 순간까지 무의미한 연명의료에만 매달릴 경우 가장 큰 문제는 무엇일까? 일차적으로는 환자 자신이 엄청난 고통을 겪는 일이다. 적극적 항암치료를 받는 환자와 완화의료를 받는 환자 사이에 생존기간에 있어 별반 차이가 없기 때문에 그 고통은 그야말로 무의미하고도 안타까운 고통인 것이다. 다음으로는 남은 가족들에게 부과되는 경제적 문제다. 한 사람이 평생 쓰는 의료비의 약 3분의 2를[19] 사망을 앞둔 한 달 사이에 쓴다는 게 보편적인 통계다. 심지어 임종 전 1년 동안의 의료비 중 임종 전 1개월 동안의 의료비가 약 30%를 차지할 뿐만 아니라, 사망일에 가까울수록 불필요한 의료 이용이 더욱 증가한 것으로 보고된다. 사실 이 비용은 환자를 건강한 상태로 되돌릴 수 있는 생산적인 돈이 아니라 그냥 일시적인 생명연장에 들어가는 의료 낭비이자 의료 집착인 경우가 대부분이다.[20] 무엇보다도 참담한 것은 환자가 자신의 삶을 정리하지 못한 채 이 세상을 떠나는 현실이다. 생의 마지막 순간에는 자신의 삶에서 가장 중요한 일을 돌이켜보고 삶을 회고하면서 생

---

18) KBS, "스페셜: 존엄한 죽음"(2009.08.02)에서 인터뷰.

19) KBS, "파노라마: 우리는 어떻게 죽는가"(2013.12.19)에서 고윤석 서울아산병원 호흡기내과 교수와의 인터뷰.

20) 전체 암 환자의 1년 건강보험 의료비 3조 5,270억 원 중 사망 전 1년 동안 지출한 의료비는 1조 3,922억 원으로 39.5%에 해당한다. 또한 사망 전 3개월 내 환자가 전체 암 환자의 건강보험 의료비 중 19.9%에 해당하는 7,012억 원을 사용했는데, 이 중 사망 전 1개월의 의료비 지출이 최고조에 이른 것으로 보고된다: 윤영호, 『나는 한국에서 죽기 싫다』, 215ff.

애를 정리하는 일이 절대적으로 필요하다. 임종하기 전에 사랑하는 가족과도 충분히 대화하고 사랑을 재확인하면서 아름답게 이별을 해야 한다. 그런데 평생 참으로 힘들게 살아놓고도 정작 죽음의 목전에서 제대로 삶을 마무리하지 못한다면, 당사자가 감내해야 할 손해가 이만저만 큰 것이 아닐 것이다.[21]

그렇다면 어떤 임종, 어떤 죽음을 맞이해야 할 것인가? 아마도 이상적인 죽음은 자신의 삶을 잘 정리하여 남길 이야기를 잘 전해주고 사랑하는 가족과도 충분히 서로의 추억을 공유한 다음 그 가족의 품에서 평온하게 임종을 맞이하는 일일 것이다. 이렇게 바람직한 임종을 맞이하기 위해서는 자신의 삶을 정리하는 일, 무엇보다도 자신에게 주어진 삶의 시간을 아는 일이 급선무일 것이다. 그런데 문제는 죽음을 터부시하는 우리 문화에서는 죽음이라는 단어를 입에 올리는 것조차 꺼리기 때문에, 의료진이나 가족들이 예후가 좋지 않은 환자에게 위중한 병세를 알리는 것을 기피하는 현실이다. 사실 누군가에게 죽음에 대한 진실을 말해주는 일이 가해행위처럼 느껴지는 사회 분위기에서는 선뜻 입을 떼기가 어려울 것이다. 어리거나 젊은 환자일수록 가족들은 죽음이라는 단어를 환자 앞에서 꺼내는 것조차 금기시한다고 한다. 이 때문에 우리나라에서 말기 환자 케어와 관련한 심각한 문제 중 하나는 어린이와 청소년에 대한 호스피스가 거의 이루어지지 않는 현실이라고 관련 의료진들은 토로한다.[22] 그러나 연로하신 부모님에게 병세를 알려야 하는 자식의 상황도 크

---

21) 최준식, 『죽음학 개론』, 59.

22) 부모가 아이를 소유하려는 의식이 강한 우리나라에서는 아이의 생명도 전적으로 부모가 통제하려고 하는 데서 문제가 발생한다. 부모들은 아이에게 죽음에 관해 이야기하는 것을 원치 않기 때문에, 아이와 죽음에 대한 이야기를 나눈 사실을 알게 된 부모가 병동을 옮겨버리는 사태도 일어나고 있다. 아이들은 죽을 때에도 부모의 간섭을 받으며 인

게 다르지 않아서, 많은 경우 차마 부모에게 '말기'라는 말을 꺼내는 것 자체를 효도 관념상 받아들이기 어려워한다.

이처럼 대다수 보호자가 죽음을 어떻게 받아들여야 할지 몰라 불안해하면서 환자의 뜻과는 무관하게 환자와 의료진의 솔직한 의사소통을 가로막게 되는 경우가 많다. 때로는 의사 자신이 더 이상 손을 쓸 수 없다는 무력감에 시달리는 데다, 병명을 알린 뒤 환자와 얼굴을 마주 대하기가 괴롭기에 솔직한 이야기를 차일피일 미룰 수도 있다.[23] 결국 환자는 자신의 속마음을 나눌 사람이 없이 삶의 정리도 하지 못한 채 외롭고 우울하게 마지막 순간에 맞닥뜨리게 된다. 수많은 환자가 우선적으로 하고 싶은 일이 무엇인지, 진정으로 하고 싶은 말이 무엇인지, 이 귀중한 마지막 시간을 어디서 어떻게 보내고 싶어 하는지, 마지막 인사를 나누고 싶은 사람이 누구인지 표현도 못 한 채 가족이라는 보호막에 둘러싸여 답답하게 지내다가 안타깝게 임종을 맞이하고 있다.[24] 전문 호스피스와 완

_____

간으로서 존엄하게 죽을 수 있는 권리를 박탈당하고 있는 것이다. 따라서 한국에서 어린이나 청소년 호스피스는 완전히 구멍이 뚫려 있다고 해도 과언이 아니다. 이러한 상황 속에서 부모가 아이와 죽음에 관해 이야기하기가 쉽지 않은데 이 생각을 바꿔야 할 것이다. 나이가 어릴수록 부모의 통제가 강한데 자식은 스스로 선택해서 태어난 하나의 독립된 개체로 바라보아야 할 것이다. 그러므로 어린이 호스피스의 문제점을 해결할 방안을 모색해야 할 상황이다: 한국죽음학회 엮음, 『죽음맞이』, 49f.

23) 이러한 우리의 현실과 달리 현재 미국에서는 의사가 환자에게 병명을 고지하는 비율이 거의 100%다. 이는 사실을 그대로 알리고 환자의 가족과 함께 병마와 싸우고자 하는 기본자세가 확립되어 있을 뿐만 아니라, 의사와 환자, 환자와 그 가족 사이의 의사소통을 원활하게 하여 신뢰감을 쌓는 것이 의료관계자 사이에 정착되어 있기 때문이다: A. Deeken, 『죽음을 어떻게 맞이할 것인가』, 112; 안타깝게도 한국에는 의사들이 말기 환자에게 취해야 할 언행과 태도에 대한 교육 체제나 지침서조차 마련되어 있지 않다: 최준식, 『임종 준비』, 53f.

24) 홍진의, "의료현장에서의 죽음과 호스피스 완화의료", 한국죽음학회 엮음, 『죽음맞이』, 203.

화의료 팀의 접근도 철저하게 차단되기 때문에 환자의 고립은 더욱 심해진다. 이렇게 환자와 가족 사이에서 죽음과 관련된 솔직한 의사소통이 어렵다 보니 임종 방식 같은, 진정 환자 자신에게 매우 중요한 결정을 환자보다는 가족이 대신하는 경우가 많다. 무의미한 연명의료 여부를 결정하는 사전의료의향서도 대부분 가족이 대신 작성하는 것이 우리 사회의 현실이다.[25] 결국 환자에게는 자신의 임종 방식을 스스로 선택할 기회가 없는 것이다.

그러나 가족이 미안함과 두려움으로 인해 진실 앞에서 머뭇거리는 태도가 오히려 환자의 마지막 귀중한 시간을 빼앗는 것은 아닐지 진지하게 생각해볼 필요가 있다.[26] 가족이 무모한 기대와 독단적 행위 때문에 진실을 보류하는 동안 정작 환자는 마지막을 준비할 시간도 없이 허망하게 세상을 떠나버리기 때문이다. 말기 환자 중 자신이 죽는다는 사실을 아는 사람은 26%(2008년 서울대병원 기준) 정도에 불과한데, 그러면 어느 날 황망하게 세상을 하직한 환자의 인생은 과연 어디서 보상받을 것인가! 설혹 보상받는다 한들 천하보다 귀한 생명을 이미 잃어버린 마당에 그것이 무슨 유익이 있겠는가! 중요한 것은 환자가 자신의 종말이 다가온다는 것을 모르면 자신의 생을 정리할 수 없다는 사실이다.[27] 따라서 환자들은 남은 삶을 훌륭하게 마무리하기 위해 자신에게 주어진 시

---

25) 서울아산병원이 7개월 동안 병원에서 사망한 암 환자 213명의 의료기록을 분석한 결과, 85%가 연명의료 거부서약을 했으나 정작 환자 본인이 결정한 경우는 1건도 없었다. 이는 말기암 환자 165명을 대상으로 조사한 보라매병원의 결과도 유사하다. 87%에 이르는 서약자 중에서 서약 시점이 평균적으로 사망 8일 전이라는 점을 감안하면, 결국 환자에게는 사실상 자신의 임종 방식을 스스로 선택할 기회가 없다는 이야기다.

26) 윤영호, 『나는 죽음을 이야기하는 의사입니다』, 52.

27) 최준식, 『임종 준비』, 48.

간이 어느 정도인지를 알 권리가 있다. 진실은 두려운 것이지만, 때로는 그것을 받아들여야만 앞으로 나아갈 방도를 찾을 수 있다. 고통과 두려움 속에 있는 환자와 가족에게 냉정함을 요구하는 것은 잔인한 일일 수 있겠지만, 사실상 이때만큼 균형 잡힌 판단과 함께 진실 앞에서 솔직할 수 있는 용기가 필요할 때도 없을 것이다. 그러므로 남은 시간이 길지 않다면 숨기려고만 할 것이 아니라, 거기서부터 다시 적극적인 삶의 태도를 가지는 게 옳다. 적극적인 삶의 태도야 말로 지금까지 살아온 삶에 의미를 부여하여 남은 삶의 가치를 높일 뿐만 아니라, 때로는 이를 통해 삶의 기간을 연장할 수도 있기 때문이다.[28]

환자가 자신의 생명을 둘러싼 진실을 알게 되었을 때 절망하리라는 사람들의 일반적인 우려와는 달리, 실제 반응은 그와 정반대인 경우가 많다고 한다. 의사나 가족으로부터 말기 진단을 직접 전해 들은 환자들은 비정상적인 경로로 그 사실을 알게 된 환자들보다 일상생활이나 인간관계 면에서 더 나은 양상을 보여줄 뿐만 아니라 피로나 통증, 식욕부진과 같은 증상도 더 적게 나타난다고 한다. 더욱이 환자의 자살이나 조기 사망 같은 우려했던 부작용도 거의 일어나지 않는 것으로 보고된다. 환자가 의료진이나 가족으로부터 자신이 말기라는 사실을 직접 들을 때, 현실에 대한 이해가 높아지고 점차 긍정적으로 적응하는 순기능도 작동하는 것이다. 그러므로 호스피스 전문가들은 환자 본인이 말기라는 사실을 아느냐 모르느냐에 따라 남아 있는 삶의 질이 크게 달라진다고 주장한다.[29] 환자가 자신의 상태를 직시하고 이해한다면, 가족이나 의료진과 함께 원활한 의사소통을 하면서 이후의 바람직한 사전의료계획을 마

28) 윤영호, 『나는 죽음을 이야기하는 의사입니다』, 51.
29) 윤영호, 『나는 죽음을 이야기하는 의사입니다』, 52, 110.

련할 수 있다. 또한 자신이 말기라는 사실을 알게 되면 무의미하고 고통
스러운 연명의료보다는 호스피스 및 완화의료를 선택하는 경향이 강화
되므로 환자가 존엄하고 행복하고 평온한 임종을 맞이하게 될 가능성이
더 많은 것이다.[30]

　　이로 보건대, 말기 환자에게 사실을 바로 알리는 것은 이 모든 과정
이 원만히 이뤄지기 위한 첫 단추다. 말기라는 사실 알리기의 중요성은
환자가 삶을 존엄하게 마무리하는 데 필요한 최우선의 과제,[31] 곧 환자
가 자신이 처한 현실을 있는 그대로 수용하고 극복하도록 용기와 희망
을 불어넣어 주는 출발점이라고 말할 수도 있을 것이다. 물론 환자가 말
기라는 사실을 처음 알았을 때는 격렬한 정서적 반응이 나타나기도 하
는데, 그것은 인간으로서 당연히 겪는 것이며 이 또한 결국은 극복할 수
있는 과정일 것이다.[32] 사실 아무리 숨긴다고 해도 시간이 지나면 마침
내 환자 자신도 뒤늦게 사태를 눈치채게 되는데, 그렇게 되면 그동안 거
짓된 희망으로 진실을 유보해온 환자에게 다가온 죽음을 정면으로 직시
해야 하는 시간은 더욱 고통스럽고 잔인한 시간이 될 것이다. 이때 말기
환자들의 케어에 있어서 중요한 것은 '환자가 겪게 되는 참담함이라는
심적 고통을 곁에서 어떻게 돌보느냐?'일 것이다. 그동안 자신을 돌보지
않고 열심히 살아왔지만 한순간에 온갖 비극적 감정의 풍랑이 소용돌이
치는 망망대해에서 자기 혼자 무기력하게 난파당한 것 같이 느끼는 환
자를 붙잡아주어야 한다. 그러므로 세계적 죽음학자 알폰스 데켄[A. Deeken]
은 이때 특별히 중요한 일이 병명을 알게 된 당사자를 매우 신중하게 보

30) 윤영호, 『나는 한국에서 죽기 싫다』, 68.
31) 윤영호, 『나는 죽음을 이야기하는 의사입니다』, 52, 102.
32) A. Deeken, 『죽음을 어떻게 맞이할 것인가』, 100, 122.

살피는 일이라고 권고한다.[33]

삶의 마지막 시간은 떠나는 환자 자신뿐만 아니라, 사랑하는 사람을 떠나보내야 하는 가족들에게도 매우 중요한 시간이다. 말기암 환자를 대상으로 임종 시의 소망을 묻는 한 설문조사에서는 '사랑하는 가족의 품에서 죽음을 맞이하고 싶다'는 답변이 가장 많았다.[34] 가족은 환자에게 세상 그 누구보다 의지할 수 있는 인생의 동반자이기 때문이다. 말기암 환자들은 생물학적인 질병 외에도 다양한 마음의 병을 앓는데, 이를 적절히 돌보지 않으면 불응성 암성 통증처럼 심리적 이유로 인한 물리적 고통을 야기할 수도 있다. 따라서 환자 주변에 있는 사람들의 역할이 더욱 중요하다. 환자의 마음에 공감하면서 긍정적인 사고방식을 가질 수 있도록 유도하는 노력은 의료진이나 상담사만의 몫이 아니며, 간헐적으로 만나는 그들보다 오히려 언제나 곁을 지키는 가족의 역할이 더욱 중요하다고 할 수 있다. 환자가 두려움에 빠지지 않도록 정신적으로 지지해주고 그의 마지막이 결코 외로운 길이 아님을 알게 해줘야 할 것이다. 사랑하는 가족의 품에서 죽음을 맞이하고 싶어 하는 환자들의 바람이 바로 그것일 것이다.

그러나 실제 현실은 환자들의 이러한 당연하고도 소박한 기대를 저버릴 때가 많다. 환자 대부분은 죽음이 임박해서야 비로소 호스피스나 완화의료 기관으로 들어간다. 이 때문에 당사자부터 이미 몸과 마음이 지칠 대로 지쳐 있는 경우가 많고, 전쟁과도 같은 치료과정을 함께 감내

---

33) A. Deeken, 『죽음을 어떻게 맞이할 것인가』, 121.
34) 2004년 우리 국민 1,000명을 대상으로 '바람직한 죽음을 맞이하기 위해서 가장 필요한 것이 무엇인가?'를 질문한 적이 있는데, 첫째가 '다른 사람에게 부담 주고 싶지 않다'는 것이고, 둘째가 '죽을 때 사랑하는 사람들이 지켜봐 줬으면 좋겠다'는 것이었다. 2012년 6월에 다시 실시한 조사의 결과도 거의 다르지 않았다.

한 가족도 대부분 심신이 몹시 피폐해져 있는 상태다. 호스피스 기관에 온 환자들의 절반가량은 2주 이내에, 10명 중 7-8명은 1개월 안에 사망하기 때문에 환자와 가족은 서로 사랑과 감사의 마음을 주고받으면서 아름답게 이별을 준비할 만한 경황이 없는 것이다. 더욱이 죽음을 앞둔 사람을 돌보는 일은 24시간 긴장 상태에 있어야 하기에 여러 어려움과 고통이 따른다. 몸이 힘든 것 외에도 임종기 환자를 잘 돌보기 위해서는 보험, 병원, 의료진과의 관계 등이 복잡하게 뒤엉킨 의료 체제를 잘 헤쳐 나가야 하며, 환자가 좋은 죽음을 맞이하게 하려면 단순한 병 수발 그 이상의 돌봄이 요구된다. 사실 우리는 환자가 영원을 준비하면서 좋은 죽음을 맞이하도록 돕기 위해 최선을 다하지만, 기도와 인내와 깊은 이해심 이외에 최선의 도움이란 없을지도 모른다는 사실을 솔직히 인정할 수밖에 없다. 그러므로 가족들이 함께하면서 환자가 좋은 죽음을 맞이할 수 있도록 해답을 찾고 함께 돌보고 돕는 과정이 무엇보다 중요할 것이다.

그렇다면 말기 환자와 죽음을 앞둔 사람을 어떻게 보살펴야 할까? 그 해답은 단순해서 많은 호스피스 전문가들은 그냥 환자 곁에 함께 있어주라고 조언한다. 즉 우리가 해야 할 가장 중요한 일은 죽음을 앞둔 사람 옆에서 같이 있어주는 것이다.[35] 산모에게 '출산 동반자'가 중요하듯이, 임종자에게는 동일하게 '죽음의 동반자'가 중요하다.[36] 곁을 지키면서 함께 있어주는 것은 사랑하는 사람과 죽음의 과정에 동행한다는 뜻이기도 하다. 가족들은 환자에게 해줄 수 있는 일이 아무것도 없다는 사실에 괴로워하지만, 사랑하는 사람들이 자신의 마지막 삶의 순간을 함께 해주는 것만으로도 환자에게는 큰 위안과 도움이 된다. 죽음을 앞둔 사

---

35) R. Moll, 『죽음을 배우다』, 162.
36) P. Fenwick, E. Fenwick, 『죽음의 기술』, 324.

람은 대개 죽음 그 자체보다 죽음이 진행되는 과정을 더 두려워하는데, 곧 사람들과 서서히 멀어지는 것, 함께하는 사람이 사라져버리는 것, 혼자서 고독하게 죽음을 맞이해야 한다는 사실을 몹시 두려워한다. 더욱이 죽음을 앞둔 사람은 쇠약해진 몸으로 인해 사람들과의 교제 망이 대폭 좁아지는 경우가 빈번하므로, 사랑하는 가족과 친지의 따뜻한 동행은 그 무엇보다 간절히 요청된다고 말할 수 있다.

의학적으로 손을 쓸 수 없을 때 흔히 '더 이상 할 수 있는 일이 없다'고들 말하지만, 사실 할 수 있는 일은 얼마든지 존재한다. 우선적으로 우리는 가족과 친구로서 환자 곁을 지키면서 그에게 희망을 줄 수 있다. 여기서 희망이란 더 오래 살 수 있다는 거짓된 희망을 통한 희망 고문이 아니라, 죽음이라는 한계상황에서도 꿈꿀 수 있는 역설적인 희망, 우리 삶이 여전히 아름답고 목적이 있으며 축복받았다는 희망을 말하는 것이다. 또한 삶의 완성에 대한 희망, 고통으로부터 탈피할 수 있다는 희망, 삶에서 감당해야 할 부담과 의무로부터 도덕적인 자책 없이 벗어날 수 있다는 희망, 죽음을 넘어서는 희망을 줄 수 있다.[37] 우리는 환자의 일상을 돕고 마음이 따듯한 이야기를 들려주거나 좋아하는 노래를 불러주고 좋은 글귀나 은혜로운 성서 구절을 읽어주며 평화와 안식의 기도를 할 수 있다. 특별히 환자와 더불어 기뻐했던 일을 떠올리면서 환자가 임종한 후에도 항상 고인을 기억하고 사랑할 것이라는 확신을 심어줄 수 있다. 환자의 삶에서 뜻깊었던 일들을 서로 확인하면서 환자가 헛된 삶을 산 것이 아니었음을 되새겨줄 수도 있다.[38] 한 호스피스 간호사는 말하길, 죽음을 앞둔 환자와 그 가족에게 진정으로 필요한 것은 대부분 비전

---

37) 유호종, 『죽음에서 삶을 묻다』(서울: 사피엔스21, 2010), 163ff.
38) 한국죽음학회 엮음, 『한국인의 웰다잉 가이드라인』, 56f.

문가들, 이를테면 가족과 친구, 교우들이 제공해줄 수 있는 소소한 일들이라고 한다. 그러므로 호스피스 전문가들은 임종자의 곁을 지키는 것은 그를 위한 가장 강력한 돌봄의 방법이라고 주장한다.[39]

일반인들은 임종의 순간에 극도의 고통이 있을 거라고 상상하면서 염려하지만, 대부분 임종자는 서서히 의식을 잃다가 죽음의 순간에는 무의식 상태에 들어가기 때문에 임종 직전에는 고통을 거의 인지하지 못한다고 알려졌다. 실제로 인간은 극도의 두려움과 스트레스 상황에 직면하게 되면 그에 대응하여 뇌 조직에서 엔도르핀을 분비해낸다고 한다.[40] 이 때문에 극한의 상황 속에서도 인간은 의외로 놀라운 평온함을 느끼면서 위기상황을 견뎌낼 수 있게 된다는 것이다. 일단의 의료진들은 이 엔도르핀의 상승을 육체적으로나 정신적으로 다가오는 고통과 공포로부터 인간을 보호해주는 신체 내부의 메커니즘으로 생각한다. 어떤 사람들은 이것이 창조주가 인간에게서 죽음의 고통을 덜어주기 위해 선사한 축복 중 하나라고 말하면서 인간이 갑자기 다가오는 죽음의 고통으로부터 보호받고 있음이 분명하다고 주장하기도 한다.[41]

마지막 순간이 임박하면 임종자의 호흡과 심장박동이 약해지는데, 이 과정은 의학적 응급상황이 아닌 자연스러운 현상이므로 심폐소생술이나 인공호흡기 같은 불필요한 의학적 처치를 하지 않는 것이 좋다. 그 대신 가족들이 조용히 임종자의 곁을 지키면서 임종자가 평온한 마음을

---

39) 달라스 윌라드(D. Willard)는 『하나님의 모략』에서 누군가와 함께 있어주는 행위가 결코 작은 일이 아니며 자리를 지켰다는 사실이 중요하다고 말한다. 굳이 무슨 일을 할 필요가 없을 때에도 그 자리에 함께 있어주는 게 그 어떤 일보다 더 중요한 때가 있어서 곁에 있어주는 것이야말로 가장 강력한 일이라고 역설한다.

40) S. B. Nuland, 『사람은 어떻게 죽음을 맞이하는가』, 199.

41) S. B. Nuland, 『사람은 어떻게 죽음을 맞이하는가』, 201-206.

가질 수 있도록 평화로운 분위기를 만드는 것이 좋다. 또한 고인과 함께 했던 의미를 되짚어보고 못다 한 화해나 용서를 표현하고 앞으로도 계속 사랑할 것임을 다짐하면서 마지막 작별인사를 하는 것이 좋다. 죽어 가는 사람은 가족에 대한 걱정으로 임종 기간이 길어질 수도 있는데, 이 때 가족들은 임종자에게 "이제 우리 걱정은 하지 마시고 다 내려놓으시고 편안히 떠나셔도 됩니다"라고 안심시켜 편안히 갈 수 있게 해주는 것이 바람직하다. 마지막 순간까지 임종자의 손이나 얼굴을 어루만지면서 임종자가 마음의 평안을 얻을 수 있도록 좋은 말들을 계속 해주는 것도 좋다. 임종자가 모든 근심을 내려놓고 편안히 갈 수 있도록 해주는 일이야말로 가족들이 해줄 수 있는 마지막 사랑의 선물일 것이다.[42]

의학적 지식에 따르면, 죽음을 앞둔 임종자는 겉으로는 의식이 없어 보일지라도 청각과 촉각은 가장 마지막 순간까지 유지된다. 혹자는 우리나라 사람들이 살아서 의식이 있을 때에는 서로에게 진솔하게 잘 이야기하지 못하는 경향이 있다고 한다. 이에 호스피스 의료진들은 임종이 가까이 다가와 의식이 없어질 때가 되면, 그때라도 하고 싶은 이야기를 다 해야 한이 풀린다고 가족들에게 권유하기도 한다. 물론 고인이 아직 눈을 뜨고 의식이 살아 있을 때 허심탄회하게 이야기를 나누는 것이 훨씬 더 좋다.[43] 하지만 고인의 숨이 끊어진 뒤에도 영혼이 바로 떠나지 않고 머물 수 있으니, 한두 시간 정도는 고인의 영혼이 주위에 계신다고 생각하고 고인에게 하고 싶었던 이야기를 하는 것도 좋을 것이다. 그런데 우리나라에서는 병원에서의 임종 시에 가족들이 슬픔을 표현하고 마음을 추스를 겨를도 없이 시신이 곧바로 냉장실로 들어가는 현실이 문

---

42) 한국죽음학회 엮음, 『한국인의 웰다잉 가이드라인』, 76ff.
43) 한국죽음학회 엮음, 『죽음맞이』, 45, 63.

제다.[44] 그러므로 사전에 병원이나 장례식장 관계자에게 양해를 구하면서 고인과 함께 얼마 동안 같이 있을 수 있게 배려해달라고 요청하는 것도 좋을 것이다.[45]

호스피스 전문가들은 임종 환자가 좋은 죽음을 맞이하려면 다음과 같은 사항에 유의해야 한다고 조언한다.[46]

1. 자신의 삶을 정리한다. 자신의 삶을 객관적으로 돌아보면서 무엇이 중요한지, 삶의 궁극적인 의미가 무엇인지, 진정한 삶이 무엇인지 조용히 떠올리면서 삶을 정리한다. 자신의 삶을 회고하다가 잘못한 일이 생각나면 스스로를 용서하고 세상을 떠난다.

2. 가족들과 아름다운 작별을 한다. 오랫동안 같이 산 가족들이라도 서로 정리해야 할 감정이 있기 마련이므로 정신이 온전할 때 "고맙다", "미안하다"라고 말한다. 또한 서로의 사랑을 재확인하는 것도 필요하다. 영원히 헤어지기 전에 마음을 담아 사랑과 축복을 전하는 작별 인사는 평생 이어온 관계를 마무리하는 데 꼭 필요한 지혜일 뿐만 아니라, 가족에게 평생토록 간직할 소중한 선물이 되기도 한다. 죽음 뒤에 가장 해결하기 힘든 것이 복잡하게 얽히고설킨 문제가 많은 가족관계

---

44) 이에 반해 대만의 병원에는 '염불실'이라는 방이 있는데, 이곳에서는 고인이 숨을 거둔 뒤에 8시간 정도 고인을 위해 염불을 해준다고 한다. 우리나라에서는 사망 후 시신이 바로 냉장실로 들어간다. 문상객이 조문을 와도 사실상 빈소에 영정 사진만 놓여 있고, 정작 시신은 외롭게 냉장실에 안치되어 있는 것이 우리나라 영안실의 현주소다. 현실적인 방안으로 각 빈소마다 냉장실을 만들면 좋지 않을까 하는 의견이 있기도 하지만, 한국인들이 그렇게 하지 않는 것은 시신을 옆에 두기 싫어하거나 병원의 편의주의 때문이라는 견해가 지배적이다.

45) 한국죽음학회 엮음, 『한국인의 웰다잉 가이드라인』, 78.

46) Cf. 한국죽음학회 엮음, 『한국인의 웰다잉 가이드라인』, 51ff.

이므로, 혹여라도 가족에 대한 복잡한 심경이 있다면 죽기 전에 모두 내려놓고 눈을 감는다.

3. 주변 사람과 화해한다. 좋은 죽음의 가장 큰 장애물은 마무리가 안 된 인간관계 속에서 느끼는 죄책감이나 증오 같은 감정인데, 이를 해결하는 가장 중요한 방법은 화해와 용서다. 특히 용서는 상처로 얼룩진 관계를 완성하고 평화를 찾는 핵심이자 죽음으로 가는 여정을 거의 완벽하게 준비하는 방법이다. 이에 평화로운 죽음을 맞이하고자 한다면 죄의식을 느끼는 이에게 용서를 구하고, 만일 그를 전혀 만날 수 없는 상황이라면 마음에서부터 진심으로 용서를 구한다. 도저히 용서가 안 될 것 같은 피해와 억울함, 원한과 복수심, 애욕과 집착의 감정이라 하더라도 마음속 깊은 곳까지 훌훌 털어내고 이 세상을 하직한다. 묵은 상처에서 벗어나 하염없이 참회의 눈물을 흘리다 보면, 맺힌 것이 풀리고 환희의 기쁜 마음이 생기면서 영혼이 정화될 것이다.

4. 죽음을 부정하지 말고 용기 있게 직시한다. 죽음은 절대 피해갈 수 없는 절체절명의 위기이지만, 마지막이자 엄청난 성장의 기회이기도 하다. 좋은 죽음을 맞이하기 위해 준비하는 과정에서 내적으로 엄청난 성장이 일어나기 때문이다. 죽음을 준비하다 보면 시간이 짧다고 생각할 수도 있지만, 죽음 앞에서 내적으로 충만한 변화가 일어날 때에는 시간이 길고 짧은 것은 그리 중요하지 않다. 죽음은 또 다른 삶의 시작임이 확실하므로 확신과 용기를 가지고 죽음을 기꺼이 받아들인다.

5. 죽음 이후의 삶을 소망하면서 신앙생활에 총력을 기울인다. 죽음 이후에 누리는 영원한 삶, 그리고 하나님과의 만남은 임종을 앞둔 상황에서 초미의 관심사이므로 이를 삶의 가장 중요한 과제로 여기고 모든 관심을 집중하여 준비한다. 죽음을 준비하면서 배우는 교리들은 인생

의 참된 의미에 대한 깨달음을 줌으로써 남은 삶을 더욱 풍성하게 한다. 이처럼 삶의 큰 깨달음을 얻는 것은 평상시에는 불가능하고 임종이 임박해서야 가능한 일이기 때문에, 마지막 순간까지 이 기회를 잘 선용하면서 죽음 이후를 적극적으로 준비하고 신앙생활에 총력을 기울인다.

6. 사랑과 봉사로 삶을 완성한다. 사랑과 봉사는 삶을 완성하는 가장 중요한 부분이므로, 아직 여력이 있다면 이웃에게 사랑을 베풀고 세상을 아름답게 가꿀 수 있는 일을 생각하여 실천에 옮긴다. 죽어가고 있는 상황에서 다른 사람을 위해 무슨 일을 할 수 있겠느냐고 반문할 수 있겠지만, 봉사 행위는 자신의 삶에 의미를 부여하고 완성하는 데 큰 도움을 주므로 단 한 번이라도 자신이 할 수 있는 만큼 좋은 일을 하고 떠난다.[47]

7. 무의미한 연명의료에 집착하지 않는다. 중환자실에서 맞는 죽음이야말로 가장 불행하고 고통스러운 죽음이다. 따라서 모든 의학적 노력을 기울인 연후에도 죽음이 불가피할 경우 더 이상 무의미한 연명의료를 고집하지 않는다. 환자 자신은 무의미한 연명의료를 원하지 않지만 가족들이 강행하는 경우도 적잖기 때문에 '사전의료의향서'를 통해 자신의 의사를 분명히 문서로 표시해둔다. 또한 가족이나 의료진을 비롯한 주변 사람들에게 불필요한 일이나 무리한 요구를 하지 않는다.

8. 주변을 정리한 후 세속적인 일에 대한 관심을 끊는다. 자신이 떠난 다음 남겨진 사람들에게 누가 되지 않도록 자신의 주변을 주도면밀하게 잘 청산해야 홀가분하게 세상을 떠날 수 있다.[48] 유언장, 사전의료의향

---

47) 한국죽음학회 엮음, 『한국인의 웰다잉 가이드라인』, 53.
48) 최준식, 『임종 준비』, 68.

서, 사전장례의향서, 장기 기증서, 그 외 서류들을 작성하고 주변을 청산한 후에는 모든 세속적인 일에서 관심을 끊어낸다. 이제는 개인의 영적인 문제에만 온 정신을 쏟아야 할 시기이므로 일상사에 대한 모든 걱정과 집착을 내려놓는다.

3. 사별에 대처하는 유가족 케어

인간의 죽음이라는 일련의 과정에서 사랑하는 이를 떠나보내는 사별과 그에 따르는 상실감 그리고 그 극복은 매우 중요한 문제다. 고인을 장사지내고 나면 고인에 대한 예우는 다 끝나지만, 유가족이 사랑하는 사람을 상실한 데서 느끼는 비탄의 감정은 이제부터 치유에 들어가야 하기 때문이다. 유가족이 슬픔을 잘 극복하고 일상생활로 돌아오는 것도 인간의 죽음과 죽어감이라는 과정에서 대단히 중요한 부분이다.[49] 그러므로 죽음학·생사학에서 다루는 가장 중요한 주제 중 하나는 고인을 보내고 난 다음에 유가족과 친지들이 어떻게 그 사별의 슬픔과 상실감을 극복하느냐 하는 문제다. 상실에 의한 비탄의 감정이 위험을 일으킬 가능성이 매우 높기 때문에 죽음학·생사학 전문가들은 비탄의 과정을 중시해야 한다고 권고한다. 죽음학자 알폰스 데켄A. Deeken은 전체 의료비의 1%만이라도 죽음에 대한 준비 교육이나 그 일환인 비탄교육에 썼더라면 결과적으로 의료비가 대폭 절감되었을 것이라고 주장하기도 한다.

호스피스와 완화의료에서 가장 중요하게 고려하는 것도 바로 임종

---

49) 최준식, 『임종 준비』, 123.

에 대처하는 말기 환자에 대한 케어와 함께 사별에 대처하는 유가족 케어다. 호스피스와 완화의료의 치료 이념은 환자에 대한 총체적·전인적 치료를 포함하여 가족 전체까지 돌봄의 대상으로 간주하는데, 이는 환자는 물론 그 가족 또한 전문적 케어와 지원이 절대적으로 필요한 존재이기 때문이다. 특별히 환자 가족이 사별로 인해 자칫 치명적인 건강 악화에 빠질 수 있는 상황 속에서 여러 문제를 해결 또는 완화할 뿐만 아니라, 사별 후 변화에 잘 적응하도록 회복시킴으로써 건강하고 충만한 삶을 유지하게끔 도움을 주는 것이 호스피스 및 완화의료 유가족 케어의 목적이라고 말할 수 있을 것이다.[50]

그런데 우리 사회에는 아직 죽음을 깊이 있게 다루는 사회적 분위기가 형성되어 있지 않기 때문에 유가족들이 겪는 사별의 아픔, 애도의 슬픔, 비탄의 감정 같은 문제의 심각성에 대해 너무 무지한 상황이다. 우리 사회는 죽음과 관련하여 많은 부분이 미비하지만, 그중에서도 특히 유가족들이 안고 있는 슬픔의 치유 문제가 거의 도외시되고 있으며 이와 관련한 전문가조차 배출하지 못한 상황이다.[51] 무엇보다도 우리나라에는 사고나 자살, 살인 등으로 자식을 잃고 크나큰 슬픔에 빠진 부모들이 대단히 많은데, 매우 안타깝게도 이들이 거의 아무 대책 없이 방치되어 있다고 해도 과언이 아니다. 자식이 단순한 교통사고로 죽어도 슬픔을 가눌 길이 없는데, 스스로 목숨을 끊거나 성폭행 및 가혹행위를 당하고 살해당했다면 부모는 평생 지옥의 심연을 헤맬 수밖에 없을 것이다.

여기서 문제는 범죄의 피해자 부모가 혼자서 사별의 슬픔을 감내해야 하는 경우다. 자식을 잃은 부모들의 고통은 집에 적막하게 있을 때 더

---

50) 홍진의, "의료현장에서의 죽음과 호스피스 완화의료", 218.
51) 한국죽음학회 엮음, 『죽음맞이』, 27; 최준식, 『임종 준비』, 124f.

더욱 절절해지는데, 낮에 분주하게 사람들과 함께 있을 때에는 그래도 견딜 만하지만 혼자 남으면 그 슬픔을 주체할 수 없게 된다. 그나마 여러 가정이 같은 일로 자식을 잃었을 때에는 함께 고통을 나눌 사람들이 있어서 상대적으로 괜찮을 수도 있겠지만, 혼자서 사별의 고통을 감내해야 할 때는 절망의 수렁에 빠져버리게 된다. 그렇기 때문에 유가족들에 대한 치유 문제는 그들끼리 알아서 처리하도록 내버려두어서는 안 된다. 왜냐하면 유가족들이 서로 돕는 것은 한계가 있을 뿐만 아니라, 전문가의 손길이 필요한 일을 스스로 처리하다가 자칫 잘못된 길로 갈 수도 있기 때문이다. 사실 이 문제는 개인의 문제를 넘어 사회가 개입해야 그 고통을 현저히 줄일 수 있는 사회적 문제다. 그러므로 선진국에서는 불의의 사고나 범죄로 자녀를 잃은 희생자 부모들을 위해 많은 사회운동이 벌어지고 있다. 하지만 우리나라에서는 이들에 대한 치유 프로그램이나 배려 정책이 거의 전무한 상태이므로 지금이라도 하루속히 관련 정책이 마련되어야 할 것이다.

사랑하는 이의 죽음은 그 이후에도 세상을 살아가야 하는 유가족과 지인들의 삶에 매우 중대한 변화를 가져온다. 고인이 사망한 후 남겨진 이들은 이루 말할 수 없이 큰 슬픔에 휩싸이는 가운데 건강 악화와 고인을 대신해야 할 역할 변화 등으로 인해 매우 힘겹게 살아간다. 우리는 일상의 삶 속에서도 여러 형태로 상실의 슬픔을 겪기 때문에 슬픔은 정상적인 삶의 자연스러운 감정이라 할 수 있겠지만, 사별의 슬픔은 그 무엇과도 비길 수 없는 크나큰 비탄의 감정이다. 이는 마치 기나긴 어두운 터널을 지나는 것과도 같이 남아 있는 이들의 마음을 암울하게 하면서 몸마저 아프게 만든다. 이러한 슬픔과 아픔은 일시적으로 끝나는 것이 아니라 여러 단계를 거쳐 오랫동안 이어진다. 그러므로 유가족들은 이 과정을 잘 이해하여 슬픔을 슬기롭게 극복함으로써 일상의 삶으로 돌아오도록 노력해야 한다. 이때 주변의 도움이 절대적으로 필요한데, 바로 호스피스와 완화의료가 유가족에게 도움을 주고자 하는 것이다.

먼저 호스피스 전문가들은 유가족이 적극적으로 애도 과정을 통과할 필요가 있다고 권고한다. 일상으로의 복귀를 무작정 연기할 수는 없겠지만, 최소한 사별 후 1-2년간은 슬픔을 통과하는 과정이 가장 중요한 과제라는 것이다. 애도는 복잡하고 번거로운 과정일 수도 있지만 그럼에도 없어서는 안 될 과정이므로, 사랑하는 사람의 죽음을 딛고 온전히 회복하려면 제대로 애도하는 것이 중요하다.[52] 알폰스 데켄의 표현대로 상실 체험과 비탄 과정은 "인생의 중대사의 하나이지, 결코 인스턴트로 처리할 수 있는 것이 아니다."[53] 어떤 사람들은 유가족에게 얼른 잊어버리라고 하거나 예전의 일상으로 어서 돌아가야 한다고 채근하면서 애도 과정을 순식간에 해치우려고 하는데, 이것은 슬픔을 겪는 사람을 오히려 힘들게 할 수 있다는 사실을 깨닫지 못한 결과다. 왜냐하면 고통을 정면으로 직시하는 것이야말로 고통을 치유할 수 있는 길로 나아가는 첫 관문일 뿐만 아니라, 실제로 고통을 극복하는 데에는 많은 시간이 걸리기 때문이다.[54] 사람들은 상을 당한 사람이 이른 시일 안에 이전 생활로 돌아가는 것을 좋게 여기지만, 사실 이것은 슬픔을 온전히 통과하고 그다음 단계로 나아감에 있어서 오히려 방해가 될 수도 있다.

제대로 애도하려면 시간이 걸린다. 슬퍼하는 데에도 시간이 걸리고 치유하는 데도 시간이 걸린다. 그렇게 충분히 시간을 들여 애도하는 것

---

52) R. Moll, 『죽음을 배우다』, 181.

53) A. Deeken, 『인문학으로서의 죽음교육』, 93.

54) 최준식, 『임종 준비』, 126.

은 한 사람의 인생의 중요성을 인정하는 과정이다. 부모와 자식, 남편과 아내, 형제와 자매, 친한 친구 사이, 이렇게 한데 엮인 두 인생의 매듭을 풀려면 불가피하게 시간이 필요하기 마련이다. 애도의 과정은 그 관계의 깊이를 인정하는 시간이라고 말할 수도 있다. 사람들은 보통 애도하는 이에게 이전 생활로 돌아가야 한다고 권유하지만, 이제 그는 사별 이전과 똑같이 살아갈 수는 없다. 애도란 사랑했던 사람과 함께했던 삶에서 그 사람이 없는 전혀 다른 삶으로 옮겨가는 과정이기 때문이다. 애도하는 사람들은 고인과 인생을 함께했고 한데 엮여 있었던 애착 관계와 그가 인생에 깊이 개입했던 만큼 괴로움을 느끼기 때문에 유가족의 인생에는 중대한 조정이 필요하다. 이 일은 시간이 걸리므로 그 과정에서 애도하는 이들은 다른 사람들의 재촉과 성화에 휘둘림을 당하지 않도록 보호받아야 한다.[55] 모든 사람이 자신만의 방식대로 슬픔에 대처하고 치유하기 위해 시간을 보내도록 격려받을 필요가 있는 것이다.[56] 그러므로 우리는 유가족이 사별의 과정을 성숙하게 잘 밟음으로써 이후 영적으로나 인격적으로 진일보할 수 있도록 특별히 배려해야 한다.

유가족을 케어하는 호스피스 전문가들은 사별의 과정에서 대체로 세가지 주된 감정이 교차한다고 말하는데, 이를 정리하면 다음과 같다. 사별의 초기 단계에서는 큰 충격을 받아 내면의 혼란과 감정의 격변, 심한 자책과 후회, 현실 망각과 집중력 저하, 무감각과 무기력증 같은 증상이 나타난다. 또한 신체적으로는 실신이나 호흡곤란 등 급성 쇼크 증상이 동반하거나 쉽게 깜짝 놀라고 잠을 못 이루는 등 이상 증세가 나타나기도 한다. 이때는 고인의 죽음을 있는 그대로 받아들이는 가운데 단

---

55) R. Moll, 『죽음을 배우다』, 189.
56) E. Kübler-Ross, 『사후생: 죽음 이후의 삶의 이야기』, 153f.

순하게 몸이 시키는 대로 순응해서 피곤하면 자고, 울고 싶으면 울고, 먹고 싶으면 먹는 게 좋다.[57] 사별의 중간 단계에서는 나날이 고인의 빈자리를 실감하면서 우울과 비탄의 상태에 빠져 하염없는 슬픔과 절망감에 휩싸일 뿐만 아니라, 슬픔이 길어지면서 면역력이 약해져 다양한 질병에 걸리기도 한다. 이때는 사람들과의 접촉을 피하지 말고 평소 신뢰하는 사람에게 자신의 감정을 솔직히 토로하면서 실생활의 구체적인 문제에서 실질적인 도움을 받는 것이 좋다. 사별의 후기 단계에서는 서서히 시간이 흐르면서 도저히 극복할 수 없을 것 같던 비탄의 감정을 극복할 수 있다는 사실을 스스로 깨닫게 된다. 또한 슬픔 속에 빠져 있는 것만이 고인을 위한 길이 아니라는 사실도 절감하게 된다. 이를 통해 자신이 잘 사는 것이 고인을 위해서도 좋은 일이라는 결론에 이르게 된다.[58] 그렇다 하여 고인을 잊어버리는 것은 결코 아니지만, 비탄의 감정이 정리되고 고인이 없는 삶에 차츰 적응하면서 삶을 새롭게 형성하고 새로운 기쁨을 찾고자 하는 에너지가 생겨난다. 이때도 여전히 슬픔을 많이 느끼지만, 자신의 삶을 새롭게 만들어갈 수 있다는 일말의 희망이 싹트면서 희로애락이 교차하는 일상으로 다시 돌아갈 수 있음을 감지하게 되는 것이다.

그런데 사별의 슬픔을 경험하는 기간은 유가족들이 처한 상황에 따라 천차만별일 수 있다. 우선 사별로 잃은 대상에 따라 애도 기간이 달라지는데, 이 역시 개개인에 따라 달라지는 경향을 보인다.[59] 사랑하는 사람이 죽었다는 사실을 받아들이고 이를 수용하는 단계로 나아가는 데에는 최소한 1-2년의 시간이 필요하다. 하지만 자식을 잃은 경우처럼 평소

---

57) 한국죽음학회 엮음, 『한국인의 웰다잉 가이드라인』, 101.

58) 최준식, 『임종 준비』, 125.

59) 최준식, 『죽음학 개론』, 115f.

고인에게 애착이 강했다면 그 이상의 시간이 걸리며, 경우에 따라서는 평생 고통이 지속될 수도 있다. 또한 고인의 죽음의 방식도 중요한 변수다. 고인이 어떻게 죽었느냐에 따라 애도 기간이 달라지기도 하는데, 가령 사고나 불치병으로 갑자기 세상을 떠나는 경우와 만성질환이나 일상적 노환으로 임종을 맞이하는 경우에 유족들이 겪는 애도 기간은 다를 수밖에 없다. 전자의 경우에는 충격이 클 뿐만 아니라 고인과 이별을 준비할 시간도 없이 갑자기 통보를 받기 때문에 슬픔을 극복하는 기간이 후자보다 훨씬 더 길어질 것이다. 끝으로 생각해보아야 할 변수는 자살인데, 자살은 자연사나 사고사와 비교할 때 유족들에게 극도의 충격으로 작용한다.[60] 이처럼 사별 후 유가족들이 감내해야 할 애도 과정은 일정한 시간이 걸리고 오랜 치유가 필요한 과정이다.

사람들은 보통 어느 정도 애도의 과정을 겪으면 다시 일상으로 복귀한다. 비록 애도의 과정은 몹시 슬프고 힘겨운 과정이지만, 이 과정을 겪고 난 후 많은 사람이 이전보다 한 차원 더 성숙한 인간으로 성장하기도 한다. 사랑하는 이의 죽음은 언젠가는 자신도 죽어야 하는 존재라는 사실을 절실히 깨닫게 하는데, 이를 통해 좀 더 근본적으로 삶과 죽음의 의미를 깊이 성찰하게 하면서 사회적·정신적 그리고 영적 성장을 도모하게 한다. 이러한 맥락에서 볼 때, 사별은 슬픈 일이지만 반드시 부정적인 것이라고만 볼 수는 없다. 우리는 사별이라는 충격적 사건에서 삶과 죽음의 궁극적인 의미, 자신과 타인의 관계, 진정한 자신과 신의 존재 같은 근본적인 질문을 던지게 되기 때문이다. 그러므로 사별의 과정은 한편으로는 인생에서 기쁨과 희망을 빼앗고 남은 인생을 원망 속으로 몰아넣

---

60) 최준식, 『죽음학 개론』, 117.

을 수도 있지만, 다른 한편으로는 이 체험을 창조적으로 활용하여 타인의 고통과 아픔을 이해할 줄 아는 감성이 풍부한 인간으로 성장할 수도 있다.[61] 이는 우리 삶에서 창조적인 시작의 계기가 될 수 있고 더 나은 삶을 추구하기 위한 기회를 제공하기도 한다. 특별히 그리스도인들은 천국에 대한 소망을 통해 슬픔을 통과하는 과정에서 큰 도움을 받을 수 있다. 천국에 대한 소망은 그리스도인들로 하여금 슬픔 한가운데서도 변함없는 기쁨과 평안을 안겨줄 수 있기 때문이다.

그런데 때로는 그리스도인들이 간직한 천국에 대한 소망이 자칫 오용될 수도 있다는 점을 짚고 넘어가지 않을 수 없다. 그리스도인들은 죽음을 이기신 예수 그리스도의 승리를 기뻐함으로 천국의 소망을 얻을 뿐만 아니라, 사랑하는 사람이 하나님 안에서 안식하고 있다고 믿으면서 위로를 받는다. 하지만 그리스도인들이 이런 천국에 대한 소망을 빙자해서 공개적인 애도를 막는다면, 유족과 그들을 위로하는 사람들을 더 버겁게 할 수도 있다. 어떤 그리스도인들은 천국의 소망을 강권하면서 유족들로 하여금 사랑하는 사람과 천국에서 재회할 테니 죽음으로 인한 슬픔 따위는 없는 것처럼 여기며 살아가라고 말하기도 한다. 이를 통해 유족들에게 꼭 필요한 애도의 고통을 회피하도록 종용한다. 그러나 그리스도인들이 유족들의 슬픔을 허용하지 않는다면 정상적인 애도 과정을 가로막는 결과를 낳을 수 있다. 물론 그리스도인들은 천국과 영원한 생명에 관해 이야기를 많이 나누면서 애도하는 자들을 위로해야겠지만, 천국과 영생이 본의에서 어긋나게 오용되지 않도록 신중해야 할 것이다.[62] 때로는 어설픈 위로나 섣부른 희망보다는, 차라리 침묵하고 슬픔을 같이

---

61) A. Deeken, 『인문학으로서의 죽음교육』, 14f., 93.
62) R. Moll, 『죽음을 배우다』, 188.

견뎌내면서 곁에 있어주는 것이 더 나을 수도 있다.[63]

사실 아무리 좋은 죽음이라고 해도 서로 긴밀하게 엮인 사람들을 갈라놓는 죽음은 현실이자 실재여서 그 상처가 고통스럽기 때문에, 사랑하는 사람이 천국에 있다고 해서 슬퍼할 이유가 없는 것처럼 말할 필요는 없을 것이다. 우리는 영생의 소망이 없는 사람들처럼은 아니지만, 그럼에도 슬프다는 사실을 부인할 수는 없다. 기독교에서 죽음은 결코 끝이 아니라 더 온전한 삶, 영원한 삶으로 옮겨가는 과정이기에 우리는 삶과 죽음에 대한 기독교적 이해에서 커다란 소망을 발견하지만, 사랑하는 이를 잃은 슬픔은 그냥 슬픔일 뿐이다. 슬픔은 고통과 아픔, 비극과 죽음에 대한 인간이 지닌 감성의 본능적 대응이므로 슬픔에는 옳고 그름이라는 가치 판단을 적용하기가 어렵다. 우리는 죽은 자들의 부활을 온전히 믿지만, 그것이 그리스도인들이 비非그리스도인들과 다르게 애도해야만 하는 유일한 이유는 아닐 것이다. 우리는 천국이 실재한다는 사실을 확실히 믿으면서도, 유한하고 연약한 존재이기에 어쩔 수 없이 이 땅에서

---

63) 서른네 살의 딸을 잃고 쓴 리타 모렌(R. Moran)의 "제발"(Please)이라는 시는 그리스도인들의 진정성 없는 위로에 상처받은 유족들의 심정을 담은 고스란히 담고 있다: "제발, 내가 슬픔을 완전히 극복했는지 묻지 말아 주세요. 나는 결코 완전히 극복할 수 없을 겁니다. 제발, 그가 지금 있는 곳이 이곳보다 낫다고 말하지 마세요. 내 곁에 없는 것이 문제이니까요. 제발, 더 이상 그가 아프지 않으니 됐다고 말하지 마세요. 왜 그 애가 고통받아야 했는지도 아직 이해하지 못하고 있어요. 제발, 내가 느끼는 것을 당신도 알고 있다고는 말하지 마세요. 당신 또한 아이를 잃었다면 모를까요.…제발, 하나님은 실수를 범하지 않는다고 말하지 마세요. 그분이 일부러 이렇게 하셨다는 뜻인가요? 제발, 적어도 그와 함께 34년을 살지 않았느냐고 위로하지 마세요. 당신은 당신의 아이가 몇 살에 죽어야 한다는 건가요? 제발, 신은 인간에게 견딜 만큼의 형벌만 내린다고 말하지 마세요. 인내력의 정도를 누가 결정하나요? 제발, 당신의 마음이 아프다고만 말해주세요. 제발, 그 아이를 기억하고 있다고만 말해주세요. 진실로 기억하고 있다면요. 제발, 내가 말하고 싶을 때 그 말을 들어주세요. 그리고 제발 내가 울어야 한다면 울도록 내버려두세요."

슬퍼한다.

그러므로 우리는 "우는 자들과 함께 울라"(롬 12:15)는 말씀처럼 유족이 느끼는 상실의 슬픔을 자신이 언젠가 겪었을, 혹은 앞으로 겪어야 할 슬픔으로 여기고 함께 슬퍼하면서 그들이 회복될 때까지 조용히 기다려 주어야 할 것이다. 그런데 애도는 자연스러운 과정이어서 충격으로 깊은 슬픔에 빠졌다가도 결국에는 새 삶을 시작하게 되지만, 꼭 그렇게 정상적으로만 흐르지 않는 경우도 배제할 수 없다. 어떤 유가족들은 처음에는 막연히 슬퍼하다가 급기야는 깊은 슬픔의 수렁에 빠져 거기서 헤어나지 못하거나, 무거운 질병에 걸리는 위기상황에 봉착하기도 한다. 호스피스의 유가족 케어는 바로 이러한 사태를 미연에 방지하고자 여러 회복 및 치유 프로그램을 만들어 유가족들을 돕기 위해 혼신의 힘을 다하고 있다.

호스피스 전문가들은 유가족들이 사별의 슬픔을 극복하고 새로운 삶을 계획하는 것을 돕기 위해 다음과 같이 조언한다.[64]

1. 슬퍼할 만큼 슬퍼한다. 사별한 후에는 무작정 갑자기 슬퍼지면서 눈물이 쏟아질 때가 많다. 슬픔은 나약함의 표출이 아니므로 애도의 과정(임종, 장례, 탈상 등)에서 슬픔을 충분히 표현하는 것이 좋다. 일종의 슬픔 총량의 법칙이 있어서 울고 싶을 만큼 우는 것이 더 빨리 회복하고 치유되는 길이기도 하다. 눈물에 회복과 치유가 머물기 때문이다. 이때 언제까지 슬퍼해야 할지는 자신의 마음과 몸만이 알고 있으므로 재촉하지 말고 스스로 너그럽게 대하는 것이 좋다.

---

64) Cf. 한국죽음학회 엮음, 『한국인의 웰다잉 가이드라인』, 100-111.

2. 자신의 감정을 있는 그대로 받아들이고 표현한다. 고인을 떠나보내는
   일은 생각보다 어렵고 고통스러운 일이어서 그 큰 고통을 잊으려면 많
   은 시간이 필요하다. 그러므로 낙심, 그리움, 절망감 등의 감정이 생기
   는 것을 인정하고 그 감정을 있는 그대로 받아들이는 것이 좋다. 느낌
   과 감정은 자극에 대한 반응이자 에너지와도 같은 것이기 때문에, 이러
   한 감정은 마음에 담아두면 사그라지지 않고 오히려 내면 깊숙한 곳에
   자리 잡아 우리의 이성을 사로잡게 된다. 따라서 감정을 느끼는 대로
   표현하는 것은 치유에서 매우 중요한 요소인바, 슬픔을 안전하게 잘 표
   현하는 방법으로는 혼자만의 장소를 찾아내 감정을 쏟아놓기, 글로 자
   신의 감정을 솔직하게 표현하기나 일기 쓰기, 특히 울면서 하나님의 긍
   휼을 간구하는 기도하기 등을 들 수 있다.

3. 마음의 고통을 가까운 사람과 나눈다. 사별 기간에는 고인이나 자기
   자신을 생각하면서 불쑥불쑥 마음의 고통을 느끼게 된다. 이때 찾아오
   는 슬픔, 외로움, 공허감, 자책감, 불안, 분노, 무력감, 수치감 등의 마음
   의 고통을 혼자서 감당하려 하지 말고, 자신을 진심으로 이해하고 함
   께 마음을 나눌 수 있는 누군가에게 표현하는 것이 좋다. 또한 가까운
   누군가가 도움을 주려 한다면 이를 기꺼이 받아들이고 고통을 나누는
   것이 바람직하다. 애도 프로그램에 적극적으로 참여하는 것도 회복과
   치유에 훨씬 도움이 된다.

4. 고인이 없는 세상과의 관계를 재정립한다. 사랑하는 사람이 이제 이
   세상에 없다는 현실을 직시하기 위해서는 정서적 연결을 전향적으로
   청산할 필요가 있다. 고인은 이미 사후의 세계로 돌아갔으므로 고인의
   생전에 슬펐던 기억을 떠올리면서 너무 마음 아파하지 않는 게 좋다.
   고인에 대한 고통스러운 상념을 행복했던 추억으로 전향하면 슬픔이

훨씬 경감될 수 있다. 고인과 이별하기 위해서는 고인에게 주었던 사랑의 에너지를 쏟을 다른 대상을 찾는 것이 좋다. 이것은 고인에 대한 사랑의 감정을 지우는 것이 아니라 감정적 에너지를 새로운 방향으로 돌리는 것을 의미한다.

5. 단순하고 규칙적인 일상생활을 유지한다. 사랑하는 사람을 잃은 슬픔 때문에 식음을 전폐하다 보면 에너지가 고갈되어 몸이 망가지기 쉬운데, 몸까지 상하면 더 큰 어려움을 겪는다. 슬퍼하는 데도 에너지가 필요하기 때문에 일상생활의 패턴을 단순하게 짜고 규칙적인 생활을 유지하는 것이 좋다. 가급적이면 그동안 해오던 과다한 일을 줄이고 충분한 휴식을 취하면서 건강을 관리해야 한다.

6. 신체적·정신적 건강을 잘 관리한다. 일과 직장생활을 하는 와중에도 건강검진, 영양관리, 충분한 휴식, 가벼운 운동을 통해 건강을 관리해야 한다. 자신이 평소에 꼭 갖고 싶었던 물건들을 스스로에게 선물하거나, 평생 꿈꿔왔던 일들을 자신이 할 수 있는 범위 안에서 실행하면서 자신의 정서를 잘 보살피도록 노력한다.

7. 영적인 활동에 관심을 기울인다. 사별의 충격으로 평소 지녔던 믿음이나 신념, 철학, 가치관 등이 위협을 받아 삶의 방향이 흔들릴 수 있으므로 삶의 의미를 재창조하고 인생관을 다시 정립할 수 있도록 영적인 활동에 관심을 기울이는 것이 바람직하다.[65]

8. 새로운 에너지로 새로운 생활에 도전한다. 그동안 미뤄왔던 중요한 인생계획을 시작하거나, 새로운 목표를 세워 하나씩 실천해보는 것이 좋다. 가까운 사람이나 새로운 사람을 만나 취미생활이나 사회적 활동

---

65) 홍진의, "의료현장에서의 죽음과 호스피스 완화의료", 220f.

을 시작하는 것도 권장할 만하다. 사별의 경험으로 얻은 지혜와 통찰력으로 의미 있는 봉사활동을 하는 것도 좋다.[66]

4. 호스피스와 완화의료: 좋은 죽음을 위한 최선의 의료 장치

오늘날 '웰다잉'well-dying으로 일컬어지기도 하는 좋은 죽음이란, 한 인간이 인간으로서 마땅히 지녀야 할 품위와 존엄성을 갖추고(존엄한 죽음) 행복하게 삶을 마무리하면서(행복한 죽음) 평온하게 임종에 이르는 것(평온한 죽음)을 말한다. 결론부터 이야기하면, 현재로서는 호스피스와 완화의료가 이러한 좋은 죽음, 곧 존엄하고 행복하고 평온한 죽음을 맞이하기 위한 최선의 의료 장치다. 존엄하고 행복하고 평온한 죽음을 실현함에 있어서 호스피스와 완화의료야말로 최선의 의료 서비스인 것이다. 이미 WHO도 호스피스와 완화의료가 말기암 환자에게 높은 삶의 질을 제공하는 가장 이상적인 대안이라고 평가한 바 있다.[67] 호스피스 전문가들은 환자가 인생의 모든 짐을 내려놓고 마음을 비워 참된 안식과 평화를 누리는 과정에서 좋은 죽음이 이루어질 뿐만 아니라, 이를 통해 환자의 상태가 상당히 호전되는 일이 일어나기도 한다고 보고한다. 그러므로 전문가들은 말기암 환자의 경우, 일반병원 치료보다 호스피스와 완화의료를 받는 게 삶의 질을 높이는 방법이라고 입을 모은다.[68]

---

66) 한국죽음학회 엮음, 『한국인의 웰다잉 가이드라인』, 54f.
67) 윤영호, 『나는 죽음을 이야기하는 의사입니다』, 59, 139; 윤영호, 『나는 한국에서 죽기 싫다』, 33.
68) 국립암센터의 조사에 따르면, 암 환자가 호스피스나 완화의료 전문기관에 1주일만 입원해도 통증이 평균 10점 만점에 4점에서 2.9점으로 줄어든다. 또한 일반병원 치료를

앞장에서 언급한 바와 같이, 호스피스와 완화의료는 인류 사회의 심각한 딜레마 중 하나인 안락사 문제를 해결하기 위한 가장 바람직한 대안이기도 하다. 안락사를 원하는 대부분의 사람이 극심한 통증으로 인해 삶을 끝내달라고 호소하는데, 호스피스와 완화의료는 극심한 통증을 조절하여 일상의 삶을 가능하게 할 뿐만 아니라 삶의 마지막 순간까지 좋은 죽음을 실현하기 위해 최선의 노력을 기울이기 때문이다. 호스피스의 대중화에 크게 기여한 퀴블러-로스는 생전에 자신에게 안락사를 요청했으나 거절했던 말기 환자의 사례를 이야기하면서, 환자들이 정성스런 보살핌과 도움을 받기만 한다면 치사 약물 투여 같은 것을 요청하지는 않을 거라고 주장한다.[69] 실제로 중증 환자들 가운데는 통증에 대한 공포와 고독에 대한 불안으로 인해 안락사를 원하는 경우가 많은데, 이 문제들이 해결된다는 확신이 서고 인간으로서의 존엄성이 확보된다면 적극적 안락사를 희망하는 사람은 거의 없을 것이다.[70] 알폰스 데켄도 호스피스 의료진들로부터 "만약 환자가 적극적 안락사를 원한다면 이는 호스피스 관계자의 패배다"라는 말을 듣곤 했다고 말하면서, 통증 조절이나 증상 완화 등 총체적 케어가 안락사 문제 해결의 관건임을 시사하였다.[71]

이러한 호스피스와 완화의료의 중요성을 인식한 보건 선진국들에서는 호스피스와 완화의료를 국가의 제도적 지원 아래 실질적 대중 의료 서비스로 정착시킨 경우가 많다. 미국은 일찍이 1982년 '호스피스

받으면 증상관리, 삶의 질 등에 대한 만족도가 32%인 반면, 호스피스와 완화의료를 받으면 76%로 상승한다: "말기암 고통 줄일 호스피스 의료, 몰라서 못 받는다", 「조선일보」(2014.08.13).

69) E. Kübler-Ross, 『사후생: 죽음 이후의 삶의 이야기』, 36f.
70) I. Daubigin, 『안락사의 역사』, 16ff.; A. Deeken, 『죽음을 어떻게 맞이할 것인가』, 99.
71) A. Deeken, 『인문학으로서의 죽음교육』, 73f.

법'Hospice Act을 제정하고 1986년부터 호스피스 보험 급여 인정을 영구화했는데, 2013년 현재 5,300여 시설을 운영하고 있다. 이에 따라 암 환자는 물론 치매, 중풍 환자도 호스피스 혜택을 볼 수 있을 뿐만 아니라, 전체 사망자 중 42%가 호스피스 시설을 이용하다가 죽음을 맞이한다고 한다. 1990년부터 건강보험 수가 항목에 완화의료를 포함시킨 일본이나, 2000년에 호스피스 의료조항을 제정·공포한 이후 현재 호스피스 병동, 가정 호스피스, 자문형 완화의료팀 제도 등을 통한 완화의료가 활성화된 대만에서도 자국민의 안녕한 죽음을 위한 노력을 엿볼 수 있다. 선진화된 보건복지를 자랑하는 나라들에서는 우리나라와 달리 콘도처럼 편안하고 쾌적한 호스피스 및 완화의료 시설이 보편화되었을 뿐 아니라 병원 내부에서도 경관이 매우 뛰어난 곳에 위치한다. 이러한 의료 인프라를 이용하는 데 드는 환자 측의 부담도 그리 크지 않아 환자는 편안한 마음으로 생의 마지막을 보낼 수 있고, 가족도 심신을 추스르면서 차분히 이별을 준비할 수 있다.[72]

이러한 보건 선진국들에 비하면 아직도 우리나라의 상황은 이루 말할 수 없이 열악하다. 연간 말기암 환자의 10%밖에 호스피스와 완화의료 서비스를 이용하지 못하는 국내 여건은[73] 미국의 40%에 비해 한참 뒤처졌을 뿐만 아니라, 말기암 환자의 20%가 이용하는 대만과 비교해도 절반 수준에 불과하다. 호스피스와 완화의료에 대한 정보 부족도 심각해 호스피스나 완화의료가 무엇인지, 어떻게 이용하면 되는지, 어떤 이점이

---

72) 윤영호, 『나는 죽음을 이야기하는 의사입니다』, 139, 213f.

73) 국립암센터의 자료를 보면, 2012년 국내 전체 암 사망자(7만 3,759명) 중 11.9%(8,742명)만이 호스피스 및 완화의료 서비스를 이용하였다.

있는지에 대해 정확히 모르기 때문에 이용하지 못하는 경우도 많다.[74] 그러나 의료 서비스의 이용률과 관련 시설은 차치하고 수용 능력 면에서도 필요량을 충족시키지 못함으로 인해, 우리나라에서는 호스피스와 완화의료 서비스를 받고 싶어도 시설이 부족해 제대로 이용하지 못할 때가 많다. 우리나라 인구 규모에 필요한 2500개의 35.3%(883개)만이 구비된 현실은 추후 10년 안에도 해결될 가능성이 희박한 상황이다.[75] 이 때문에 말기 환자들은 입원할 곳이 마땅치 않은 데다가 응급실에서도 천대받아 여러 병원의 응급실을 전전하면서 이곳저곳을 유랑하는 고통을 감수해야 한다.[76] 정부 지원금도 2012년 말기 환자 호스피스 의료사업에 투입된 금액이 23억 원 정도에 불과하였다. 무엇보다도 호스피스와 완화의료 서비스의 보험을 인정해주기 위한 수가 시범 사업은 몇 년째 제자리걸음 상태에 있다.[77]

서울대 의과대학과 국립암센터의 조사로는, 말기암 환자와 그 가족

74) 윤영호 서울대 의과대학 교수와 국립암센터는 2005-2006년 서울대병원, 서울아산병원 등 11개 대학병원에서 치료받은 18세 이상 말기암 환자와 가족 359쌍을 대상으로 호스피스와 완화의료 이용률을 조사했다. 그 결과 조사 대상자의 59.5%가 호스피스나 완화의료를 이용한 적이 없다고 답변했는데, 가장 큰 원인은 호스피스와 완화의료에 대한 정보 부족이었다(27.1): "말기암 고통 줄일 호스피스 의료, 몰라서 못 받는다", 「조선일보」.

75) 최근 10년간 복지부는 '호스피스 늘리겠다'는 보도 자료를 24차례나 냈지만, 당초 목표 (2015년까지 2,500개)를 대폭 낮춰 2020년까지 1,400개만 만들기로 결정했다. 이에 호스피스 2,500개 병상은 현재로서는 요원한 목표다.

76) 윤영호, 『나는 한국에서 죽기 싫다』, 13f.

77) 더 많은 말기 환자들이 호스피스 의료 혜택을 받으려면 '건강보험 수가'부터 정해져야 한다. 하지만 복지부가 2003년 처음으로 '호스피스 법제화 계획'을 내놓은 뒤 11년이 지났지만, 지금까지 건강보험 수가를 정하기 위한 시범 사업만 두 차례 했을 뿐, 수가 자체는 아직 정하지 못하고 있다. 복지부가 갈팡질팡하는 사이 민간 호스피스 병원들은 후원을 통해 모자라는 돈을 각자 알아서 메우고 있다.

의 호스피스 및 완화의료에 대한 선호율이 각각 38.2%와 51.5%에 불과했다. 이것은 완치에 대한 희망을 놓고 싶지 않다는 이유도 있겠지만, 더욱 근본적인 문제가 배후에 있는 것으로 보인다. 곧 이는 일반 국민이 생각하는 이상적인 호스피스와 완화의료가 우리나라의 실제 의료현장에서 제대로 구현되지 못하고 있는 상황과 관련이 깊다. 이런 현상은 환자와 가족이 막상 말기 판정을 받게 되었을 때 삶의 불확실한 연장과 무의미한 연명의료에 집착하지 않고 호스피스와 완화의료를 선택할 만큼 현재의 의료 시스템의 흡인력이 크지 않다는 사실의 방증이다. 이처럼 호스피스와 완화의료의 이상과 실제 의료 현실 사이의 간극이 큼으로 인해, 여전히 호스피스 병동은 죽음의 그림자가 드리운 곳으로 인식되고 있다.[78] 실제로 호스피스와 완화의료 서비스를 이용해본 환자들의 만족도가 대단히 높음에도 불구하고, 대다수 우리 국민이 호스피스라고 하면 '죽으러 가는 마지막 종착역'이라는 잘못된 인식을 하는 현실은 참으로 안타깝기 그지없다.

상황이 이렇다 보니 우리나라의 임종 환경은 이 책의 1강에서 서술한 바와 같이 거의 최악의 상태에 놓여 있다. 정말 수많은 임종기 환자들이 마지막 숨을 거두는 순간까지도 중환자실에서 각종 의료기계에 둘러싸여 고통스럽게 무의미한 연명의료에만 연연하거나, 사랑하는 가족을 위시하여 외부인과 철저히 격리된 채 의료진들에 의해서도 기피당해 병실의 한구석으로 내몰린 가운데 쓸쓸하게 죽음을 맞이한다. 이렇게 자신의 인생을 제대로 마무리하지 못하는 상태에서 두렵고 당혹스러운 죽음, 불행하고 비인간적인 죽음, 외롭고 고독한 죽음을 맞이하는 것이다. 더

---

78) 윤영호, 『나는 죽음을 이야기하는 의사입니다』, 136.

욱 안타까운 것은 대부분의 종합병원이 '임종실'이나 '영면실'을 따로 준비해놓지 않으므로 인해 임종자가 6인실에서 생의 마지막 순간을 너무나 불편하게 보내는 현실이다. 하지만 이처럼 죽음에 이르는 동안에 최악의 환경 속에서 푸대접받던 임종자가, 정작 죽고 나면 호화로운 장례식장으로 옮겨져 반짝 '호강'하는 현실은 너무나 어처구니없다. 진정 임종자에게 필요한 것은 살아생전에 마지막 시간을 안온하게 보낼 수 있는 임종 환경이지, 결코 사후에 치러지는 화려한 장례식이 아니다.

오늘날 말기암으로 사망하는 환자들이 늘어나면서 호스피스와 완화의료의 필요성이 갈수록 증대하고 있는 상황 속에서, 이제 우리나라도 좋은 임종 문화를 실현하기 위한 제도적·체제적 기반을 갖춰나가야 할 때를 맞았다. 특별히 호스피스와 완화의료에 대한 경제적 지원을 포함해 다양한 인프라가 구축되는 일이 절대적으로 필요하다. 우리 국민이 국가에 바라는 요청사항에서도 '재정 지원'(29.8%)과 '호스피스 서비스에 대한 보험 인정'(16.5%)이 우선순위를 차지하고 있다. 2005년 말기 환자의 간병으로 인한 가족부담 조사에서 응답자 중 간병으로 인한 실직이나 생활상의 변화가 있었다는 대답이 약 50%였고, 간병을 위해 저축의 대부분을 손실했다는 답변도 54%였다. 또한 환자의 질병으로 인해 주요 수입원을 상실한 경우도 3가구당 1곳(34%)인 상황이어서 재정적 압박은 말기 환자와 가족들을 괴롭히는 가장 큰 주범이라고 말할 수 있다.[79] 이제 국가가 나서서 이러한 국민의 여망에 부응해야 할 때가 왔다고 여겨진다.

말기 환자를 위한 지원은 단지 환자만을 위한 것이 아니라 살아 있는

---

79) 윤영호, 『나는 죽음을 이야기하는 의사입니다』, 59, 141.

가족들을 위한 투자이기도 한데, 이는 곧 그들이 다시 자립할 수 있는 기반을 제공하는 것일 뿐만 아니라 더 큰 불행을 예방하기 위한 것이기도 하다. 만약 죽음의 과정에서 겪게 되는 사회적·경제적 부담을 지원하지 못한다면, 치료비 부담으로 인해 발생하는 환자의 자살, 병원의 반대를 무릅쓰고 환자의 생명유지 장치를 끄는 가족의 극단적 선택은 계속 이어질 수밖에 없을 것이기 때문이다. 따라서 말기 환자들이 불가피한 죽음에 이르는 과정에서 겪게 되는 신체적·사회적·경제적 고통을 완화하기 위해서는 국가가 나서서 호스피스와 완화의료의 제도화, 경제적으로 취약한 말기 환자의 진료비 우선 대납, 공적 간호 등의 사회적 안전장치를 마련해야 한다. 많은 이들이 사회 복지를 이야기하지만, 삶의 마지막 단계에서 맞닥뜨리는 고통을 줄여주고 그 과정에서 겪는 현실적인 어려움을 해결해주는 것이야말로 진정한 복지의 꽃이라고 말할 수 있다.[80]

그러나 좋은 죽음, 곧 존엄하고 행복하고 평온한 죽음을 위한 재정적 지원 대책과 함께 가장 절실히 요청되는 것은 죽음에 대한 우리 국민의 인식 전환일 것이다. 지금 우리나라에서는 좋은 죽음을 실현하려는 사회적 에토스가 조성되는 일이 급선무인데, 이를 위해서는 먼저 죽음에 대한 우리 사회의 전반적인 사고의 전환이 요구된다. 즉 죽음이란 결코 재수 없고 혐오스러운 것이 아니라, 삶의 일부분이자 또 다른 삶의 형태다. 또한 죽음은 의료적 실패나 패배가 아니라, 삶의 자연스러운 종결이요 삶의 중요한 완성이다. 죽음은 마지막 성장의 기회, 곧 마지막이자 대단히 좋은 기회이기도 한데, 왜냐하면 죽음을 준비하면서 우리는 이전과는 비교도 안 될 만큼 높은 영적인 성장을 꾀할 수 있기 때문이다.[81] 육체적

---

80) 윤영호, 『나는 죽음을 이야기하는 의사입니다』, 40, 79.
81) 최준식, 『죽음학 개론』, 40f.

으로 쇠약해지면 머지않아 죽게 되는 동물과 달리, 인간의 경우 육체는 쇠약해져 가도 정신적·인격적으로는 성장을 계속하여 존엄하게 죽음을 맞이하는 일이 가능하다.[82] 그러므로 역사상 많은 위대한 인물들이 죽음을 일컬어 "신이 선사한 최고의 선물"이라고 말했던 것이다.

이제라도 더 늦기 전에 존엄하고 행복하고 평온한 죽음은 결코 삶의 포기가 아니라, 얼마 남지 않은 여생을 보다 가치 있게 누리고자 하는 적극적 의지로 보려는 사고의 전환이 필요하다. 이러한 생각의 변화가 없다면 호스피스와 완화의료에 대한 제도적 지원이 뒷받침된다고 해도 큰 효과를 보지 못하게 될 것이다. 이러한 맥락에서 삶의 아름다운 마무리를 위한 문화 운동으로 부를 법한 범국민적인 의식 전환 캠페인이 절실히 요청된다고 말할 수 있다. 또 이를 위해서는 의료계뿐만 아니라 학계와 종교계, 문화계, 언론 및 시민 단체, 정부와 국회 등 각계각층의 동참이 있어야 한다.[83] 2010년에 5개 환자단체가 연합하여 회원 8만여 명의 '한국환자단체연합회'(한국환연)가 출범했는데, 이 단체는 출범 시점부터 호스피스와 완화의료 환경 조성 운동을 지속적인 추진 사업의 하나로 선정하였다. 바야흐로 국민 스스로가 죽음의 질을 높이기 위해 자발적으로 움직이기 시작한 것이다. 이제는 의료계뿐만 아니라 정부, 국회, 법조계가 함께 진지한 고민과 책임 있는 자세를 취해야 할 때가 온 것이 분명하다.

---

82) A. Deeken, 『죽음을 어떻게 맞이할 것인가』, 141.
83) 윤영호, 『나는 죽음을 이야기하는 의사입니다』, 40f.

혼자 고독하게 살다가 쓸쓸히 죽음을 맞이한 사람의 시신을 제때 거두어줄
사람조차 없는 고독사 및 무연사가 급속도로 증가하는 비정한 현실과 이를
둘러싼 불편한 진실, 곧 가족 해체와 사회 양극화, 여기에 인맥 양극화가 긴
밀한 상관관계를 이루어 고독사 및 무연사를 야기하는 현실, 고독사회 및
무연사회의 형성 배경인 급속한 산업화와 도시화로 인한 심성의 황폐화를
점검하면서 고독사 및 무연사를 극복하는 방안에 대해 생각해보고자 한다.

1. 고독사 및 무연사가 급속히 확산되는 실태

곁에서 아무도 돌봐주는 사람 하나 없이 혼자 살다가 혼자 맞이하는 죽
음, 자살이나 지병 등으로 쓸쓸히 죽음을 맞이한 후 시간이 한참 지나
부패한 주검으로 발견되는 '고독사'孤獨死, 모든 인간관계가 끊긴 상태에
서 홀로 죽어 시신을 거두어줄 사람조차 없는 죽음인 '무연사'無緣死, 이
는 가족을 비롯한 사회적 관계망이 모두 해체된 사회에서 연緣을 잃어버

린 사람들이 겪는 참담한 사회현상이다. 연은 사람과의 관계이자 네트워크인데, 무연은 그 연이 끊어졌거나 더 이상 기능하지 않는 상태, 주변에 의지할 사람 하나 없는 처지를 뜻한다. 특별히 무연사란 고독사보다 더 불행한 죽음으로서, 이는 타인과 인연을 맺지 못할 뿐만 아니라 맺지 않고자 하는 무연사회가 전제된 개념이다. 무연사를 당하는 이들은 가족, 친척, 고향 등과 연을 끊고 지역사회와의 교류도 잃어버린, 곧 혈연血緣, 지연地緣, 사연事緣 등 모든 인맥의 상실을 경험한 사람들이다.

고독사 및 무연사는 본래 일본에서 만들어진 단어로서,[1] 일본의 단카이 세대(제2차 세계대전 직후 태어난 베이비붐 세대를 가리키는 용어)가 겪는 문제를 한국 사회가 그대로 따라가는 것 같다는 우려가 나오면서 널리 사용되기 시작하였다. 특별히 2010년 일본 NHK 방송의 무연사회 프로젝트팀이 제작한 '무연사회' 특집 방송은[2] 한국이 일본보다 출산율이 더 낮고 미혼, 만혼 추세가 급증하고 있어 일본과 처한 상황이 별로 다를 게 없다고 경고함으로써 일본은 물론 한국에도 커다란 충격을 주었다. 이 프로젝트의 선임 PD였던 이타가키 요시코板垣淑子는 고독사 및 무연사가 "일본에서 조금 일찍 일어났을 뿐 한국에서도 곧 일어날 현상"이라고 말한 바 있다.[3] 애초에 NHK 보도팀은 일본 내에서 노숙자 문제와 자살의

---

1) 고독사 및 무연사에 대한 명확한 법적 정의는 아직 없지만, 1970년대 일본에서 핵가족화가 진행되면서 사망한 독거노인이 꽤 오랜 시간이 지난 뒤에 친족에 의해 발견된 사건의 보도로 처음 등장하기 시작하였다. 그러다가 1995년 한신(阪神) 대지진 발생 몇 달 후부터 임대주택에서 혼자 살던 재난 피해자들 사이에서 고독사 사례가 조금씩 발견되었다. 그러나 가족, 친척과 연락을 끊고 홀로 사는 저소득층 고령자들이 많았기 때문에 심각한 사회 문제로 여겨지지는 않았다. 이후 곳곳에서 고독사 사례가 급증하기 시작하면서 고독사는 일본 사회의 커다란 사회문제로 두드러졌다.

2) 이 특집 방송의 내용은 단행본(NHK 무연사회프로젝트팀/김범수 옮김, 『무연사회』)으로 발간되기도 하였다.

3) 조선일보 특별취재팀, "한국인의 마지막 10년"(1부), 4회, 「조선일보」(2013.11.08).

증가 이유를 취재하다가 그 과정에서 우연히 관보官報를 보고, 시신을 인수하겠다는 사람이 없어 관청에 보관된 유골이 급증하고 있다는 사실을 알게 돼 무연사로 방향을 틀었다고 한다. 특히 일본 전역의 지자체에서 공공 비용으로 화장이나 매장된 고독사 및 무연사 시신의 수가 전국적으로 매년 3만 2,000여 구에 이르고 있어 사태의 심각성을 깨닫게 되었던 것이다. 이 방송이 나가고 나서 일본 내에서는 자신도 무연 처지로 전락할지 모른다는 불안과 공포감이 확산됨으로써, 무연 공포는 세대와 빈부를 뛰어넘는 포괄적인 이슈issue가 되었다.

초超고령 사회로 접어든 일본에서 고독사 및 무연사의 일차적인 피해자는 당연히 노년층이다. 이는 정년퇴직 후 사회에 유일하게 대고 있던 끈을 놓고 홀로 남는 경우가 많아서일 것이다. 일본의 65세 이상 고령자 인구는 2011년을 기준으로 2,980만 명(총인구의 23.3%)에 달한다. 하지만 비단 노년층뿐 아니라 단독 세대주들도 고독사 및 무연사에 노출될 위험성이 크다. 젊었을 때 가족을 팽개치고 회사 일에만 전념하다가 나이가 들어서 가족에게 외면당하는 샐러리맨도 있다. 그러나 일본에서는 결혼하지 않고 아이가 없는 30대 이상의 여성이나, '취업 빙하기'에 비정규직으로 사회 첫발을 내디딘 '잃어버린 세대'lost generation, 은둔형 외톨이(히키코모리)나[4] 단순직 아르바이트로 살아가는 사람 등 경제적으로 취약한 청년층이 늘어나는 추세인데, 이들 대부분은 평생 독신으로 외롭게 살아가다가 홀로 고독하게 늙을 가능성이 크다. 이에 따라 고독사 및 무연사의 절대 지분은 독신 고령자에 있다는 말이 거론되고 있다. 가정을 꾸리지 못한 채 혼자 사는 사람이 늘어나면서 가장 기본적인 사

---

4) 과거에는 은둔형 외톨이가 주로 10대 청소년이나 20대 청년층에게서 나타나는 문제였으나, 최근에는 중·장년층으로까지 확대되고 있다.

회 안전망인 가족 안전망이 허술해지는 것이다. 지역사회와 가족관계의 양상이 급변하면서 대도시 독신 고령자의 사회적 고립은 상상을 뛰어넘는 정도가 되어가고 있다.

고독사 및 무연사의 급증과 함께 최근 일본인들의 장례에 대한 생각도 많이 달라지고 있다. '산이 움직였다'는 말이 거론될 만큼 묘제墓祭 문화에도 커다란 변화가 일고 있다. 고령화와 1인 가구의 증가 등 사회 변동으로 인해 장례와 관련한 지연·혈연 공동체의 기능과 역할이 불가능하게 되었기 때문이다.[5] 이러한 상황 속에서 경제난을 위시한 사회경제적인 요인들이 겹쳐 아주 소박하게 가족 중심으로 장례를 치르는 게 요즘 일본의 추세라고 한다. 무엇보다도 비정한 현실은 오랜 세월 삼일장을 고수해왔던 일본에서 최근 가족 해체의 그늘 속에서 '직장'直葬이 빠르게 증가하는 상황이다. 현재 도쿄 내 직장 비율은 30%로 알려졌다.[6] 직장이란 장례식에 참석하는 친지나 조문객이 과거에 비해 현저히 감소함으로 인해 장례식을 치르지 않고 사망 다음 날, 곧바로 화장해버리는 장례 방식이다. 최근 일본 포털 사이트에는 직장 광고가 흔하게 등장하는데, 의뢰인의 전화 한 통화로 장의사 직원 2-3명이 사망자 유골을 수습하고 유품을 정리해준다. 비용 추가 시 49재를 치러주기도 한다. 일본 정부와 지자체가 직장 처리한 무연고 사망자는 해마다 증가일로에 있으며, 일례로 2009년에는 9,000건에 달하였다. 이는 10년 전보다 두 배가 늘어난 수치다.

고독사 및 무연사가 급증하는 사회 분위기 속에서 유품 처리를 담당

---

5) 한국죽음학회 엮음, 『죽음맞이』, 25, 125.

6) 한국죽음학회 엮음, 『죽음맞이』, 24; 조선일보 특별취재팀, "한국인의 마지막 10년"(1부), 4회.

하는 '유품정리회사'라는 신종 업종까지 탄생하였다.[7] 고독사 및 무연사의 경우 시신이 오랜 시간이 지나 심하게 부패한 상태에서 발견되기 때문에 집안에서 극심한 악취가 나게 마련이다. 이에 유품정리회사가 부패한 시신을 옮기고 오물이 가득한 집안을 방역 처리하면서 고인의 각종 유품을 정리해주는 일을 전문적으로 대행하게 된 것이다. 초기에는 주로 유족이나 지자체 관계자들에 의해 의뢰가 들어왔지만, 점차로 독거노인(홀몸노인)과 단독 세대주, 독신자들에게서 "가족에게 폐를 끼치고 싶지 않으니 내가 죽으면 유품을 정리해달라"는 사전예약 의뢰가 들어오고 있다고 한다. 아울러 죽음 이후에 생길 수 있는 많은 문제를 사전에 노트에 써놓음으로써 직접 자신의 죽음을 준비하기 위한 '엔딩 노트'ending note 가 성행하게 되었다. 이는 법적 효력과 관계없이 삶을 정리하며 남기는 문서로서 특히 고령자가 혼수상태에 빠지거나 사망했을 때를 대비해 미리 작성하는 글이다. 예를 들어 가족과 주치의 연락처, 각종 세금 문제, 유품 정리, 행정 처리, 부고 대상 등에 관해 소상히 적어놓아 제삼자도 사후 처리를 할 수 있게 충분한 정보를 남기는 것이다. 이전에는 이런 종류의 일을 가족이 대신해주었지만, 혼자 살면서 가족과 연이 끊긴 사람들이 이렇게 몸소 사후를 준비하게 된 것이다. 이러한 엔딩 노트 때문에 전 세계적으로 장례 문화가 많이 바뀔 것으로 예견된다.[8] 최근 미야자키 현 미야자키宮崎시가 고령자들에게 배부하고 있는 '내 마음을 전하는 노트'는 연명의료 여부를 중점적으로 기록하게 되어 있다.

---

7) 2002년 트럭 1대로 이삿짐 운반업을 해왔던 요시다 다이치(吉田太一)는 부모의 유품 정리로 어려움을 겪은 사람들을 만난 후 처음 '키바즈'라는 유품정리회사를 창업했는데, 의뢰 건수가 나날이 급증하고 있다고 한다. 우리나라도 사회 단절이 늘어나면서 앞으로 일본처럼 이 같은 고독사 전문 처리업체가 늘어날 전망이다.

8) 한국죽음학회 엮음, 『죽음맞이』, 27.

여기서 우리가 특별히 주목해야 할 것은, 서두에서 언급한 바와 같이 우리보다 앞서 고독사 및 무연사가 사회적 문제로 제기된 일본의 일이 이미 우리나라에서도 현실화되고 있다는 것이다. 고독사 및 무연사의 최대 피해자인 1인 가구주가 급속도로 증가하는 추세 속에서, 독신자 및 독거노인의 수도 가파르게 늘어나고 있기 때문이다. 통계청 자료에 따르면, 2010년 우리나라의 1인 가구 수는 403만 가구로 전체 가구(1,733만 가구)의 23%에 달한다. 30년 전인 1980년에는 1인 가구의 비중이 4.8%에 불과했지만, 1990년에는 9%, 2000년에는 15%로 증가하였다. 1인 가구의 증가 속도는 30년 사이에 5배, 20년 사이에 2배가량 늘어남으로써 정부의 예상치를 훨씬 뛰어넘었다. 통계청은 '2010-2035년 장래가구 추계'(2012년)를 발표하기도 했는데, 기존의 핵가족 형태마저 해체되면서 1인 가구 비중이 나날이 높아질 것을 예단하였다.

저출산·고령화 추세와[9] 이혼 및 독신의 증가 등으로 인해 한국 사회의 가족 구조에 커다란 변동이 생김으로써, 2030년에는 1-2인 가구가 가장 일반적인 가구 형태가 될 것으로 예견된다. 즉 1인 가구가

---

9) 2013년 10월 2일 노인의 날을 맞아 공개된 통계를 보면 나이가 65세 이상인 사람의 인구는 600만 명을 넘어 전 인구의 12.2%를 차지하며, 2018년이 되면 본격적인 노령화 사회로 진입한다는 엄혹한 현실이 우리 코앞에 있음을 분명히 알 수 있다. 우리나라의 고령화 속도는 세계에서 유례를 찾아볼 수 없을 정도로 빠르다. 65세 이상 노인은 2010년에 인구 10명당 1명꼴로 전체 인구의 11%(535만 명)를 차지했고, 2019년에는 전체 인구의 15%, 2026년에는 20%를 넘어서 우리 사회가 곧 '초(超) 고령 사회'로 진입할 것으로 전망되고 있다. 이런 흐름은 계속 이어져 2050년에는 65세 이상 노인이 전체 인구의 38.2%를 차지하는 '세계 최고령국'이 될 것으로 예견된다. 이러한 예견을 고려할 때, 고령 사회를 대비하는 노인 복지체계의 구축과 노인 자살예방을 위한 정책개발이 매우 시급한 상황이다: 「한국일보」(2008.02.28); 「중앙일보」(2010.11.01); 김정진, 박지영, 조흥식 공저, "노인 자살예방을 위한 실천적 정책 수립방안을 위한 연구", 한국자살예방협회 엮음, 『자살의 이해와 예방』(서울: 학지사, 2008), 54.

23.7%(471만3,000가구), 2인 가구가 28.1%(558만3,000가구)로 늘어나 1-2인 가구가 전체 가구의 51.8%를 차지할 전망이다. 특히 결혼 기피, 만혼 등으로 인한 독신자의 증가로 1인 가구 수 비율은 계속해서 증가해 2035년에는 34.3%까지 늘어날 전망이다(2인 가구: 24%→34%, 3인 가구: 21%→19%, 4인 가구: 22%→9%). 이로써 2인 가구를 합하면 절반 이상인 68.3%가 1-2인 가구로 구성되는 것이다. 통계개발원 연구팀의 예측은 좀 더 비관적이어서, 2020년에는 29.6%를 점하는 1인 가구가 28.4%를 점하는 부부-자녀로 구성된 가구를 처음으로 추월할 것으로 나타났다. 그렇게 되면 혼자 사는 사람이 한국에서 가장 보편적인 가족 형태가 될 것이다. 문제는 1인 가구의 세대주가 '화려한 싱글'보다 '외톨이 빈곤층'으로 자리 잡을 가능성이 매우 높다는 사실이다.

현대경제연구원 보고서에서 2010년 1인 가구의 소득을 보면 100만 원 이하가 2인 중 1인 꼴이다(53.99%). 1인 가구 직업군에서 가장 높은 비율을 차지한 직군은 무직 및 분류 불능이고(49.3%), 그다음으로는 단순노무 종사자이다(14.9%). 1인 가구의 저소득·고령화 현상도 심각해서, 2009년 기준 1인 가구 소득은 전체 가구 대비 43% 수준이고, 가구주의 평균연령도 55세로 평균보다 높은 편이다. 소득은 적고 나이는 많은 '나 홀로 가구'의 외로운 죽음이 계속 늘어날 수밖에 없는 구조인 것이다. 게다가 1-2인 가구의 70%가 60대 이상의 가난한 노인들이라는 사실은 우리의 마음을 더욱 무겁게 한다. 1인 가구의 급증 속에서 자식이 있어도 없는 것 같은, 대다수가 빈곤층인 '나 홀로 삶'을 살아가는 독거노인이 지속적으로 늘어난 것이다. 2013년에 이르러 통계청과 보건복지부가 발표한 자료에 따르면 독거노인은 125만 2,000명으로 추산되는데, 이는 전체 노인 613만 8,000명의 20.4%에 해당되는 수치다. 독거노인 비율은 2000년 16%(54만 4,000명)에서 꾸준히 늘어 2012년 20%(118만 7,000명)를 넘어섰다. 이와 같은 추세라면 2015년 137만 9,000명, 2025년 224만 8,000명, 2035년 343만 명에 달할 것으로 예측되고 있다.

독거노인들의 상황은 여타 1인 가구의 '외톨이 빈곤층'보다 더 열악하다. 2011년 독거노인 실태조사 결과 전체 독거노인의 42.4%가 최저생계비 이하의 자금을 가지고 생활을 하는 것으로 나타났다. 또 다른 연구자료를 보면, 독거노인의 24% 정도가 한 달에 한 번도 가족과 연락하거나 만나지 못하는 등 사회적 고립 정도가 매우 큰 상황인데, 이 때문에 독거노인 10명 중 3명 정도가 우울증을 겪는 것으로 보고되고 있다. 이를 통해 정부는 전체 독거노인 중 약 18% 정도가 위험군에 속한다고 분석했다. 특히 위기 가구 9만 5,000명, 취약가구 20만 5,000명을 '사회적 요보호군'으로 보았는데, 곧 30만 명은 '고독사 위험군'인 셈인 것이다. 실제로 대부분의 독거노인은 자녀들이 있지만 보호받지 못해 비참한 생활을 하고 있다. 복지부 관계자는 "조사 결과 독거노인의 97%가 평균 3.86명의 생존 자녀가 있지만 주 1회 이상 자녀와 접촉하는 비율은 34.9%에 불과하다"고 말하고 있다. 사회복지관의 또 다른 관계자는 "쪽방촌은 보일러가 없고, 임대아파트 독거노인들은 연료비가 아까워 전기장판만 깔고 사는 사람이 많다"고 귀띔하기도 한다.[10]

독거노인들이 자녀들의 보호를 받지 못하는 현실은 가족 울타리, 특히 자녀의 부양에 의지하던 과거의 '가족 안전망'이 최근 들어 급격히 해체되면서 노부모 세대의 삶이 급속도로 고단해지고 있음을 보여준다. 사실 정부가 책임지는 공적인 안전망이 있긴 하지만, 성긴 안전망에 의해

---

10) "'어느날 소리 없이…' 홀몸 어르신 30만 명이 위험하다", 「국민일보」(2013.10.01).

보호받지 못한 가난한 독거노인들의 삶은 하루가 다르게 피폐해져 간다. 지난 2013년 9월 우리 국민은 처절하리만큼 고독하고 피폐한 삶을 살다 간 한 독거노인의 주검을 목도할 수밖에 없었다. 부산 도심의 한 주택에서 숨진 지 5년이 넘은 것으로 추정되는 60대 여성의 시신이 백골 상태로 발견된 것이다. 이 집에 사글세로 세 들어 살던 60대 할머니의 시신이었는데, 할머니는 몹시도 추웠던 5년 전 한겨울에 난방도 없이 추위에 떨다 위아래로 두꺼운 겨울옷을 아홉 겹이나 껴입고 손에 목장갑을 낀 상태로 숨을 거두었다. 그런데 가족도, 이웃도 아홉 겹 옷 속에 가려진 그 5년의 시간 동안 이 사실을 까마득하게 모르고 있었다. 대문 바로 옆이 고인의 방이었지만, 방안에서 일어난 비극을 그토록 오래 아무도 몰랐던 것이다. 경찰 조사 결과 고인은 16년간의 결혼생활에 세 자녀를 두었으나, 셋 다 모두 오래전에 고인과 인연을 끊은 상태로 시신 인수마저 거부함으로써 결국 '무연고' 처리되었다.

독거노인들이 자녀들의 보호를 받지 못하는 상황 속에서 대체로 시설보다는 자신이 살던 집에서 지내기를 원하는 것도 사회적 고립의 중요한 요인이기도 하다. 전문가들은 또한 이것이 고독사의 원인으로 이어진다고 지적한다. 최근에는 노부모 및 자녀 세대의 가치관 변화와 가족 구성원 간의 개별화 경향 등으로 노부부끼리만 살고자 하는 노후 계획을 세우는 중·장년층이 늘고 있어 앞으로 고령화 사회에서 독거노인의 비율이 상당히 빠른 속도로 증가할 것으로 예상된다. 이처럼 우리나라에서도 고독사 및 무연사 문제가 심각한 사회문제로 비화할 조짐이 농후하지만, 아직 국내에서는 이에 대한 논의는 차치하고 관련 통계조차 확실하게 나와 있지 않다. 이는 일본이 고독사에 대한 해결 방안을 모색하기 위해 치열하게 고민하면서 범사회적인 대책을 마련하는 것과는 상반된 현실이다. 현재 우리나라에는 한 해 평균 고독사가 얼마나 발생하는지에 대한 정부의 공식적이고 정확한 통계가 전무한 상황이다. 그동안 언론에 언급된 통계는 단지 지자체에서 장례를 치러준 무연고 사망자 수치이거나 독거노인 수를 잠재적 고독사 군으로 추정해 인용하는 것이 전부였다.

이러한 상황 속에서 국내 최초로 고독사의 규모가 밝혀졌는데, 그것도 정부기관이 아닌 공영 방송국의 다큐멘터리 프로그램을 통해서였다.[11] 2014년 5월 KBS의 파노라마 제작팀이 밝힌 대한민국 고독사 실태에 따르면, 2013년 경찰청의 변사 자료 31,891건과 전국 지자체에서 관리해온 무연고 사망자 기록 966건 등 총 33,000건에 달하는 자료를 전수 조사해 분석한 결과, 2013년 한 해 시신이 훼손되어 신원 확인이 불가능할 정도로 부패한 상태에서 발견된 고독사는 1,717건, 여기에 고독사로 의심되는 추정치를 포함하면 연간 11,002건에 달하였다. 즉 우리 사회 어딘가에서 곁에 아무도 없는 상태에서 혼자 죽음을 맞이하고 있는 사람이 하루 평균 4.7명, 거의 5시간마다 1명꼴로 있다는 것이다. 최초로 확인된 국내의 고독사 수치는 실로 충격적이었다.[12]

KBS의 충격적인 조사 결과는 여기에 그치지 않았다. 고독사는 수도권을 비롯한 대도시에서 집중적으로 발생했는데, 가장 놀라운 것은 고독사가 주로 '노인의 문제'일 것이라는 예상을 뒤엎고 '50대 남성'에게서 가장 많이 일어났다는 사실이다. 곧 고독사한 3명 중 1명이 50대였

---

11) KBS, "파노라마: 한국인의 고독사" 1편: 보이지 않는 죽음(2014.05.22).
12) KBS 파노라마팀의 조사 결과는 다음과 같다. 고독사 총 발생: 1,717건(고독사로 의심되는 추정치를 포함하면 연간 11,002건). 지역별: 서울 25.45%, 경기 20.26%, 부산 6.52%, 인천 9.26%. 성별: 남성 72%, 여성 17.06%, 확인불가 10.42%. 연령별: 50대 29%, 60대 17.7%, 40대 17%, 70대 9.1%, 확인불가 13.6%.

다. 특히 40-50대의 사례를 합치면 60대 이상의 사례보다 많았다. KBS 파노라마 팀이 밝힌 고독사 연령분포는 30대 6.2%, 40대 17.0%, 50대 29.0%, 60대 17.7%, 70대 9.1%로 나타남으로써, 외로운 죽음이 중·장년 층에서도 발생한다는 점에서 문제의 심각성을 드러내주었다. 일본에서 도 70-80대 독거노인이 고독사하는 경우가 많다는 통념과는 달리 오려 50-60대에서 많이 발생하는 경향을 볼 수 있었는데, 우리나라에서는 일 본보다 연령층이 좀 더 낮아진 것이다.[13]

그렇다면 대도시에 사는 40-50대 남성들에게 과연 무슨 일이 일어 나고 있는지 되물어보는 것이 살아남은 우리가 뒤늦게나마 해야 할 일 일 것이다. 고독사에는 우리 사회의 모든 문제가 집약되어 있다고 해도 과언이 아니다. 즉 실직과 경제 위기, 그로 인한 가족 해체와 사회 양극 화, 갈수록 더해지는 도시화와 익명성, 개인주의의 흐름 속에서 한때는 누군가의 아버지였고 또 누군가의 이웃이었던 그들이 가족으로부터 버 림받고 사회로부터 고립되었다가 끝내 잊히고 마는 것이다.

부패한 시신으로 발견된 고독한 주검들은 이미 가족과의 연이 끊어 져 버린 상태이기 때문에 유족으로부터 시신 인수를 거부당하는 일이 다반사다. 범죄자 찾기보다 더 힘들다는 유족들을 마침내 찾아내도, 유 족들 대부분은 고인의 일에 더 이상 관여하기를 원치 않아[14] '시신포기각

---

13) 일본 도쿄도의 OA기기 회수 회사의 유품정리사업 부문 관계자는 "50-60대 전반의 남 성들이 고독사 및 무연사하는 사례가 늘고 있다"며 "오랜 경제난으로 일자리를 잃고 이 혼까지 당한 후 친척, 친구 등과 연락을 끊은 채 혼자 살면서 당뇨병 등 성인병을 앓다 혼자 죽는 사람들"이라고 밝히고 있다.

14) "누구요? 그런 사람 모르니까 연락하지 마세요", "얼굴 본 지 몇십 년 지난 사람이에요. 알아서 처리해주세요." 주민센터 직원이 고독사 사망자의 가족, 친척에게 연락할 때면 으레 듣는 말이다. "죽은 사람 이야기는 들어서 뭐하려고? 당장 나가요." 가는 곳마다 문 전박대당하기 일쑤다. 취재에 동행한 사회복지연대 박민성 사무처장이 깊은 한숨을 내

서'를 쓰고 '무연고'로 처리한다고 한다. 유족을 찾지 못한 사망자의 시신은 행정당국의 '무연고시체처리에관한규정'에 따라 처리되는데, 공고를 통해 유족을 찾는 한 달간 병원 영안실에 보관되다가 유족이 나타나지 않으면 지방자치단체가 대신해서 화장을 치러준다. 서울시의 경우에는 서울시립승화원에서 화장한 뒤 유골을 근처에 있는 66m² 남짓한 '무연고 추모의 집'에 10년 동안 안치한다. 서울시에서 무연고 사망자로 분류돼 이곳에 안치된 이들은 모두 3,500여 명이다. '무연고 추모의 집' 관계자는 "1년에 1-2기 정도는 유족이 찾아와 가져가고 나머지는 거의 그대로 10년을 채운 뒤 공동묘에 집단 안장된다"고 말한다.

2. 고독사 및 무연사: 가족 해체·사회 양극화·인맥 양극화의 결과물

고독사 및 무연사의 실태에 대한 논의를 정리하면서 나는 이 불행한 죽음이 전통적인 가족관계의 붕괴로 말미암은 가족 해체와, 사회 양극화─혹은 극심한 빈부격차─로 인한 사회 해체의 결과물이라고 진단하고자 한다. 먼저 고독사 및 무연사는 부부와 자녀로 구성된 전통적인 가족 모델 및 관계의 붕괴에 이어 기존의 핵가족 형태마저 해체되는 와중에 1인 가구가 급증하는 세태의 산물이라고 할 수 있다. 우리나라에서도 1인 가구가 급속도로 늘어나면서 일본에서 사회적 문제가 된 '외로운 죽음'이

쉬며 말하였다. "우리나라가 무연사회로 접어들고 있다는 말은 틀렸습니다. 이미 무연사회의 한가운데에 있습니다." 혼자 살다 외롭게 삶을 마감한 사람들은 죽어서조차 피붙이에게 외면당한다. 정말 고독한 죽음이다: 국제신문 취재팀, "고독사…인연이 끊긴 사회: 혈연도 돌보지 않는 죽음", 3회, 「국제신문」(2013.12.03).

빈번하게 발생하는 것이다. 아파트나 오피스텔과 같은 건물에서 수백 세대가 얇은 벽을 사이에 두고 살아가지만, 이 공간에서는 전통적인 '이웃'의 개념이 사라진 지 오래다. 앞서 제시한 것처럼 일본과 마찬가지로 한국의 1인 가구의 비율도 노인, 청년, 중·장년층을 가리지 않고 급격하게 증가하고 있다.

전통적 가족관계의 붕괴로 인한 가족 해체의 최대 피해자는 아무래도 독거노인일 것이다. 그동안 한국 사회는 유교의 가부장제적 사회 원리에 입각한 가족의 결속이 지배적인 사회 안전망으로 작용했었다. 이러한 가족주의적 원리는 비단 가족 안에서뿐만 아니라 지역사회나 사회 전반에서 확인할 수 있었다. 하지만 지난 수십 년 동안 급격한 사회 변동 속에서 가족의 기능과 역할이 급격히 쇠락했을 뿐 아니라, 효孝와 경로敬老 사상 역시 쇠퇴하면서 가족주의적 연계와 지원망이 급속도로 무너져내렸다. 이제는 가족을 위해—특히 부모 부양을 위해—자신을 희생하기보다는, 오히려 자기 자신의 행복과 삶의 의미를 추구하려는 태도가 강하게 분출되고 있다.[15] 그러므로 대부분의 도시 가구들에서는 생활방식이 바뀐 데다 생활비용이 증가함으로 인해 자녀 이외의 노인 부양이 현실적으로 어려워지는 사회구조로 변모하게 되었다.[16] 여기에는 우리 사회가 100세 시대를 내다보는 초고령화 사회로 진입함에 따라 부모를 부양하는 자녀 역시 부양을 받아야 할 60세 이상 고령이 된 점도 영향을 끼쳤다고 볼 수 있다.

---

15) 통계청 조사 결과, "부모 노후는 부모 스스로 책임져야 한다"는 자녀가 계속 느는 반면(2008년 11.9%→2012년 12.7%), "가족이 책임져야 한다"는 자녀는 자꾸 줄고 있다(40.7%→36.0%).

16) 곽혜원, 『자살문제, 어떻게 할 것인가』, 77f.

이러한 급격한 사회 변동과 가정 해체 속에서 가장 험난한 인생 여정을 살아가고 있는 연령층이 독거노인의 대다수를 차지하는 지금의 노년층이다. 세계 최고 수준에 달하는 한국 노년층의 자살률은[17] 그 세대의 고단한 인생 역정을 그대로 보여준다.[18] 격동의 세월을 살아오면서 대한민국의 오늘을 일궈낸 이들은 정치적으로는 일제 식민주의로부터의 착취와 해방, 한국전쟁의 참화와 민족분단, 군부독재와 민주화 시대를 살아온 세대이며, 경제적으로는 세계 최빈국의 국민으로서 절대빈곤을 몸소 겪으며 산업화를 이룬 세대다. 이들은 효와 경로 사상에 사회화되어 그 부모를 지극 정성으로 부양한 한편, 자식을 위해 뼈 빠지게 자신을 희생해온 세대이기도 하다. 그러나 오늘날 이 세대는 부모와 자식, 사회와 국가에 아낌없이 베풀었던 만큼의 보상을 거의 받지 못할 뿐만 아니라, 매우 취약한 사회 안전망과 가정 해체, 빈곤의[19] 현실 속에서 학대를 당하고 있다.[20] 최근 범죄의 나락으로 떨어지는 노인들이 늘어나는 현실은

---

17) 통계청과 보건복지부의 자료에 의하면 최근 5년간 65세 이상 노인 2만 439명이 스스로 목숨을 끊었는데, 문제가 점점 악화하는 경향을 볼 수 있다. 2008년에는 연간 3,561명 (하루 평균 9.8명)이 스스로 목숨을 끊었고, 2012년에는 4,023명(하루 11명)이 세상을 등졌다. OECD 25개국의 65세 이상 노인 인구 10만 명당 자살률은 2000년 22.5명에서 2010년 20.9명으로 줄어들었다. 반면 한국은 34.2명(5위)에서 80.3명(1위)으로 늘었다. 증가율이 2.3배에 달하는 수치다.

18) 혹자는 오늘날 한국 사회에서 급증하는 노인 자살을 '현대판 고려장'이라고 일컫는다. 소득 없이 병들고 소외된 어르신들의 자살은 급격한 사회변동과 가정 해체의 단면을 극명하게 보여주는 매우 슬픈 사건이라 아니할 수 없다. 그뿐 아니라 대한민국의 오늘을 일궈낸 어르신들이 자신의 삶을 비극적으로 마무리하게 방치하는 것은 대한민국의 수치다: cf. 조성돈, 정재영 공저, 『그들의 자살, 그리고 우리』(서울: 예영커뮤니케이션, 2008), 19.

19) 통계청 발표에 의하면 우리나라의 노인 빈곤율은 49.3%로 OECD 회원국 중 1위다.

20) 보건복지부가 공개한 '2012년 노인 학대 현황 보고서'에 따르면, 노인 학대가 나날이 심각해져 2012년 노인보호 전문기관에 신고된 노인학대 신고 건수가 9,340건으로 전년보다 8.6%나 증가하였다. 최근 중앙노인보호전문기관의 자료에 의한 노인학대의 실

이들의 자포자기적 절망감의 발로라고 말할 수도 있을 것이다.[21]

그래도 독거노인 문제는 사회적 공감대가 확대되면서 정부의 대책도 적극적으로 시행되어 상황이 호전되어갈 것으로 전망해볼 수도 있다. 오히려 더 큰 문제는 복지의 사각지대에 방치된 중·장년 남성들이다. 실제 고독사 및 무연사 관련 조사에서는 중·장년 남성들의 외로운 죽음이 가장 많은 비중을 차지하고 있다. 부산에 근거지를 둔 국제신문 취재팀이 2013년 1-10월에 부산지역에서 일어난 변사 사건 1,011건을 전수 조사해 고독사 108건에 대한 '심리적 검시'psychological autopsy[22] 성격의 '사회 연결망 분석'SNA을 시행했는데, 그 결과 고독사 사망자는 남성(81명)이 여성(27명)보다 압도적으로 많았으며, 사망원인도 병사(22명)보다 자살(73명)이 훨씬 많았다. 고독사 사망자의 연령은 50대가 36명(33.3%), 40대가 29명(26.9%)으로 40-50대가 절반을 넘은(60.2%) 반면, 65세 이상 노인은 29명(26.9%)이었다. 평균 나이는 57.1세로 남성이 56.7세, 여성이

태를 살펴보면, 2011년에 신고된 전체 8,600건의 노인 학대 신고건 중 가해자는 아들(45%), 딸(14%), 배우자(12%), 며느리(7%) 순으로 주로 가족에 의해서 학대가 이뤄졌다. 학대의 유형은 언어 및 정서적 학대(40%)가 가장 많았고, 다음이 신체적 학대(24%), 방임(18%), 경제적 학대(11%) 순이었다. 학대 행위자도 자녀와 자녀의 배우자에 의한 학대가 전체의 71.9%를 차지하였다.

21) 2001년부터 2006년까지 5년간 전국적으로 범죄 발생 건수가 16.7% 감소한 데 반해, 노인범죄는 45%나 증가하였다. 특히 70대 절도가 급증한 점은 생존경쟁에서 밀려난 노년의 빈곤을 상징한다. 경찰청에 따르면, 2004, 2005년에 400여 건 수준이던 70대의 절도가 2006년에 846건으로 증가했는데, 이들의 대부분이 생계형 절도의 형태였다. 노인에 의한 살인, 강도, 강간, 방화 등의 강력 범죄도 급속도로 증가하고 있다. 이러한 노인 범죄의 원인에 대해 전문가들은 과거 노인들이 연장자로 대우를 받았지만, 요즘은 퇴물 취급을 당하는 동시에 빈곤층으로 전락한 정서적 상실감과 소외감이 강력 범죄로 이어지고 있다고 진단하고 있다: 「조선일보」(2008.04.25).

22) 일반적으로 '심리적 부검'이라는 말이 사용되지만 '부검'이라는 용어에 대한 거부감이 많으므로 '검시'로 대치했다.

58세였다. 직업은 무직이 85명(78.7%)으로 대부분이었으며, 그나마 직업이 있는 14명(13%)도 일용직 노동자, 택시기사 등이어서 안정된 정규직 근로자는 없었다.[23] 이 조사 결과를 통해 우리는 고독사 사망자의 연령대가 예상보다 훨씬 낮은 가운데 남성과 불안정한 직업군이 고독사와 깊게 연관되어 있음을 확인할 수 있다.

특히 이혼 등으로 인해 가족이 뿔뿔이 흩어지는 '가정 해체'를 당한 남성들이 고독사 및 무연사의 직격탄을 맞을 가능성이 매우 커 보인다. 국제신문 취재팀이 고독사와 긴밀한 상관성을 이룬 10개의 단어—이혼, 은둔(이웃과 전혀 왕래 없음), 사별, 가족관계 단절, 미혼, 신체적 지병(우울증 제외), 생활고(부채), 실직, 알코올 중독, 우울증—를 밝혀냈는데, 그중 이혼이 단연 1위를 기록하였다. 더욱이 이혼은 단순히 부부 간의 인연의 단절로만 끝나지 않고, 고독사를 유발하는 다양한 요인과 연결되는 것으로 결론이 내려졌다. 조사 대상자 중 이혼한 37명은 지병(12명), 생활고(9명), 우울증(5명), 알코올 중독(4명), 실직(2명) 등으로 고통을 받다가 고독사한 것으로 추정된다. 고독사의 발단이 이혼으로 말미암은 가족의 해체와 이웃과의 단절이라면, 신체적 질병은 삶의 마지막을 괴롭히는 요인이다. 주변 사람들의 도움을 받지 못하고 혼자서 견뎌야 하는 육체적 고통이 예상보다 큼으로써, 지병은 고독사 사망자를 이혼에 이어 두 번째로 괴롭힌 존재였다. 이번 통계에서 고독사의 67.6%가 자살로 집계된 점도 이와 무관하지 않을 것이다. 특히 지병으로 숨진 시신의 31.8%는 수개월에서 수년간 방치돼 심하게 부패하거나 백골이 된 상태로 발견되었다.[24]

---

23) 국제신문 취재팀, "고독사, 노인보다 40·50대가 더 많다", 「국제신문」(2013.11.19).
24) 국제신문 취재팀, "고독사…인연이 끊긴 사회: 그들은 왜 혼자가 되었나", 2회, 「국제신

이혼이 고독사를 유발하는 여러 요인으로 연결된다는 것은, 가족 해체가 단지 가정사에만 국한되지 않고 사회 구성원이기도 한 당사자의 사회에 대한 결속감과 소속감마저 떨어뜨려 사회적 고립과 소외를 심화시키는 단계로까지 나아간다는 사실을 시사한다. 또한 대부분의 고독사 사망자들이 외지가 아닌 집에서 사망한 것은, 가족과 사회와의 인연이 끊기고 돈마저 없어 집 밖에 나가는 것을 모험처럼 여겼다는 사실을 대변한다. 그러다 보니 집 안에 갇혀 스스로 고립되고 점점 더 우울해짐으로써 집이 하나의 '동굴' 역할을 하게 된 것이다.[25] 고독사가 40-50대 남성에 집중되는 것도 젊은 층의 이혼 급증이 결정적인 요인으로 작용했다고 볼 수 있다. 앞서 KBS 파노라마 팀의 조사 결과, 곧 고독사가 주로 노인의 문제일 거라는 통념을 깨고 50대 남성들에게서 가장 많이 일어났다는 사실도 이를 반증한다고 볼 수 있다. 오늘날 우리나라는 가족 간의 대화 부재, 높은 이혼율, 가정폭력, 자녀 학대 등의 가정 위기가 고조되는 가운데 1인 가구 급증으로 인한 가족 해체가 나날이 심화하고 있다. 이는 가족 해체를 예방할 수 있는 대책과 그 부작용을 최소화할 방안마련이 대단히 시급한 이유다.

이혼을 위시한 가족 해체는 고독사 및 무연사를 야기하는 결정적 환경을 조성함과 동시에 많은 사람을 자살로 내몬다. 이혼이 자살의 중요한 동인으로 작용한다는 것은 이미 전 세계적으로 정설로 받아들여지고 있다. 특히 이혼은 여성보다 남성의 자살률을 높이는데, 이는 남성이 여성보다 배우자 부재를 더 크게 느끼고 가족의 지원을 더 많이 필요로 하

───────────

문」(2013.11.26).
25) 국제신문 취재팀, "고독사…인연이 끊긴 사회: 빈곤과 단절의 악순환", 1회, 「국제신문」 (2013.11.19).

기 때문이다. 자살 연구에서 세기를 초월하여 독보적인 존재로 추앙받는 사회학자 에밀 뒤르켐$^{É. Durkheim}$은 가족—특히 식구가 많은 가족—을 "일상생활의 필수 불가결한 원천"이라고 단언하면서 가족이 상호 간에 강력히 통합되어 있을수록 자살의 예방력도 더불어 증가한다고 역설한 바 있다. 이에 반해 이혼이 빈번하게 일어날수록 자살 방지 계수도 낮아진다고 강조했다.[26] 실제로 자살을 시도하는 사람들은 일반인보다 가족과의 관계에서 분리된 가운데 가족과 갈등이 많은 반면, 가족으로부터 정서적·사회적 지지를 받는 사람들은 좀처럼 자살 행동을 하지 않는다. 그러므로 가족의 따뜻한 후원과 진심 어린 격려, 부모의 조건 없는 사랑과 힘들 때 곁에 있어주는 형제자매의 존재는 자살의 훌륭한 방어 요인이 된다고 말할 수 있다.[27]

　여기서 가족 해체와 더불어 고독사 및 무연사가 발생하는 이면에 사회 양극화와 그로 인해 파생되는 많은 문제가 도사리고 있음을 지적하지 않을 수 없다. 주지하는 바와 같이, 극심한 빈부격차로 인한 사회 양극화는 우리나라 현대사의 최대 과제 중 하나이자 최근 우리 사회에서 거의 모든 사회문제를 양산하는 거대한 사회 병리적 실체다. 사회 양극화로 말미암아 사회경제적 불의와 불공평, 빈곤층의 확대와 중산층의 몰락, 실업자와 노숙자의 양산, 불안장애 및 정신질환의 도미노 현상, 희망의 상실과 절망의 만연, 무엇보다 무수한 자살이 발생한다고도 말할 수 있다. 이혼을 위시하여 많은 가정이 해체되는 가장 주된 이유가 현실적으로 실업이나 실직, 빈곤, 채무, 사업 실패, 재산 탕진, 빚보증 등 주로

---

26) É. Durkheim, 『자살론』, 239, 241, 330.

27) 조흥식, "자살예방과 가족의 역할 강화", 한국자살예방협회 엮음, 『자살의 이해와 예방』, 287.

경제적 문제에 기인한다는 사실을 고려한다면, 가정 해체의 급증도 사회 양극화와 직간접으로 연관된 산물이라고 할 수 있다. 적자생존의 경쟁 논리가 우선시되고 행복의 절대 기준이 물질만능주의로 기울어진 분위기 속에서 경제적인 어려움에 직면한 수많은 가정이 해체되고 마는 것이다.

이처럼 고독사 및 무연사가 빈곤과 깊은 관련이 있다는 인식은 거의 일반적인데, 나는 고독사가 단순히 절대적 빈곤의 문제라기보다는 오히려 상대적 빈곤의 문제라고 덧붙이고자 한다. 일반적으로 고독사 다발 지역은 대도시 안에서 빈부격차가 심한 지역, 이를테면 아파트 단지가 병풍처럼 둘러싸인 다세대 주택가다. 이는 상대적 빈곤이 고독사와 깊게 관련되어 있음을 암시한다. 또한 우리는 대도시 도심 속 '빈곤의 섬'에 갇힌 사람들의 고립감과 상대적 박탈감의 크기가 훨씬 더 크다는 것을 짐작할 수 있다. 앞서 언급한 국제신문 취재팀은 고독사 다발 지역에서 빈부 양극화와 상대적 빈곤의 영향이 뚜렷하게 나타났다고 분석하기도 하였다. 즉 고독사는 고소득층 밀집지역에서 일어나기보다 주로 빈부 양극화 지역, 상대적 빈곤이 심각한 지역에서 많이 일어났다는 것이다.[28] 생각해보면 과거에 모든 사람이 가난하면서도 서로가 깊은 정을 나누면서 살아가던 시절에는 고독사가 전혀 사회문제화되지 않았었다. 그런데 다른 사람은 잘사는데 나는 잘살지 못한다고 느끼면서 자신의 인생이 꼬였다는 깊은 절망감 속에 빠져 있을 때, 설상가상으로 가족이 해체되고 평소에 앓던 지병마저 악화해 응급상황이 발생해도 아무도 자신

---

28) 국제신문 취재팀, "고독사…인연이 끊긴 사회: 빈곤과 단절의 악순환", 1회, 「국제신문」 (2013.11.19); "고독사…인연이 끊긴 사회: 더불어 사는 사회를 위해", 5회, 「국제신문」 (2013.12.17).

을 보살펴줄 수 없는 극단의 고립된 상황이 되면 고독사가 발생할 수 있는 여건이 차곡차곡 쌓여간다.

여기서 중·장년 남성들의 빈곤과 관련하여 실업 문제를 지적하지 않을 수 없다. 실업은 가족이나 친척, 이웃과의 관계에 부정적인 영향을 미치고 기타 사회 활동과 대인관계에 위축을 가져오는 매우 중대한 사안이다. 또한 실업은 가정 경제를 파탄나게 함으로써 가족 내의 긴장과 파국을 초래해 가족 해체로 이어질 수 있다.[29] 급기야 실업은 자아존중감의 상실과 함께 우울, 분노, 수치심, 열등감, 불안, 절망 등의 감정을 불러일으키기 때문에 정신질환의 가능성도 높이고 육체적 건강에도 악영향을 미친다. 실제로 실직 상태에 있는 자살자의 비율이 일반인보다 무려 15배나 높을 뿐만 아니라,[30] 전체 자살자의 50% 이상이 일정한 직업이 없는 무직자이거나 생존의 의미를 잃어버린 가운데 생활고를 비관한 실업자—특히 20-50대 생산적 계층의 남성 무직자 및 실업자—다. 한편 여성보다 남성이 실업에 훨씬 더 많은 영향을 받는 것으로 보고되는데, 이는 남성들이 가장 역할을 하면서 가정의 경제를 책임져야 한다는 많은 압박을 받으며, 이 역할을 수행하지 못할 경우 곧바로 실존에 대한 불안감을 느껴 자살이라는 극단적 선택을 할 가능성이 높아진다는 사실을 시사한다.[31] 이러한 접근은 실업 상태의 중·장년 남성 고독사 사망자들

29) 유승호, 류성곤, "자살의 정신사회적 위험 요인", 한국자살예방협회 엮음, 『자살의 이해와 예방』(서울: 학지사, 2008), 169.

30) 2000년의 한 통계자료에 의하면, 비경제활동 인구의 자살이 전체 자살자의 절반 이상을 차지했는데, 이들 가운데 무직자의 자살률(221.0명)이 당시 일반 인구의 자살률(14.6명)보다 약 15배나 높았다: 서동우, 정상혁, "자살의 실태와 문제점", 한국자살예방협회 엮음, 『자살의 이해와 예방』, 69.

31) 결혼생활에서 남성에게 기대되는 가장 중요한 역할이 가정 경제를 지탱하기 위한 소득 창출에 있기 때문에, 남성이 실직하면 그 충격으로 1-2년 후에 가정이 해체될 가능성이

의 다수가 자살로 생을 마감하는 현실을 잘 설명해준다.

또한 내가 고독사 및 무연사 문제와 관련하여 특별히 주목하는 것은, 가족 해체와 사회 양극화가 인맥―인간관계의 끈―의 양극화를 만들어 낸다는 사실이다. 그리고 이들은 서로 상관관계를 이루어 고독사 및 무연사를 야기할 수 있는 물리적 토대를 만들어낸다. 최근 사회문제를 연구하는 많은 전문가가 소외계층으로 갈수록 인간관계가 좁아지고 삶이 고독해져서 인맥의 양극화가 점점 더 심해진다고 진단한다. 즉 부유층과 비교해 가난한 계층으로 갈수록 사회적 네트워크가 약해지는 인맥의 양극화 현상이 일본에 이어 한국에서도 급격하게 진행되고 있다는 것이다. 돈이 없으니 사람 만나기를 꺼리게 되면서 결국은 인간관계마저 끊어져 버린다. 나아가 사회경제적으로 힘들어지니 가족들이 서로 강퍅하게 살다가 가정마저 깨어진다. 그러므로 가난은 현실적인 고통과 함께 외로움을 동반한다고 말할 수도 있을 것이다.

인맥의 양극화가 가장 서글프게 나타나는 경우가 바로 일용직 및 비정규직으로 살아가는 '일하는 빈곤층'working poor[32]의 비혼화非婚化 현상이다. 이른바 가난=독신이라는 항등식이 성립된 것이다.[33] 일용직, 저소득자 및 비정규직 종사자들이 적자생존 및 약육강식의 원리에 휩쓸리면서 '유연'有緣의 절대 관문인 결혼을 통과하지 못하고 있다. 여성들은 고수입의 안정된 일자리를 가진 남성을 선호하기 때문에 일용직이나 비정규

높아진다. 이에 반해 여성은 실직을 해도 이혼을 당하는 일이 거의 없는데, 이는 결혼생활에서 여성에게 기대되는 역할이 주로 가사와 양육에 집중되기 때문이다.

32) 워킹 푸어(working poor)란 일자리를 갖고 있지만, 정상적인 생계유지가 곤란할 정도로 소득이 낮은 사람들을 지칭한다.

33) 전영수, 『은퇴대국의 빈곤보고서: 고령사회 일본이 던지는 화두』(서울: 맛있는책, 2011), 170.

직 남성은 애초에 기회조차 박탈당하는 경우가 많다.[34] 이것이 최근 주로 경제적 빈곤 때문에 연애, 결혼, 출산 세 가지를 포기한다고 해서 '삼포 세대'로 불리는 우리 사회의 젊은이들이 자조적으로 내뱉는 유행어 "이 번 생生은 아닌 것 같다"는 말을 우리가 가슴 아프게 들어야 하는 이유일 것이다. 이러한 현실은 우리 사회가 일본 사회와 거의 동일한 행보로 '독 신 사회'—'무연사회' 직전 단계—를 향해 나아가고 있음을 말해준다.

이러한 상황 속에서 다수의 독신 남성이 외로운 죽음을 맞이할 것이 라는 경고가 잇따라 나오고 있다. 특별히 '고독사 및 무연사 예비군'으로 지목되기도 하는 30-40대의 독신 경향이 여성에 소극적인 '초식 남성 들'로 특징지어진다는 사실이 우려스럽다. 인터넷에선 이미 고남孤男(한 번도 애인이 없었던 남성을 지칭하는 말)과 독남毒男(독신 남성을 지칭하는 말) 등 미혼 남성의 종류를 한층 세분화한 단어도 유행하고 있다. 그런데 사실 이들이 원래부터 여성과의 결혼을 경원시한다기보다는 경제적 문 제 때문에 불가피하게 독신을 선택할 수밖에 없었다는 것이 더 정확한 지적일 것이다.

우리나라 전체 남성을 대상으로 하는 '생애 미혼율'(50세 시점에서 한 번도 결혼하지 않은 사람의 비율)에 대한 통계[35]는 찾기 어렵지만, 일본 남

---

34) 이는 일본도 예외가 아니어서, 도쿄 거주 25-34세 미혼여성의 70%가 결혼 상대의 수 입을 연 400만 엔 이상으로 기대하고 있지만, 현실은 동년배 남성의 약 80%가 그 이하 를 받는 상황이다.

35) 남녀 모두를 합한 한국의 15세 이상 미혼 인구 비율은 나와 있는데, 이는 2012년 기준 OECD 회원국 평균(27.1%)의 10포인트가 높은 8.6%로 단연 1위다. 또한 2014년 한국 인구학회가 발표한 '다중상태생명표를 이용한 한국의 혼인상태' 연구에 따르면, 우리 국민 중 평생 혼인하지 않다가 미혼으로 사망할 확률은 남자의 경우 2000년 15.1%에서 2010년 20.9%로 증가했고, 여자도 같은 기간 9.0%에서 15.1%로 증가했다. 한편 서울시 에서 발표한 2010년 기준 통계자료는 25-49세 미혼 인구(총 1,486,569명)가 지난 40년 간 7배 증가했다고 보고한 바 있다.

성들의 통계를 보면 2005년에 이미 약 16%로 6명 중 1명꼴이었다. 기준을 30세로 앞당기면 38.6%, 40세 기준으로는 19.6%가 미혼이었으며, 정규직 남성의 미혼율은 30대 후반에 33.8%까지 떨어지지만, 비정규직으로 대변되는 파견 사원은 70.7%가 미혼이었다. 참고로 30년 전 일본 남성들의 생애 미혼율은 2%에 불과했다. 심각한 문제는 2030년에 이르면 일본 남성의 30%, 여성의 23%가 평생 독신으로 살 것이라는 전망이 나오고 있다는 사실이다.[36]

이러한 상황은 우리나라도 예외가 아니어서, 사랑과 결혼이 불평등하게 소비되는 재화財貨가 되어간다는 우려가 점차로 서글픈 현실이 되어가고 있다.[37] 결혼과 연애에도 적자생존의 냉정한 시장 원리가 적용되면서 결국 혼자 살면서 독신으로 늙어가는 중·장년 미혼자가 급증하게 되었다. 이런 미혼자들은 연애 경험이 없으니 결혼이 더욱 힘들어지는 악순환의 고리에 묶여 있는데, 수많은 독신 남성이 중병에 걸려 간병이 필요한 상태가 되면 스스로 인생을 포기하거나 또는 세상을 등질 수도 있을 것이다. 실제로 독신 남성들은 고독사 및 무연사의 위험이 클 뿐

---

36) 조선일보 특별취재팀, "한국인의 마지막 10년"(1부), 4회.
37) 한국보건사회연구원이 2013년 11월 25일부터 한 달 동안 실시한 '결혼과 출산에 관한 국민인식 조사'에 따르면, 우리나라 18-49세 미혼 남녀 중에서 남성은 33.8%, 여성은 35.6%만이 이성(異性) 친구가 있었다. 이성 교제 희망 비율은 상당히 높은 데 비해 10명 중 3-4명만이 이성 교제가 가능하다는 말이다. 통상 결혼 적령기라고 하는 25-29세(남성 45.5%, 여성 43.1%), 그리고 30-34세(남성 38.7%, 여성 38.0%)의 이성 교제 비율이 가장 높았지만, 그 비율은 40%대에 불과하다. 결혼 적령기에 속한 미혼 청춘이라도 10명 중 4명 정도만 연애가 가능한 것이다. 그런데 남녀 모두 경제활동을 하거나 소득이 높을수록 이성 교제 비율이 높았다. 학력 면에서 보면 고졸자와 초대졸자의 이성 교제 비율 차이도 남녀 모두 14%로 그 차이가 매우 컸다. 이는 남녀 모두 경제 문제가 이성 교제의 걸림돌로 작용함으로써 많이 못 벌고 많이 못 배울수록 사랑과 결혼도 쉽게 할 수 없다는 의미다.

만 아니라 자살의 위험도 매우 큰 경향을 나타낸다. 전체 연령층 가운데 40-50대 남성들의 자살 수치가 가장 높은데 이들의 상당수가 독신 남성들이다. 일반적으로 독신자 전체의 자살률은 그리 높지 않지만, 연령별로 보면 상황이 달라져 연령이 많아질수록 대단히 우려할 만한 결과를 보인다.[38] 이에 반해 배우자가 있는 사람의 자살률은 미혼자에 비해 현저하게 낮다. 이러한 현상은 독신 가구 및 1인 가구가 급속도로 증가하는 추세 속에서 정부 당국과 사회 기관이 지속해서 관심을 두고 대처해나가야 할 부분이다.

3. 고독사회 및 무연사회의 형성 배경: 급격한 산업화와 도시화로 인한 심성의 황폐화

앞에서 나는 고독사 및 무연사를 가족 해체와 사회 양극화와 인맥 양극화의 결과물로 규정했지만, 이들을 배태한 고독사회 및 무연사회의 형성 배경을 이렇게 단순하게 규명하기에는 뭔가 석연치 않음을 느낀다. 어찌 보면 가족 해체와 사회 양극화와 인맥 양극화는 부수적 현상들에 불과하고, 그 배후에 고독사회 및 무연사회를 만들어낸 좀 더 거대한 실체에는 아직 접근하지 못했다는 생각이 들기 때문이다. 이 실체에 대한 접근은 지난 반세기 동안 우리 국민이 참으로 치열하게 겪어왔던 급격한 산

---

38) 20-30대 독신자들의 자살률은 별다른 특이점을 보이지 않지만 연령이 높아질수록 자살률은 주목할 만하게 높아진다. 40-49세(남: 120.3명, 여: 51.5명), 50-59세(남: 212.1명, 여: 51.6명), 60-69세(남: 258.4명, 여: 113.2명), 70세 이상(남: 381.2명, 여: 224.6명): 곽혜원, 『자살문제, 어떻게 할 것인가』, 73.

업화와 도시화 과정에 대한 논의에서부터 시작해야 하지 않을까 생각된다. 그 이유는 우리나라가 세계사에 유례없는 속도로 산업화와 근대화, 도시화를 이룩함으로써 전쟁의 참화를 딛고 반세기 만에 기적적인 경제성장과 사회 발전을 실현하였지만, 엄청나게 빠른 속도로 그토록 많은 것들을 획득한 그 이면에서 우리 국민의 영혼은 점차로 황폐해졌고, 그토록 서로 정이 많고 긴밀했던 유대감은 산산이 깨어졌기 때문이다.

물론 우리 국민의 대다수가 절대 빈곤에 신음하던 상황이다 보니 산업화를 통한 물질 추구를 최우선 순위에 두는 일이 불가피했음을 충분히 공감한다. 하지만 그렇다 하더라도 물질적 측면이 인간의 삶을 지배하면서 우리 사회가 파행적으로 치닫게 되었음을 부인할 수는 없다. 급격한 경제성장을 이룩하는 과정에서 우리 사회는 성공지향과 성장제일주의를 모토로 성장과 발전 일변도를 달려온 성공 사회, 더 많은 능률과 생산 및 소비를 최고의 가치로 삼는 가운데 유능한 사람을 이상적 인간형으로 부각시키는 능력 사회, 물질이 모든 가치를 우선하는 물질 만능의 배금주의와 천민자본주의의 물질 사회를 향해 나아가게 되었기 때문이다. 이러한 우리 사회의 파행적 분위기가 우리 국민의 심성을 황폐하게 하고 정신적·도덕적·영적 위기를 초래했다고 볼 수 있을 것이다.

더욱이 산업화와 함께 도시화가 진행되면서 농어촌 공동체가 와해되고 대도시로의 거대한 이주가 시작되면서 겪은 소속감과 공동체성의 상실, 과도한 도시화로 인해 지연 네트워크가 쇠퇴하면서 겪은 이웃과의 소통 상실이 고독사회 및 무연사회를 만드는 데 일조했음을 언급하지 않을 수 없다. 이러한 사회적 기조 속에서 자연스레 형성된 경제지상주의와 회사우선주의도 고독사회 및 무연사회를 낳은 어두운 단면이다. 장시간 근로 부담과 잔업 압박은 휴일조차 회사에 얽매이게 함으로써 비

공식적인 인적 교류를 방해한다. 회사에서 봉급을 받아 생계를 이어가는 한, 기업의 구조 조정과 조기 퇴직의 위협 속에서 살아갈 수밖에 없기에 이를 모면하기 위해서는 모든 것을 포기하고 회사 일에 진력해야만 한 다. 이런 상황에서 자연히 끈끈한 인간관계는 뒷전으로 밀려나게 된다. 최근 들어 취업이나 직장생활 등 치열한 경쟁에서 살아남기 위해 사람 들과 거리를 유지하고 혼자 생활하는 젊은 층이 급격히 늘어났는데, 이 는 고독사의 연령층이 젊어지게 된 주요 요인이기도 하다.[39]

특별히 우리 사회에 양극화가 깊게 뿌리내린 결정적 계기를 만든 IMF 외환위기 이후에는 직장 분위기가 더욱더 실적 중심의 평가를 강화 하고 노동 강도를 늘리는 방향으로 나아감으로써, 감원 태풍과 실업에 대한 공포가 직장인들의 실존을 위협하게 되었다. 이들은 자신의 모든 것을 쏟아부었지만 결국 소모품처럼 착취당하다가 해고당하는 악순환 속에서 암울한 장래에 대한 불안과 절망감, 인권유린이 암암리에 정당화 되는 현실에 대한 비애와 참담함을 느끼면서 점차로 사람과 세상에 대 한 끈을 놓게 되었다. 현재 고독사 및 무연사의 주요 위험군이 40-50대 연령층이라는 사실은, 이들이 무한경쟁과 실직의 과도한 스트레스 상황 에 부적응함으로 인해 생업을 포기하다 보니 가정 경제가 파탄남으로써 결국 가족으로부터 버림받고 이혼당할 수밖에 없었던 상황과 맞물린다. 이들이 사회에 부적응하고 가정을 지키지 못한 못난 자신을 세상 사람 들 앞에 드러내는 것이 두려워 은둔형 외톨이가 되어 동굴과도 같은 집

---

39) 2013년 9월 경기개발연구원의 '수도권 주민 인식조사'에서 20대 응답자의 33.8%가 '경 쟁으로 인한 개인주의'를 무연사회의 1순위 원인으로 꼽았다. 최근 한 취업 인사 포털사 이트가 대학생 443명을 대상으로 조사한 결과 스스로 '나홀로족'이라고 답한 비율이 무 려 74.9%에 달하였다.

에 숨어버린 상태에서 건강마저 잃고 끝내 비참한 최후를 맞이하는 상황이 파노라마처럼 그려진다. 그러므로 독거노인에 대한 복지도 지속적으로 확충되어야 하겠지만, 이러한 우리의 현실을 살펴볼 때 중·장년 남성들에 대한 사회적·국가적 차원의 대책도 하루빨리 강구되어야 할 것이다.

4. 고독사 및 무연사, 정확한 실태 파악이 시급하다

고독사 및 무연사의 실태에 관해 심층적으로 연구하기 전에는 이 문제가 우리나라에서 향후에나—지금 당장이 아닌—우려되는 문제이며, 또한 우리나라의 상황이 일본의 현실보다는 훨씬 양호할 것으로 추측하였다. 하지만 이는 잘못된 판단이었다. 우리나라에서도 고독사 및 무연사 문제는 이미 더는 방치할 수 없는 단계에 들어섰으며, 인구 대비로 볼 때 일본과 별반 차이 없는 심각한 사안이라는 사실을 깨달았기 때문이다. 또한 고독사 및 무연사 문제가 주로 연로한 독거노인의 문제일 거라고 예상했지만 현실은 보기 좋게 그 예단을 비껴갔다. 그 까닭은 주변과의 모든 관계가 단절된 '무연 세대'가 점점 젊어짐으로 인해, 한때 쪽방독거노인의 이야기로만 여겨져 왔던 고독사가 젊은 층으로 급속히 확산하고 있기 때문이다. 이런 상황에서 지금까지 우리나라에서 고독사 및 무연사 문제에 대해 올바른 접근이 이루어지지 않았음을 절감하지 않을 수 없다. 고독사 및 무연사에 대한 실효성 있는 대책을 수립하기 위해서는 이에 대한 정확한 통계와 올바른 실태 파악이 선행되어야 할 것이다.

그런데 현실은 어떠한가? 아직 우리나라에는 고독사에 대한 통계 조사조차 단 한 차례도 제대로 시도되지 않았다. 통계청은 해마다 '사망원인 통계'를 발표하지만, 여기에는 홀로 죽었는지, 연고가 없는지 등에 대한 정보가 포함되지 않는다. 다만 의사가 사망 진단서에 기록한 사망원인만으로 통계가 집계된다. 물론 고독사에 대한 통계가 없는 것은 고독사의 정의가 명확하지 않기 때문이기도 하다. 사망 후 발견 시점을 24시간으로 할지, 48시간으로 할지 등이 아직도 논란의 대상인 것이다. 사실 아무도 지켜보지 않은 가운데 숨진 고인의 사망 시점을 정확히 계산하기도 쉽지 않을 것이다. 그러나 발견 시점보다는 고인의 사망 전 행적이 더 중요하다고 전문가들은 입을 모은다.[40] 정부의 공식적이고 정확한 통계가 전무한 가운데 단순히 지방자치단체에서 장례를 치러준 무연고 사망자 수치와 독거노인 가운데 위험군을 추정해 발표한 것이 현재로써는 전부인 상황이다. 이처럼 고독사에 대한 정부 차원의 관련 통계가 분류되어 있지 않은 상황 속에서 고독사에 대한 공적인 논의가 아직 이루어지지 않고 있다.

상황이 이렇다 보니 고독사 문제를 해결하기 위한 정부의 대책도 피상적인 수준에서 시행되고 있으며 그마저도 엇박자를 내고 있다. 현재 우리나라의 경우 고독사를 방지하기 위한 직접적인 프로그램은 아직 마련되어 있지 않다. 다만 보건복지부가 독거노인에 대한 지원책으로 벌이고 있는 '독거노인 돌봄 기본 서비스'와 '유케어 서비스'Ubiquitous Care System가 주종을 이루는 가운데 일부 지방자치단체가 시행하는 '사랑의 안심폰',[41]

---

40) 국제신문 취재팀, "고독사…인연이 끊긴 사회: 더불어 사는 사회를 위해", 5회, 「국제신문」(2013.12.17).

41) 서울시는 '사랑의 안심폰'을 도입, 기존의 방문 안전 확인 서비스를 보완하고 있다. 2008년 5개 구 400명을 대상으로 시범 사업을 시행한 후 2010년 1월 홀몸노인 4,600명을 추가로 확대, 서비스를 운영 중이다. 돌보미에게는 영상폰을, 독거노인에게는 긴급

'노인공동 생활제도'[42] 등이 거의 전부인 상황이다. 먼저 2007년부터 시작된 독거노인 돌봄 기본 서비스는 만 65세 이상으로 요양 서비스가 불필요한 독거노인이 대상인데 소득, 건강, 주거, 사회적 접촉 등의 수준을 평가해 서비스 욕구가 높은 순으로 대상자를 선정하고 있다. 대상자로 선정되면 일정한 교육을 이수한 돌보미가 매일 전화 또는 방문을 통해 주기적으로 생활실태 및 복지 욕구를 파악하면서 안전을 확인한다. 하지만 이 서비스는 예산 및 인력의 한계 등으로 인해 실제로는 1주일에 두세 번 전화로 안부를 확인하는 정도이며, 전체 1인 가구 노인 인구의 약 15% 정도만이 혜택을 받는 실정이다.

유케어 서비스란 독거노인 가정에 활동량 감지센서, 화재 및 가스 감지센서, 응급호출기 등을 설치해 정보를 수집 및 분석하고, 독거노인의 활동량이 없거나 평소에 비해 현저하게 낮을 경우 노인 돌보미가 전화로 확인하거나 직접 방문해 안전을 확인하는 서비스다. 또한 독거노인이 응급호출을 요청하거나 집안에 설치된 화재 또는 가스유출 감지센서가 작동하면 관할 소방서로 자동 신고되어 위험으로부터 노인들을 안전하게 보살필 수 있는 신개념 복지 서비스다. 이 서비스는 2000년 행정안전부와 보건복지부가 전국 3개 지역에서 실시한 독거노인 지원시스템 시범 사업이 독거노인 보호와 응급구호에 일정한 성과를 보임에 따라 2009년부터 확대 보급되었는데, 2010년 현재 모두 20개 시군구에서 실시되고 있다. 하지만 이 또한 여전히 보편화되지 못해 실질적인 효과를

콜 기능과 움직임 감지센서가 부착된 단말기를 보급함으로써 실시간 보호 체계로 전환하였다.

42) 일부 농촌 지자체에서는 '노인 공동 생활제도'를 시행해 효과를 보고 있는데, 이는 독거노인들이 임대주택이나 경로당 등에서 함께 생활하는 것을 말한다.

거두지 못하고 있기 때문에 지원 대책 마련이 급박한 실정이다.

고독사 문제를 극복하기 위한 정부의 대책을 보면서 정확한 실태 파악이 뒷받침되지 않음으로 인해 관련 대책 또한 매우 부실하고 실효성이 떨어진다는 사실을 확인할 수 있다. 왜냐하면 현재 고독사 사망자의 3분의 2 이상이 40-50대 남성들에게 포진되어 있는데 이들에 대한 대책이 거의 전무한 실정이기 때문이다. 정확한 실태 파악이 되지 않은 상태에서 '고독사=독거노인'이라고 고정된 선입견도 실효성 있는 대책을 마련하는 데 걸림돌로 작용한 것으로 보인다. 실제로 국제신문 취재팀이 가족 및 이웃 관계가 완전히 단절된 채 장기간 원룸에 혼자 살다 지병으로 숨진 지 보름이 지나서야 발견된 43세 고독사 사망자의 행적을 추적하기 위해 부산의 한 구청에 전화했더니, 구청 담당자는 "고독사가 아니다"라고 단정적으로 말했다고 한다. 그 이유는 "아직 나이가 43세밖에 안 돼 노인이 아니기 때문"이라는 것이었다. 이런 인식 때문에 고독사 해결을 위한 정부의 대책—그마저도 단편적인—은 주로 독거노인을 중심으로 시행되고 있다. 그러므로 고독사의 문제가 단지 독거노인에게만 국한된 문제가 아니며 오히려 중·장년 연령층이 고독사에 더 심각하게 노출돼 있다는 사실부터 새롭게 인식해야 할 것이다.

문제 해결의 출발점은 사태에 대한 정확한 실태 조사가 이루어져야 한다는 데 있다. 지금까지의 논의를 토대로 고독사의 최대 위험군은 일정한 직업 없이 지병을 앓으면서 혼자 살아가는 중·장년 이혼 남성 혹은 독신 남성들이라고 예단할 수 있다. 그러나 좀 더 명확한 원인 분석과 효과적인 예방 대책을 강구하기 위해 고독사로 추정되는 사망자들을 대상으로 심리적 검시(심리적 부검)를 시행할 필요가 있다. 본래 심리적 검시란 자살자를 대상으로 모호한 죽음의 원인을 규명해낼 때 사용하는 방법이다. 이는 면접자가 자살자의 주변 사람들을 개별적으로 접촉하여 심층 면접을 진행하면서 자살자의 심리적·정서적·사회적 상태를 총체적으로 평가하여 자살 의도를 종합적으로 분석하는 것이다. 고독사 사망자들의 심리적 검시가 요청되는 이유는, 이들의 상당수가 자살로 생을 마감한 상황인 데다 이미 세상을 떠나버렸으므로 자살 및 고독사의 원인을 직접적으로 확인하는 것이 불가능하기 때문이다. 심리적 검시는 이미여러 나라에서 자살의 특성을 정확하게 파악함으로써 각종 자살 예방 및 치유 프로그램 개발의 기초자료로 활용되어 많은 실효를 거두었다. 특히 1980년대 세계 1-2위 자살률로 골머리를 앓던 핀란드의 경우 심리적 검시를 바탕으로 국가 자살예방 실행전략을 수립하여 20여 년 만에 자살률을 절반 수준으로 낮출 수 있었다. 미국도 지역사회, 군대, 교도소 등의 자살 사망자들에 대한 심리적 검시를 활발히 진행했는데, 그 결과 미국의 인구 10만 명당 자살률은 1990년 19명 수준에서 2000년 14명 수준으로 획기적으로 감소하였다. 이외에도 현재 많은 서구 국가들에서는 심리적 검시를 통한 연구를 활발하게 진행하고 있으며, 아시아권의 일본, 대만, 중국에서도 이를 시행하고 있다.

그러나 우리나라의 경우 자살 현상의 심각성에도 불구하고 최근에서야 비로소 심리적 검시가 극히 제한적으로 이루어지고 있는 실정이다. 서구 사회에서는 가족 중 자살한 사람이 생기면 유가족들이 심리적 검시 절차에 잘 응하는 편이지만, 우리나라의 경우 가족 구성원이 자살하면 자살에 대한 사회적 편견에 대한 두려움 등으로 인해 무조건 은폐하려고만 하는 경향이 강해 심리적 검시가 어려운 상황이기 때문이다. 그러나 국민의 삶의 질을 높이고 더욱 건강한 사회를 만들기 위해서는 심리적 검시에 대한 편견을 깨야만 한다. 이제 심리적 검시를 적극적으로 활용하여 고독사의 정확한 실태 분석을 근거로 고독사를 예방하기 위한 효과적인 정책을 마련하는 일을 서둘러야 할 것이다.

5. 고독사 및 무연사, 어떻게 예방할 것인가?

앞서 고독사에 대한 정확한 실태 분석을 시도했다면, 지금부터는 이를 바탕으로 그 예방책을 논의하고자 한다. 그동안 정부나 지방 자치단체들의 복지정책이 주로 노약자와 여성, 장애인 등에 집중되면서 오히려 실직과 재취업난, 이혼 등 갖가지 사유로 우울증에 빠져 있는 중년 남성들의 상실감이 상대적으로 커지고 있다. 이런 상황에서 복지의 사각지대에서 엄청난 인생의 파고를 넘고 있는 중·장년 남성들을 구하기 위한 사회적 관심이 요구된다. 더욱이 고독사 위험군으로서 독거노인의 열악한 처우에 대해서는 이미 사회적으로 많은 공감대가 형성되어서 개선을 향한 지속적인 노력이 예상되기 때문에, 여기서는 가장 위험한 계층임에도 주목받지 못하고 있는 중·장년 남성들의 고독사를 막기 위한 예방 대책에 관해 생각해보고자 한다.

1. 먼저 사회적 안전망의 강화를 강조하지 않을 수 없다. 고독사 사망자의 절대다수가 일정한 직업이 없거나 실업 상태였다는 점은, 이들의 사회경제적인 절박한 사정을 구체적으로 도와줄 수 있는 자원과 지지망이 구축되지 않고서는 현실적으로 문제 해결의 길이 요원하다는 사실을 시사한다. 특히 실업 및 생계의 어려움과 관련된 40-50대 남성들의 급증하는 자살 및 고독사는 사회경제적인 문제를 여실히 반영하기

때문에 사회복지적인 차원에서의 접근이 절대적으로 필요하다. 중·장년 남성들의 자살 및 고독사를 막을 수 있는 첫걸음은 이들이 인간다운 삶을 유지할 수 있는 최소한의 삶의 조건을 충족시켜 주는 일, 곧 능력에 부합하는 일자리 창출, 실업 문제의 해결일 것이다. 가정에서나 사회에서나 가장 열심히 일하면서 가정과 사회를 책임져야 할 이 세대들에게 지속적이고 안정적인 고용 기회를 창출하는 일이 대단히 중요한 이유는, 그렇지 않고서는 가정 공동체의 해체로 이어질 뿐만 아니라 사회적으로도 엄청난 손실이 되기 때문이다.

2014년 4월 기준의 통계청 발표에 따르면 우리나라의 실업자는 103만 명(실업률 3.9%)이지만, '사실상 실업자'는 정부 공식 통계의 3배가 넘는 316만 명(11.1%)에 이르는 것으로 나타났다. '사실상 실업'은 통계청 공식 집계에는 들어가지 않지만 불완전 취업, 잠재 구직자 등 실업과 마찬가지인 사람을 포함한 넓은 의미의 개념이다. 이 실업 인구에는 통계청 분류상 공식 실업자 103만 명 이외에 주당 36시간 미만 취업자 중 추가 취업 희망자(33만 3,000명), 비경제활동 인구 중 취업 준비자(56만 5,000명), 59세 이하 '쉬었음' 인구(86만 2,000명), 구직 단념자(37만명)가 포함된다. '사실상 백수'이자 비경제활동 인구의 수효가 316만 명—이들 중 약 100만 명이 청년 백수다—에 육박하는 우리 사회의 현실은 자살 및 고독사의 시한폭탄을 안고 있는 절박한 상황이라고 말할 수밖에 없다.

사회 안전망의 사각지대에서 극단적인 빈곤으로 인해 발생하는 죽음이 바로 '생계형 자살'이다. 경기침체와 불황이 계속되면서 회사들이 인원감축을 단행하거나 극심한 재정악화로 문을 닫음으로써 가장들이 거리로 내몰리는 상황 속에서 실업의 장기화와 이에 따른 삶의 질 저하 및 삶의 의욕 상실은 생활고로 인한 생계형 자살로 이어진다. 이러한 죽음은 사회구조적 모순, 사회 안전망의 부실로 인해 양산되므로 '사회적 타살'이나 다름이 없는 죽음이다. 더욱이 경기불황과 비정규직 심화 등으로 비자발적으로 혼자 사는 사람들이 늘어나고 있지만, 그에 걸맞은 사회적 안전망이 마련되지 않는다면 자살 및 고독사 문제가 발생할 가능성이 나날이 증대될 수밖에 없을 것이다.

중·장년 남성들은 자살 및 고독사 문제만 심각한 것이 아니라 범죄율도 가장 높은데, 특히 살인, 강도, 상해, 폭행죄 등의 폭력 범죄율이 가장 높은 것으로 나타난다. 범죄학자들은 10대 후반의 범죄율이 가장 높다는 범죄학계의 정설과 달리 유독 대한민국에서 40대의 범죄율이 가장 높은 이유는 가장으로서 가족을 책임져야 한다는 강한 책임의식과 높은 실업률에서 오는 경제적 압박 때문이라고 진단한다. 무엇보다 현재의 중·장년 세대는 IMF 외환위기로 직접적인 피해를 당하여 실업률이 증가했기 때문이라는 분석도 있다.[43] 이 때문에 전문가들은 이들에게 범죄를 끊을 수 있는 전환점이 마련되지 않는다면 더 심각한 범죄가 발생할 수 있다고 경고한다. 더 나아가 중·장년의 장기실업은 정치적 불안, 사회체제의 위협, 심지어 안보 위기를 불러일으킬 수도 있는 중대한 사안이기 때문에 사회적 통합을 저해하는 가장 큰 위험요소의 하나라고 분석한다.[44]

지금 우리 사회의 수많은 사람이 급변하는 사회구조 및 체제를 따라가지 못한 채 무한경쟁과 언제 낙오될지 모르는 불안감 속에서 늘

---

43) 2014년 영산대 경찰행정학과 정은경 교수는 "한국의 연령-범죄 곡선에 대한 사회문화적 접근"이라는 논문을 통해 이같이 분석하였다.
44) 「한국경제신문」(2009.02.26).

쫓기듯 살아간다. 이들 중 우리가 특별히 관심을 기울여야 할 사람들이 사회 부적응자다. 실업 및 실직 자체를 사회 부적응으로 볼 수 없지만, 사회의 경쟁 강도가 점점 격화되면서 멀쩡한 사람이 사회 부적응자로 낙인찍히는 것이 우리 사회의 현실이다. 그런데 이들은 개인의 의지보다는, 사회 분위기에 압도당하여 끊임없이 자살의 유혹을 받고 있다. 따라서 사회 부적응자들에 대한 최소한의 인간적 권리를 보호하기 위한 국가적 차원의 사회 안전망 설치가 너무나 시급한 상황이다. 선진국들은 사회가 발전할수록 그로부터 탈락한 낙오자들의 문제가 증가함을 인식하여 사회적 안전망을 더욱 치밀하게 구축하려는 노력을 기울여왔다. 우리나라도 이제부터라도 사회 전체가 관심을 기울이는 가운데 정부가 직접 나서서 낙오된 중·장년 남성들을 위한 견실한 사회적 안전망을 구축하는 데 심혈을 기울여야 할 것이다.

2. 건강한 가족 구성을 재구축하는 일이 무엇보다 중요하다. 사실 고독사 및 무연사를 예방하는 대표적인 방책은 건강하고 건전한 가족 구성을 회복하는 일이다. 끈끈한 혈연 네트워크를 재구축해서 고독감, 소외감을 막음으로써 지역사회 공동체를 공고히 하면, 고독사 및 무연사 문제는 자연히 해결될 수 있기 때문이다. 하지만 이 또한 말처럼 쉽지만은 않다. 우선 요즘 젊은이들은 결혼을 멀리한다. 이들이 실제로 결혼을 멀리한다기보다는 불가피하게 독신을 선택할 수밖에 없는 경제적 여건, 곧 장기침체로 경기 활력을 잃은 상황에서 정상적 취업을 하지 못해 결혼을 할 수 없는 상황이 문제다. 설사 결혼을 해도 연령대가 늦어져 때늦은 결혼(만혼)에, 때늦은 출산(노산)으로 이어져 고령 부모의 증가세가 심각하다. 이들 고령 부모들의 20-30년 후 가정 경제는 비관적일 수밖에 없다는 게 전문가들의 예단이다.

그러나 우리나라에서 더욱 심각한 문제는 고독사의 결정적 토양인 이혼이다. 현재 한국의 이혼율은 자살률과 동일하게 1997년 이래로 세계 최고 수준을 나타낸다. 한국의 조粗이혼율(인구 1,000명당 이혼 건수를 나타내는 국제 통계의 기준)은 1970년 0.4건으로 시작해 IMF 외환위기 이전(1983-1997)에는 1.2건이었으나, 외환위기 이후(1998-2003)에는 평균 2.8건으로 크게 상승하였다. OECD 자료에 의하면, 2006년 기준 하루 평균 370쌍의 부부가 이혼하는 가운데 한국의 이혼율은 OECD 회원국 중에서 3위, 이혼 증가율은 2위를 기록하였다. 한국가정법률상담소가 배포한 '한국의 이혼율 연구 IV(2000-2010)'에서는 2000-2010년 한국의 조이혼율(2.72건)이 1951-1959년의 조이혼율(0.2건)에 비해 무려 13.6배나 증가한 것으로 나타났다. 이는 아시아는 물론 전 세계적으로 비교해볼 때도 최고 수준이다. 통계청은 '2013년 혼인·이혼 통계'에서 우리나라의 혼인 건수가 32만 2,800건이고 이혼 건수는 11만 5,300건이라고 발표했는데, 이를 분석한 결과 혼인(초혼, 재혼 모두)은 계속 감소하고 이혼은 지속적으로 증가 추세—게다가 결혼 20년 차 이상의 황혼 이혼이 신혼 이혼을 추월함—에 있는 것으로 나타났다.

부부의 이혼으로 인한 가족의 해체는 가정에 대한 사형선고나 진배없는 일이다. 이러한 사형선고를 받은 가정의 구성원들은 평생 회복되기 어려운 트라우마에 시달리면서 불행한 삶을 살아갈 수도 있다. 흔히 탈선 청소년들의 가정을 면밀히 들여다보면, 이혼 등으로 인한 결손 가정의 환경에 있는 청소년들이 적잖은 것으로 분석된다. 사랑을 입혀주고 보듬어주는 가족이라는 환경에서 자라야 할 아이들이 부모가 이혼하는 과정에서 받은 엄청난 상처는 쉽게 치유되지도 않는다.

이혼하는 부부가 평균 14년에 못 미치는 결혼생활을 하는 것으로 볼 때, 한국의 10대 청소년들은 부모의 이혼으로 깊게 상처 입는 구조에 빠져 있는 형국이라고 말할 수 있다. 그 폐해는 부모의 이혼 등으로 긴밀한 유대관계가 끊어진 해체 가정에서 자라난 청소년들의 패륜범죄로 고스란히 나타난다. 이혼한 당사자들의 삶은 또 어떠한가? 이혼 후 행복해진 사람보다 불행해진 사람이 훨씬 더 많다는 것은 널리 알려진 이야기인데, 특히 이혼한 남성들의 삶이 피폐해진 경우가 많다. 앞서 자살 및 고독사 희생자들의 다수가 이혼 남성이라는 사실은 이를 여실히 대변해준다. 이혼한 남성들은 실업 상태의 남성들과 함께 폭력 범죄를 저지를 가능성도 많은 것으로 보고된다.

이혼은 한 가정의 붕괴를 넘어서 사회 전체를 위기에 몰아넣을 수 있는 암울한 실체이기도 하다. 이혼이 부부 두 사람만의 문제에 국한되는 것이 아니라는 데에 문제의 심각성이 도사리고 있다. 가정은 사회 공동체의 기본 단위이므로, 가정이 건강하지 못하면 결과적으로 사회와 국가도 영향을 받을 수밖에 없기 때문이다. 이에 건강한 가정의 중요성은 아무리 강조해도 지나침이 없을 것이다. 물론 여기서 건강한 가정이란 반드시 부모와 자녀로 구성된 전통적인 가족 모델만을 의미하지는 않는다. 오늘날 전통적인 가족 모델은 사실상 붕괴했다고 해도 과언이 아닌 상황 속에서 기존의 가족 모델만을 고집하기보다, 반드시 혈연관계가 아니어도 정서적으로 깊은 교류와 신뢰감을 가질 수 있는 인적 구성, 곧 대안 가족도 가족의 범주에 넣어야 할 것이다. 이처럼 건강한 가정이 국민 개개인의 행복을 넘어 사회와 국가 공동체의 안녕安寧과 긴밀한 상관관계에 있다면, 사회와 국가가 모든 수단과 방법을 총동원하여 가정을 살릴 수 있는 방도를 마련하는 일은 그 무엇보다 중요하다고 할 수 있다.

3. 공동체를 복원하기 위한 사회적 노력이 절실히 요구된다. 우리나라는 급속도로 경제 개발을 추진하고 도시화를 진행하는 과정에서 전통적인 공동체가 와해되는 부작용을 겪었다. 사람들이 농어촌 공동체로부터 이탈하여 도시로 대거 이주하면서 정서적인 교감을 나눌 수 있는 공동체를 잃어버리고 상실감에 시달리게 된 것이다. 그리하여 날이 갈수록 가족, 지역과의 연결고리 및 연대감이 약화되었는데, 고독사 및 무연사는 이러한 지역사회와의 희박해진 연대감, 공동체 파괴의 대표적 결과라고 말할 수 있다. 이로써 도시 상경 후 고향의 과소화·황폐화로 귀향 근거지를 잃어버린 것, 과도한 도시화로 지연 네트워크가 쇠퇴하면서 이웃과의 커뮤니케이션이 사라진 것은 고독사 및 무연사가 발생하게 된 또 다른 중요한 배경이다. 그러므로 지역 공동체의 복원을 통한 긴밀한 인간관계와 커뮤니케이션의 회복이 고독사 및 무연사 예방을 위한 해법으로 제시되고 있다. 이는 사람과의 인연을 중시하는 삶인 '유연 사회'를 부활시켜 끈끈한 연대를 중시하자는 의미다.

우리나라에 앞서 이미 고독사 및 무연사 문제를 겪었던 나라들, 이를테면 일본, 프랑스, 스웨덴 등은 모두 공동체를 복원하려는 사회적 노력을 통해 이 문제를 해결해왔다.[45] 이들 나라에서 고독사 문제가 진

---

45) 일본의 고독사회 및 무연사회 극복을 위한 다차원적 노력을 제시하면 다음과 같다. 1. 2010년 '고독사제로연구회'라는 NPO가 설립되었는데, 이는 NPO 법인과 거주자가 계약을 맺어 안부 확인부터 장의, 납골에 이르는 모든 절차를 지원하는 체제다. 2. 고령자 보호 지원 네트워크도 결성되었는데, 이는 관공서, 협력사업소, 지역주민이 독거주민의 이상을 발견했을 때 즉시 지역포괄 지원센터에 연락해 조치를 받도록 하는 구조다. 3. 시영주택과 공공 임대주택 단지에는 거주자가 집에서 버튼을 눌러 외부에 긴급 사태를 알리거나, 수도를 사용하지 않으면 자동으로 통보해주는 시스템도 가동 중이다. 4. 지역에 사회복지법인을 만들어 물건구매, 청소 등을 지원하는 시범 사업을 시작하였다. 5.

전된 상황과 배경은 서로 다름에도 불구하고, 그들이 내놓은 대안의 중심은 공동체를 형성함으로써 사람 간의 '관계 맺음'을 가능하게 하는 매개를 만들어주는 일이었다. 즉 이 나라들의 공통적 해법은 삶의 여정 동안 어떤 이유로든 관계를 잃어버린 사람들에게 관계를 되찾아 주는 것이다. 더욱이 고독사의 직격탄을 맞는 1인 가구가 늘어나는 현상은 거스를 수 없는 추세인 만큼, 그 고독한 인간관계의 빈틈을 메워

메디컬 서포트 시스템은 고독사를 줄이기 위해 매일 아침 독거노인의 안부를 확인하는 무료전화 서비스를 시행하고 있다. 이 서비스에 가입한 독거노인들이 매일 오전 9시 이전에 전화를 걸면 신호음이 컴퓨터에 자동 기록되는데, 전화기록이 없으면 직원이 전화를 걸어 안부를 확인하고 응답이 없으면 집으로 찾아가는 구조다. 6. 자원봉사자들의 독거노인 방문과 사랑방 마련이다.

프랑스는 지난 2003년 여름 40도가 넘는 기록적인 폭염으로 노약자 1만 5,000명이 고독사한 사건을 결정적 계기로 고독사에 대해 적극적으로 관심을 두게 되었다. 프랑스도 고독사 문제에 대한 해결을 사람 사이의 관계에서 찾고 있는데, 현재 파리에서는 '코로카시옹'(Colocation), 곧 혼자 사는 노인의 집에 18-30세 젊은이가 들어와서 함께 사는 동거 제도를 8년째 시행하면서 차츰 저변을 넓혀가는 중이다. 입주조건에는 3가지가 있는데, 첫 번째 형태는 학생이 저녁과 밤에 집에 있는 조건으로 집세를 내지 않는 조건이고, 두 번째 형태는 학생이 노인에게 약간의 도움을 주면서 전기세나 수도세 등 관리비용의 일부를 부담하는 조건이며, 세 번째 형태는 학생이 집세를 다 내고 한집에 살기만 하는 조건이다. 현재 파리에서만 300쌍의 노인, 학생이 함께 생활하고 있는 가운데 협회에서는 계약조건이 잘 이행되는지 정기적으로 실사를 나오면서 상황을 점검한다

스웨덴 스톡홀름에서는 1980년대 공동주택 붐이 일게 되었는데, 당시 1인 가구 비율이 3분의 1을 넘어섰지만 공동주택 비율은 20% 정도여서 고독사 문제가 사회적 관심을 받는 상황이었다. 현재 스웨덴에서는 1인 가구의 비율이 60%에 달함에도 불구하고 고독사가 사회문제가 되지 않고 있는데, 그 해법의 실마리는 바로 공동주택에 있다. 아파트 형태의 공동주택에서는 각자의 개별 공간이 따로 구비되어 있지만, 공동으로 생활을 한다. 매일 저녁 주민들이 당번을 정해서 식사준비를 하고 함께 식사를 하면서 자연스럽게 공동 공간에서 어울리면서 살아간다. 공동주택은 창문만 열면 서로의 안부를 확인할 수 있도록 이웃끼리 서로 마주 보게 설계되어 있다. 또한 아파트 호수별로 거주자명과 전화번호가 기록되어 있어 어떤 상황이 발생했을 때, 연락하기 편할 뿐만 아니라, 서로 친한 사람끼리 서로 열쇠도 공유한다: KBS, "파노라마: 한국인의 고독사" 1편: 보이지 않는 죽음.

나가는 다양한 NPO^Non-profit organization(비영리 민간단체)의 활동과 함께 사회보장 제도나 네트워크가 메울 수 없는 개인 차원의 '인연 맺기' 와 '소통'도 중요시된다고 볼 수 있다.

특별히 고독사가 고립된 1인 가구에서 주로 일어나는 현실임을 고려할 때 이를 극복할 수 있는 주거 환경이 필요하다. 그 대안은 함께 살아갈 수 있는 집합 공간, 공동 주거를 실현하는 일이다. 이는 전통적인 유연有緣의 부활 차원에서 무연적이고 고립성을 강화하는 주거 환경(아파트, 오피스텔, 원룸)을 유연적인 생활 공동체로 바꾸려는 노력이다. 이미 무연사회를 저지할 대표적 집합공간으로서 공동주택^collective house이 주목받고 있다. 이는 개별 세대의 전용면적과 주민 공동의 공용면적이 각각 존재함으로써 이합집산離合集散이 수월한 주거형태다. 즉 개별 전용 공간에 주방, 화장실 등의 공유공간을 함께 배치함으로써 고독을 존중하면서도 고립은 시키지 않는 지혜가 묻어난 주거형태인 것이다. 이를 통해 사생활은 보장받으면서 고립되지 않고, 인간관계는 있지만 간섭은 없으며, 안전하지만 생활의 제약은 없는 생활방식을 구현할 수 있다.

이러한 공동주택의 생활방식은 고독사 문제를 고민하는 우리에게 시사하는 바가 크다. 혼자 사는 사람들에게 가장 필요한 것은 대화하고 만날 수 있는 사람, 그들을 배려해줄 수 있는 사람이다. 고독사를 막기 위해 많은 사람이 필요한 것은 아니어서, 그런 사람 단 한 명만 있어도 충분하다고 볼 수 있다.[46] 그러나 무엇보다 중요한 것은 고립된 삶에서 스스로 벗어나고자 하는 본인의 마음가짐일 것이다. 아무

---

46) KBS, "파노라마: 한국인의 고독사" 1편: 보이지 않는 죽음.

리 서로 친밀하게 교제를 나눌 수 있는 사랑방이 마련되고 공동체 안에서 더불어 살아갈 수 있는 공동주택이 조성된다고 해도, 정작 외로운 영혼이 이를 기피하면서 스스로 고립을 자초한다면 그를 구제할 방법은 요원할 것이다. 사실 사람들은 공동체의 구속을 받지 않는 자유를 선택한 대가로 그에 따른 고독과 무연이라는 상황에 맞닥뜨릴 수밖에 없으며, 더욱이 모든 인간은 홀로 단독자로서 죽음을 맞이할 수밖에 없으므로 고독사 및 무연사는 불가피한 현실이라고 반론하는 사람들도 있을 것이다.[47] 그렇다 하더라도 사랑하는 이들에게 둘러싸여 인생의 마지막 순간을 맞이하는 것이 임종을 앞둔 모든 인간의 한결같은 바람이라는 사실을 고려할 때, 고독사 및 무연사를 미연에 예방하고자 하는 스스로의 선택과 결단이 적극적으로 병행되어야 할 것이다.

4. 이러한 맥락에서 고독사 및 무연사를 사전에 예방하기 위한 개인의 의지와 노력도 필수적이다. 우리가 살아가면서 당면하는 많은 문제는 사회와 국가의 개입을 통해서라야 비로소 종국적으로 해결이 가능하다는 이야기가 많은데 이는 대부분 맞는 말이다. 하지만 우리가 모든 문제의 해결 방안을 사회적·국가적 차원—우리 개인이 처리할 수 없는—을 통해서만 가능하다고 생각한다면, 냉소주의와 자괴감에 빠져 아무것도 하지 못하거나, 정작 우리가 처리해야 할 중요한 일들을 놓쳐버릴 수도 있다. 고독사 및 무연사 문제 역시 사회적·국가적 차원에서 해결해야 할 문제임을 직시함과 더불어 개인적 차원에서 해결할 수 있는 문제라는 인식도 뒤따라야 할 것이다.

고독사 및 무연사를 사전에 예방하기 위한 개인의 노력으로서 나

---

47) 시마다 히로미/이소담 옮김, 『사람은 홀로 죽는다』(서울: 미래의 창, 2011), 79ff.

는 건강관리와 인간관계, 일거리를 강조하고자 한다. 즉 남의 도움을 받지 않고 자기 스스로의 힘으로 일상생활을 영위할 수 있을 정도의 건강을 유지하고, 난관이 닥쳤을 때 의지할 수 있는 인간관계를 돈독히 쌓으며, '오늘 하루도 잘 살았다'고 뿌듯하게 잠들 수 있도록 삶에 의미를 부여하고 삶의 기반을 견고히 하는 일거리—여기서 일거리란 의식주를 가능하게 하는 생업은 물론 삶에 활력소가 되는 소소한 일거리도 포함함—를 찾아 몸을 부지런히 움직이는 삶의 자세가 중요하다. 특별히 건강은 뒤의 두 요인보다 개인의 노력 여하에 가장 영향을 받는 동시에 생존을 위해 필수적인, 인생사에서 가장 중요한 자산이기 때문에 세 가지 요인 중 으뜸이라고 할 수 있다.

한편 신체조건이 같고 동일한 질병을 앓는 사람이라도 인간관계와 하는 일에 따라 질병의 경과가 판이할 뿐만 아니라 생애 마지막 10-20년이 전혀 다르게 펼쳐지기도 한다. 조맹제 서울대 의과대학 정신건강학과 교수의 임상 경험에 따르면, 인간관계가 좋고 할 일이 있는—가족, 친구와 친하게 지내고 봉사활동, 취미활동을 하느라 바쁜—사람들은 질병의 경과가 전혀 다르게 나타나고 통증도 덜 느낀다.[48] 상당수 고독사 희생자들은 생을 마감하기 직전 스스로 몸을 거동하기 어려운 상태에서 아무런 도움의 손길도 받지 못해 변을 당하는 경우가 많다. 그러므로 우리의 생애 마지막 10-20년을 행복하게 살아가기 위해 젊을 때부터 "100년 쓸 몸을 만든다"는 각오로 건강을 철저하게 관리해야 할 필요가 있다.[49] 또한 나이를 먹어갈수록 고립된 삶을 살 여

---

48) 조선일보 특별취재팀, "한국인의 마지막 10년"(2부), 7회, 「조선일보」(2014.09.13).
49) K. Pilleme/박여진 옮김, 『내가 알고 있는 걸 당신도 알게 된다면』(서울: 토네이도, 2012), 185ff.

지가 많아지는 만큼 다른 사람과의 관계 속에서 살아가기 위한 나름의 조치를 마련할 뿐만 아니라, 노후에 누구와 함께 어디서 어떻게 무엇을 하면서 살 것인가를 미리미리 준비하면서 살아가야 한다.[50]

5. 바로 이 지점에서 사랑을 실천해야 할 책임을 짊어진 여러 종교단체와 종교인들의 세심한 역할이 매우 절실히 요청된다고 말할 수 있다. 아무리 인생을 행복하게 마무리하기 위해 건강과 인간관계, 일거리가 중요하다는 사실이 명약관화하더라도, 삶의 의지를 잃어버린 사람들에게는 이를 스스로 실천할 만한 힘이 받쳐주지 못할 수 있기 때문이다. 많은 고독사 사망자들이 생전에 우울증으로 고통을 받아 스스로를 구제할 만한 여력을 갖지 못했다는 사실은 이를 잘 대변해준다. 그들은 어찌 보면 우울증으로 인해 사회적 조직과 상호관계를 맺지 못하고 가족 및 친구와의 관계 또한 회피하면서 점차 고립되다가 자포자기적으로 고독사를 맞이했을 가능성이 매우 크다.

이때 누군가 단 한 사람이라도, 고립감과 절망감에 휩싸인 그들에게 지속적으로 관심을 기울이고 어려움을 나누면서 함께 해결 방안을 찾아보려고 시도해준다면, 인간과 세상을 향해 스스로 닫아버린 그들의 마음의 문을 어느 정도 열 수 있을 뿐만 아니라 그토록 속절없이 세상을 떠나버리지는 않을 것이다. 이렇게 사랑과 관심을 필요로 하는 사람 옆에서 그를 지원해주는 역할이 바로 종교단체와 종교인들의 몫이다. 상처받은 사람들의 마음을 치유하고 이 세상을 순화시키는 것은

---

50) 나이를 먹어갈수록 고립되는 경우가 많으므로 다른 사람과의 관계 속에서 살아가는 방법을 터득해야 한다. 중년 이후에 찾아올 사회적 고립을 막기 위해 관계의 끈을 유지하고 새로 엮는 일에 관해 K. Pillemer, 『내가 알고 있는 걸 당신도 알게 된다면』, 205ff.를 참고하라.

본래 종교가 감당해야 할 사명 중 하나이기 때문이다. 이러한 맥락에서 사회에 뿌리를 둔 종교단체와 종교인들이 사회 전반에 사랑의 실천을 확산하는 일을 좀 더 적극적으로 강행해야 할 것이다.

특별히 고독사 희생자의 절대다수가 패배의식에 사로잡힌 사회적 약자들이라는 사실을 유념할 때, 이들이 스스로 절망을 딛고 일어설 수 있도록 희망에 대한 자립·자조 의식을 심어줄 뿐만 아니라, 이들을 법적·제도적으로 보호할 수 있는 현실적 토대를 마련해주는 일도 대단히 중요하다. 현재 우리 사회에서 사회적 약자들이 고통을 당하는 이유가 주로 사회경제적 부정의로 인한 사회 양극화에서 비롯된 경우가 많으므로, 이를 타개하기 위한 현실적 노력도 끊임없이 병행해야 할 것이다. 우리 사회에는 막대한 물적·인적 자원을 가진 종교 단체가 무수히 많으며, 또한 정치·경제·사회 각계의 중심적 위치에 있는 종교인들이 대단히 많다. 이들로 하여금 우리가 살아가는 세상을 모두가 인간답게 살아가는 정의로운 세상, 서로 상생하면서 살아가는 따뜻한 세상을 만들어갈 수 있도록 동기부여 한다면 이는 충분히 실현 가능한 일이 될 수 있을 것이다.

12강
급증하는 자살과 대처 방안

자살이 급증하고 반反생명적 사회 분위기가 널리 퍼진 우리 사회의 실태를 점검하면서, 개인적 문제를 넘어 종교·사회적 문제로 대두된 자살문제의 해결을 위한 근본적 대처 방안에 대해 모색하고자 한다.

1. 자살 급증과 반생명적 사회 분위기 확산

모든 자살은 소중한 생명을 상실하는 자살자 자신의 비극이요, 세상에서 가장 불행한 죽음이다. 이러한 자살은 가족과 주변 사람들의 삶을 황폐케 하고 그들에게 형언할 수 없는 큰 고통을 준다. 사랑하는 가족이 한을 품고 어느 한순간에 세상을 떠나는 일보다 더 비통한 일은 없을 것이다. 그래서 자살자 유가족들 역시 자살의 위험에 그대로 노출된다. 실제로 이들 가운데 정신질환에 시달리거나 후속 자살로 생을 마감하는 경우가 비일비재하다.

　나아가 자살은 사회 구성원들의 삶의 의미와 가치를 혼란스럽게 함으로써 사회 전체에 생명 경시 풍조를 조장하는, 엄청난 후유증이 따르는 참극이다. 자살로 인한 가장 심각한 해악은 사회의 도덕적 규범을 흔들고 사회적 결속력을 와해함으로써 사회의 존립에 중대한 위기를 초래한다는 점이다. 이것은 사회 유지의 근간을 뒤흔드는 근원적인 위험이다. 한 마디로 자살은 인간으로부터 생명과 재능과 열정을 송두리째 앗아가는 행위이며 인류 문화를 서서히 파괴해나가는 가장 경계해야 할 대상이다.

현재 자살문제는 어느 국가보다도 우리나라에서 대단히 심각한 사안이다. 일반적으로 자살률(인구 10만 명당 자살자 수)이 높은 대다수 국가들이 1980년대 이후 하락 추세에 있거나 거의 변화가 없는 데에 반해, 우리나라는 최근 15년간 자살률이 급상승하고 있기 때문이다. 언론 보도에 의하면, 한국의 자살률은 2003년부터 2012년 현재에 이르기까지 OECD(경제협력개발기구) 회원국 가운데 10년 연속 1위를 차지하고 있으며, 그 증가율 역시 1위다. 이것은 통계청 자료에 따른 것이며 경찰청 자료에 근거한 상황은 훨씬 더 심각하다.[1] 즉 경찰청 자료를 기준으로 하

---

1) 우리나라의 자살률은 매년 통계청('사망 및 사망원인 통계자료')과 경찰청('범죄 분석', '범죄 통계자료')을 통해 발표된다. 전자는 유족이 자의적으로 행정당국(내국인: 전국의 읍면동사무소 및 시군구청, 재외국민: 재외공관)에 신고한 자살자 수에 근거하여 자살률을 산정하는 반면, 후자는 국내의 사망 사고나 변사체 현장에서 검찰의 지휘 아래 경찰이 조사한 자료에 따라 자살률을 산정한다. 사망신고서에 '자살'이라고 쓰기를 꺼리는 유족들의 심정을 감안할 때, 통계청의 자료는 실제보다 상당히 많이 축소된 것이고, 경찰청의 자료가 좀 더 사실에 가깝다고 말할 수 있다. 그러나 경찰청의 자료에도 문제가 있는데, 왜냐하면 시체 감식능력을 독보적으로 갖춘 법의학자나 법의관(전국에 40명 이내)이 아닌 경찰이나 형사가 사망 사건 현장에서 사망원인 미상(未詳)으로 표기한 변사체 가운데 대략 15-20퍼센트 정도가 자살로 추정되기 때문이다. 그렇다면 우리 국민의 실제 자살률은 통계청이 발표한 수치를 훨씬 뛰어넘는 것은 물론이고 경찰청의 통계보다도 더 높다고 말할 수 있다.

면 자살률 1위는 이미 1998년부터 시작되었으며, 따라서 현재 우리나라는 자살률 1위를 15년 넘게 유지하고 있는 초미의 비상상황을 겪고 있다.[2] 지금 이 순간에도 자살의 수순을 밟고 있는 우리 국민은, 이미 자살로 생을 마감한 사람의 수십 배가 넘을 것이다.[3]

여기서 우리는 "과연 우리 민족이 본래 자살을 많이 하는 민족인가?"라고 질문하지 않을 수 없다. 나의 대답은 결코 그렇지 않다는 것이다. 앞서도 누누이 강조했듯이, 우리 민족은 유구한 역사 속에서 현세의 삶에 강한 애착을 보여왔다. 때로는 생명을 사랑하다 못해 현세의 삶에 지나치게 집착하는 모습을 보이기도 하였다. 우리 민족의 현세의 삶에 대한 애착은 삶과 죽음에 대한 전통적 이해가 집약적으로 응집된 상장례喪葬禮를 위시해서 우리 삶의 요소요소에 매우 분명하게 나타난다. 우리 국민은 예로부터 자살을 많이 하는 민족이 결코 아니었다. 물론 과거에는 부실한 통계 집계나 자살을 사고사로 은폐, 축소하는 관행으로 인해 그 전모가 드러나지 않았을 수 있다. 우리나라의 반만년 역사는 '전쟁의 역사'라고 해도 과언이 아닌데, 거의 5년마다 전쟁이 일어났던 그 험난한 역사를 헤쳐오면서 적잖은 백성들이 사는 게 너무 고달파 스스로 세상을 등

---

2) 통계청과 경찰청이 집계한 자살자 수는 적게는 588명(2008년)에서 많게는 5,366명(2001년)이나 차이가 난다. 그런데 1998년 통계청에서 발표한 자료에서 자살자 수는 8,569명인 반면, 당시 경찰청 자료는 통계청의 2007년 자료(12,174명)보다도 더 많은 12,458명인데, 이를 자살률로 환산하면 OECD 국가들 안에서 가장 높기 때문이다. 양자의 연도별 자살자 수에 대해 곽혜원, 『자살문제, 어떻게 할 것인가?』, 28ff.를 참고하라.

3) 우리 국민의 표면적 자살률 상승도 문제이지만, 자살에 실패한 자살 시도자(자살 사망자의 대략 20-30배로 추정)를 포함하여 자살의 '대기 상태'에 있는 자살 충동자, 곧 자살을 심각하게 고민하지만 실행에 옮기지 못하는 자살 예비자가 우리 사회에 엄청나게 많이 존재한다는 사실도 관심을 기울여야 할 사안이다. 보건복지부 통계(2010)에 따르면, 응급실을 찾는 자살 시도자는 1년에 10만 명으로 추산되고, 약 15%가 자살로 생을 마감하는 우울증 환자 등 자살 고(高)위험군은 368만 명에 이른다.

겼을 수도 있을 것이다.

그렇다 하더라도 분명한 사실은 최근 우리 국민의 자살 시도가 과거와 결코 비교할 수 없을 만큼 급증했으며, 그 정도 또한 매우 심각하다는 것이다. 이는 실제 자살문제를 연구하는 전문가들이 공통적으로 지적하는 점이다. 우리 민족은 오랜 역사 동안 이루 말할 수 없는 고난과 역경, 치욕과 가난으로 점철된 험난한 세월을 헤쳐오면서 마치 잡초와도 같은 강인한 생명력을 보여주었다. 그렇다면 왜 그토록 강인한 생명력으로 모진 역사를 헤쳐온 우리 민족에게 있어서 자살이 그토록 심각한 문제가 되었는지 되물어보는 것이, 지금 우리가 깊이 생각해보아야 할 대단히 중요한 문제일 것이다. 또한 죽음을 기피하는 것은 인간이라면 누구나 당연히 가지는 인지상정의 반응인데, 이러한 인간의 일반적 감정에 전적으로 반하는 자살이 많이 일어나는 사회는 대관절 어떠한 사회인지, 급증하고 있는 자살은 한국 사회와 한국 기독교에 과연 어떠한 메시지를 던져주고 있는 것인지 생각해보지 않을 수 없다.

IMF 외환위기가 일어났던 그 이듬해인 1998년을 결정적 분기점으로 하여 우리나라에서 자살문제가 심각하게 부각되었다. 그 후 정부 차원에서 나름의 조처가 있었지만, 2003년(2002년 카드 대란 다음 해)과 2009년(2008년 글로벌 경제위기 다음 해)을 중간 분기점으로 우리나라 자살률은 오히려 가속도가 붙어서 점점 더 빠르게 증가하고 있다.

2009년 자살률은 31.0명(전체 15,413명, 하루 평균 42.2명)을 기록함으로써 전년대비 19.3%(2,555명)나 증가했을 뿐만 아니라 처음으로 30명 선을 넘어서게 되었다. 2010년 자살률은 31.2명(전체 15,566명, 하루 평균 42.6명)으로 산정됨으로써 통계 작성을 시작한 1983년 이후 최고치를 기록하였다. 참고로 2011년 자살률은 31.7명(전체 15,906명, 하루 평균 43.5명)

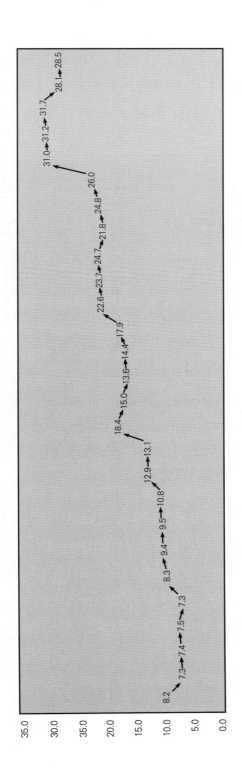

〈표C〉 통계청 자료를 기준으로 한 우리나라의 자살률 추이(1987~2013)

으로서 전년대비 2.2% 증가했는데, 이것은 OECD 평균(12.4명)의 거의 3배에 육박하는 수치다. 이러한 현실은 우리 국민의 각 연령대에서 나타나는, 위험수위를 넘어선 자살 실태에서 확연히 드러난다.

	1위	2위	3위	4위	5위
10-19세	자살 (6.5명)	운수사고 (4.4명)	암 (3.0명)	익수사고 (0.7명)	심장질환 (0.7명)
20-29세	자살 (25.4명)	운수사고 (9.8명)	암 (5.3명)	심장질환 (1.9명)	타살 (0.9명)
30-39세	자살 (31.4명)	암 (17.6명)	운수사고 (8.1명)	심장질환 (4.7명)	간질환 (3.4명)
40-49세	암 (59.5명)	자살 (32.8명)	간질환 (18.4명)	심장질환 (13.7명)	운수사고 (12.5명)
50-59세	암 (167.0명)	자살 (41.1명)	심장질환 (32.2명)	간질환 (31.7명)	뇌혈관질환 (28.7명)
60-69세	암 (425.5명)	뇌혈관질환 (97.1명)	심장질환 (81.1명)	자살 (51.8명)	당뇨병 (47.9명)
70-79세	암 (927.4명)	뇌혈관질환 (365.0명)	심장질환 (265.1명)	당뇨병 (159.0명)	만성하기도질환 (106.5명)
80세이상	암 (1,478.1명)	뇌혈관질환 (1,176.0명)	심장질환 (1,048.0명)	만성하기도질환 (425.4명)	당뇨병 (309.5명)
계	암 (140.5명)	뇌혈관질환 (52.0명)	심장질환 (45.0명)	자살 (31.0명)	당뇨병 (19.6명)

〈표D〉 연령별 5대 사망원인과 사망률(2009)[4]

우리나라의 미래를 짊어져야 할 10대부터 미래를 향해 한창 전진해야 할 인생의 황금기인 20대와 30대까지 사망원인 1위로 모두 자살이 지목되고 있다. 우리 사회에서 가장 중추적인 역할을 감당할 뿐만 아니라 가정적으로도 가장 큰 책임을 짊어진 40대와 50대에서는 자살이 사망원인 2위를 기록하고 있다. 한국의 노년층에게 있어서는 자살이 주요

---

4) 이 표는 "한국 사회 자살률, '무한경쟁의 톱니바퀴에 끼어 죽는' 행복하지 않은 사회 '반증'", 「기독일보」(2014.03.10)에서 발췌하였다: ⓒ곽혜원.

사망원인에 포함되지 않는 것처럼 보이지만, 이것은 노년층이 젊은 층에 비해 상대적으로 다른 원인에 의한 사망률이 높기에 단지 외견상으로만 그렇게 보이는 것이라고 말할 수 있다. 오히려 우리나라 노년층의 자살률은 대단히 심각해서 부동의 세계 1위를 기록하고 있다. 참으로 안타깝게도 별 이변이 없는 한 이러한 추세는 당분간 지속될 것으로 보인다.

앞서 강조한 바와 같이, 자살이 인생의 비극이자 사회의 참극으로서 생명 경시를 조장하고 사회 해체를 가속하는 사회악이라는 사실에는 이론異論의 여지가 없을 것이다. 그럼에도 나는 자살자들을 비난하고 정죄하는 입장보다는 오히려 이해와 돌봄, 치유와 예방의 관점에서 접근하고자 한다. 왜냐하면 자살문제에 접근함에 있어서 인간애人間愛만큼 중요한 것은 없기 때문이다. 더욱이 많은 자살자들이 유서를 통해 토로하듯이, 자살을 감행하는 이들도 스스로를 죽이는 방법이 결코 최선의 선택이라고 생각하지 않을 것이기 때문이다. 사실 그 누구도 자신의 생명이 귀중한 줄 몰라서, 자신의 생명을 경시함으로 말미암아 자살하는 경우는 없을 것이다. 자살을 결행하는 이들에게 있어서도 자살은 돌이킬 수 없는 최악의 선택이지만, 현재의 고달픈 삶이 최악으로 여겨지므로 이로부터 벗어나기 위한 처절한 몸부림으로 자살을 선택하는 것이다.[5]

물론 자살은 그 어떠한 명분으로도 결코 합리화되거나 미화되면 안 된다. 그렇더라도 한을 품고 스스로 목숨을 끊은 이들을 불쌍히 여기는 마음을 갖는 것은 살아남은 우리가 가져야 할 최소한의 인간적 도리일 것이다. 중요한 것은 자살자들을 이해한다고 해서 그것이 꼭 모든 잘못을 옳다고 정당화하는 것은 아니라는 사실이다.[6] 자살을 결심한 사람은

---

5) 박형민, 『자살, 차악의 선택』(서울: 이학사, 2010), 7.
6) 김충렬, 『자살과 목회상담』(서울: 학지사, 2010), 400f.

일단 모든 수단과 방법을 동원하여 막아야 하겠지만, 이미 고인이 된 사람들을 앞에 두고서는 그들의 죽음이 남긴 숙제를 놓고 함께 고민하는 것이 살아 있는 자들의 의무일 것이다. 자살한 개인에게 죄가 있는지, 자살자가 지옥에 갔는지의 여부를 판단하기에 앞서, 스스로 목숨을 끊도록 내모는 주변 상황과 불의한 사회구조의 문제를 되짚어보는 것이 남아 있는 자들의 마땅한 도리가 아닐까 생각된다.

내가 자살자들의 도덕적·종교적 책임을 논하기에 앞서 사회구조적 문제를 거론하는 것은, 현재 우리가 경험하고 있는 자살의 사회적 확산은 단순히 자살한 당사자 개인의 의지력 박약이나 충동적 일탈행위 혹은 심리·정신적 문제의 차원에서만 일어난다기보다는, 오히려 급격한 사회변동으로 말미암아 우리 사회 공동체가 급속도로 해체되어가는 상황 속에서 이에 부적응한 사회 구성원들을 돌보지 못한 공동체의 실패와 긴밀한 관련이 있기 때문이다. 즉 한국 사회가 공동체적으로 서로 주변을 감싸주고 돌봐주는 따뜻한 심성을 상실한 결과, 생존경쟁의 격전지에서 도태되었다고 느끼는 사회 구성원들의 자살이 확산되는 것이다.

그러므로 나는 우리 국민의 높은 자살률이 현재 우리 사회 가운데 죽음의 암울한 그림자가 드리워진 상황을 그대로 나타내는 표징이라고 진단하고자 한다. 강인한 생명력을 지닌 우리 국민에게 있어서 자살의 급증은 절대로 예사롭게 보아 넘길 수 없는 이상 징후라고 단언하고자 한다. 자살의 급증은 우리 국민의 생명력이 극도로 약해져 가고 있음을 보여주는 방증이라고 말할 수도 있을 것이다. 우리 사회가 삶에 대한 의욕과 활력을 잃어버리고 암울한 기운이 지배하는 사회, 따뜻한 인정의 그물망이 사라져버리고 강자의 독식 혹은 포식이 생존모델로 정당화되는 사회, 서로 신뢰하지 않는 사회, 사람이 무섭고 싫어지는 사회, 한마디로 말해서 우리 사회가 '민심이 흉흉해지는 사회'로 변해가면서 우리 국민의 삶에 대한 사랑과 의지가 소멸해가고 있음을 표출한다고 말하고 싶다.

그뿐 아니라 현재 우리 사회가 거대한 자살 현상을 겪고 있다는 사실은, 살아 있는 우리 모두에게도 이 사회가 살기에 너무 힘들고 버거운 사회로 변질되어가고 있음을 의미한다고 말할 수 있다. 신문지상에서 사회면을 주의 깊게 읽어보는 사람들은 최근 한국 사회에서 일어나고 있는 생명과 죽음을 둘러싼 심상치 않은 기류를 감지할 것이다. 사이코패스나 저지를 법한 극악무도한 범죄들이 우리 주변의 너무나 평범한 사람들에 의해 자행되고 있기 때문이다. 실제로 우리 사회에서는 하루가 멀다 하고 이루 말할 수 없이 잔혹한 흉악범죄들이 연일 일어나고 있다. 생존의 벼랑 끝에 서서 스스로 목숨을 끊는 사람들이 나날이 늘어나고, 살인과 각종 흉악 범죄들이 서로 맞물려서 끊임없이 일어난다.

잔혹한 흉악범죄가 급증하는 추세 속에서 배우자 살해, 존속 살해를 위시한 패륜 범죄들 또한 계속 증가하고 있다.[7] 인생의 오랜 세월 동안 함께 해로한 부부지간에서 일어나는 배우자 시신 훼손 사건, 자녀 학대와 구타로 인한 사망 사건, 영아 살해 사건 등도 우리를 경악하게 한다. 이러한 친족 대상 패륜 범죄의 증가 추세는 전통적 의미의 가족 관념의 해체와 이기주의의 확산, 심각한 경제난과 밀접한 관련이 있는 것으로 보인다. 가정에서 학교로, 군대로, 직장으로, 사회로 퍼지는 반反생명적

---

7) 경찰청이 2012년 국회 행정안전위원회 새누리당 강기윤 의원에게 제출한 자료에 따르면, 2008년부터 2012년 5년간 부모 등 친족 대상 패륜 범죄자가 10만 명을 넘어서고(10만 2948명) 존속 살해 건수도 계속 증가 추세인 것으로 나타났다. 친족 대상 범죄 가운데 범행 대상에 있어 그 죄질이 특히 무겁다고 보아 특정범죄 가중처벌법이 적용되는 존속 대상 범죄 중 존속 살해는 2008년 45건에서 2009년 58건, 2010년 66건, 2011년 68건으로 매년 증가 일로에 있다. 이러한 친족 대상 패륜 범죄는 전통적 의미의 가족 관념의 해체와 이기주의의 확산, 여기에 경제난이 겹치면서 증가 추세가 멈추지 않는 것으로 보인다.

인 '폭력의 전염' 현상도 이미 위험 수위를 넘어섰다. 우리 사회 어느 곳 하나 폭력이 난무하지 않는 영역이 없을 정도다.

이렇듯 우리 사회에 나를 죽이지 않으면 남을 죽이는 반생명적인 분위기가 퍼지고 있다.[8] 남을 죽이려는 공격적인 충동을 일으키는 감정과 자살처럼 그 충동을 자신에게 겨누게끔 몰아가는 감정이 우리 사회를 지배하는 것이다. 자살은 나를 겨누고, 살인은 남을 겨누지만 둘 다 똑같은 폭력이므로 양자를 합해 '폭력 치사'lethal violence라고 일컫기도 한다. 자살과 살인 사이에는 모종의 상호 연관성이 있다는 분석이 가능한 것이다.[9] 이처럼 우리 사회 안에 자살이 만연하고 폭력이 일상화되는 배후에는 근원적으로 삶의 의미 상실과 생명 경시 풍조가 도사리고 있다.[10] 이러한 반생명적인 사회 분위기의 확산이 한국 사회의 자살률 급상승과 맥을 같이하는 문제라고 볼 때, 나는 자살이 단순히 개인적 문제가 아니라 사회구조적으로, 좀 더 정확히 말해 종교사회학적으로 접근해야 할 문제라고 진단하고자 한다.

---

8) 윤대현 서울대 정신건강의학과 교수(한국자살예방협회 대외협력위원장)는 한 언론과의 인터뷰에서 "마음의 분노가 외부로 표출되면 최근 심각한 사회문제로 부각된 '무차별 범죄'가 되고, 내부로 향하면 자살로 표출된다"고 설명했다. 2012년 9월 8일 방영된 SBS의 "그것이 알고 싶다" 역시 "우리 사회에서 증가하고 있는 무차별 범죄와 세계 최고 수준의 자살률은 뿌리가 같다"고 진단한 바 있다.

9) J. Gilligan/이희재 옮김, 『왜 어떤 정치인은 다른 정치인보다 해로운가』(서울: 교양인, 2012), 6ff., 65.

10) 전병술, "왜 죽음교육이 필요한가", 한국죽음학회 엮음, 『죽음맞이』, 142.

2. 자살에 대한 종교사회학적 접근의 중요성

과거에는 자살에 대해 주로 개인적이고 심리적인 접근이 시도됨으로써 자살이 개인의 유전적 성향(자살 행동에 대한 유전적 취약성), 심리·정신적 질환, 외상 후 스트레스 장애, 약물 오남용, 대인관계의 성격 등의 요인들로 인해 유발하는 것으로 인식되었다. 물론 개인이 자살을 감행할 때 이런 요인들의 영향을 받는 측면이 있는 것도 사실이다. 언뜻 보기에 자살은 극도의 우울감과 절망감에 빠져 더 이상 삶의 의미를 발견하지 못하는 한 개인이 자신의 손으로 생명을 끊는, 지극히 개인적이고 비非사회적인 행위로 간주될 수도 있다. 그러나 최근에는 개인적·심리적·사회적·환경적 요인들이 서로 복합적으로 상호작용하여 자살을 일으킨다는 인식이 널리 퍼지면서, 자살에 대한 다양하고도 통합적인 접근이 시도되고 있다.

사실 자살이란 자살자 자신이 지닌 여러 복합적 원인과 함께 우리 사회의 다양한 모순이 총체적으로 상호작용하여 비롯된 최종적 산물이기 때문에, 그 실체를 정확하게 파악하고 이해한다는 것은 매우 어려운 일이다. 실제로 자살 사례들을 살펴보면 개인적 문제와 사회구조적 문제가 서로 다각적으로 얽히고설켜 자살을 부추기는 원인으로 작용하고 있음을 알 수 있다. 그러므로 어디까지가 자살을 야기한 개인적 위험인자이고, 어디까지가 사회적 위험인자인지 구분하기가 쉽지만은 않다. 그럼에도 과거와 전적으로 양상을 달리하는 오늘날의 자살 행태는 단지 개인적 차원의 일시적 문제로만 볼 수 없는 부분이 많다. 오히려 지금 우리 사회가 안고 있는 여러 사회구조적 문제들이 개인에게 영향을 미쳐 최종적으로 자살에까지 이르게 하는 결정적 동기를 제공한다고 말할 수 있을 것이다.

이 점은 한국 사회도 예외가 아니다. 한국 사회에서도 자살은 오랫동안 개인적·심리적 문제로 생각되어왔다. 하지만 최근에는 자살을 야기하는 여러 복합적 원인 가운데 특히 사회적 요인이 매우 중요한 비중을 차지한다. 물론 나는 자살이 사회적 요인뿐만 아니라 개인의 경험이나 의지, 정신건강과 같은 개인적 요인에 의해 영향을 받는다는 사실을 인정한다. 그럼에도 개인이 특정한 행위를 선택할 수밖에 없도록 만드는 사회환경의 영향을 결코 간과할 수 없다. 자살이라는 극단적 행위를 선택하기까지 사회적 요인, 특별히 급격한 사회변동에 적응하지 못한 데서 오는 사회경제적 실패가 중요한 영향을 미치고 있음을 수차례 연구를 통해 확인한 바 있기 때문이다. 무엇보다도 내가 주목하는 것은 자살을 직접적으로 유도하는 것으로 알려진 제반 심인성 질환이 부조리한 사회경제적 상황에 크게 영향을 받는다는 전문가들의 지적이다.

주지하는 바와 같이, 우울증은 정신질환 가운데 자살의 가장 강력한 위험인자, 즉 자살률에 대한 영향력을 가장 높게 점유하는 변인으로 거론된다. 그런데 이 우울증은 특히 경기침체 및 불황으로 인한 전체적인 삶의 질 저하와 생활고나 실업의 장기화에 따른 삶의 의욕과 정체성 상실, 불투명한 장래에 대한 불안과 두려움, 비정규직이 널리 퍼지는 노동시장에 대한 분노와 좌절 속에서 희망과 용기를 잃어버린 이들에게서 발병하는 경우가 많다. 물론 자살 시도자들이 자살을 시도하기 직전에 극심한 우울감과 절망감에 빠져 있다는 점을 부인할 사람은 없을 것이다. 하지만 그 기저에는 우리 사회의 급격한 사회변동과 경제적 불황기에 적응하지 못한 데서 오는 상대적 박탈감, 소외감, 의미 상실, 가족 간의 갈등이 자리하고 있다는 점을 간과해선 안 된다. 이를테면 실업자가 우울증 때문에 자살했다고 할지라도, 동시에 사회경제적 문제가 우울증을 통해 자살의 원인으로 작용했음을 부인할 수 없다. 그러므로 사회경제적 문제를 뒤로 하고 개인의 병리적 문제로만 자살을 다루려는 시도는 사태의 진상을 왜곡할 수 있다.

여기에 우리나라 현대사의 최대 현안인 사회 양극화(극심한 빈부격차)라는 중요 변수가 작용하여 우울증을 더욱 심화시킴으로써 자살을 양산하는 거대한 사회 병리적 실체로 작용하고 있다. 사회 양극화가 심화된 사회에서는 상대적 박탈감 혹은 소외감이 사회 구성원들의 의식을 지배하게 된다. 과거에 모든 사람이 가난하면서도 서로가 끈끈한 유대관계를 맺으며 살아가던 시절에는 우울증과 자살이 크게 사회문제화되지 않았었다. 그런데 절대적 빈곤은 사라졌지만 상대적 빈곤이 팽배한 오늘날에는, 많은 사람이 '남들은 잘사는데 나는 잘살지 못한다'고 느끼거나, '남들은 성공하는데 나는 실패하고 있다'고 느끼면서 큰 좌절감으로 자살의 유혹에 쉽게 넘어가게 된다. 더욱이 앞으로 잘 될 것이라는 희망과 비전이 자신에게는 없다고 느껴지면, 자살할 확률은 더욱 높아지게 된다. 자신의 기대치에 비해 단기간에 형편이 나아질 것 같지 않고, 사회는 부조리와 모순으로 가득 차 있다고 느끼게 되면, 사람들은 심한 좌절과 절망을 겪다가 급기야 자살을 선택하게 되는 것이다. 특별히 현재의 우리나라처럼 성공지향주의와 물질만능주의가 만연한 사회에서는 사회 구성원들이 상대적 박탈감을 느끼게 될 때, 자살문제가 극심해질 수 있다.[11]

이로 보건대, 오늘날 우리가 경험하고 있는 자살의 사회적 확산은 단

---

11) 이원규, 『힘내라, 한국교회』(서울: 도서출판 동연, 2009), 169.

순히 자살한 당사자들의 의지력 박약이나 충동적 일탈행위의 차원에서 일어난다기보다는, 오히려 급격한 사회변동 속에서 우리 사회의 결속력이 급속도로 해체되어가는 상황과 밀접한 관련이 있다고 말할 수 있다. 이 과정에서 사회 구성원들이 미래에 대한 확고한 비전과 희망을 발견하지 못하고 절망에 빠짐으로 인해 자살이 양산되는 것이다. 결국 우리 사회가 경험하고 있는 자살의 사회적 확산은 우리 사회의 공동체적 결속력이 급속도로 파괴되는 것과 관련되며, 이는 곧 사회 구성원들의 삶을 돌보지 못한 공동체의 무능과 실패를 드러낸다고 볼 수 있다. 어려운 중에도 자신을 붙들어줄 공동체적 사랑과 연대의 끈끈함이 존재한다면, 그 누구도 이 세상을 그토록 속절없이 떠나지는 않을 것이기 때문이다. 그러므로 사랑과 관심을 주변에 베풀어줄 수 있는 따뜻하고 건강한 사람들이 한 사회 안에 얼마나 많은가가 곧 그 사회의 자살률을 좌우한다는 말이 나오기도 한다.[12]

결론적으로 나는 자살문제를 근본적으로 해결하기 위해서는 단순히 개인적으로만 접근할 것이 아니고, 또 사회구조적 일변도로 접근할 것도 아니며, 양자를 함께 깊이 고려하여 다각도로 접근해야 한다는 사실을 강조하고자 한다. 특별히 나는 그런 다각적 접근 가운데 종교사회학적 접근의 중요성을 역설하고자 하는데, 이는 자살률이 궁극적으로 한 사회의 종교적 영성 및 정신세계 또는 가치체계에 깊이 의존함으로써[13] 가치관과

---

12) 전우택, "자살의 통합적 이해와 접근", 한국자살예방협회 엮음, 『자살의 이해와 예방』, 16.
13) 내가 보기에 자살을 일으키는 요인은 크게 간접적으로 영향을 미치는 원인(遠因)과 직접적으로 유발하는 근인(近因)으로 구분된다. 원인은 경제적 빈곤, 사회적 고립, 가정 해체, 심인성 질환, 대인관계 문제 등이 작용하는 반면, 근인에는 자존감 파괴, 삶에 대한 환멸, 주변에 대한 두려움, 희망의 상실, 실존의 위기 등이 포함된다. 내가 원인과 근인으로 나누어 자살을 일으키는 요인을 생각하는 이유는, 단지 자살의 위험인자만으로 누구나 자살을 결행하는 것이 아니라는 사실을 확신하기 때문이다. 즉 개인이 지니고

정신적 기조가 안정된 사회에서는 통상 자살률이 낮다는 연구 보고를 주목하기 때문이다.[14] 이 점은 자살문제가 종교사회학적으로 접근해야 할 문제임을 시사함으로써 종교가 자살문제 해결을 위해 절대적으로 기여할 수 있는 단서를 마련해준다. 이러한 맥락에서 건전한 종교가 그 역할을 책임 있게 수행하는 것은 자살문제를 해결하는데 있어 결정적으로 중요하다고 말할 수 있다. 한국 사회의 여러 종교 가운데서도 기독교는 현대 한국 사회를 주도하는 핵심세력이 되었기 때문에, 나는 한국 기독교와의 긴밀한 연계 속에서 종교사회학적으로 자살문제에 접근하고자 한다.

3. 자살을 예방하는 종교사회학적 대처 방안을 위한 제언

자살문제를 근본적으로 해결하기 위해서는 사후 대책보다는 예방에 심혈을 기울이는 것이 더욱 지혜롭고 실효성이 클 것이다. 왜냐하면 자살 사건이 이미 일어나고 난 다음에는 아무리 좋은 사후 대책을 강구한다고 해도 이미 세상을 떠나버린 귀중한 생명을 다시 살릴 수는 없기 때문이다. 따라서 애시당초 사람들로 하여금 자살 충동을 느끼지 않도록 예방하는 일이 자살문제에 대한 더욱 근본적인 대처 방안일 것이다. 자살

있는 여러 변수에 따라 동일한 요인이라도 어떤 사람에게는 자살을 유발하기도 하고, 또 어떤 사람에게는 오히려 삶에 대한 강한 의욕을 불러일으켜 새로운 삶으로 이어지기도 한다는(자살로 이어지지 않는다는) 것이다. 또한 자살의 원인과 근인이 모두 충족되었다고 하더라도 삶의 끈을 부여잡게 하는 마지막 보루가 존재하는데, 이는 곧 종교와 직결되는 요소인 신과 인간(절대자와 주변인)과의 긴밀한 관계, 건강한 자존감과 자기애, 포기할 수 없는 꿈과 사명, 생명과 죽음에 대한 올바른 이해다.

14) 이영문, "자살예방에 대한 여러 가지 소견", 「2009 바른교회아카데미(GCA) 세미나 자료집」, 75.

예방과 관련하여 건강한 종교의 책임 있는 역할과 사명 수행이 막중한 의미를 가지는데, 최악의 자살 사태에 직면한 작금의 한국 사회에 있어서 건강한 종교가 시행하는 종교사회학적 대책이 그 어느 때보다 중요하게 요청되고 있다. 여기서 나는 한국 기독교가 수립해야 할 자살예방을 위한 종교사회학적 대책을 논하되, 이를 기독교 공동체의 영역 안에만 국한하지 않고 사회 전체로 시야를 확대하여 몇 가지 틀을 제시하고자 한다.

3.1 한국 기독교의 대외적 과제

3.1.1 사회경제적 공평과 정의 실현

한국 기독교가 자살을 예방하기 위한 종교사회학적 대책을 강구할 때 필히 숙고해야 할 과제는, 먼저 한국 사회 안에 만연한 사회경제적 부정의를 철폐하고 사회 전반에 공평公平과 정의正義를 구현하는 데 기여하는 일이다. 왜냐하면 사회경제적 공평과 정의의 실현을 도외시하고서는 오늘날 한국 사회를 위기로 몰아넣는 자살문제를 위시한 대다수 문제를 근본적으로 해결할 수 없기 때문이다. 작금의 한국 사회에서 일어나는 충격적 사건과 사고들은 대부분 사회경제적 부정의와 그 결정체인 사회 양극화와 직간접으로 연결되어 있다고 해도 과언이 아니다.

특별히 내가 자살예방을 위한 종교사회학적 대책을 제언하면서 사회경제적 공평과 정의 실현에 커다란 비중을 두는 이유는, 사회 전반에 공평과 정의가 구현되지 않고는 공동체 구성원의 안녕과 평화가 제대로 구현되기 어렵다고 확신하기 때문이다. 사회경제적 공평과 정의는 공동체 구성원의 개인적 행복지수, 더 나아가 자살률에 직접적으로 영향을 주는 중요한 변수이기도 하다. 이는 공정하고 정의로운 사회의 틀 안에서 노력에 대한 정당한 대가가 주어질 때, 사람들은 그 안에서 삶의 보람과 행복감을 느끼게 되기 때문이다. 이에 반해 편법과 불법, 불공정과 부조리가 난무하는 사회에서는 열심히 일할수록 억울함과 좌절감을 느낄 수밖에 없기 때문에 열심히 살아가고 싶은 마음이 사라져버리게 된다.

따라서 불공정한 사회 속에서 사람들이 불행을 맛보며 삶에 대한 의욕을 잃고 세상을 저버리는 것은 어쩌면 당연한 귀결일지도 모른다. 실제로 상당수 자살자들이 불공평한 사회경제적 구조 속에서 부당한 일을 당하면서 삶에 대한 환멸을 느끼고 스스로 세상을 등진다. 죽을힘을 다해 열심히 노력하고 정직하게 살아가지만, 불의한 사회의 구조적 모순속에서 편법과 불법을 일삼는 사람들로 말미암아 억울함과 불이익을 당하게 될 때, 부의 불공정한 분배로 말미암은 사회 양극화 속에서 생활고가 개선될 것이라는 희망을 도무지 품지 못하게 될 때, 사람들은 깊은 절망감 속에서 헤어나지 못하는 것이다.

그러므로 사회경제적 문제는 뒤로하고 개인의 병리적 문제로만 자살문제를 다루려는 것은 자살예방에 근본적인 도움이 되지 않는다.[15] 단순히 개인의 병리적 문제의 해소를 위한 상담과 교육 등을 통해 자살문제에 대응하는 것은 근본적인 문제를 덮어두고 피상적인 증상의 제거에만 초점을 두는 것이다. 자살 위험도가 높은 이들을 대상으로 개인적 책임에 초점을 맞춘 상담과 심리치료 등의 개별적 접근만 하는 것은 표면적문제만 다루는 것이다. 이러한 접근만으로는 절박한 마음으로 목숨을 버리는 이들을 도와주기에는 한계가 있다. 오히려 사회경제적 문제로 인해 자살을 생각하는 이들에 대한 치료적 접근은 사회경제적 역량을 강화하

---

15) 유수현, "사회적 역량강화를 통한 자살예방", 서울생명의전화 주최, 「2007 자살예방 세미나 자료집」, 15.

는 행위를 통해 가능하게 될 것이다.

여기서 우리는 '야웨의 공의에 관한 책'으로 일컬어지기도 하는 성서—특히 구약성서—가 사회경제적 공평과 정의를 매우 중시한다는 사실을 직시할 필요가 있다. 성서를 세심히 읽어보면, 야웨의 공의가 궁극적으로 사회경제적 공평과 정의의 실현으로 귀결됨으로써 양자가 긴밀한 연관성 속에 있다는 사실을 발견할 수 있다. 그러므로 사회경제적 공평과 정의는 야웨의 공의가 이 세상 속에 올바로 실현되고 있는지의 여부를 판가름하는 중요한 척도라고 말할 수 있다. 사실 히브리어 '미슈파트'מִשְׁפָּט와 '체다카'צְדָקָה에 해당하는 공평과 정의는 하나님 나라를 이루는 두 기둥(하나님 통치의 두 원칙)으로서 하나님이 그의 백성들에게 가장 원하시는 삶의 열매이기도 하다(시 33:5; 89:14; 97:2; 99:4 등).[16]

이러한 사실은 사회경제적 공평과 정의에 반하는 각종 범죄에 신자들이 암암리에 연루된 한국 기독교계에 커다란 경종을 울린다. 우리 사회에서 사회경제적 정의를 위한 첫걸음인 정경유착 척결과 재벌 개혁을 위해서는 한국 교회와 신자들의 책임 있는 자세가 절대적으로 요청되는데, 이는 사회 지도층으로 불리는 많은 그리스도인 전문가들(기업인, 법조인, 학자, 고위 관료 등)이 정경유착 및 재벌 비리와 관련된 범죄에 직간접으로 연루된 상태이기 때문이다. 또한 이것은 오늘날 한국 사회를 움직이는 거대한 사회적 세력으로 자리 잡은 한국 교회와 신자들이 주도적으로 움직여야만 비로소 사회경제적 정의가 종국적으로 실현될 수 있다는 사실을 시사한다. 실제로 경제 정의에 반하는 각종 경제 사범에 상당수 그리스도인이 깊숙이 관여되어 있는 현실은, 기독교가 발 벗고 나

---

16) 김근주, "하나님 나라와 공평과 정의", 『희년, 한국사회, 하나님 나라』(서울: 홍성사, 2012), 107-137.

서지 않고는 이 문제가 도저히 해결 불가능하다는 사실을 암시한다.

특별히 기독교가 경제 정의 구현을 위해 헌신해야 하는 이유는, 그 것이 하나님의 명령인 동시에, 오늘날의 경제 시스템 속에서 사회경제 적 약자로 내몰린 사람들에 대한 보호와 배려 없이는 이들의 생존권 을 보장할 수 없기 때문이다. 성공과 출세라는 무한경쟁에서 도태된 '루 저'looser들과 생존의 벼랑에서 신음하는 연약한 사회 구성원들을 보듬어 안지 않고는 하나님의 사랑과 자비와 정의와 평화가 다스리는 '하나님 나라'(사 65:17-25; 계 21:1-4), 곧 인류의 행복한 미래가 이 땅에 임할 수 없기 때문이다. 또한 부자와 가난한 자가 모두 함께 공존하면서 살아가 는 공생 발전은 인류의 선택 사항이 아니라 인류가 생존할 수 있는 유일 한 길이기 때문이다.

이제 한국 교회와 신자들은 공평과 정의를 실현하고 사회적 약자를 보호하라는 성서의 메시지에 귀를 기울이는 가운데 사생결단의 심정으 로 불의한 사회경제적 체제를 개혁하고 사회 전반에 하나님의 공의를 실현할 길을 모색해야 한다. 또 한국 교회와 신자들은 사회를 향한 빛과 소금의 역할을 마음 깊이 되새기는 가운데 뼈를 깎는 아픔으로 끊임없 이 자기갱신自己更新과 성화聖化를 생활화하는 '사회적 성화'의 단계로 진 일보해야만 한다. 그리하여 성실하게 살아가는 이들이 억울한 한을 품고 스스로 목숨을 끊지 않는 정의로운 세상을 만드는 데 발 벗고 나서야 할 것이다.[17]

---

17) Cf. 곽혜원, 『현대세계의 위기와 하나님의 나라』, 288-294.

3.1.2 공존, 상생하는 사회적 분위기 조성

한국 기독교가 자살예방을 위한 종교사회학적 대책을 세울 때 깊이 숙고해야 할 또 다른 과제는, 사회 구성원 상호 간에 협력과 생존을 독려하면서 공존共存 혹은 상생相生하는 사회적 분위기를 조성하는 일이다. 이는 오늘날 우리 사회의 자살문제가 승자와 패자가 확연히 구분된 가운데 '승자가 모든 것을 독식하는' 사회, 공동체적 연대를 무시하는 강자의 포식이 생존모델로 정당화되어 따뜻한 인정의 그물망이 사라져버린 사회, 유능한 사람만이 이상적 인간형으로 부각되는 반면 성공과 출세라는 무한경쟁의 톱니바퀴에서 뒤처진 사람을 실패자, 낙오자, 패배자로 낙인찍어버리는 사회 분위기 속에서 배태된 현상이기 때문이다. 사실 실패한 사람, 가난한 사람이 살아갈 존재 가치를 잃어버리는 사회는 자살을 조장하는 사회라고 말할 수 있다. 이러한 사회는 소수의 승자에게는 한없는 축복과 희망의 유토피아utopia가 되겠지만, 다수의 패자에게는 더없이 두렵고 잔인한 지옥, 곧 디스토피아dystopia일 수밖에 없다.

나는 우리 사회의 자살문제가 서로가 물고 뜯는 상쟁相爭의 사회 현실 속에서 삶에 대한 절대 긍정의 힘을 잃어버림으로 인해 일어나는 현상이라고 진단한다.[18] 결국 남에게 무시당하고 생존경쟁에서 도태되는 것이 무섭기 때문에 생명의 끈을 놓게 된다는 것이다. 일반적으로 무한경쟁과 상쟁이 사회적 에토스를 지배하는 사회에서는 사회 구성원들의 행복도가 낮고 자살률이 높은데, 이는 다른 사람들의 화려해 보이는 성공과 자신의 초라한 처지를 비교하면서 질시와 분노의 마음을 키운 결과 사회 구성원들의 내면생활은 점점 더 황폐해져 가기 때문이다.[19] 이

---

18) 곽혜원, 『현대세계의 위기와 하나님의 나라』, 188.
19) 오진탁, 『자살, 세상에서 가장 불행한 죽음』, 47.

에 반해 경쟁의 강도가 낮고 사회적 실패를 지나치게 과장하지 않는 사회에서는 대체로 사회 구성원들의 행복도가 높고 자살률이 낮다. 따라서 경쟁에서 이기지 못하면 패배한 삶이라는 통념이 사회를 절대적으로 지배하는 한, 자신의 처지를 비관해 죽음을 선택하는 사회 구성원들이 줄어들지 않을 것이다.

한편 무한경쟁사회에서는 실패자와 낙오자만이 불행한 것이 아니라 성공하고 출세한 사람도 불행한데, 이는 최근 우리 사회에서 잇따르고 있는 엘리트 계층의 자살 사례에서 잘 드러난다. 엘리트들의 자살은 사회경제적으로 낙오자들이 자살을 선택한다는 일반적 통념을 깨고 있어 충격을 더해준다. 체면을 중시하는 한국 사회에서 엘리트 계층은 일반인보다 좌절과 스트레스에 더 취약할 수 있다. 이것은 성공한 계층일수록 인정 욕구가 충족되지 않을 경우 극단적 선택까지 하게 되는 경쟁사회의 어두운 단면이다. 결국 앞만 보고 달려온 엘리트들의 자살은 한국 사회가 치닫고 있는 성공지향주의 및 성장제일주의, 목표달성주의의 귀결이라는 분석이 지배적이다. 즉 인생의 목표를 오직 성공과 부, 명예에만 두고 앞만 보고 달려가다가, 한순간 이러한 인생 목표가 무너지면 극단적 선택을 하게 된다는 것이다.[20] 그러므로 부유한 사람이나 가난한 사람이나, 성공한 사람이나 실패한 사람이나 그 존재 자체만으로 생명을 존중받을 수 있는 사회적 에토스를 조성하는 것이 자살예방을 위한 사회적 역량을 키우는 선결 조건이라고 말할 수 있다.[21]

이러한 상황 속에서 전문가들은 '짧고 굵게 사는 것'이 과연 최선의 삶인지 되돌아볼 때라고 지적하면서 기존의 성공에 대한 가치관을 바꿔

---

20) 곽혜원, 『자살문제, 어떻게 할 것인가』, 45f..
21) 오승근, "토론자료", 서울생명의전화 주최, 「2007 자살예방 세미나 자료집」, 24.

야 한다고 조언한다.[22] 팽이가 흔들리기 시작할 때 팽이를 더 세차게 돌리려고만 할 것이 아니라, 자신의 한계를 깨닫고 삶의 방향을 '가늘고 길게, 그러나 즐겁게', 또한 서로서로 돌아보면서 협력하고 상생하는 것으로 바꿔야 한다는 말이다. 즉 지위와 연봉의 상승만이 성공이 아니라 내면의 평화와 화목한 가정, 삶을 즐길 줄 아는 인생관, 주변 사람과 협력하고 상생하면서 살아가는 삶도 성공의 범주에 넣어야 한다는 것이다. 왜냐하면 한때는 아무리 대단한 성공을 거뒀더라도 언젠가는 인생의 내리막이 있는데, 그때 기댈 수 있는 '베이스캠프', 이를테면 마음의 평안, 행복한 가정, 따뜻한 관계가 절실히 필요하기 때문이다.

상생과 상쟁은 비록 글자 한 획 차이지만, 그 여파는 사랑과 증오, 생명과 죽음, 공생과 공멸이라는 전혀 상반된 결과를 낳는다. 서로를 위하고 돕는 상생은 모두가 함께 더불어 '윈-윈'win-win하며 살아가는 공생共生을 유도하지만, 서로 물고 뜯는 상쟁은 개인과 공동체를 망가뜨려 결국 공멸共滅에 이르게 만든다.[23] 공존과 상생은 단지 하나의 삶의 방식에 불과한 것이 아니라, 생사가 교차하는 극한 상황 속에서 사회 구성원들의 생존에 커다란 변수가 될 수도 있다. 이러한 상황 속에서 한국 기독교는 소수의 불의한 특권층, 부유층이 승자독식하는 사회체제에서 뒤처진 사회적 약자들을 우선적으로 배려하라고 명령하시는 하나님의 말씀(신 10:18; 시 35:10; 68:5; 72:12-14; 82:3; 113:7; 140:12; 잠 22:23; 사 1:17 등)에 귀 기울이는 가운데 공존과 상생의 길로 나아가는 생존모델을 몸소 구현해야 할 것이다. 그리하여 무한경쟁의 톱니바퀴에 끼어 죽거나, 상대적 박탈감 속에서 한을 품고 스스로 목숨을 끊는 이들이 없는 따뜻

---

22) 곽혜원, 『자살문제, 어떻게 할 것인가』, 191f.
23) 「중앙일보」(2010.10.18).

한 세상을 만드는 데 혼신의 힘을 기울여야 할 것이다.

3.2 한국 기독교의 대내적 과제

3.2.1 영혼 돌봄 및 치유 시스템의 정착

한국 기독교가 자살을 예방하기 위한 종교사회학적 대책을 수립할 때 깊이 유념해야 할 것은 '영혼 돌봄' 및 '치유 시스템'의 정착이다. 이것이 절실히 요청되는 이유는 먼저, 강대국들이 인접한 지정학적 위치 속에서 세계 어느 민족 못지않게 많은 역사적 질곡을 겪었던 우리 민족의 역사적 경험, 즉 약소국 콤플렉스에 기인한다. 우리 역사는 '전쟁의 역사'라고 해도 과언이 아닐 만큼, 우리 민족은 호전적인 강대국들의 틈바구니에서 참으로 험난한 역사를 헤쳐왔다. 물론 한반도를 둘러싼 이러한 악조건들은 우리 민족으로 하여금 강대국에 맞설 수 있는 강한 국력을 성취하기 위한 동기부여로 이어져 오늘날의 성장과 발전의 원동력으로 작용하기도 했다. 그러나 오랜 세월 강대국들에 둘러싸여 자존심을 짓밟히고 살아온 동안 우리 민족은 어쩔 수 없이 피해의식을 감내해야만 했는데, 특히 치욕스러운 일제 강점기하에서 식민지 수탈을 경험하면서 우리 민족의 내면에는 '화'(울화)와 분노, 억울함과 좌절감 등이 깊이 축적되었다.

　주변 열강들이 세력다툼을 하는 틈바구니에서 동족상잔의 전쟁을 치른 후 반세기 넘게 군사적·정치적으로 대치하고 있는 분단 상황도 우리 국민의 삶을 몹시 불안하게 만든다. 오랜 역사 동안 고난과 역경, 치욕과 가난의 힘겨운 세월을 보내온 우리 민족은 건국하자마자 동족끼리의 참혹한 전쟁과 국토분단을 경험했다. 이후 분단의 아픔과 상존하는 전쟁의 위협을 배경으로 잇따라 출범한 군사 독재정권의 폭압과 인권유린, 이를 철폐하기 위한 지난한 민주화 여정, 전후 절대빈곤과 그 이후 세계사에 유례없는 빠른 속도로 숨 가쁘게 강행된 산업화도 우리 국민의 정신을 대단히 고단하게 만들었다. 우리 국민이 역사 속에서 겪은 험난한 여정은 어떤 형태로든 우리 국민의 생사관에 영향을 미쳐왔는데, 특히 쉽게 자살을 결행하는 극단적인 행태로 나타나게 되었다고 볼 수 있다.

설상가상으로 우리나라는 20세기 말엽에 신자유주의적 세계 경제체제, 곧 경제와 시장의 글로벌화에[24] 편입됨으로써 전 세계적인 사회 양극화 조류에 휘말리게 되었다. 신자유주의는 사회 양극화를 양산하는 주된 실체로 지목되고 있는데, 이로 말미암아 전 세계적으로 퍼지고 있는 극심한 빈부 양극화, 부유층과 빈곤층 사이의 증폭되는 갈등과 반목이 우리 사회 안에도 현실화된 것이다. 특히 1997년 IMF 외환위기 이후 본격화된 사회 양극화와 이에 기인하는 불공평한 사회·경제적 상황에 대한 분노와 우울, 상대적 빈곤과 소외감, 빈곤층의 확대와 중산층의 몰락, 실업자와 노숙자의 양산, 사회의 비인간화와 공동체 붕괴, 가정 해체와 이혼율의 급증, 희망의 상실과 절망의 만연, 불안장애 및 정신질환의 도미노 현상, 무엇보다도 자살문제는 우리 국민을 심히 우울하게 만들었다.[25]

---

24) 경제와 시장의 글로벌화는 전 세계적으로 매우 중대한 결과를 초래했는데, 무엇보다도 부유한 국가와 가난한 국가 사이의 격차를 심화시켰다. 동시에 부유한 국가 안에서도 빈부의 격차가 심화되었을 뿐만 아니라, 가난한 국가 안에서도 양극화가 급속도로 진행되었다. 경제와 시장의 글로벌화에 대해 좀 더 자세한 내용은 곽혜원, 『삼위일체론 전통과 실천적 삶』, 208.
25) 곽혜원, 『현대세계의 위기와 하나님의 나라』, 7f.

한편으로 우리 국민은 서구 사회가 200-300여 년에 걸쳐 이룩한 산업화와 근대화, 민주화를 세계사에 유례없는 빠른 속도로 고작 40-50년에 걸쳐 성취함으로써 기적적인 경제성장과 사회 발전, 민주주의를 이룩하였다. 우리 현대사의 최대 위기 중 하나로 거론되었던 외환위기도 최단기간에 극복하고 재기에 성공하였다. 그 결과 우리 국민은 과거와는 비교할 수 없을 정도로 물질적 풍요를 구가하게 되었으며, 최빈국으로 '원조받던 나라'에서 '원조하는 나라'로 전환된 첫 사례를 기록하였다. 우리나라는 21세기에 동아시아의 경제대국이 될 것이라는 희망찬 전망 속에서, 산업화와 민주화를 동시에 모범적으로 이룬 상승한 국격으로 세계무대에 서게 되었다. 그럼에도 우리 국민은 고난과 빈곤으로 점철된 과거와 다를 바 없이 현재에도 여전히 불행감 속에 살아가고 있는 것으로 보인다. 이는 우리 국민의 세계 최하위 수준의 행복지수와[26] 함께 위로와 '힐링'healing이 우리 사회의 최대 화두가 되어버린 작금의 현실에서 여실히 드러나고 있다. 이러한 현실은 경제가 숨 가쁘게 성장하는 동안, 그 이면에서 우리 국민의 정신건강은 병들어왔다는 진실의 방증이라 하겠다.

이제 우리는 불투명한 장래에 대한 불안감 속에서 희망과 용기를 잃어버린 채 살아남기 위해 발버둥 치는, 우리 국민의 연령을 초월한 집단적 우울 정서를 직시해야 한다. '집-학교-학원'이라는 단조로운 삶의 굴레 속에서 학업과 진학의 중압감에 시달리는 아동과 청소년의 정서는 나날이 메말라가고 있다(우리나라 청소년 사망원인 1위는 자살이다). 또한

---

26) 널리 알려진 바와 같이, 2007년 영국 신경제학재단에서 실시한 삶의 만족도 조사에서 한국인의 행복도 지수는 세계 178개국 가운데 102위로 나타났다.

우리 사회의 신新빈곤층의[27] 주류로 전락한, 대다수가 비정규직으로[28] 고용되어 '일하는 빈곤층'working poor 혹은 '88만 원 세대'로 불리며 살아가는 20·30대 청년층에게 있어서 우울증은 질병 제1순위로 집계되고 있다(이들의 사망원인 또한 자살이 1위다). 우리 사회가 치닫고 있는 성공지향주의, 성장제일주의, 목표달성주의의 희생양이 되어 '일벌레'처럼 살아가는 40·50대 중·장년층은 거의 매일 알코올로 우울한 심신을 달래며 살아간다(자살은 이들의 사망원인 2위다). 식민지 수탈과 전쟁으로 이어지는 격동의 시대 상황 속에서 절대빈곤을 헤쳐나오며 가장 험난한 인생을 살아왔지만 이제 와서 가정과 사회로부터 소외당하고 있는 노인층이 저지르는 강력범죄의 증가는 자포자기적 절망감의 발로로 보인다(우리나라 노인층의 자살률은 세계 최고다). 이처럼 우리 국민의 모든 연령층에서 집단적 우울 정서가 자살 행동의 강력한 위험인자로 자리 잡고 있다는 점을 결코 간과해서는 안 된다.

---

27) 신빈곤층이란 현재 한국 사회의 하위 10-30%에 해당하는, 이른바 '허약 집단'으로 간주되는 계층으로서 최근 20, 30대의 절대다수가 이 계층에 속한다. 청년층 이외에 노인층(2008년 기준 67%가 빈곤층임), 취업자 중 비정규직, 전세와 월세로 사는 가구, 생활보호 대상 가구도 포함된다.

28) 최근 우리 사회에서 비정규직의 급증이 심각한 문제가 되고 있다. 우리나라의 노동복지 체계는 정규직을 보호하고 비정규직을 배제함으로써 양자 간에 사회적 불평등을 구조화한다. 비정규직은 고용형태가 비정규직이라는 이유로 기본적 권리를 인정받지 못하고 사회적 보호로부터 소외되는 천민층(underclass)을 형성하고 있다. 사실 비정규직은 정규직과 노동시간과 직무의 내용 면에서 크게 다르지 않음에도 불구하고, 법적으로 보장된 근로기준법의 보호조차 적용받지 못한 채 정규직에 비해 현저하게 낮은 임금을 받고 있다. 이러한 비정규직은 정규직으로 가는 과도기에 거치는 훈련과정의 역할을 하기보다는, 오히려 한 번 비정규직으로 취업하게 되면 평생 헤어나기 어려운 '수렁'에 가까운 성격을 지니고 있다: cf. 심상완, "비정규 노동자의 확대와 노동복지", 강원돈, 권진관, 손규태, 심상완, 울리히 두흐로 공저, 『지구화와 사회윤리』(서울: 다산글방, 2003), 41-82.

이러한 우울감과 절망감 속에서 우리 국민은 삶의 의미와 생명의 가치에 대한 극도의 혼란을 경험하고 있다. 따라서 우리 국민이 좀 더 성숙하고 깊이 있는 가치관, 영적인 의식을 갖도록 돕는 것은 자살률을 낮추는 데 있어서 대단히 중요한 의미를 가진다. 이러한 상황 속에서 21세기 한국 기독교가 최우선적으로 주력해야 할 일은 다름 아닌 영혼 돌봄 시스템의 정착이다. 이에 대해서는 아무리 강조해도 지나침이 없어 보인다. 한국 기독교는 전래 이후 130년의 역사 동안 세계 기독교 역사에 유례없는 양적인 성장을 이룩했지만, 이제는 전문적인 영혼 돌봄 시스템을 갖춰야 할 때다. 사실 영혼 돌봄은 목회자의 본래적 사명에 속하지만, 오늘날 한국 교회 목회자들은 양적인 교회 성장에만 관심을 기울이고 성도들의 영적인 돌봄을 등한히 여기는 경향이 있다. 현재 한국 교회에서 이루어지고 있는 영혼 돌봄 시스템은 대부분 구역이나 순 혹은 다락방이라고 불리는 셀 모임 등을 통한 것인데, 이 시스템으로는 성도들의 영혼을 전문적으로 케어하기가 역부족이다. 최근 한국 기독교에서 파생되는 제반 문제들과 이에 대한 부정적 시선들은 영혼 돌봄 목회의 부재 때문이라는 지적도 제기된다.[29]

이에 교회 안에 있는 이혼자, 사별자, 우울증 환자, 자살 시도자, 신체적 부상자, 장애인 등 정신적으로 급격히 약해질 소지가 있는 사람들과 지속적인 의사소통을 통해 이들의 자살 인자나 위험요소를 파악하여 전문적으로 영혼을 돌보는 시스템의 정착이 절실히 요청된다. 이들은 보호가 필요하지만, 교회는 목회적 차원에서 손을 놓고 있을 때가 많다. 많은 교회에서 개인의 생활은 스스로 알아서 해야 한다는 전제하에 신앙생활

---

29) 김충렬, "교계의 자살논의, '지옥 간다'로만 끝내선 안돼", 「크리스천투데이」(2008.12.04).

이 이뤄지고 있으며, 또한 교회가 병원이 아닌 바에야 국가도 하지 못하는 일에 직접 나설 수는 없다고 생각하기 때문이다. 그러나 목회자들이 영혼을 돌보는 목회적 책임을 얼마나 충실하게 잘 수행하고 있는지를 질문한다면, 교인들이 겪는 삶의 문제들이 목회자들의 책임과 전혀 무관하다고 말할 수 없을 것이다. 교회에 대한 헌금은 과도하게 강조하면서 그들의 정신·심리적 문제, 곧 영혼의 문제를 개인에게만 맡겨두는 것이 과연 올바른 목회인가를 깊이 성찰한다면, 한국 기독교가 영혼 돌봄 시스템을 정착시켜야 한다는 당위성을 절감하게 될 것이다.[30]

한국 기독교가 영혼 돌봄 시스템을 정착시키는 사명을 감당해야 할 중요한 이유 중 하나는, 목회자만큼 영혼을 돌보기에 적합한 인물이 없기 때문이다. 한국 교회의 대다수 목회자들은 24시간 항시 대기하는 마음으로 목회하고 있기 때문에 교인들의 개인적·사회적 문제를 자주 접하고 또한 실제로 빈번한 개입을 요청받는 사람들이다. 이에 목회자만큼 교인들이 처한 사정을 속속들이 알고, 그들이 당하는 위기에 가장 가까이 또 재빨리 대처할 수 있는 사람은 거의 없을 것이다. 이러한 면에서 목회자들로 하여금 자살문제에 대한 광범위한 상식과 정확한 전문지식, 그리고 체계적 상담 훈련 등을 통해 스스로 목숨을 끊으려는 이들의 영적인 생명을 구하게 할 뿐만 아니라 육체적 생명을 살리는 일을 감당하게 하는 것이 참으로 중요하다. 자살의 위험에 노출되어 있는 성도들을 발견하여 그들로 하여금 문제 상황을 객관적으로 인식하고 적절한 해결 방안을 찾도록 도움을 제공하는 일도 목회자들이 감당해야 할 중요한 일이다.[31]

---

30) 김충렬, "'제2의 부흥' 위해 자살예방에 적극 나서자", 「크리스천투데이」(2009.09.04).
31) 실제로 세계 여러 나라에서 이루어진 자살 방지를 위한 노력의 가장 큰 특성 중 하나

한국 기독교의 시대적 사명은 신자들을 위한 영혼 돌봄 시스템을 정착시킬 뿐만 아니라, 더 나아가 급격한 사회변동을 겪어오면서 황폐해진 우리 국민의 마음을 치유하는 일이다. 아울러 나날이 새롭게 변화하는 21세기의 영적·정신적 욕구에 부합하는 새로운 영성 프로그램을 개발하는 일이다. 그러므로 21세기 한국 개신교는 현재 한국 사회의 냉소적이고 침체된 상황을 벗어날 수 있는 영적·정신적 생명력을 부여하는 일에 심혈을 기울여야 할 것이다. 21세기 한국 개신교의 존립은 새로운 영성개발 프로그램을 통해 피폐한 우리 국민의 마음을 어떻게 치유하고 생명력을 불어넣을 수 있는가에 달려 있다고 해도 과언이 아니다. 그 커다란 방향은 물질적 풍요와 영적·정신적 빈곤이 상호 모순된 가운데 불협화음을 내고 있는 21세기 한국 사회에서 '선한 사마리아인'(눅 10:25-37)으로 특징지어지는 기독교적 가치를 도움이 필요한 지역사회의 구성원들에게 돌봄의 사회복지 프로그램의 형태로 전달하는 방향으로 가닥잡을 수 있을 것이다.[32]

지역사회 안에서 촘촘하게 조직화한 교회가 구심점이 되어 본격적으

는 주로 목회자들이 주도했다는 사실이다. 이것은 신자와 일반인들의 정신건강을 위해 목회자와 교회 공동체들이 최일선에서 활동해왔다는 역사적 사실을 보여주는 중요한 사례다. 특별히 오늘날 미국 전역에 확산되어 있는 수많은 '자살 방지 및 위기관리 센터'(Suicide Prevention and Crisis Service)는 현대 자살학의 창시자인 에드윈 쉬나이드먼(E. Shneidman)이 선도한 것이 사실이지만, 미국 전역의 각 도시에 200여 군데가 넘게 설치된 센터들의 지도자는 대부분 목회자와 신자들이다. 20세기 초엽 미국인들을 위한 '정신위생 운동'(Community Mental Health Movement)을 벌인 클리포드 비어즈(C. W. Beers)와 함께 국민의 정신건강에 깊은 관심을 보인 사람들 역시 목회자와 신자들이다. 목회자와 교회 공동체가 정신건강 운동의 중추적 역할을 감당함으로써 삶의 위기를 만난 사람이 목회자들의 도움을 원하는 경우가 많아지게 되었다. 이러한 사실을 통해 우리는 자살 방지를 위한 제반 활동이 목회자들이 감당해야 할 또 다른 중요한 사역임을 확연히 알 수 있다: 곽혜원,『자살문제, 어떻게 할 것인가?』, 230ff.

32) 민문홍, "한국사회의 자살급증 문제에 관한 사회문화적 진단", 16f.

로 지역 주민들을 잘 보살피고 치유하려는 노력을 기울인다면, 우리 국민의 높은 자살률을 낮추는 데 크게 기여할 수 있을 것이다. 그 일환으로 한 지역에 거점 교회를 정하여 사회복지관, 정신보건센터, 경찰서, 소방서, 병원, 장애인 및 노인복지시설 등 지역사회의 다양한 기관과 결탁해 생명존중과 자살예방 네트워크를 구축하고 지역사회를 안전한 치유 공동체로 만들어가는 데 앞장설 필요가 있다. 교회는 지역사회에 대한 봉사의 일환으로 정신건강에 기여하는 체계를 구축할 수 있다. 즉 지역사회의 안녕과 주민들의 행복을 위해 교회 안팎에 있는 전문인들과 협력하여 전문적 상담 및 심리치료 봉사를 시행하는 것이다. 이러한 교회의 봉사는 평소에 전문기관을 방문하기 어려운 주민들에게 실질적인 혜택을 줄 수 있을 뿐만 아니라, 실추된 교회의 이미지 개선과 전도·선교에도 긍정적 효과를 발휘할 수 있을 것이다. 우리 사회에는 이혼이나 실직, 각종 사고, 자살시도 등 정신적으로 상당히 어려운 사람들이 많은데, 이들을 지속적으로 도와주는 손길들이 한 데 모인다면 좀 더 평안하고 행복한 사회를 만들어갈 수 있을 것이다.

3.2.2 생명의 영이신 성령 안에서 생명의 복음 선포

한국 기독교는 '생명의 원천'*fons vitae*이 되신 성령 안에서 생명의 기운을 확산시키고 생명의 문화를 창달함으로 '생명의 복음'*evangelium vivificans*을 선포하는 일에 혼신의 힘을 기울여야 할 것이다. 지금 우리가 살아가는 21세기 시대 상황 속에서 생명의 복음을 선포하는 일이 중요한 이유는, 여러 위험 요인들로 인해 인간 사회를 위시한 생태계의 생명이 파괴와 죽음의 위협에 직면해 있기 때문이다. 무엇보다도 스스로를 죽이는 죽임의 문제가 나날이 심각한 양상을 띠고 있기 때문이다. 해마다 전 세계적으로 100만 명이 자살하는 상황 속에서(하루 평균 3,000명이 자살로 사망, 자살시도는 1,000만-2,000만 건 발생)[33] WHO와 IASP(국제자살예방협회)는 각 국가가 자살예방을 위해 노력을 기울이지 않는다면, 오는 2020년에는 연간 자살자가 150만 명으로 증가할 것이라고 경고하고 있다.[34]

특별히 우리가 주목해야 할 것은, WHO가 우울증을 21세기에 인류를 위협하는 최고의 질병으로 거론한다는 점이다. 우울증은 지금까지 확인된 자살 유발 요인 가운데 가장 큰 단일 요인으로서[35] 한국 사회를 위시하여 전 세계적으로 확산 추세에 있다. 이러한 현실은 20세기 전반기가 '불안의 시대'age of anxiety로 불리는 데 반해, 지금의 시대가 '우울감의 시대'age of melancholia로 일컬어지는 이유를 뒷받침해준다. 전체적으로 볼 때, 후진국에서 선진국으로 갈수록, 같은 국가 안에서도 시간이 지날수록 우울증으로 인한 자살문제가 더 큰 부담으로 다가올 것으로 예견된다. 그런데 여기서 우리의 마음을 더욱 착잡하게 하는 것은 OECD 국가 중 자살률 1위라는 비상상황을 15년 이상 유지하고 있는 우리나라가 전 세계 자살문제의 중심에 서 있다고 해도 과언이 아닌 현실이다.

파괴와 죽음이 횡행하는 우리 시대의 상황 속에서 나는 21세기 기독

---

33) 김충렬, 『알코올중독과 상담치료』(서울: 한국상담치료연구소, 2010), 175.

34) 김병철, "자살에 영향을 미치는 사회적 예측 변인 연구", 「한국언론학보」 제54권 2호 (2010.04), 347.

35) 정신의학계의 많은 연구 결과에서 자살 사망자의 45-70%가 우울증 환자이며 우울증 환자의 약 15%가 자살한다고 보고함으로써, 우울증이 자살과 관련한 가장 강력한 위험인자임을 확증하고 있다. 실제로 자살 사망자 중 정신질환이 확인된 60-90% 가운데 59-87%가 자살 당시 우울증을 앓고 있었던 것으로 보고되고 있다. 우울증 환자 중 자살로 사망하는 비율은 3.4-15% 정도로, 우울증을 앓지 않는 건강한 성인에 비해 자살 위험이 무려 20-30배 정도 높은 실정이다: 한국생명의전화, "자살자 심리부검과 사후예방 방법 연구", 13; 함병주, 이동우, 오강섭, 남윤영 공저, "자살과 정신과적 질환", 한국자살예방협회 엮음, 『자살의 이해와 예방』, 131.

교가 특별히 성령 하나님을 주목해야 한다고 역설하고자 한다. 왜냐하면 성령은 창조된 모든 피조물에 생명을 부여하시는 '생명의 원천'(시 36:9; cf. 민 27:16a; 시 42:8)이자 '존재의 근원', '살리시는 생명 그 자체', '모든 피조물의 생명을 가능하게 하는 힘', '생명을 주시는 주님이요 살리시는 주님'Dominum et Vivificantem이 되셔서 죄로 인해 죽어가는 인류를 위시한 자연의 피조물을 유일하게 살리실 수 있는 분이기 때문이다. 즉 성령은 인간 안에서는 물론 자연의 모든 피조물 안에서 새로운 것을 일으키시면서 그들의 생명을 유지, 보존시키시는 하나님의 능력이시다. 인간을 위시한 이 세상의 모든 피조물은 하나님이 그의 생명의 영이신 성령을 불어넣음으로 생명을 얻지만(시 104:30), 하나님이 이를 거두시면 죽음에 이르게 된다(창 6:3; 욥 34:14-15; 시 104:29; 전 3:19, 21; 12:7). 그러므로 모든 피조물은 성령의 생명의 힘 안에 거할 때만 그 생명이 유지되고 새롭게 변화될 수 있다.

그러나 이러한 성령 하나님이 기독교 2000년 역사 동안 왜곡되어왔던 것은 대단히 안타깝고 유감스러운 일이다. 모든 피조물의 생명의 원천이신 성령이 단지 인간의 영혼만을 구원하는 분, 그리스도인의 구원과 성화, 개인의 내면적 경건에만 관여하는 분으로만 생각되어왔다. 그리하여 성령의 활동이 주로 그리스도인의 영혼에 믿음의 확신과 마음의 평안을 주는 쪽으로만 편협되이 인식되었다. 이러한 인식에 따라 인간의 육체, 이 사회와 역사, 자연과 세계는 성령의 활동과 무관할 뿐만 아니라 기독교 신앙과 아무 상관 없는 영역으로 간주되었다. 더 나아가 성령은 제도화된 교회 안에서만 활동하는 분으로 파악되었고, 이로 말미암아 성령은 이 세상과 무관한 초월적 존재로 인식됨으로써 결국 이 세상은 성령과 관계없는 영역으로 상정되었다. 이러한 성령에 대한 잘못된 인식의 배후에는 기독교 신학사에서 성령에 대한 전통신학의 무관심이 자리하고 있다. 서구 전통신학의 역사에서 성령에 관한 이론을 다룬 성령론이 경원시 혹은 망각되어왔던 것이다.

이러한 상황은 한국 기독교계에서도 예외가 아니어서, 한국 교회에서 성령의 사역은 대부분 개인적 측면에만 국한되어 있다. 특히 오순절교회(순복음교회)의 성령운동은 성령의 활동을 개인적 축복의 영역에만 집중시킴으로 말미암아 기복적祈福的 신앙을 한국 교회에 확산시켰다. 개혁주의교회(장로교회)의 성령운동 역시 성령의 활동을 개인적 차원의 회개운동으로 한정해 이해하면서 단지 개인의 중생과 성화와 경건 운동의 차원으로 협소화시켜왔다. 오늘날 한국 교회 강단에서 선포되는 메시지에서도 성령은 여전히 그리스도인의 내면적 영성과 교회 안에서만 역사하는 분으로 표현된다. 따라서 세상의 고난당하는 피조물 안에서, 파괴와 죽임 속에 내몰린 창조세계 안에서 역사하는 성령에 대한 설교는 전혀 들을 수 없는 상황이다. 이는 그리스도인들로 하여금 이 사회와 역사, 자연과 세계 안에서 다반사로 일어나는 생명의 파괴와 죽음의 현상에 대한 공동체적 책임과 사명을 등한히 하도록 부추긴다고 말할 수 있다. 한국 사회 내 4분의 1을 점유하는 그리스도인들이 그동안 생명 파괴와 죽음의 문화에 대해 적극적으로 항거하지 못해왔던 주된 원인 중에는 성령에 대한 편협하고 왜곡된 이해가 한몫 차지함을 지적하지 않을 수 없다.

이제 21세기 한국 기독교는 성령 하나님을 절대적으로 의뢰하는 가운데 생명의 복음을 선포하는 일에 온 사력을 다해야 할 것이다. 생명의 파괴와 죽음의 세력이 횡행하는 시대 상황 속에서 자살의 암울한 그림자를 걷어내는 일에 심혈을 기울여야 할 것이다. 한국 기독교는 비그리스도인을 그리스도인으로 만들겠다는 식으로 하는 종래의 정복주의적인 선교 자세에서 벗어나 모든 사람을 생명에 대한 조건 없는 사랑 속에서 생명에, 생명에 대한 긍정에, 생명에 대한 보호에, 공동의 생명 그리고 영원한 생명에 초대하는 생명의 역군이 되어야 할 것이다. 무엇보다도 한국 기독교는 생명 파괴와 죽음에 직면한 이 세계 속에서 자살문제를 해결하기 위해 생명의 영성靈性을 온전히 구현해야 할 것이다. 한국 기독교가 우리 사회의 자살문제 해결을 위해 특별히 더 성령을 의뢰해야 하는 이유는, 자살의 배후에는 여러 사회경제적 요인, 개인의 심리적·환경적 변수가 작용하기도 하지만 생명 파괴와 죽음의 세력이 적잖게 영향을 미친다고 볼 수 있기 때문이다. 그런데 이 생명 파괴와 죽음의 세력을 타파할 수 있는 근원적 힘이 어쩌면 우리 인간에게는 없을지도 모른다. 이는 우리가 생명의 원천이 되신 성령의 능력을 강력히 의지해야 할 중요한 이유이기도 하다.

4. 인생의 고통에 대한 이해와 자살 유혹의 극복

끝으로 자살 논의를 마무리하면서 우리가 인생을 살아가면서 겪는 고통과 그로 인해 자살의 유혹을 받는 현실에 대해 생각해보고자 한다. 우리는 긴 인생을 살아가면서 스스로 해결하기 어려운 위기상황에 처할 때가 있다. 일상생활 속에서 사소한 위기에 직면하기도 하지만, 불행과 슬픔의 어두운 터널 속에서 어쩔 수 없는 한계상황을 만나는 경우도 있다. 이러한 곤고한 삶의 여정 속에서 우리는 힘에 겹도록 극심한 고난을 당하여 살 소망이 끊어지고 자살의 유혹을 받는 상황에 부닥칠 수도 있다.

우리가 지금 겪는 고통보다 차라리 죽는 것이 더 낫다고 여겨지거나, 이 고통이 현재의 삶 속에서 끝날 것이라는 확신을 할 수 없을 때 자살은 고통스러운 현실에서 벗어나기 위한 최후의 방편으로 작용하는 것이다. 사실 자살을 결행한 사람들도 스스로를 죽이는 선택이 결코 최선의 방법이라고 생각하지 않았을 것이다. 이래도 좋고 저래도 좋은 차선의 방법이라고도 여기지 않았을 것이다. 그들에게 자살은 현재의 고달픈 삶이 최악으로 여겨졌던 까닭에 이로부터 벗어나기 위한 차악의 선택이었을 것이다.[36]

그러나 우리는 모든 인간이 예외 없이 고통을 겪으면서 인생을 살아간다는 인생사의 진리를 상기할 필요가 있다. 사람에 따라 고통이 찾아오는 시간과 고통의 내용이 다를 뿐, 누구나 고통을 당하기 마련이다. 우리는 시편 저자의 "우리의 연수가 칠십이요 강건하면 팔십이라도 그 연수의 자랑은 수고와 슬픔뿐이요…"(시 90:10, 개역개정)라는 고백과 "험악한 세월"을 보냈다는 야곱의 고백을 되새겨볼 필요가 있다. 이 말은 고난이 없는 인생이란 없다는 말로 재해석될 수 있으므로, 인간으로 태어났다는 것은 고통을 당할 수밖에 없다는 말과 크게 다르지 않을 것이다. 따라서 고통을 극복하는 첫걸음은 현실에서 주어진 고통을 부정하거나 회피하지 않고 오히려 이를 있는 그대로 받아들이는 태도다. 사실 고통은 부정하거나 회피한다고 해서 해결되지 않는다. 우리가 봉착한 난관으로부터 도망치려고 하면 할수록, 어려움은 한층 더 커지기 마련이다. 고통을 끝내는 길은 삶에 고통이 있다는 사실 그 자체를 인정하고 그것의 의미를 묵묵히 받아들이는 데 달려 있다.[37]

---

36) 박형민, 『자살, 차악의 선택』, 7.
37) 곽혜원, 『자살문제, 어떻게 할 것인가』, 237f.

모든 인간이 고통을 겪는다는 점과 함께 중요한 또 다른 인생사의 진리는 모든 고통이란 결국은 반드시 지나가기 마련이라는 사실이다. 우리가 익히 아는 바와 같이, 다윗 왕은 "이 또한 지나가리라"를 매일 아침과 저녁으로 묵상했던 것으로 전해진다. 이 문구는 왕에게 좋은 일도 곧 지나갈 것이니 자만하지 말라는 뜻을 전하는 한편, 감당하기 힘든 시련 역시 곧 지나갈 것이니 절망에 사로잡히지 말라는 뜻으로도 기능했다. 고통이든 기쁨이든 이 세상에서는 영원하지 않으므로, 좋은 일이 있을 때마냥 희희낙락하고 기고만장할 것이 아니며, 궂은일이 밀려와도 무작정 낙담하거나 절망할 일이 아니라는 것이다.[38] 고통은 잠시 머물렀다가 결국엔 지나간다. 잠시 고통을 겪겠지만, 죽을 때까지 고통스럽지는 않을 것이다. 어떻게 보내든 간에 고통은 반드시 지나가게 되어 있고, 모든 고통에는 종착역이 있기 때문이다. 고통의 한복판에 있을 때는 마치 죽을 것 같고 끝이 없어 보여도, 언젠가 반드시 고통의 날은 지나가고 새날이 다가오게 될 것이기 때문이다.

이러한 관점에서 삶의 고통과 위기를 생각한다면, 이것은 인생사의 자연스러운 과정이라고 말할 수 있을 것이다. 삶이란, 일정 기간에는 상승 곡선을 그리기도 하지만 때로는 하강의 세월도 있다. 언제나 승승장구하는 경우만 있지 않고, 끝없이 추락하는 경우만 있는 것도 아니며, 이렇게 올라가고 내려가는 것을 반복하는 것이 우리의 인생이다. 우리 인생은 마치 자연의 주기가 낮과 밤 혹은 사계절로 교차하듯이 성공과 실패, 행복과 불행, 기쁨과 슬픔, 건강과 질병 등으로 이어지는 멀고도 긴 여정인 것이다. 이러한 삶의 신비, 곧 자연의 진리이자 인생사의 진리

---

38) 김기현, 『자살은 죄인가요?』(서울: 죠이선교회, 2010), 87f.

를 알기에 농부는 씨앗을 뿌린다. 나뭇잎이 모두 떨어지고 불모의 계절이 다가와도 또한 봄이 반드시 도래한다는 사실을 알고 있기에 인고忍苦의 세월을 말없이 견뎌내는 것이다. 아무리 깊은 비탄이 우리를 짓눌러도, 그 비탄의 뒤편에 희망이 숨겨져 있다는 것을 가리지는 못한다. 우리의 눈으로 볼 때는 도무지 미래가 보이지 않는 절망적인 상황 속에 새로운 시작이 숨겨져 있다는 것이다.[39] 이는 우리가 *"dum spiro, spero"* 곧 숨을 쉬는 한 희망하면서 살아가야 할 분명한 이유다. 그러므로 우리는 행복과 불행으로 점철된 인생사의 진리를 근간으로 삶의 다양한 변화에 적절하게 대처하면서 살아갈 필요성이 있다.

한편, 전문가들의 임상 경험에 의하면 일반적으로 자살은 이상을 추구하는 사람들에게서 잘 일어난다. 이상을 좇는 사람일수록 실망하기 쉬운 성향이 있는 경우가 많은데, 그렇게 되면 자신이 가진 긍정적인 에너지를 부정화하는 경향이 나타나기 때문이다.[40] 이때 자신의 이상이 무너지는 것을 자신의 잘못과 무능력 때문이라고 오해하여 극단적인 선택을 하게 될 수가 있다. 그러므로 우리는 현실에서 지나친 이상주의를 경계할 필요가 있다. 또한 성공과 행복에 대해 지나친 환상이나 집착도 금물이다. 이는 '행복전도사'로 일컬어졌던 한 유명 강사의 자살에서 잘 드러난다. 그는 '행복전도사로서 나는 행복해야 해', '행복을 강의하는 나는 우울하면 안 돼'라고 끊임없이 자기암시를 하는 가운데 행복에 대해 지나친 환상을 가졌을 가능성이 크다. 차라리 그가 행복전도사도 다른 일

---

39) 곽혜원, "절망이 만연된 현대세계와 부활에 대한 기독교의 희망", 「기독교사상」 통권 580호(2007.04), 56.
40) 김충렬, "노무현 전 대통령의 '최후 선택', 모두의 책임이다", 「크리스천투데이」 (2009.06.03).

반인과 동일하게 성공과 실패, 행복과 불행, 기쁨과 슬픔, 건강과 질병이 교차하는 인생을 살아간다는 사실을 받아들였다면 실패와 불행, 슬픔, 질병마저도 자신의 삶으로 끌어안고 살아갔을 것이다. 그러므로 다른 사람을 너무 의식하지 않는 가운데 우울하면 우울하다고, 슬프면 슬프다고, 힘들면 힘들다고 허심탄회하게 이야기할 수 있는 개개인의 마음의 여유와 함께 그러한 사회 분위기를 만드는 것도 참으로 중요할 것 같다.[41]

나는 여기서 자살을 종교사회학적 입장에서 접근했지만, 그럼에도 모든 자살을 전적으로 사회의 탓으로 돌리기에는 무리가 있음을 인정한다. 이는 개인의 노력으로 극복해야 할 부분도 사회적 책임으로 전가하는 오류를 범할 수 있기 때문이다. 실제로 사회 병리적 요인으로 자살이 유발된다고 해도 어디까지가 개인적인 요인이고 또 어디까지가 사회적인 요인인지 구분하기 쉽지 않을 정도로 양자가 복잡하게 얽혀 있는 경우가 많다. 더욱이 사회란 여러 종류의 다양한 사람들이 함께 모여 살아가는 공동체이므로 사실 구조적 문제를 피하기 어려울 때가 있다. 사회구조적 문제는 그 사회 구성원이라면 누구나 겪게 되는 문제이므로, 자기 자신만 특별히 더 고통을 당하는 것은 아닐 것이다. 따라서 불의한 사회구조적 문제에 직면하여 그 안에서 살아남기 위한 개인적 역량을 강화하는 것은 바로 우리 자신이 해야 할 몫일 것이다.[42]

이러한 맥락에서 우리는 사회적으로는 구조적 모순을 문제 삼아야 하겠지만, 동시에 생명에 대한 긍정성을 키우는 개인적 노력도 병행해야

41) 곽혜원, 『자살문제, 어떻게 할 것인가』, 240.
42) 곽혜원, 『자살문제, 어떻게 할 것인가』, 240f.

한다.[43] 어떠한 상황 속에서도 자신의 생명의 주인은 바로 자기 자신이기 때문이다. 자살을 아무리 '사회적 타살'이라고 부른다 해도 자살로 잃게 되는 것은 자신의 생명이므로, 자살 행위의 궁극적 책임과 피해는 다름 아닌 자기 자신에게 있다. 우리의 삶을 사회가 대신 살아주지 않는 것과 마찬가지로, 죽음의 이유 역시 전적으로 사회에 돌릴 수만은 없다는 것이다. 오히려 우리는 사회적 여건이 어려울수록 어떻게 살아가야 하는지, 어떻게 죽음을 맞이할 것인지를 더욱 사려 깊게 생각해야 할 것이다. 우리가 고통스러운 삶의 현실을 지혜롭게 잘 극복한다면, 이러한 경험을 자신이 더욱 성숙해지는 계기로 삼을 수도 있기 때문이다.

우리는 이러한 삶의 자세를 사도 바울에게서 발견할 수 있다. 바울이 당했던 삶의 고통은 이루 말할 수 없을 만큼 혹독한 것이었다. 그는 고난으로 점철된 삶을 살아가면서 많이 견디는 것과 환난과 궁핍과 고난과 수고로움과 자지 못함과 굶주림과 헐벗음과 추위와 목마름에 시달렸다(고후 6:4-5). 때로는 예수 그리스도로 인해 수차례 투옥과 갇힘과 매 맞음과 돌에 맞음과 폭행을 당함으로 여러 번 생사의 갈림길에 서기도 했다(고후 11:23-27). 그리스도의 복음을 전하기 위하여 선교여행을 다니다가 강도의 위험과 동족의 위험과 이방인의 위험과 거짓 형제의 위험과 시내의 위험과 광야의 위험과 강의 위험과 바다의 위험을 당하고, 때로는 광풍을 만나 파선하여 일 주야를 깊은 바다에서 지내기도 하였다(고후 11:25-26). 그뿐 아니라 바울은 여러 교회를 돌보면서 이들을 위해 날마다 애타고 염려하며 눌리는 심정으로 살아야 했다(고후 11:28-29).

이토록 곤고한 삶의 여정 속에서 바울은 힘에 겹도록 극심한 고난을

---

43) 오진탁, 『자살, 세상에서 가장 불행한 죽음』, 165.

당하여 살 소망까지 끊어지고 사형선고를 받은 것처럼 망연자실하기도 하였다(고후 1:8-9). 빌립보서 1:12-26에서 우리는 바울이 곤고한 삶의 여정에서 삶과 죽음에 대해 심각하게 고뇌한 흔적을 엿볼 수 있다. 여기서 우리는 투옥된 채 삶과 죽음 사이에서 고뇌하는 바울의 입술에서 나온 "(삶과 죽음 사이에서) 어느 쪽을 택해야 할지 모르겠습니다" 하는 고백에 맞닥뜨리게 된다. 이 말은 "죽는 것도 유익하다"는 고백에 뒤이어 삶과 죽음의 경계를 심사숙고하는 미묘한 시점에서 상당히 당혹스러운 뉘앙스를 나타낸다. 우리는 바울이 과연 어떠한 심정으로 이 고백을 했는지, 고난과 위험과 고뇌로 점철된 삶의 여정 속에서 삶과 죽음에 대해 정말로 심각하게 고민했는지, 아니면 단지 그럴 수도 있다는 순수한 가정만을 했을 따름인지 정확하게 판단하기 어렵다. 그렇다 하더라도 우리는 바울이 최종적 선택, 곧 예수 그리스도와 교회의 유익을 위해 삶을 선택하기까지의 과정에서 자연사도 또 로마 법정의 판결에 따른 사형도 아닌 죽음(자살)을 한때 심사숙고했던 흔적을 엿볼 수 있다.[44]

하지만 우리는 바울이 삶을 적극적으로 긍정하는 가운데 결국은 죽음이 아닌 삶을 선택하는 모습을 볼 수 있다. 그는 자신이 힘에 겹도록 심한 고난을 당하여 살 소망까지 끊어지고 사형선고를 받은 줄 알았다고 토로하고(고후 1:8-9), "죽는 것도 유익함이라…차라리 세상을 떠나서 그리스도와 함께 있는 것이 훨씬 더 좋은 일이라 그렇게 하고 싶으나…"(빌 1:21-23, 개역개정)라고 고백하면서도, 아이러니하게도 고난과 죽음의 위협 속에서 굳건하게 삶을 부여잡고 삶을 적극적으로 긍정하는 모습을 드러내 보여주었다. 우리는 이러한 바울의 삶에 대한 강한 긍정

---

44) 김기현, 『자살은 죄인가요?』, 43.

을 그가 죽기까지 간직했던 그리스도의 부활에 대한 신앙, 고난과 죽음을 극복하신 그리스도와의 친밀한 교통을 통해서만 설명할 수 있을 것이다. 이러한 부활 신앙과 그리스도와의 친밀한 교통이 주는 새로운 삶에 대한 소망으로 말미암아 바울은 환난과 궁핍과 고난과 좌절 속에서도 참으로 기뻐할 수 있었고, 이러한 기쁨과 함께 시시각각으로 그에게 엄습했던 자살에 대한 유혹을 물리치고 승리할 수 있었다.[45] 바울은 이루 말할 수 없이 극심한 고난과 역경 속에서도 생명을 강하게 긍정했기에 이러한 그의 생명 사랑은 장엄하게 느껴지기까지 한다.

---

45) 곽혜원, 『자살문제, 어떻게 할 것인가』, 178f.

삶과 죽음에 대한 논의를 마무리하면서, 존엄한 삶과 존엄한 죽음에 대한 개인적 견해를 제시한 후에 이를 우리가 살아가는 삶의 현실에서 구현할 방안에 관해 생각해보고자 한다.

언제부턴가 삶의 매 순간을 의식적으로든 혹은 무의식적으로든 느끼면서 살아가고 있다. 지금 살아가고 있는 이 세상과 바라보고 있는 저 하늘, 발을 내딛고 있는 이 땅과 숨을 들이쉴 때마다 느껴지는 공기…, 그 무엇으로도 대체할 수 없는 여러 사물들의 존재를 새삼스레 오감五感으로 받아들여 본다. 그럴 때마다 이 세상이 마치 처음인 듯 아주 새롭게 느껴져 주변을 둘러보고 하늘을 하염없이 바라보면서 "내가 지금 이 세상에서 이렇게 살아가고 있구나" 하고 중얼거리곤 한다. 지금은 사랑하는 사람들과 이렇게 함께 살아가지만 언젠가는 우리 모두가 이 세상을 떠나게 되리라고 생각하면, 이 세상에서의 삶이라는 게 한순간처럼 덧없이 느껴질 때도 있다. 전체 인류의 역사를 놓고 볼 때, "이 세상에 한 번 왔다 가는 우리 인생이란 그저 점 하나의 흔적만 남기고 가는 것이 아닌가!" 하는 생각이 들기도 한다. 그 덧없음과 유한함 때문에 삶의 순간순간을 할 수 있는 한 오래도록 붙잡고 싶을 때도 있다.

이렇게 삶과 죽음에 대해 깊은 상념에 잠길 때마다 드는 생각이 바로 살아 있음에 대한 고마움이다. 탄생의 축복을 받는 것은 오직 인간만이 누릴 수 있는 행복이라는데, 나 자신이 어떻게 해서 인간으로 태어나게 되었는지 참으로 기묘하게 느껴진다. 이 세상에 한 번 태어나기가 참으로 어려운 행운이라는데, 어떻게 해서 생명을 부여받게 되었는지를 헤아려볼 때는 경이롭기까지 하다. 인간이라는 생명체로 태어나는 것은 대단한 기적인데, 의학계의 보고에 따르면 한 사람의 인간이 출생하는 것은 난자 37개 중 하나와 정자 4,000,309개 중 하나가 만나야만 가까스로 가능한 일이라고 한다. 그렇다면 우리 모두는 엄청난 확률을 뚫고 세상에 태어난 '행운아'라고 하지 않을 수 없다. 이와 같은 사실은 살아 있는 우리에게 여러 요인으로 인해 태어날 수 없었던 자들의 몫까지 열심히 살아야 할 의무를 부과한다. 또한 살아 있다는 그 자체가 존엄성을 가진다는 뜻에서 모든 생명은 존엄하다고도 말할 수 있다. 생명이 살아 있다는 것 자체가 신비스러운 일이요, 우리가 경외해야 할 존엄한 것이기 때문이다.[1] 이러한 사실을 유념할 때, 생명을 부여받은 행복과 행운을 누리지 못하고 스스로 생명을 저버린 이들의 아픔은 우리 모두의 아픔이기도 하다.

인간의 생명이 그토록 힘겨운 과정을 거쳐 은혜로운 선물, 곧 은사 恩賜처럼 부여됐음에도, 그것이 현실에서 과연 얼마만큼 존엄하게 다뤄지는지를 생각하면 안타깝기 그지없다. 우리가 살아가는 이 세상에는 존

---

1) 김균진, "모든 인간의 생명은 귀중하다", 「본질과 현상」 통권2호(2005, 겨울), 193f.

엄하지 못한 삶을 마지못해 살아가다가 끝내 존엄하지 못한 죽음을 맞이하는 이들이 너무나 많다. 존엄한 삶, 존엄한 죽음은 마치 기적과도 같이 생명을 선사받은 인간이라면 누구나 마땅히 누려야 할 기본적인 권리이지만, 이 당연한 권리를 누리면서 존엄하게 생애를 마감하는 인생은 그리 많지 않아 보인다. 인간의 존엄과 가치는 우리 모두가 당연하게 받아들이는 기본권 중 기본권임에도 불구하고, 구체적인 삶의 현장에서는 가장 낯설고 현실과 동떨어진 개념처럼 느껴진다. 그 까닭은 죄악된 인간에 의해 운용되는 많은 사회가 생명의 존엄, 죽음의 존엄, 인간의 존엄에 그다지 큰 의미를 부여하지 않기 때문일 것이다.

많은 사람이 주지하는 바와 같이, 대한민국 헌법 제10조에는 "모든 국민은 인간으로서의 존엄과 가치를 가지며 행복을 추구할 권리를 가진다"라고 분명히 명시되어 있지만, 전문가들은 한국 사회가 인간의 존엄성이 침해당하는 '모욕 사회'라며 깊은 우려를 표명한다.[2] 사람을 대할 때 위엄을 갖춘 '인간'이 아닌 '기계'나 '도구' 또는 그와 유사한 어떤 것으로 대하는 사회를 모욕 사회라 지칭하는데, 우리 사회에서는 많은 사람이 조직의 경쟁력을 위한 '인적 자원'이나 '부속품' 등으로 간주되고 있다. 더욱이 부와 지위와 권력을 갖지 못한 사람들은 여지없이 '비非인간'으로 취급당하기 일쑤다. 일부 소수의 '잘난' 사람들만을 환대하는 사회 분위기 속에서 대다수 사람은 박대 또는 천대를 받아본 경험을 가지고 살아간다.

더욱 심각한 문제는 이렇게 존엄하지 못한 삶을 살아가다가 죽을 때마저도 존엄하지 못한 죽음을 맞이한다는 사실이다. 역사상 얼마나 많

---

2) 장은주, 『생존에서 존엄으로』(서울: 나남, 2007), 5f.

은 사람이 인간 이하의 삶을 살아가다가 존엄하지 못한 비인간적인 죽음, 억울하고 부당한 죽음을 맞이했는지 모른다. 특별히 우리 민족은 '전쟁의 역사'라고 해도 과언이 아닐 만큼 고난과 역경, 치욕과 가난으로 점철된 험난한 역사를 헤쳐오면서 거의 절대다수가 존엄하지 못한 죽음 앞에 설 수밖에 없었다. 과거에는 전쟁이나 유혈사태, 기근, 전염병, 천재지변, 자연재해 등으로 인한 폭력적이고 불가항력적인 죽음이 횡행했다. 반면 오늘날에는 급격한 사회변동의 소용돌이 속에서 일어난 문명의 이기利器의 폐해로 각종 사고사와, 사회경제적 부정의不正義의 그늘 속에서 일어나는 자살과 타살 등의 비인간적인 죽음—이는 예방할 수 있는 죽음이다—이 많이 일어나고 있다.

여기에 최근에는 '죽음의 의료화', 곧 죽음을 집에서 자연적으로 맞이하지 못하고 병원에서 화급을 다투는 응급 상황으로 맞이하는 현실이 더해졌다. 중환자실에서 각종 의료 장비들에 둘러싸여 황망하게 죽음을 맞닥뜨리거나 다인실 병실에서 극도의 사생활 침해를 당하는 가운데 맞는 임종의 환경이 죽음의 존엄성을 더욱 침해하고 있다. 지푸라기라도 붙잡고 싶은 가족들은 '해볼 수 있는 건 무조건 다 해봐야 한다'는 생각에 무의미한 연명의료라도 계속 시도하길 원하지만, 엄청난 충격을 가하는 심폐소생술이나 인공호흡기 심지어 기관 삽관으로 목숨을 연명하는 일은 무엇보다도 환자에게 크나큰 육체적 고통을 안겨준다. 특별히 안타까운 것은 환자가 생애의 마지막 기간을 무의미한 연명의료에 매달리느라 삶을 제대로 정리하지 못할 뿐만 아니라, 마지막 순간에 유언 한마디도 남기지 못하고 허망하게 이 세상을 떠나는 경우가 많다는 현실이다.

이러한 상황 속에서 존엄한 삶, 존엄한 죽음에 관해 숙고하는 일은 매우 시의적절하고 유의미한 작업이라 할 수 있다. 사실 인간 사회가 나아가야 할 올바른 방향을 설정하면서 제기된 '공정하고 정의로운 사회', '공존하고 상생하는 사회' 등에 관해서는 그동안 많은 공감대가 형성되었으며, 나 역시 이에 대해 많은 관심을 두고 논의해왔다. 그런데 사회가 더욱 진보하고 사람들의 기대 수준이 나날이 높아지면서 이제는 정의와 상생 이상의 삶의 가치를 희구하게 되었다. 정의와 상생이 실현된다고 해도 인간의 존엄과 품격이 자동으로 보장되는 것은 아닐 뿐만 아니라, 인간에게는 자존감自尊感을 지킬 수 있는 존엄한 삶과 존엄한 죽음이 생명을 부지하는 것보다 더 중요하기 때문이다.[3] 특별히 2014년 무고한 어린 생명들이 희생당했던 '세월호 참사'를 겪으면서, 인간의 존엄성이 구현된 '존엄한 사회'가 생존을 위해 반드시 실현되어야 할 삶의 당위성으로 사람들 마음속에 깊이 각인되었다. 수백 명의 생명들이 무참히 짓밟힌 참혹한 사건을 통해 우리 사회는 생명의 존엄, 죽음의 존엄, 인간의 존엄을 실현하는 일의 중요성을 다시금 새롭게 인식하게 된 것이다. 그러므로 존엄한 사회에 대한 희구는 이제 더욱 강력한 시대적 요청으로 대두하리라 여겨진다.

존엄한 삶, 존엄한 죽음은 내가 지향하는 기독교 생사학 논의의 목표이기도 하다. 존엄한 삶과 존엄한 죽음은 일반 생사학에서도 추구하는 바이지만, 기독교 생사학에서는 그 의미가 더욱 남다르다. 기독교는 인간을 '하나님의 형상'(창 1:26-27)대로 지음받은 하나님의 최고 창조물로 규정함으로써 모든 인간이 가치와 존엄성을 가졌다고 천명하기 때문이다. 여기에는 인종과 민족, 지배층과 피지배층, 부자와 가난한 자, 남자와 여자 사이에 차별이 없으며, 모든 사람은 인간으로서의 가치와 존엄성을

---

3) 김찬호, 『모멸감: 굴욕과 존엄의 감정사회학』(서울: 문학과지성사, 2014), 210.

절대로 침해당해서는 안 된다. 이를 침해하는 것은 '하나님의 형상'을 인간에게 부여하신 하나님에 대한 모독이다.[4] 그러므로 삶과 죽음을 논의하는 기독교 생사학에서 인간의 존엄한 삶과 존엄한 죽음은 핵심 과제일 수밖에 없다. 그렇다면 이를 우리가 살아가는 삶의 현실 속에서 실제로 구현하기 위해서는 어떠한 실천적 노력이 필요한가? 이제 삶과 죽음에 대한 논의를 정리하면서 존엄한 삶, 존엄한 죽음을 어떻게 구현할 수 있는지에 대해 생각해보고자 한다. 본래 삶과 죽음은 상호 불가분리의 관계 속에서 서로 영향을 주고받지만, 좀 더 세분화된 논의를 위해 존엄한 삶, 존엄한 죽음으로 크게 나누어 논하고자 한다.

존엄한 삶을 위해 필요한 최소 조건

1. 사회경제적 취약계층의 생활고가 해결되어야 한다. 부익부 빈익빈의 불공평한 사회경제적 구조가 확대되고 그 안에서 생존을 위해 치열하게 살아가는 사람들마저 사회 부적응자로 낙인찍히거나, 생존의 벼랑 끝에서 존엄하지 못한 죽음(고독사, 자살 등)을 맞는 상황 속에서 이들에 대한 정당한 사회보장 시스템이 확립되어야 한다. 특별히 사회 약자들의 기본적인 생계 문제가 해결되어야 한다. 생존을 위해 불가피하게 의식주衣食住가 필요한 인간의 존엄과 가치의 보장은 물질적인 최저 생계의 보장에서 출발하므로, 사람이 스스로의 생계를 유지할 수 없다면 인간의 존엄은 구두선에 머물 것이기 때문이다. 실제로 먹고사

---

4) 곽혜원, 『현대세계의 위기와 하나님의 나라』, 106f.

는 문제에 전전긍긍하면서 생활고에 시달리면, 인간은 삶에 대한 의지가 약해지고 좌절과 패배감에 쉽게 빠지며 삶에 대한 깊은 환멸을 경험하게 된다. 무엇보다도 빈곤의 늪에 빠져 헤어나오지 못하면, 인간으로서 갖추어야 할 최소한의 존엄성을 상실하게 된다. 그러므로 부의 공정한 분배가 이루어지는 사회경제적 정의 실현과 사회 약자들에 대한 사회적 안전망의 강화가 근본적으로 요청된다.

2. 삶에 의욕과 동기를 부여하는 일자리 창출이 시급하다. 일은 인생사에서 인간이 살아가야 할 이유와 목적의식을 분명히 해줌으로써 삶을 가능하게 하는 삶의 기반 그 자체다. 이에 일자리를 잃는 실업 및 실직은 삶의 기반을 무너뜨려 삶을 지속 불가능하게 하는 위기를 초래한다. 실업은 가정 경제를 파탄에 빠뜨리고 가족 내에 파국을 야기함으로써 가족 해체까지 불러일으키는 매우 중대한 사안이다.[5] 더 나아가 실업은 정치적 불안, 사회체제의 위협, 심지어 안보 위기를 불러일으킬 수도 있는 가장 큰 위험요소 중 하나이기도 하다. 무엇보다도 실업은 자아존중감의 상실과 함께 정신질환의 위험을 높이고 육체적 건강에도 악영향을 미침으로써, 존엄하지 못한 삶과 죽음의 끝자락에 실업이 도사리고 있음을 부인할 수 없다. 그러므로 인간의 존엄한 삶, 존엄한 죽음을 위해 삶에 의미를 부여하고 생계를 가능하게 하는 일자리 창출은 어느 공동체를 막론하고 반드시 구현해야 할 필수 불가결한 과제다.

3. 사회적·가정적 유대관계는 삶과 죽음의 질을 좌우하는 최대 변수다. 앞의 두 조건이 주로 사회적·국가적 차원에서 감당해야 할 요소라면, 이후부터는 개인적으로도 함께 노력을 기울여야 할 사안이다. 많은 사

---

5) 유승호, 류성곤 공저, "자살의 정신사회적 위험 요인", 한국자살예방협회 엮음, 『자살의 이해와 예방』, 169.

람이 주지하듯이, 인간은 다른 어떤 동물보다도 타자에게 의존하는 존재이므로 타인과의 긴밀한 유대관계는 인간의 생존을 좌우하는 열쇠다.[6] 인생사에 위기와 난관이 닥쳤을 때 의지할 수 있는 돈독한 인간관계의 구축은 생사를 결정하는 문제라고 해도 과언이 아니다. 사람에 따라 정도의 차이는 있을지언정, 타인과의 관계가 인간으로서의 존엄한 삶, 존엄한 죽음을 좌우하는 중요한 변수라는 것은 거의 기정사실이기도 하다. 이는 무엇보다 사회적 관계가 단절되고 가족의 따뜻한 지원을 받지 못하는 상황 속에서 일어나는 고독사 사례에서 확연히 드러난다. 또한 많은 자살 사건이 사회적 고립과 가정 해체—특히 이혼—가 서로 맞물려 상승작용을 일으키면서 발생하고 있다. 이러한 현실은 긴밀한 사회적 유대와 가족관계를 위해 겸손한 자세로 인내하면서 개인적으로 많은 노력을 기울여야 한다는 사실을 시사한다.

4. 신체적·정신적 건강을 관리하는 일이 필수적이다. 건강이 인생사에서 생존을 위해 가장 중요하고도 필수적인 자산임은 반론의 여지가 없다. 오늘날 죽음의 과정이 주로 만성질환에 의한 점진적 사망으로 변화하면서 '얼마나 오래 사느냐'보다 '어떻게 건강하게 살 것인가'가 더 중요해졌다. 젊어서 건강관리를 어떻게 하느냐가 인생 전체의 삶과 죽음의 질에 결정적인 영향을 끼치기 때문이다. 젊은 시절의 건강하지 못한 생활습관들이 차곡차곡 쌓인 채 나이가 들면 그 결과가 고스란히 나타나는데, 문제는 건강에 해로운 행동을 한다고 해서 일찍 죽는 것이 아니라 몇 년 혹은 몇십 년을 만성질환으로 고통받다가 존엄하지 못한 죽음을 맞는다는 사실이다. 젊은 시절에 삶의 방식을 바꾸지

6) K. Pillemer, 『내가 알고 있는 걸 당신도 알게 된다면』, 185ff.

않으면 건강하지 못한 몸으로 100세까지 살 수도 있다는 것이다. 언제 죽을지는 우리가 선택할 수 없지만, 몇십 년이라는 시간을 건강하게 살다가 존엄한 죽음을 맞이할지, 아니면 끔찍한 육체적 고통을 받다가 존엄하지 못한 죽음을 맞을지는 스스로 선택할 수 있다. 따라서 최소한 남의 도움을 받지 않고 자기 스스로의 힘으로 일상생활을 영위할 정도의 건강을 유지하려면 하루라도 빨리 건강관리에 돌입해야 한다. 여기서 건강이란 단지 신체적 건강만이 아닌 정신적 건강도 포함하는 바, 이는 심신이 서로 떼려야 뗄 수 없이 긴밀하게 영향을 주고받기 때문이다. 그러므로 우리는 건전한 자기애自己愛에 기초하여 우리가 할 수 있는 최대한의 범위에서 심리적 정서도 잘 보살펴야 한다.

5. 은사로 받은 삶과 생명에 대한 사랑은 살아 있는 자의 의무다. 우리의 생명과 생존은 하나님의 은혜로운 선물이므로, 우리는 어떤 상황 속에 있든지 우리의 마음 깊은 곳에서 생명을 사랑하고 또 살아 있음에 기뻐하며 감사해야 한다. 사실 우리 인생은 하루하루의 삶에 허덕이느라 살아 있다는 것 자체가 좋은 일임을 느끼기 어려울 때가 많다. 그러나 세월이 흐를수록, 서서히 다가오는 죽음을 감지할 때마다 우리는 살아 있다는 것이 얼마나 아름다운 일인지를 절실히 깨닫는다. 또한 자신에게 주어진 모든 기회와 가능성이 죽음으로 인해 언젠가 중지될 수밖에 없음을 안타까워하게 된다. 그래서 죽음을 목전에 둔 사람들이 살아 있음을 원망하는 사람들에게 생명, 곧 살아 있다는 것은 그 자체가 좋은 일이라고 강변하는 것이다. 우리는 인생을 살아가면서 때때로 슬픈 일과 괴로운 일을 만나 절망의 심연을 헤맬 수도 있지만, 절대로 죽을 때까지 내내 고통스럽지는 않을 것이다. 고통의 한복판에 있을 때는 죽을 것처럼 힘들고 절망스럽지만, 고통의 날은 언젠가 반드시 지나가

고 새날이 다가올 것이기 때문이다.[7] 그러므로 살아 있는 날 동안에 삶과 생명에 대한 사랑을 충만히 누리면서 기쁘고 감사하게 살아가는 것은 살아 있는 자가 반드시 행해야 할 의무다.

존엄한 죽음을 위해 필요한 최소 조건

1. 존엄한 죽음을 위한 의료적 인프라가 구축되어야 한다. 좋은 임종 문화를 위한 법적·제도적·체제적 기반이 마련되어야 한다. 존엄한 죽음, 곧 좋은 임종을 실현하기 위해 우선적으로 해결해야 할 과제는 무의미한 연명의료가 시행되지 않을 수 있도록 법적 기반을 마련하는 일이다. 우리 사회에 1997년 보라매 병원 사건, 2009년 김 할머니 사건 등 존엄사(무의미한 연명의료 중단)와 관련한 굵직한 사건들이 있었지만, 아직도 이에 대해 법률적으로 일치된 기준이 마련되지 않았다. 이 때문에 해마다 3만 명이 넘는 환자들이 임종기에 접어든 후에도 엄청난 고통 속에서 무의미한 연명의료를 받다가 존엄하지 못한 죽음을 맞고 있다. 또한 말기 환자들이 불가피한 죽음에 이르는 과정에서 겪는 신체적·사회적·경제적 고통을 완화하기 위한 호스피스와 완화의료의 인프라도 제대로 정착하지 못하고 있다. 그러나 앞서 누차 강조한 바와 같이, 완치를 목적으로 하는 의학적 방법이 더 이상 효과가 없는 말기 환자들의 삶과 죽음의 질을 높여줌으로써 존엄한 삶, 존엄한 죽음을 가능하게 하는 최상의 의료 서비스가 바로 호스피스와 완화의료다.

---

7) 곽혜원, 『자살문제, 어떻게 할 것인가』, 238f.

이제 정부가 국민의 존엄한 삶, 존엄한 죽음을 위한 의료적 인프라를 기초적인 사회적 안전장치로서 확고하게 구축할 때가 되었다. 현재 우리나라 건강보험은 수술·검사·항암치료를 해야만 혜택을 받을 수 있도록 되어 있는데, 호스피스도 항암치료와 같이 건강보험 혜택을 받을 수 있도록 하는 국가적 지원이 절실히 요청된다.[8] 그리하여 재정적 부담 때문에 말기 환자와 그 가족들이 안락사를 선택하지 않도록, 말기 단계의 막대한 의료비용을 함께 나눌 수 있는 사회적·정책적 배려가 있어야 할 것이다.

2. 인간을 비인간화하는 죽음의 의료화가 지양되어야 한다. 과거에는 생로병사의 과정 전체가 한 인간이 뿌리내리고 살아가는 삶의 터전 위에서 이루어졌으며, 또한 생로병사의 문제는 마을 주민들이 함께 공유하면서 십시일반으로 품앗이하던 영역이었다. 그러던 것이 오늘날에는 기술문명의 획기적 발전과 급속한 도시화로 큰 변화를 겪으면서, 태어나고 죽는 과정이 모두 병원에서 이뤄진다. 즉 탄생은 산부인과에서, 질병은 다양한 의료 분과의 소관으로, 죽음도 병원의 중환자실과 장례식장을 통해야만 마무리되는 생로병사의 의료화가 진행된 것이다. 여기서 문제는 인간 생애의 모든 사이클이 기술 중심의 의료 영역에 포섭되는 한, 인간의 존엄성을 중시하는 의료의 구현은 요원하다는 사실이다.[9] 무엇보다 심각한 현실은 과거에 자연적으로 맞이하던 죽음

---

8) 암 치료 비용의 95%를 건강보험이 부담해주는데 호스피스 치료에는 건강보험 지원이 일절 없다는 것도 납득하기 어렵다. 정부가 담배에서 거두는 건강증진부담금 1조 5000억 원 가운데 일부만 호스피스 인프라 확충에 지원해도 말기(末期) 환자들이 존엄한 죽음을 맞게 하는 데 큰 도움이 될 것이다: "담배 부담금으로 '호스피스 환자' 돌볼 인프라 확충을", 「조선일보」(2014.09.29).

9) 윤영호, 『나는 죽음을 이야기하는 의사입니다』, 202f.

이 의료화됨으로써, 평온한 임종을 맞이하지 못하고 중환자실에서 각종 의료장비에 둘러싸여 매우 불행하고 비인간적인 모습으로 마지막 생애를 보내는 사람이 너무 많다는 것이다. 임종을 앞둔 환자의 가족들은 애타는 마음으로 무의미한 연명의료라도 강행하길 원하지만, 이는 환자에게 크나큰 고통을 안겨줄 뿐 아니라 환자로 하여금 존엄하지 못한 죽음에 이르게 한다. 이러한 상황 속에서 최근 의식 있는 전문가들은 인간의 존엄한 죽음을 실현하기 위해 죽음의 의료화를 지양하는 가운데 자택에서 받는 호스피스 혜택, 자기 집에서 평온하게 맞이하는 임종 문화를 주창하고 있다.

3. 죽음에 대한 범국민적 사고의 전환과 좋은 죽음 혹은 존엄한 죽음을 실현하려는 사회적 에토스의 조성이 요구된다. 죽음이란 결코 부정한 것이나 의료적 패배가 아니라, 삶의 자연스러운 종결이요 중요한 완성이다. 특별히 기독교에서 죽음은 예수 그리스도의 죽음과 부활로 말미암아 유익하게 섭리되는데, 하나님은 우리의 육체적 죽음을 통해 죄의 영원성을 단절시키고 악이 불멸하지 못하도록 역사하신다. 또한 육체적 죽음은 우리가 덧없는 존재라는 사실을 깨닫게 해줌으로써 우리를 영원하고 거룩하신 하나님 앞에 겸손히 낮추게 한다. 나아가 죽음은 비록 우리의 육신이 흙으로 돌아가도 역사의 종말에 주님의 능력을 힘입어 새로운 몸으로 다시 부활하리라는 산 소망을 일깨워준다. 또 죽음은 인생의 온갖 질고와 수고에 종지부를 찍어주는 은혜로운 사건이기도 하다. 끝으로 죽음은 성장의 마지막 기회, 곧 마지막이되 대단히 좋은 기회이기도 한데, 왜냐하면 죽음을 준비하면서 우리는 이전과는 비교도 안 될 만큼 높은 영적인 성장을 기할 수 있기 때문이다.[10] 그러

---

10) 최준식, 『죽음학 개론』, 40f.

나 우리가 죽음을 단지 자연적인 것으로만 인식할 경우, 죽음에 대해 초연해져 자칫 죽음이 지닌 치명성을 간과할 수 있다. 이를 통해 우리는 우리 자신의 죽음은 물론 다른 생명들이 당하는 잘못된 형태의 죽음을 쉽게 용납하고 이 세상에서 일어나는 온갖 형태의 억울한 죽음, 폭력적 죽음, 강제적 죽음까지도 자연적 죽음으로 받아들이는 가운데 이에 대해 무감각한 태도를 보일 수도 있다. 이에 반해 우리가 죽음을 비자연적인 것으로만 인식할 경우, 죽음을 제대로 수용하지 못해 현실에서 죽음을 배제하고 어떠한 대가를 치르더라도 무한히 생명을 연장하려는 병리적인 태도를 보일 수 있다. 하지만 우리는 우리 자신의 죽음은 물론 이 세상에서 일어나는 여러 형태의 잘못된 죽음에 저항하는 자세를 취하는 가운데 그 해결과 극복을 위해 노력하게 된다. 이로 보건대, 죽음의 자연성과 비자연성은 각각 나름의 의미를 내포하면서 우리에게 중요한 과제를 제시한다. 즉 우리는 한편으로는 현실에서 죽음을 배제하지 않고 그 존재를 인정해야 하고, 다른 한편으로는 죽음의 치명성과 폐해를 직시해야 한다. 이러한 사실을 깊이 유념하여 죽음에 대해 올바른 태도를 견지함으로써 존엄한 죽음, 아름다운 삶의 마무리 문화 운동으로 부를 만한 범국민적인 의식 전환 캠페인을 이끌어내야 한다.

4. 모든 연령층이 건강할 때 죽음을 준비해야 한다. 죽음은 인생사에서 가장 중대한 사건이자 철저한 준비가 필요한 영적인 사건이므로, 좋은 죽음 혹은 존엄한 죽음을 맞이하기 위해서는 건강할 때부터 준비해야 한다. 삶의 시간은 제한되어 있고 죽음은 언제든 갑자기 찾아올 수 있으므로, 죽음을 더욱 편안하게 맞이할 수 있도록 준비하는 것이 곧 삶을 더욱 의미 있게 영위하는 길이다. 일반적으로 죽음에 대한 준비는

노인에게만 해당하는 것이라는 선입견이 있지만, 죽음은 예고 없이 아무 때고, 어디에서나, 그리고 누구에게나 갑자기 찾아오므로 전 연령층이 죽음을 준비해야 한다. 특별히 죽음교육에는 조기교육이 중요한데, 이는 젊었을 때 아무 생각 없이 살다가 병들고 늙어서 죽음의 그림자가 다가온 상태에서 죽음을 준비하려 하면 인지상정상 죽음을 피하고 싶고 더욱더 삶에 집착하게 되기 때문이다. 그뿐 아니라 죽음에 대해 조기교육을 시행해야 하는 이유는, 죽음교육이 단지 죽음에 대해서만 알려주는 것이 아니라 삶에 대한 교육도 되기 때문이다. '나는 어떻게 죽음을 맞이할 것인가'를 생각하면, '나는 어떻게 삶을 살아야겠구나' 하는 생각에 다다르게 된다. 죽음을 통해서 삶이 완성되기 때문에, 존엄한 죽음을 맞이하기 위해 하는 고민은 내가 지금 해야 할 일과 앞으로 해야 할 일들을 체계적으로 생각하는 계기가 된다는 것이다. 그렇다면 삶 속에서 죽음을 준비하는 것은 존엄하고 유의미하게 인생을 마무리하는 원동력이 된다고 말할 수 있다.

5. 종교적 믿음과 영성을 가져야 인생이 완성된다. 인생은 단지 살아 존재하는 것 그 이상의 의미가 있는데, 이는 곧 완성을 향해 나아가는 기나긴 여정이다. 이러한 인생을 완성하고자 할 때, 종교적 믿음과 영적인 생활은 가장 중요한 요소라고 해도 과언이 아니다. 종교적 믿음과 영성은 고난의 여정인 인생을 헤쳐나갈 근원적인 힘과 용기를 부여함으로써 자칫 중단될 위기에 놓일 수도 있는 인생의 여정을 끝까지 완주하게끔 돕기 때문이다. 또한 혈육보다 더 가족 같은 따뜻한 종교 공동체와 교우들의 든든한 지원은 인생사의 무거운 짐을 혼자 짊어지지 않아도 된다는 마음 든든한 사실을 일깨워준다. 무엇보다도 종교적 믿음과 영성은 죽음의 준비에 결정적으로 중요하다. 죽음을 준비하면서

배우는 종교 교리는 인생의 참된 의미에 대해 깊은 깨달음을 줌으로써 남은 삶을 더욱 뜻깊게 만들고 존엄하게 삶을 마무리하도록 이끈다. 우리가 흙으로 돌아갈 수밖에 없는 허무한 존재임을 의식할 때, 우리는 죽음의 한계를 넘어서는 영원한 존재, 곧 하나님의 존재를 생각하게 된다(전 12:1-2, 7).[11] 죽음으로 인해 인간의 모든 개인적·사회적 관계가 단절되더라도, 하나님과의 관계는 죽음의 한계를 넘어서 영원히 이어지기 때문이다. 하나님과의 긴밀한 관계를 통해 죽음 이후 누릴 영원한 생명에 대한 확실한 믿음을 소유할 때, 우리는 마음의 위로와 평강 속에서 존엄한 죽음을 맞이할 수 있다. 한 걸음 더 나아가 우리는 우리의 모든 죄악과 거짓과 연약함에도 불구하고, 지금까지 우리가 누릴 수 있었던 삶에 대해 하나님께 감사하며 행복한 죽음을 맞이할 수도 있다. 그러므로 피할 수 없는 죽음의 한계상황에 직면한 인간에게 하나님과의 만남은 죽음에 대한 가장 본질적인 준비라고 할 수 있다. 이와 같은 삶의 큰 깨달음은 임종이 임박할 때 극대화되어 다가오기 때문에, 마지막 순간까지 이 기회를 잘 선용하면서 죽음 이후를 보다 적극적으로 준비하고 신앙생활에 총력을 기울여야 할 것이다.

---

11) "젊을 때에 너는 너의 창조주를 기억하여라. 고생스러운 날들이 오고, 사는 것이 즐겁지 않다고 할 나이가 되기 전에, 해와 빛과 달과 별들이 어두워지기 전에, 먹구름이 곧 비를 몰고 오기 전에, 그렇게 하여라.…육체가 원래 왔던 흙으로 돌아가고, 숨이 그것을 주신 하나님께 돌아가기 전에, 네 창조주를 기억하여라"(전 12:1-2, 7).

언제부턴가 인류는 젊음에 대한 집착에 깊이 빠져 있다. 특별히 현대인들은 내면 깊숙이, 나이 듦에 대한 혐오와 공포 속에서 노화의 현실을 받아들이기를 몹시 힘들어한다. 많은 사람이 나이 드는 것에 노골적으로 부정적인 태도를 취함으로써 온 세상이 노화에 대한 불안과 두려움으로 가득하다. 시대와 지역을 초월하여 나이 든 세대나 젊은 세대를 막론하고 노화과정을 완강히 부인하는 경향을 보이고 있다. 현대인에게는 노화가 생로병사, 곧 태어나 늙고 병들어 죽는 자연 순환의 원리에 따르는 하나의 과정이라는 사실을 이해하는 능력과 함께 나이 든 자신의 모습을 받아들이는 능력이 근본적으로 결여된 것 같기도 하다.[1]

이러한 상황 속에서 인간의 생명을 다루는 의학은 이제 환자의 치료만을 위해 존재하지 않고, 외형적인 젊음과 아름다움을 영원히 유지하려는 욕망, 무분별한 건강 집착증을 위해 활용되기 시작했다. 현대인들은 새로 나온 신약을 복용하고 최신 의술로 치료를 받고 각종 영양제와 건강 보조식품들을 충분히 섭취하면 얼마든지 젊음을 유지하고 수명을 연

---

1) K. Pillemer, 『내가 알고 있는 걸 당신도 알게 된다면』, 178f.

장할 수 있다고 착각하면서 살아간다. 그들은 수명 연장을 위한 방법들에 도취되어 스스로 죽음을 통제할 수 있다는 잘못된 믿음마저 갖게 되었다. 그 결과 생로병사는 어느덧 인간 세상에서 균열을 일으킬 조짐을 보이고 있다. 인간은 '안티에이징'anti-aging 기술을 통해 노화와 죽음을 자연계의 질서 저 너머로 유배 보내려고 한다. 오늘날 사람들은 이전 세대들이 상상도 할 수 없을 만큼 젊어지고 평균수명이 엄청나게 길어졌음에도, 이에 만족하지 않고 끊임없이 젊음을 추구하면서 삶을 연장시킬 방법을 모색하는 것이다.

실제로 현대인들은 의료기술의 발전을 디딤돌 삼아 불멸不滅을 꿈꾸는 단계로까지 나아가기도 한다. '에디슨 이후 최고의 발명가'로 손꼽히는 발명가이자 지난 30년간 미래 예측에서 80%가 넘는 적중률을 보인 미래학자 레이 커즈와일R. Kurzweil은 2045년경이 되면 인간의 모든 질병이 극복됨으로써 인류가 영원히 죽지 않는 불멸의 시대, 마치 신神처럼 되어가는 시대가 열릴 것이라고 장담한다. 그의 주장에 의하면, 생명공학은 이제 게놈Genome(생물의 유전 형질을 나타내는 모든 유전 정보가 들어있는 유전자의 집합체) 지도의 완성으로 예측 가능한 발전 궤도에 올라섰고, 의술 역시 기하급수적인 발전의 문턱을 넘어섰기 때문에 인류는 10년 안에 심장 질환과 암에 대한 연구를 거의 끝내고 20년 안에 모든 질병을 극복할 것이라고 한다.

커즈와일은 불멸의 시대가 열리는 날까지 생존하기 위해 요즘 알약—코엔자임 Q10·포스파티딜콜린·비타민 D 등을 포함한—을 하루에 150개나 먹는다고 한다. 그는 인류가 오랜 세월 죽음을 미화했던 것은 죽음을 어떻게 극복해야 할지에 대한 방법을 찾지 못했기 때문이라고 말하면서, 2045년 이후에는 종교나 죽음에 대한 찬미는 모두 과학 이

전 사회의 유물이 될 거라고 자신만만하게 주장한다. 그러면서 커즈와일은 인생은 창의력과 창조를 통해 새로운 지식을 쌓고 새로운 관계를 맺음으로써 유의미해지는 것이지, 결코 죽음으로써 의미를 갖는 것은 아니라고 역설한다.[2]

셔윈 눌랜드 교수는 이러한 현대인들의 행태에 대해 "모두 부질없는 짓"이라고 일축하면서 결국 인간으로서의 품격과 존엄성만 떨어뜨릴 뿐이고 결코 명예로운 일이 될 수 없다고 일침을 놓는다. 현대인들은 젊음을 추종하면서 수명을 연장하려는 시도를 무수히 자행하지만, 이를 통해 노화 자체를 지연시키고 생을 연장한 사람은 사실상 아무도 없다. 노화와 질병과 죽음은 유한한 수명을 할당받은 인간의 숙명이자 결코 피할수 없는 진실이기 때문이다. 인간이 아무리 비싼 '안티링클' 제품을 사용한다고 해도 늘어가는 주름을 막을 수는 없으며, 질병에 걸리지 않으려고 건강관리를 아무리 철저히 한다고 해도 불가피하게 병에 걸릴 수밖에 없다.

신체 조직의 소진에 의해서든 프로그램화된 유전인자 때문이든, 모든 생명에는 한계점이 있고 각 생물 종은 각각 정해진 수명을 부여받았는데, 인간에게 그 기간은 대략 100-110년(최장 120년) 정도라고 한다. 즉 인류를 엄습하는 모든 질환을 다 정복할 수 있다고 해도 인간이 1세기 이상을 생존하기란 쉽지 않다는 이야기다. 생의학의 발달이 인류의 평균수명을 엄청나게 연장시켰다고는 하지만, 여전히 대부분의 사람들은 기록될 만한 수명을 누리지 못한 채 숨을 거둘 수밖에 없는 것이 현실이다.[3]

---

2) 박승혁, "'21세기 에디슨' 도발 예언…'2045년 되면 인간은 죽지 않는다'", 「조선일보」 (2013.07.20).

3) S. B. Nuland, 『사람은 어떻게 죽음을 맞이하는가』, 134f.

이처럼 인간의 불가피한 운명을 외면한 채 생로병사에 불응한다면, 현세에 대한 집착은 나날이 도를 넘어서게 될 것이다. 노화를 비참한 것으로 인식하는 한, 우리는 인생을 의미 있게 마무리하는 지혜를 배우지 못한다. 죽음이 자연으로 돌아가는 당연한 과정이라는 사실을 거부하는 한, 우리는 끝까지 발버둥 치면서 사멸死滅과 거리를 두려고 할 것이다. 인간의 이러한 집착은 세계의 유한성을 거부하려는 광분에서 비롯되는 것 같다. 불멸을 희구하는 인간의 욕망과 광기는 마침내 다른 생명체와 공유해야 할 생태계의 모든 자원을 무참히 착취하고 파괴하기에 이르렀다. 그러면서도 인간은 과학기술 문명을 통해 파괴한 생태계의 이 모든 것을 재생시킬 수 있다는 착각 속에 빠져 있다. 이제 자신의 몸과 생명을 방부 처리하려는 인류의 탐욕의 폭주에 제동을 걸어야 할 때가 왔다.[4]

많은 사람이 노화의 현실과 노년기를 두려워하면서 최대한 피하고자 하지만, 최근 인간의 노화에 대해 연구하는 전문가들이 실제로 노년기를 보내는 인생의 현자들을 대상으로 실시한 조사는 상당히 유의미한 결과를 보여준다. 이는 곧 나이 드는 일이 생각보다 훨씬 괜찮은 일이라는 사실이다. 대다수 사람들은 늙으면 당연히 행복이 줄어들 것으로 생각하지만, 뜻밖에도 많은 인생의 선배들이 노년기가 젊었을 때 상상했던 것보다 더 큰 기회와 만족을 준다고 말한다. 어떤 노인들은 나이 드는 것이 아주 놀라운 경험이라고 말하기도 하는데, 왜냐하면 평생 짊어지고 살아온 여러 가지 막중한 과제들로부터 자유롭게 되어 부담없이 기쁘고 즐거운 일을 행할 수 있기 때문이다. 이는 반드시 성취해야만 했던 여러 가지 책임과 의무들에 더 이상 신경 쓸 필요 없이 홀가분하게 살아갈 수

---

4) 윤영호, 『나는 죽음을 이야기하는 의사입니다』, 45f.

있기 때문이라는 것이다.[5]

물론 노인이 되면 여러 가지 상실의 아픔이 따르기 마련이지만, 그와 동시에 어느 정도 삶의 현실적 문제가 해결된 상태에서 완전함, 포용, 소소한 것에 기뻐할 줄 아는 마음 또한 얻을 수 있게 된다. 이처럼 나이가 들면서 얻게 되는 좋은 것도 있는데 인생을 관조하면서 삶을 통찰할 줄 아는 '자아 통합'이 바로 그것이다.[6] 많은 노인들이 노년의 삶을 '평온함', '존재의 가벼움', '고요하고 평화로운 일상'이라고 표현한다. 그뿐 아니라 노인이 되고 보니 인생사의 모든 것이 더욱 명확해져서, 젊어서는 그토록 중요했던 일들이 나이 들어서는 그리 대단치 않게 보이는가 하면 그와 정반대의 현실을 경험하기도 한다. 노년기에 접어들면서 인생사에서 정말로 중요한 게 무엇인지 올바로 눈뜨기 시작한다는 것이다. 그러므로 우리 인생의 현자들은 늙는 걸 걱정하느라 쓸데없이 시간을 낭비하지 말라고 당부하면서, 나이와 싸우지 말고 나이와 함께 늙어가며 변화하는 신체와 상황에 맞춰 지혜롭게 적응해나가라고 권고한다.[7]

생로병사의 숙명을 지닌 모든 인간은 한 번 태어난 이상 반드시 죽는다. 아니 죽음으로써 인간 세상은 새롭게 교체되어야만 한다. 젊은 세대를 통해 모든 것이 끊임없이 새로워지고, 이미 지나가버린 것을 다시 새롭게 배우는 재발견이 이루어질 수 있기 때문이다. 이를 통해 새로운 세대는 나날이 새로워지고 개선되기를 열망하는데, 바로 그 과정에서 인류를 위해 크나큰 공헌을 할 수 있게 되는 것이다. 결국 모든 살아 있는 생물체가 때가 되어 죽음으로써 생의 무대를 다음 세대에게 물려주는 것

---

5) K. Pillemer, 『내가 알고 있는 걸 당신도 알게 된다면』, 179ff.

6) H. Shapira, 『행복이란 무엇인가』, 217f.

7) K. Pillemer, 『내가 알고 있는 걸 당신도 알게 된다면』, 180f.

은 자연의 섭리라고 말할 수 있다. 즉 앞세대가 죽으면 다음 세대가 그 뒤를 이어 살다가 또 다음 세대에게 삶의 자리를 물려주고 떠나는 것이 인생사의 이치인 것이다. 우리의 탄생은 앞세대가 죽었기 때문에 가능했으므로, 우리 또한 다음 세대를 위해 죽음으로써 삶의 자리를 내주어야 할 의무가 있다. 그렇다면 노령은 인류의 새로운 출발을 위한 준비요, 더욱 새로워지고 개선된 이 세상을 후손들에게 물려주기 위한 '삶으로부터의 부드러운 탈출과정'(셔윈 눌랜드)이라고 말할 수도 있을 것이다.

더욱이 인간은 인생에 정해진 한계점이 있다는 사실을 담담히 받아들일 때 비로소 균형과 조화를 이룰 수 있게 된다. 모든 즐거움과 성취감과 함께 고통과 좌절까지도 받아들일 수 있는 성숙한 인생의 틀이 완성되는 것이다. 그뿐 아니라 우리 가까이에 다가와 있는 죽음을 직시할 때 인간 세상은 좀 더 의미 있게 진보할 수 있고, 시간은 더없이 소중한 것으로 여겨질 수 있다. 죽음이 다가온다는 생각을 항상 마음속에 간직하고 있으면 매사에 더욱 부지런하게 뜻깊은 삶을 영위할 수밖에 없다. 세상을 떠날 순간이 왔을 때 삶을 헛되이 낭비했다는 후회와 자책감을 느끼지 않도록 살아갈 것이기 때문이다. 삶의 가치는 길이에 있지 않고 순간순간을 얼마나 알차게 사느냐에 달려 있다. 아무리 오래 살았다고 해도, 그 삶의 내용과 결과를 놓고 보면 실제로는 얼마 살지 못한 것일 수도 있기 때문이다.[8] 그러므로 오래 산다는 것에만 탐닉하기보다는 어떤 생을 살다가 어떻게 마무리할 것인가를 성찰하는 삶이 더욱 값지다.

생로병사에 순응하고 노화에 대해 열린 마음을 갖고 한동안 연기했던 죽음에 대한 연구를 다시 진행하면서 얻은 가장 큰 수확은, 온통 부

---

8) S. B. Nuland, 『사람은 어떻게 죽음을 맞이하는가』, 137f.

정적으로만 보였던 죽음에도 긍정적인—뜻밖에도 은혜로운—일면이 있다는 사실을 새롭게 발견한 것이다. 앞서 이 책의 4강에서 살펴보았듯이 죽음은 인생의 온갖 질고와 굴곡, 걱정과 수고에서 벗어나게 하고 육체의 모든 고통과 아픔에 종지부를 찍게 함으로써 힘겹게 살아가는 우리 모두를 위로하는 은혜로운 사건이기도 하다. 특별히 그리스도인들에게 죽음은 예수 그리스도의 죽음과 부활로 말미암은 유익한 섭리 가운데 있는 것이다. 하나님은 인간의 육체적 죽음을 통해 죄의 영원성을 단절시키고 악이 불멸하지 못하도록 역사하신다. 즉 하나님은 죽음을 통해 인간이 죄 속에서 영원히 살아가지 않도록, 인간의 영혼 안에 심어진 악이 불멸이 되지 않도록 영혼의 그릇인 육체가 죽음을 통해 일시적으로 부패하도록 역사하시는 것이다. 이처럼 본래 죄로 인해 이 세상에 유입되었던 죽음이 종국에는 하나님의 은혜와 자비로 귀결된다는 사실이 우리에게 크나큰 마음의 위안과 신비로 다가온다.

죽음을 준비하는 마음가짐이 예전보다 더 경건하고 숙연해진 것도—그러나 막연하지 않고 실제적이 된 것도—감사할 일이다. 과거 초기 그리스도인들은 임종의 과정이 그리스도의 십자가의 길을 실천할 수 있는 마지막이자 가장 중요한 영적 여정이라고 인식했는데, 이 사실을 깊이 묵상하면서 사랑하는 이들의 임종에 대해서는 물론 나 자신의 임종에 대해서도 일말의 기대하는 마음을 가지게 되었다. 초기 그리스도인들이 인생사에서 가장 중대한 사건인 죽음이라는 신성한 순간을 위해 오랫동안 준비했으며, 또한 자신들의 죽음을 통해 다른 이들로 하여금 좋은 죽음에 이르고자 하는 마음을 갖도록 몸소 본보기를 보이기도 했다는 사실은 나에게 많은 영감을 주었다.

이제 죽음을 연구하는 신학자로서 한 가지 소망이 있다면, 그동안 행해왔던 죽음에 관한 연구와 담론을 단지 이론 차원에만 머물게 하지 않고 나 자신의 삶과 죽음 속에서 몸소 실행에 옮기는 일이다. 인생에서 행복하다고 여겨지는 순간에 '사전의료의향서'를 작성하여 무의미한 연명의료에 집착하지 않으며, 좋은 죽음 혹은 존엄한 죽음을 실현하기 위한 최선의 의료 서비스인 호스피스와 완화의료를 몸소 경험하면서 그 진가를 많은 이들에게 확증하고 싶다. 죽음에 대해 깊이 성찰하는 이들은 죽음이 마지막 성장을 가져다줄 수 있는 최선의 기회라고 이구동성으로 말하는데, 이 책을 읽는 모든 이들이 이 기회를 최대한 선용하여 생의 마지막 순간까지 영적으로 진일보할 수 있기를 소망해본다.

셸리 케이건의 죽음 이해에 대한 비판적 고찰

1. 왜곡된 죽음 이해에 직면한 기독교적 죽음 이해

최근 죽음에 관한 명강의가 책으로 출판되었다는 언론의 보도를 접하고 무척 반가웠다. 그 책은 바로 예일 대학교 철학과에서 17년 동안 죽음에 관해 가르쳐온 셸리 케이건S. Kagan교수의 『죽음이란 무엇인가』Death이다.[1] 『죽음이란 무엇인가』는 2012년 11월 출판 당시부터 우리 사회에서 선풍적인 인기를 끌며 주목을 받았고 현재까지도 주요 서점가의 베스트셀러 상위권에 올라 있다. 특별히 케이건 교수의 2013년 5월 방한에 힘입어 이 책의 인기는 당분간 더 지속될 것으로 보인다.

사실 죽음에 관한 저서가 우리 사회에서 커다란 반향을 불러일으키는 것은 대단히 고무적인 현상이다. 죽음은 결코 피할 수 없는 불가피한 삶의 현실임에도, 우리 사회는 죽음에 관해 여전히 금기시하며 이야기하려 들지 않기 때문이다. 더욱이 오락과 안락, 향락과 쾌락을 즐기기에 여

---

1) S. Kagan/박세연 옮김, 『죽음이란 무엇인가』(서울: 엘도라도, 2012).

넘이 없는 현대인들은 죽음을 미리 생각하여 불필요한 슬픔에 빠질 필요가 없다고 생각하는 가운데 삶에만 관심을 기울이는 경향이 강하기 때문이다.[2] 죽음을 연구하는 신학자의 입장에서 볼 때, 죽음에 대한 금기는 인류 역사상 바로 지금이 그 정도가 가장 심하지 않을까 생각한다.

대부분의 사람들이 죽음을 두려워하지만, 그래도 종교와 문화권에 따라 죽음을 받아들이는 태도에는 다소간에 차이가 있어서 그리스-로마 문화권이나 불교-힌두교 문화권에서는 죽음에 대한 금기가 상대적으로 덜한 편이었다. 심지어 불교에서는 죽음이 이 세상의 모든 고통으로부터 구원을 받아 열반에 이르는 것을 의미하기 때문에, 불교도들은 죽음을 동경하는 경향을 보이기도 한다. 하지만 현대인들은 각종 매체를 통해서 무수히 많은 죽음을 접함에도 불구하고[3] 죽음 자체를 인격적으로 경험할 기회를 많이 잃어버림으로써 노화와 질병을 자연스럽게 받아들이지 못하고 죽음을 심리적으로 억압하는 경향을 보이고 있다.[4]

그런데 『죽음이란 무엇인가』의 선풍적 인기가 많은 이들의 우려를 자아내는 이유는, 저자 케이건이 신新기계론적 인간관 및 세계관에 입각한 죽음 이해를 전개하고 있다는 점이다. 케이건 자신은 그의 죽음 이해가 신기계론에 입각한 것이라고 분명히 표명하진 않지만, 그가 인간을 철두철미 '기계'機械로 간주하는 면에서 신기계론에 많은 영향을 받았다고 해도 무방할 것이다. 이러한 죽음 이해를 바탕으로 케이건은 영혼과 정신에 대한 부정, 더 나아가 사후생의 부정으로 나아간다. 그리고 그 논리적 귀결로 기독교의 육체 부활 및 영원한 생명(영생)에 대한 신앙도 반

---

2) 곽혜원, 『현대세계의 위기와 하나님의 나라』(서울: 한들, 2008), 257.

3) 김균진, 『기독교 조직신학』 V, 131f.

4) J. Moltmann, 『오시는 하나님』, 112f.

박하며 죽음이 모든 것의 끝이라고 결론짓는다.

케이건은 그동안 17년 넘게 '죽으면 모든 것이 끝나버린다'라는 입장을 자신이 가르치는 학생들에게 각인시켜왔는데, 이제는 『죽음이란 무엇인가』를 통해 전 세계의 독자들에게 신기계론적 죽음 이해를 확산시키고 있는 것이다. 지금까지 그는 중립적 입장에서 여러 다양한 이론을 소개하는 입장을 견지해왔지만, 이 책에서는 자신의 특정한 주장을 적극적으로 옹호하면서 독자들을 설득시키기 위해 최선을 다할 것이라고 솔직히 밝힌다.[5] 특별히 케이건이 독자들을 설득시키는 방식은 질의-응답 → 질의-응답 → 질의-응답을 무수히 반복하면서 자신이 말하려는 주장으로 독자들을 끌고 가는 것인데, 이는 『정의란 무엇인가』^{Justice}의 저자 마이클 샌델$^{M. Sandel}$이 취한 논법과 외형상 거의 동일한 방법이다.

『죽음이란 무엇인가』의 번역본은 우리나라에서 전 세계 최초로 발간되었다고 하는데, 죽음을 연구하는 신학자의 입장에서 이 책이 우리 사회에 왜곡된 죽음 이해를 확산시킬 수 있음을 매우 우려하지 않을 수 없다. 일반적으로 죽음의 문제는 곧 삶의 문제와 상호 불가분리의 관계 속에 있으므로,[6] 죽음에 대한 잘못된 생각과 태도는 삶에 대해서도 잘못된 생각과 태도를 형성하기 때문이다.[7] '죽음은 인간 존재의 완전한 소멸이다'라는 생각이 사회 안에 확산될 경우, 인간의 삶의 의미와 윤리적 책임성이 훼손될 가능성이 매우 크다. 죽음을 모든 것의 끝으로 단정할 경우, 사람들은 자살이나 죽음을 막연히 탈출구로 생각할 수도 있다. 그러나 역으로 죽음에 대한 올바른 생각과 태도는 삶에 대해서도 올바른 생각

---

5) S. Kagan, 『죽음이란 무엇인가』, 9f.

6) 오진탁, 『삶, 죽음에게 길을 묻다』, 237ff.; 오진탁, 『죽음, 삶이 존재하는 방식』, 6f., 32f.

7) Cf. A. Deeken/오진탁 옮김, 『죽음을 어떻게 맞이할 것인가』, 26f., 246f.

과 태도를 형성하게 한다. 이처럼 죽음에 대한 생각과 태도는 삶에 대한 생각과 태도와 직결되므로, 죽음에 대해 바람직한 이해가 형성되도록 사회 분위기를 조성하는 것은 대단히 중요한 일이다.

무엇보다도 케이건이 영혼의 존재와 사후의 삶, 부활 신앙을 부정함으로써 많은 그리스도인을 혼란스럽게 할 우려가 매우 큰 상황 속에서 삶과 죽음生死에 대한 성서적 이해를 제대로 정립하지 못한 한국 기독교는 예상보다 큰 위기상황에 봉착할 수도 있다. 삶과 죽음에 관해 연구하는 일은 본래 종교가 감당해야 할 영역인데, 이 문제에 대한 한국 기독교의 관심도는 일반 사회와 견주어볼 때 상당히 많이 뒤처진 상황이다. 삶과 죽음에 관해 연구하는 생사학生死學은 일반 사회에서 먼저 시작되어 나날이 세인들의 이목을 받고 있지만, 정작 한국 기독교에서는 생사학이 거의 알려지지 않은 학문 분야일 뿐만 아니라 이 분야에 대한 이해와 공감대 역시 많이 부족한 상황이다. 따라서 다른 어떤 공동체에서보다 한국 기독교 안에서 생사학 논의가 절실히 요청되고 있다.

기독교의 죽음 이해를 단적으로 대변하는 부활 신앙을 겨냥하여 강하게 논박하는 케이건의 태도를 보면서 향후 부활 신앙이 현대인들에게 더욱 세차게 거부당할 것으로 예측할 수 있다. 이는 우리나라에서도 예외가 아니어서, 이미 한국 기독교 안에서 육체 부활에 대한 신앙이 나날이 힘을 잃어가는 분위기다. 부활 신앙은 설교 시간에만 선포되고 그리스도인들의 실생활에서는 동떨어져 있는 느낌이다. 사실 그동안 한국 기독교계에서 부활 신앙은 다른 종교와 구별되는 기독교의 핵심교리임에도 불구하고, 인간의 이해와 경험을 넘어서는 한계로 인해 충분히 논의되지 못했다.[8] 그

---

8) J. Moltmann, 『하나님의 이름은 정의이다』, 332.

런데 오늘날 한국 기독교가 지닌 많은 문제—대표적인 문제는 '생명력 상실'이다—는 부활에 대한 확고한 신앙을 잃어버림으로써 비롯된 문제라는 진단이 대두되고 있다. 이러한 문제의식에서 출발하는 본고는 『죽음이란 무엇인가』에 나타난 셸리 케이건의 죽음 이해와 그 문제점을 기독교 신학자의 입장에서 비판적으로 살펴보고자 한다.

2. 기독교에서 바라본 셸리 케이건의 죽음 이해, 무엇이 문제인가?

2.1 논리와 이성으로 풀어내는 신기계론적 죽음 이해

죽음에 대한 이해는 인간에 대한 이해, 곧 인간관에 의존한다. 인간을 어떻게 이해하는가에 따라 죽음에 대한 이해가 결정되는 것이다.[9] 특별히 셸리 케이건이 전개하는 죽음 이해는 전적으로 그의 인간 이해에 근거한다.

먼저 케이건은 인간을 '기계'로 인식한다. 그는 인간에 대해 'machine'이란 용어를 쓰는데, 정확히는 인간을 "자유의지를 지닌", "단지 로봇보다 좀 더 나은 기계에 불과한"(72쪽) 존재로 설명한다. 본래 기계와 자유의지는 양립할 수 없는 개념이지만, 인간은 어떤 계기를 통해 자유의지라는 놀라운 능력을 지니게 된 기계라는 것이다. 인간을 기계로 바라보는 케이건은 죽음을 점점 낡아져 부품을 교체하다가 결국 고장 나서 아무 쓸모가 없어진 상태, 모든 기능이 마비되어 버린 상태, 그의 적나라한 표현대로 하자면 "결국 컴퓨터가 고장 나는 것과 다를 바 없는 현상"(506쪽)으로 인식한다. 이것이 바로 그가 이해하는 죽음의 본질이자 요체다.

---

9) 김균진, 『종말론』, 146; 김균진, 『죽음의 신학』, 117.

케이건에게 죽음은 그동안 인식되어 온 것처럼 더 이상 인류 최대의 미스터리, 베일에 가려진 거대한 신비가 아니다. 그는 다음과 같이 설명한다. "물리주의자들에게 죽음이란 더 이상 신비롭고 베일에 가려진 개념이 아니라는 점에 주목하자.…철학자의 시선으로 볼 때 지금까지 우리가 살펴봤던 죽음이라는 개념에 더 이상 신비로운 것은 없다. 인간의 육체는 살아서 움직이다가 파괴된다. 결국 이것이 죽음에 관한 전부다"(266쪽). "죽음에는 어떤 미스터리도 없다"(269쪽).

이러한 죽음 이해를 통해 케이건은 그동안 인간 사회가 죽음의 본질에 관해 보편적으로 생각해온 신념 체계의 허구—그의 확신에 따른 정의다—를 파헤치면서 죽음을 바라보는 종교적 믿음이 처음부터 끝까지 완전히 잘못됐다는 사실을 입증하고자 한다(11쪽). 따라서 그는 모든 심리적 믿음과 종교적 해석—특히 기독교의 계시, 성서의 권위, 개인의 신앙 등—을 전적으로 배제하고 오로지 논리와 이성의 측면에서 죽음에 관한 논의를 시도한다. 이 책은 저자 자신이 서두에서 밝힌 바와 같이 죽음에 관한 일반적 책들과는 사뭇 다른 방식으로 논의를 전개한다. 그러므로 죽음을 주제로 한 책이라면 당연히 다룰 것이라고 기대되는 내용들이 이 책에는 없고, 그 대신 삶과 죽음, 영혼에 관한 철학적 질문들을 강의 형식의 자연스러운 말투와 유머감각으로 흥미롭게 풀어내고 있다.

여기서 케이건이 전개하는 신기계론적 죽음 이해와 일말의 연관성을 갖는 것으로 보이는 신기계론적 인간관에 관해 간략히 설명할 필요가 있다. 신기계론적 인간관은 근대 계몽주의의 태동과 함께 등장한 기계론적 인간관이 현대로 접어들면서 새롭게 변형, 발전된 세계관이다. 기계론적 인간관 내지 세계관을 도입한 가장 대표적인 철학자는 데카르트R. Descartes로서, 그는 이 세계를 철두철미 원인과 결과의 법칙(인과율)

에 지배를 받는 거대한 기계 혹은 시계와 같은 존재로 인식했다. 데카르트의 생각을 따르면, 인간의 육체도 인과율에 따라 수학적으로 움직이는 기계 혹은 시계와 같은 존재다.

오늘날 신기계론적 인간 이해를 대변하는 가장 대표적인 인물은 저명한 물리학자 스티븐 호킹 S. W. Hawking 이다. 그는 『우주에도 생명이 존재하는가?』 Life in the Universe? 라는 저서를 통해 인간의 몸이 하나의 기계이며 몸의 각 부분은 기계의 부품이라고 표명하였다. 이러한 전제 아래 그는 생명이 "질소와 인과 같은 소수의 원자를 동반한 탄소원자 사슬"을 기본으로 하는 탄소덩어리라고 기술함으로써 생명의 신비를 부정했다. 또한 그는 컴퓨터 바이러스를 생물학적 바이러스와 동일한 생명으로 생각함으로써 기계적인 것과 생물학적인 생명을 동일시하였다. 그 근거로 그는 컴퓨터 바이러스와 생물학적 바이러스 양자가 모두 공통적으로 자기복제 명령과 번식 유전자를 갖고 있다는 점을 제시했다.

호킹은 인간이 지배하고 강탈하며 살육하는 공격성을 지니고 있음을 인식하면서, 유전자 조작기법을 사용하여 인간의 공격적이고 악한 본성을 선한 본성으로 개선할 방법이 21세기 중에 발견될 것이라고 예견하였다. 또한 그는 조만간 인간이 10만 년간 생존하게 될 것으로 예측하기도 했다. 그러면서 그는 미래세계는 기계들의 세계가 될 것이라고 전제하면서 탄소덩어리가 생명이 되는 것과 쇳덩어리가 생명이 되는 것의 차이는 근소하며, 오히려 생물학적인 생명보다 기계적인 생명이 더 진화된 생명이라고 암시하기도 하였다. 급기야 호킹은 기계가 곧 생명이고, 인간생명이 기계화되는 것이 진화이기 때문에, 인간이라는 기계는 그 부품인 유전자를 조작해서 '초인'이라는 기계가 될 수 있을 것이라고 주장했다.

이러한 근대의 기계론적 인간관과 현대의 신기계론적 인간관의 근본 문제는, 인간이 인과율에 따라 수학적으로 움직이는 물질적 기계가 아니라 그 미래를 정확히 예측할 수 없는 개방된 유기체라는 사실을 간과한 데 있다. 인간은 인과율에 따라 기계처럼 움직이면서 이미 결정된 존재, 자유가 없는 폐쇄적인 존재가 결코 아니라, 그 사고와 행동을 전혀 예측할 수 없는 개방된 존재, 새로운 미래와 역사를 향해 나아가는 미지의 존재다. 현대 의학의 심신상관설心身相關說도 마음과 육체가 하나로 결합해 있는, 따라서 기계론적·신기계론적으로 설명하기 어려운 인간의 신비스러운 면을 시사한다.[10] 이러한 관점에서 볼 때, 인간에 대한 기계론적·신기계론적 이해는 설득력이 미약하고 그 지지 기반이 매우 취약하다.

그러나 무엇보다도 기계론적·신기계론적 인간관이 지닌 치명적인 문제는 인간의 정신과 영혼을 부정하면서 인간의 정신적이고 영적인 가치 추구를 배격한다는 점이다. 특히 신기계론적인 생명 이해의 패러다임 속에서 여러 형태의 유전자 조작이 시도되는 사회 분위기가 형성되었다고 해도 과언이 아니다. 만약 이러한 생명 이해의 패러다임이 널리 퍼지면, 생명체는 DNA 조작으로 마음대로 개조·복제되어 생산됨으로써 생명체가 갖는 생명의 신비는 사라지고 생명 세계는 일대 혼란을 겪게 될 것이다.[11] 그뿐 아니라 인간을 기계로 바라보는 기계론적·신기계론적 인간 이해가 일반인들의 의식세계에 영향을 미치면, 사람들은 인간으로서의 존엄성을 잃어버려 영혼과 정신에 대해 무관심하고 인간만이 지닌 고

---

10) 박승혁, "'21세기 에디슨' 도발 예언…'2045년 되면 인간은 죽지 않는다'"; 김균진, 『기독교 신학』 II(서울: 새물결플러스, 2014), 249f.
11) 임홍빈, "유전자 조작과 인간복제에 대한 생태신학적 이해", 「한국기독교신학논총」 제30집(2003), 374f.

유한 영성靈性을 상실함으로써 더욱더 물질적 가치만을 지향하는 존재가 될 것이다. 오늘날 배아복제 및 배아줄기세포 연구, 유전자 조작이 지지를 받는 배경은 신기계주의적 인간관의 세력 확장과 결코 무관하지 않다.

케이건은 죽음을 바라보는 기존의 종교적 믿음을 거부하고 오로지 논리와 이성의 측면에서 죽음에 관한 논의를 시도하지만, 나는 이러한 죽음에 대한 접근 방법이 처음부터 부적절하다고 주장한다. 왜냐하면 이 세상에서 일어나는 거의 대부분의 일은 논리와 이성의 측면만으로 논의할 수 없기 때문이다. 다른 무엇보다도 죽음이라는 실체는 인간의 이성과 사고, 경험과 능력을 넘어서는 불가사의한 영역에 속한다. 일반적으로 현대인들은 실험과 관찰을 통해 분석할 수 없는 신, 영혼, 사후세계를 부정하는 경향이 있지만, 엄밀히 말해 신, 영혼, 사후세계는 증명이나 논증의 대상이 아니다. 이 대상들은 긴 인생을 살아가면서 깊은 사유와 통찰 그리고 신앙을 통해 깨달음에 이를 때 그 존재의 유무를 알게 되는 영역에 속해 있다.

케이건의 『죽음이란 무엇인가』가 베스트셀러로 등극할 즈음 전혀 다른 유類의 죽음 이해를 소개한 책인 『나는 천국을 보았다』*Proof of Heaven*가 화제를 모으기 시작했다. 이 책은 다름 아닌 뇌 의학자이자 신경외과 전문의인 이븐 알렉산더E. Alexander가 쓴 임사체험 보고서다. 알렉산더는 "신, 영혼, 사후세계는 실제로 존재하는가?"라는 질문을 던지면서, 그에 대한 답변으로 기존의 과학과 의학의 눈으로 볼 수 없었던 초월적인 영역을 몸소 체험한 이후의 과정을 과학적이고 의학적인 검증, 철학적이고 종교적인 성찰을 통해 생생하게 묘사한다. 물론 그의 증언은 일주일간의 뇌사상태 경험을 '죽음'과 동일시할 수 있는가에 대한 의구심이 제기되는 탓에 설득력이 다소 부족한 것은 사실이다. 그럼에도 불구하고 이 책은 생명에 대한 현대 과학의 정설을 뒤엎고 죽음의 의학적 금기를 깼으며, 의학 전문가가 신, 영혼, 사후세계의 존재를 과학적으로 입증하고자 시도했다는 점에서 큰 의미를 가진다.

2.2 영혼과 사후의 삶, 부활을 부정하는 유물론적 죽음 이해

케이건이 전개하는 신기계론적 죽음 이해는 결국 영혼의 부정, 사후의 삶의 부정을 지향할 수밖에 없다. 아니 어찌 보면 신기계론적 죽음 이해의 근저에는 인간의 영혼과 정신에 대한 부정, 더 나아가 사후의 삶에 대한 부정이 애초부터 전제되어 있다고 말할 수도 있다. 호킹이 인간의 영혼과 정신을 도외시하듯이, 케이건도 인간의 영혼과 정신의 존재를 인정하지 않는다.

케이건은 시종일관 "죽은 다음에도 나는 존재할까?", "사후의 삶이 존재하는가?", "삶이 끝난 후에도 삶은 계속될 것인가?", "죽고 나서도 나라고 하는 존재가 계속 남아 있을까?"라는 질문을 던진다. 이 질문에 답변하기 위해 그는 먼저 인간의 정체성에 관한 문제를 해명하는데, 곧 사후의 삶의 존재 유무에 대한 대답은 인간이 어떤 존재인지에 달려 있다는 것이다. 지금까지 인간 존재 및 정체성에 대한 형이상학적 질문에는 두 가지 답변이 주어져 왔다. 하나는 인간이 영혼과 육체로 구성되어 있다고 주장하는 이원론dualism이고, 다른 하나는 한 가지 기본요소로 이루어졌다고 말하는 일원론monism이다. 양자는 모두 '육체'라고 하는 존재를 인정하지만, 영혼의 존재를 인정하는지 그렇지 않은지에 따라 차이점이 드러난다.

이원론에서 가장 중요한 점은 인간의 영혼과 정신을 육체와 전혀 다른 비물질적 존재로 인식하는 가운데 육체가 소멸해도 인간 존재는 얼마든지 영속성을 유지해나갈 수 있다고 생각하는 점이다. 이원론적 관점에서 죽음이란 육체적 사망으로 인해 비물질적 영혼과 정신이 육체로부터 영원히 분리되는 현상이다. 케이건은 영혼과 정신이 비물질적 존재라고 해서 물질적 소멸과정(육체적 죽음)에 영향을 받지 않는다고 과연 장담할 수 있는지에 대해 강하게 문제 제기한다. 그러면서 그는 영혼과 육체가 상호작용을 통해 강력한 조합을 이뤄야만 하는 존재라면, 육체가 소멸할 때 그 조합도 함께 소멸, 파괴되지 않겠느냐고 반문한다.

케이건의 관점이기도 한 일원론은 다른 말로 물리주의物理主義, physicalism라고도 지칭되는데, 이는 인간을 육체에 불과한 물질적 존재, 곧 육체라고 하는 한 가지 기본요소로만 이뤄진 존재라고 설명하기 때문이다. 물리주의가 생각하는 인간이란 생물학자들이 실험하고 연구할 수 있는 물질적 대상(35쪽), 수많은 놀라운 기능을 수행할 수 있는 물체이자 다양한 활동을 수행할 수 있는 육체(36쪽) 그 자체다. 즉 인간은 사고하고 의사소통하고 판단하고 계획을 세우고 감정을 느끼고 창조적인 능력을 발휘하고 사랑하고 꿈을 꾸는 등 다양한 인격 기능을 수행할 수 있는 육체라는 것이다.

영혼의 존재를 믿지 않는 물리주의자들도 정신의 존재를 인정하기는 하지만, 여기서 정신이란 육체가 수행하는 기능을 설명하기 위한 하나의 편리한 도구 혹은 개념에 불과한 존재다(38쪽). 이러한 인식에 따라 그들은 제대로 기능하는 물리적 육체만으로도 자유의지를 지닌 인간 존재는 충분히 설명될 수 있다고 확신한다. 그러므로 인간의 육체가 합목적적으로 움직인다는 사실을 설명하기 위해, 특히 인간이 '자유의지'를 갖고 있다는 사실을 설명하기 위해 굳이 영혼을 끌어들일 필요는 없다고 강조한다(70-78쪽). 즉 영혼이라고 하는 존재에 의존할 필요 없이, 제대로 기능하는 육체만으로도 인간은 건강한 육체와 시체의 차이를 설명할 수 있고, 또한 인간의 육체가 합목적적으로 움직이는 방식을 설명해 낼 수 있다는 것이다. 감정을 설명하기 위해서도 굳이 영혼에 의존할 필요가 없는데, 왜냐하면 순수하게 물리적인 존재들도 얼마든지 감정과 느낌을 가질 수 있기 때문이라는 것이다(59쪽).

비물질적 영혼의 존재를 인정하는 이원론과 영혼의 존재를 부정하는 물리주의 사이의 기로에서 케이건은 영혼의 존재를 받아들일 만한 타당한 근거를 발견하기 위한 논리적 추론을 시도한다. 이 과정에서 영혼에 관한 최고의 논증으로 알려진 플라톤Platon의 대화편 중 소크라테스Socrates의 죽음과 영혼의 불멸을 다룬 『파이돈』Phaidon과 육체와는 다른 정신의 존재를 입증하고자 했던 데카르트의 시도를 소개하면서 영혼의 존재에 대한 갖가지 옹호적 주장을 차례로 반박한다(42-87쪽). 영혼을 일종의 '철학적 용어'로 사용하는 케이건은 영혼이라는 존재를 상정하지 않고도 인간이 지닌 자유의지를 설명할 수 있는 여러 철학적 논증을 제시함으로써, 영혼이 존재한다고 믿는 이원론자들의 믿음은 설득력이 떨어진다고 역설한다. 이외에도 그는 이원론자들이 신봉하는 초자연적 현상과 관련된 다양한 주장들(임사체험, 강령술 등)을 의심할 만한 철학적·과학적 논의도 제기한다.

케이건은 영혼이나 정신의 존재를 증명하기 위한 사변적 논증을 같은 사변적 논증으로 반박하면서 이성으로 증명하기 매우 까다로운 존재 앞에서 쉽사리 심리적 믿음을 택하는 현상을 비판한다. 그러면서 그는 영혼의 존재에 대한 다양한 가설들이 모두 충분한 설득력을 보여주지 못했다고 진단한다. 특히 물리주의를 반대하면서 비물질적 영혼의 존재를 입증하려는 플라톤의 반론과 논증이 성공을 거두지 못했으며, 데카르

트의 주장 역시 거짓과 오류에 빠졌다고 단언한다(88-104쪽). 그는 현재
로선 어떠한 논증과 주장도 육체와는 별개의 존재로서의 영혼을 받아들
여야 하는 타당한 근거를 제시하지 못하기 때문에 "영혼을 입증하기 위
한 시도들은 모두 실패하고 말았다", "영혼은 존재하지 않는다"라고 이미
결론을 내렸음을 밝힌다(144, 148-149쪽). 그러므로 그는 영혼의 존재를
받아들여야만 한다는 이원론자의 주장에 동의할 수 없다고 못 박으면서
이원론을 거부하고 물리주의를 선택한다.

결론적으로 케이건은 인류 최대의 미스터리이자 심오한 철학적 수
수께끼로 남아 있는 질문, 곧 "사후의 삶이 존재하는가?"는 "완전히 말도
안 되는 자기모순적 질문", "착각에 불과한 질문"이라고 강조하면서 그
대답은 "아니오"라고 분명히 말한다(19, 23쪽). 달리 표현해, "죽음으로부
터 나는 살아남을 수 있을까?", "죽고 나서 여전히 생존해 있을 것인가?"
라는 질문도 역시 그 대답은 "아니오"다(20쪽). "삶이 끝나고 나서도 여
전히 삶이 남아 있을까?"라는 질문에 대해서도 "당연히 아니다"(81쪽)라
고 답변한다. 즉 죽은 다음에도 살아간다는 것은 철저히 자기모순이므
로, 삶이 끝난 상태에서 삶이 존재할 수 없다는 것이다. 그는 육체적 죽
음 이후에 계속해서 남아 있는 영혼이라는 또 다른 존재를 인정하지 않
는다. 이와 함께 악령의 존재도 인정하지 않는다. 그나마 케이건이 인정
하는 정신이란 존재도 육체가 제기능을 제대로 수행함으로 나타나는 현
상이므로, 육체적 기반이 망가지면 정신도 존재하지 못할 것이라고 단언
한다.

영혼과 사후의 삶, 부활을 부정하는 유물론적唯物論的 죽음 이해를 일
관되게 강조하면서 케이건은 죽음이 모든 것의 끝이라고 다음과 같이
확실히 결론짓는다. "나는 죽음이 나의 진정한 종말이라고 생각한다. 죽

음은 나의 끝이자 내 인격의 끝이다. 이는 지극히 단순한 사실이다. 죽음은 그야말로 모든 것의 끝이다"(245쪽). "인간의 육체는 살아서 움직이다가 파괴된다. 결국 이것이 죽음에 관한 전부다"(266쪽). "내가 알고 있는 한 내 육체가 죽으면 그걸로 끝이다"(294쪽). "문제의 핵심은 내 육체가 죽을 때 그 모든 것이 과거 속으로 영원히 사라져버린다는 사실이다"(295쪽). "내가 죽으면 더 이상 나는 존재하지 않는다"(295쪽). "내 육체적 죽음은 인간으로서 내 존재의 끝이다. 죽음은 모든 것의 끝이다"(296쪽).

마침내 케이건은 그 논리적 귀결로 기독교의 육체 부활 신앙도 반박한다. "내가 죽고 나서 내 몸이 부활하거나, 내 인격이 이식될 것이라고 기대하지 않는다"(245쪽). 특별히 케이건은 영혼 관점에서의 정체성과 육체 관점에서의 정체성을 논하면서 동일한 육체의 부활 가능성을 부정한다. "심판의 날에 신이 모든 원소들을 재조합해 죽은 이의 영혼과 육체를 부활시켰다고 하더라도, 우리는 그것을 예전과 똑같은 육체라고 볼 수 없다"(176쪽). 즉 심판의 날에 내 육체가 부활했다고 해도 그건 내 몸이 아니므로, 부활한 사람은 예전과 동일인물이 아니라는 것이다. 그러므로 케이건은 "내가 이해하는 한, 육체적 죽음 이후에 내 인격이 그대로 유지될 것이라고 믿을 수 있는 마땅한 근거를 발견하지 못하였다"(244쪽)라고 단언한다.

나는 영혼의 존재는 물론 사후의 삶도 없다고 수차례에 걸쳐 단정 짓는 케이건의 주장을 보면서 가슴이 서늘해지는 느낌을 받았다. 만약 그의 주장대로 사후의 삶이 정말 없다면 별문제가 없을 테지만, 사후의 삶이 참으로 존재한다면 그는 도저히 만회할 수 없는 그 낭패를 과연 어떻게 감당할 것인가? 죽음은 인간의 모든 이성과 경험을 초월한 영역인데, 오로지 논리와 이성만으로 죽음에 관해 어떻게 그렇게 확정적으로 말할 수 있는가? 유신론자든 무신론자든 죽음을 목전에 두고 살아가는 우리 인생들은 사후의 삶에 대비해 만반의 준비를 하는 것이 기본일진대, 아무런 준비 없이 황망하게 맞닥뜨리는 죽음이 과연 어떠할는지 우려스러울 따름이다.

대학교육을 책임지고 한 시대를 선도하는 위치에 있는 교수는 결코 사사롭게 지적인 유희를 위해 학문활동을 하는 존재가 아니라, 동 시대를 살아가는 사람들의 사고와 행동에 건전한 방향을 제시해야 할 사명을 지닌 책임이 있는 존재다. 영혼의 존재를 믿든 믿지 않든, 사후의 삶을 인정하든 부정하든, 부활 신앙을 반박하든 반박하지 않든 그것은 개인적으로 간직해야 할 신념이지, 도저히 증명 불가능한 이야기를 대중 안에 확산시키는 것은 대단히 무책임한 처사다. 자신의 죽음도 마음대로 할 수 없는 게 인간인데, 다른 인생들의 죽음을 결코 책임질 수 없는 한낱 유한한 존재가 어떻게 죽음의 본질에 관해 왈가왈부할 수 있겠는가?

케이건은 죽음을 모든 것의 끝으로 이해하지만, 기독교에서 죽음은 삶의 완성이라는 성격이 더 강하다. 물론 죽음과 함께 우리의 삶의 시간이 모두 끝나고, 우리가 맺었던 모든 관계도 중단되며, 죽음과 함께 이 세상을 떠나는 것은 부인할 수 없는 사실이다. 그러나 이것은 죽음이 지닌 한 면에 불과하다. 죽음은 끝^{finis}인 동시에 목적^{telos}이요 완성으로 이해할 수 있다.[12] 죽음과 함께 모든 것이 끝나버리는 것이 아니라 자신의 인격적 발전과 풍요의 과정이 완성된다면, 삶은 무의미한 것이 아니라 죽음의 순간에 완성되는 한 폭의 아름다운 그림과 같다. 삶과 죽음의 문제를 영혼의 성숙이라는 시각으로 바라본다면, 삶과 죽음을 하나로 이

---

12) 김균진, 『죽음의 신학』, 202.

어진 영혼의 아름다운 여정으로 받아들일 수 있을 것이다.[13] 죽음을 통해 삶의 역사의 그림이 완결되고 참된 자기 존재가 탄생함으로써 인간의 참된 자기 정체성이 완성되는 것이다.[14] 이러한 완성 속에서 인간은 죽음을 통해 "그리스도와의 교통"Christusgemeinschaft 속으로 들어가 "그리스도와 함께"(빌 1:23; 살전 4:17) 영원한 생명, 곧 충만한 생명을 누리게 되는 것이다.

2.3 비존재에 기반한 허무주의적 죽음 이해

이제 케이건은 영혼과 사후의 삶, 부활을 부정하는 유물론적 죽음 이해에 기반하여 "죽음은 나쁜 것인가?", "죽음이 나쁘다면, 왜, 어떻게 나쁜 것인가?"라고 질문한다. 그러면서 그는 그동안 제기되었던 여러 철학적 주장들을 점검하는데, 이들 가운데 죽음이 나쁜 이유를 제시한 '박탈이론'deprivation account을 가장 타당한 설명으로 받아들인다. 즉 살아 있다면 얻을 수 있는 삶의 모든 좋은 것을 송두리째 박탈해버리기 때문에, 삶이 선사하는 모든 좋은 것을 더 이상 누릴 수 없기 때문에 죽음은 나쁘다는 것이다.

그런데 역사상 박탈이론은 거센 반론에 직면했는데, 첫 번째 반론은 고대 그리스 철학자 에피쿠로스Epicouros의 견해다. 에피쿠로스는 나쁘다는 것은 존재하는 대상에게만 가능한 일인데, 죽음이 도래할 때 우리는 존재하지 않으므로 죽음은 나쁜 것이 될 수 없다는 입장을 견지하였다. 케이건은 그의 견해를 세 명제(1. 우리가 존재할 때 뭔가가 우리에게 나쁜 것이 될 수 있다. 2. 죽고 나면 우리는 존재하지 않는다. 3. 그러므로 죽음은 우리

---

13) 오진탁, 『삶, 죽음에게 길을 묻다』, 271.
14) 김균진, 『죽음의 신학』, 208ff.

에게 나쁜 것이 될 수 없다)로 요약하여 재차 정리하면서 이를 비판적으로 수용한다.

앞서 케이건은 죽음이 모든 것의 끝이라고 결론지었는데, 죽음이 정말로 끝이라면, "어떻게 죽음이 나쁜 것이 될 수 있을까?", "내가 존재하지 않는데 어떻게 뭔가가 내게 나쁜 것이 될 수 있단 말인가?", "내가 존재하지 않는 상태에서 대체 무엇이 내게 좋거나 나쁜 것이 될 수 있단 말인가?"라고 반문한다. 만약 죽음으로부터 생존할 수 있다고 믿는다면, 얼마든지 죽음을 나쁜 것으로 받아들일 수 있을 것이다. 예를 들어 사후에 영혼이 겪게 될 운명(천국에 갈지, 아니면 지옥에 떨어질지)에 대해 걱정할 수도 있다. 그러나 만약 죽음 이후 존재하지 않는다면, 죽음이 나쁜 것이 될 수 없다는 논지가 가능하다는 것이다. 그러므로 케이건은 죽음을 비존재로 이해하는 자신의 입장과 에피쿠로스의 견해에서 힌트를 얻어 죽음이 나쁜 것이 될 수 없다고 역설한다.

박탈이론에 대한 또 다른 반론은 루크레티우스^{Lucretius}의 견해다. 루크레티우스는 "죽음이 나쁜 것이 되려면 태어나기 이전에 이미 비존재 상태의 영겁의 세월이 있었다는 사실에 대해서도 우울해야 하지 않을까?"라고 반문하면서 죽음이 나쁜 것이 아니라는 주장을 펼쳤다. 즉 우리가 죽고 난 이후의 기간이 우리가 존재하지 않는 '유일한' 시간은 아니어서 우리가 태어나기 이전의 기간도 비존재의 시간이라는 것이다. 케이건은 루크레티우스의 견해를 타당한 주장으로 평가하지는 않지만, 이를 비판적으로 점검하면서 단지 가능성으로만 존재하고 비존재 상태에 있는 무수히 많은 인류에 대한 개인적 상념을 밝힌다. 케이건은 한 아기가 태어나려면 난자 37개 중 하나와 정자 4,000,309개 중 하나가 만남으로써만 가능하다는 의학계의 보고를 언급하면서 그 엄청난 수효의 비존재

상황에 처한 이들에게 우리는 안타까운 마음을 가져야 한다고 말한다. 이처럼 태어나 보지도 못한 사람들에게 발생한 비극과 비교하면 그동안 인류가 겪었던 그 어떤 비극도 사소해 보일 거라는 말도 덧붙인다. 그러면서 케이건은 우리가 모두 엄청난 확률을 뚫고 세상에 태어난 '행운아들'이라는 사실을 누차 강조한다.

케이건은 죽음이 나쁜 것이라는 일반적 통념을 뒤집어 그것이 무조건 나쁜 것만은 아니라고 주장했는데, 이는 곧 죽음의 이중성을 암시하는 발언이다. 그러나 그의 주장은 죽음이 모든 것의 끝이라는 결론을 토대로 죽음을 나쁘지 않다고 논증한 데 문제점이 있다. 즉 내가 이미 세상에 존재하지 않고, 그 어떠한 고통도 느낄 수 없으며, 심지어 죽음조차도 내게는 아무런 영향을 끼치지 못하기 때문에 죽음이 그렇게 나쁘지만은 않다는 것이다. "내가 존재하지 않는데, 어떻게 죽음이 내게 나쁜 일이 될 수 있을까?…죽음이 정말로 끝이라고 믿는다면, 죽음은 내게 나쁜 것이 될 수는 없을 듯하다"(296쪽). 그러면서 그는 죽음이 나쁜 것은 그 뒤에 남겨진, 오직 "살아 있는" 사람들한테만 가능한 일이라고 논변한다.

2.4 영원한 생명에 대한 왜곡된 이해

케이건은 여러 상념을 거듭한 후에 죽음이 일반적 통념과 달리 나쁜 것만은 아니라고 말하면서 한 가지 단서를 붙인다. 이는 곧 좋은 것으로 가득한 삶을 앗아갈 때에 죽음은 나쁜 것이 될 수 있는 반면, 전체적 차원에서 삶이 좋은 것을 제공해주지 못할 때에는 죽음이 좋은 것이 될 수도 있다는 얘기다. 그럼에도 불구하고 케이건은 박탈이론을 기반으로 죽음이 나쁜 것이라는 결론을 내린다. 그렇다면 영원한 삶, 곧 영생은 당연히 좋은 것이라고 말할 수 있어야 할 것이다. 이 이론을 토대로 죽는 시점과는 무관하게 죽지 않았더라면 삶에서 더 많은 축복을 누릴 수 있었을 거라고 항상 말할 수 있어야 할 것이다.

그런데 여기서 케이건은 "영원한 삶은 좋은 것인가?"라는 질문에 대한 답변을 구상하기 이전에 우리가 주목해야 할 두 가지 사실이 있다고 전제한다. 첫 번째는, 좋은 것도 그 정도를 넘어섰을 때는 나쁜 것으로 변할 수 있는데, 삶도 마찬가지여서 어떤 형태의 삶도 영원히 지속된다면 그 매력을 잃게 될 것이라는 점이다. 두 번째는, 영생이란 아주 오래 살아가는 것이 아니라 말 그대로 '영원히' 살아가는 것인데, 이렇게 영원히 살아가는 삶이 너무나 고통스러울 수 있다는 점이다.

결론적으로 케이건은 영생이란 최고로 행복한 인생과는 거리가 먼 끔찍한 형벌, 필사적으로 도망치고 싶어 할 악몽일 수 있다고 힘주어 말한다. 이에 그는 영생이 최고의 삶이 될 수는 없다고 결론 내린다. 이러한 연유에서 그는 영생이 영원히 갈망할 만한 가치가 있는 삶이 아니라는 버나드 윌리엄스B. Williams의 말에 동의한다. 영생을 거부하는 케이건이 생각하는 최고의 삶이란 자신이 '원하는 만큼' 충분히 오래 사는 삶, 삶이 선사하는 모든 축복을 충분히 누릴 때까지 사는 삶이다.

영생이 주는 지루함의 고통에 대해 토로한 연후에 저자는 영생이 나쁜 것이라는 주장에 동의한다면 "죽음을 결코 나쁜 것으로 받아들일 수 없지 않을까?"라며 넌지시 반문한다. 만약 그렇다면 우리 모두 언젠가 죽는다는 사실은 오히려 축복일 수도 있다는 것이다. 그가 계속해서 강조하는 핵심은, 박탈이론을 받아들인다고 해서 죽음이 반드시 나쁜 것이라고 말할 수 없다는 사실이다. 영생이 갈망할 만큼 가치 있는 삶이 아니라는 생각이 옳다면, 언젠가 죽을 수밖에 없는 인간의 운명은 영생으로부터 도망갈 수 있는 탈출구와 같은 것으로서 우리에게 오히려 좋을 수 있다는 것이다.

영생에 관한 케이건의 발언은 일면 타당성이 있는 것 같으면서도 상당히 당혹스러운 것이 사실이다. 그가 말하는 영생은 기독교에서 말하는 영원한 생명을 빗대어 표현한 것인데, 사실 이는 영원한 생명의 진정한 의미를 잘못 이해한 것이다. 먼저 '영원'이란 개념은 케이건의 말처럼 단순히 무한하게 연장되는 시간이라기보다 오히려 '충만함'을 의미한다. 기독교 신학의 역사에서 영원은 허무한 시간 이해를 지향한 플라톤이 아닌, 보에티우스Boethius가 제기한 정의에 따라 "생명의 무제한적이고 총체적이며 완전한 향유"를 의미한다.[15] 그러므로 영원한 생명이란 케이건의 주장처럼 시간적으로 끝없이 연장되는 생명이라기보다, 오히려 하나님 안에서 누리는 충만한 생명, 충만한 삶이라고 말할 수 있다.[16]

케이건은 기독교의 영원한 생명을 끝없이 연장되는 시간으로 오인하여 거부하는 입장을 취하지만, 성서에서 영원한 생명은 죽지 않고 영원히 사는 삶의 시간의 무한한 연장이라기보다, 오히려 믿음과 사랑과 희망 안에서 이루어지는 현재의 새로운 삶, 새로운 생명을 말한다. 그것은 시간의 개념이기보다 삶의 질의 개념이요, 시간의 끝없는 연장이기보다 삶의 충만함, 생명의 충만함이다. 즉 영원은 현재의 삶의 무한한 연장 속에서 경험되는 것이 아니라, 하나님에 대한 믿음과 이웃에 대한 사랑과 하나님 나라에 대한 희망 속에서 경험되는 것이다.

또한 케이건이 영원한 생명에 대해 잘못 이해하는 것은 영원한 생명을 죽음 이후에 이루어지는 것으로 생각한다는 점이다. 일반적으로 사

---

15) J. Moltmann, 『하나님의 이름은 정의이다』, 97ff.; J. Moltmann/곽혜원 옮김, 『희망의 윤리』(서울: 대한기독교서회, 2012), 119ff.
16) 김균진, 『죽음의 신학』, 425ff.

람들은 영원한 생명을 죽은 다음에 다다를 피안彼岸의 세계에 있는 것으로 생각하는 경향이 있다. 그러나 성서에서 영원한 생명은 죽음 이후 역사의 마지막에 누릴 피안의 삶인 동시에, 현재 살아가는 삶 가운데 하나님과의 교통 속에서 누릴 수 있는 차안此岸의 삶이기도 하다.[17] 이러한 영원한 생명이 지닌 양면성은 예수와 부자 청년의 대화에서 잘 나타난다. 부자 청년이 예수께 "내가 무슨 선한 일을 해야 영원한 생명을 얻을 수 있겠습니까?"(마 19:16)라고 묻는 질문에서, 영원한 생명은 미래적인 것으로 생각할 수도 있고 현재적인 것으로 생각할 수도 있다. 예수가 선포하는 하나님 나라의 미래성과 현재성을 고려할 때, 영원한 생명은 쟁취해야 할 미래적인 것인 동시에 선한 일을 함으로 얻을 수 있는 현재적인 것이라고도 말할 수 있다.

특별히 요한 문서는 영원한 생명을 현재적인 것으로, 다시 말해 지금의 삶 속에서 얻을 수 있고 경험할 수 있는 것으로 강조한다. 다음과 같은 구절들을 살펴보라. "아들을 믿는 사람에게는 영원한 생명이 있다"(요 3:16). "나의 말을 지키는 사람은 영원히 죽음을 겪지 않을 것이다"(요 8:51). "나는 부활이요 생명이니, 나를 믿는 사람은 죽어도 살고, 살아서 나를 믿는 사람은 영원히 죽지 않을 것이다"(요 11:25-26; cf. 12:25; 20:31). 요한에 의하면 죄와 죽음의 세계 속에 살고 있는 인간에게 하나님은 예수 안에서, 예수를 통해 영원한 생명의 세계를 열어주신다. 그러므로 예수를 하나님의 아들로, 구원자로 받아들이면서 이웃에 대한 사랑과 하나님 나라에 대한 소망 속에서 살아가는 사람은 이미 영원한 생명 가운데 있다. 그는 이미 죽음에서 생명으로 옮겨졌고, 죄의 세력에 묶여 있는 옛

---

17) 김균진, 『죽음의 신학』, 435ff.

자아는 죽었고 예수의 부활의 영 안에서 하나님의 새 피조물, 하나님 나라의 자녀가 됨으로써, 이제 죽음의 세력이 그를 다스리지 않고 생명의 세력이 그의 삶을 인도한다고 말할 수 있다.[18]

2.5 고통스러운 삶을 종결시키는 자살의 합리화 가능성

죽음 논의를 마무리하는 단계에서 케이건은 언젠가 반드시 죽을 수밖에 없는 운명을 지닌 우리가 이제 "어떻게 살아가야 하는가?" 하고 질문한다. 이에 대한 그의 간단명료한 답변은 "조심스럽고 신중하게 살아가라"이다. 이는 곧 언젠가 죽을 거라는 사실에 직면해 순식간에 우리의 생명이 파괴될 수 있다는 데 반드시 주의를 기울이라는 얘기다. 다시는 되돌릴 수 없는 '단 한 번뿐'인 인생이므로, 살아가는 동안 자신이 하는 일에도 충분한 주의를 기울이라는 것이다. 케이건은 우리가 조심스럽고 신중하게 살아가야 하는 이유를, 추구할 만한 가치 있는 목표가 매우 많고 이를 달성하는 일은 너무 힘든 데 비해 우리의 수명은 지극히 짧기 때문이라고 말한다(428-430쪽). 인생을 허비할 여유가 우리에게는 없으며, 인생의 실수를 만회하기 위한 시간이 매우 짧고 귀하다는 것이다. 인생을 잘못 살아가게 될 가능성, 자칫 하다가 인생 전체를 완전히 망쳐버릴 위험이 우리에게 늘 상존하는 탓이다.

케이건은 "언젠가 죽을 것이라는 사실에 직면해 우리는 과연 어떻게 살아야 할까?"라는 질문에 대한 답변으로 "많은 시간이 주어져 있지 않기에 우리 인생에 가능한 한 많은 것들로 채워 넣고 최대한 많은 축복을 누려야 한다"고 조언한다. 세부적으로 보자면 첫째, 현실적으로 충분히

---

18) 김균진, 『종말론』, 394f.

성취할 수 있는 목표를 선택해 일상에서 얻을 수 있는 즐거움에 집중함으로써 인생을 가능한 한 많은 것들로 채워넣어라. 둘째, 우리가 진정으로 바라는 것은 그 성취 가능성이 매우 낮지만 그 가치는 높다는 사실을 항상 기억하라. 셋째, 일상적인 즐거움과 가치 있는 목표를 적절한 비율로 혼합하라(433-435쪽). 아마도 삶에 대한 이러한 저자의 조언이 이 책에서 가장 빛나는 부분이 아닐까 생각된다. 마치 장구한 강의를 끝까지 인내하면서 경청해준 독자들에게 주는 선물처럼 여겨지기도 하였다.

그런데 나는 이쯤에서 책이 마무리되었다면 더 좋았을 뻔했다는 생각이 들었다. 왜냐하면 바로 연이어 자살이 "합리적 선택"(451-481쪽)이 될 수도 있다는 자살 논의가 시작되기 때문이다. 물론 케이건은 자살을 혐오스럽고 무서운 행동으로 여기면서 자살자들을 일방적으로 비난하는 사회적 인식에 대한 역반응으로 자살의 정당성을 다소 옹호하는 발언을 한 것으로 보인다. 그럼에도 불구하고 그는 자살이 도덕적으로 절대 용납될 수 없는 행동이며, 절대 올바른 선택이 될 수 없다고 말하는 와중에도 "특정한 상황에서는 이성적·도덕적으로 바람직한 선택"(11쪽)일 수 있다는 가능성을 열어놓았다.

사실 케이건은 자살과 관련된 두 가지 측면, 곧 "어떤 상황에서 자살이 합리적 선택이 될 수 있는가?"와 "어떤 상황에서 자살이 도덕적으로 정당화될 수 있는가?"에 대해 신중하게 논의하면서, 단락마다 자살이 합리적 선택이 될 수 없고 도덕적으로 허용될 수 없다고 강조한다. 그렇지만 그는 죽는 게 더 나은지, 살아 있는 게 더 나은지 합리적으로 잘 판단해서 고통스러운 삶을 지속하는 것보다 죽는 게 더 낫다는 사실이 확실하다면 자살이 합리적 선택이 될 수도 있음을 암시한다. 마지막으로 그는 자살 논의를 마치면서 자살한 사람이 심사숙고했고 타당한 이유를 가지고 있으며 충분한 정보와 조언을 얻었고 자발적으로 행동했다고 확신한다면, 우리가 그의 선택을 존중하는 것을 도덕적으로 충분히 받아들일 수 있다고 주장한다.

나는 자살이 합리적 선택이 될 수 있다는 이 주장도 대중에게 지대한 영향력을 끼치는 학자가 공개적으로 할 수 있는 발언은 아니라고 생각한다. 자살문제를 연구하는 신학자로서 나는 자살자를 비난하고 정죄하는 입장보다는, 오히려 이해와 돌봄, 치유와 예방의 관점에서 접근한다. 왜냐하면 자살문제에 접근할 때 인간애만큼 중요한 것은 없기 때문이다.[19] 물론 모든 것을 덮어놓고 "옳다고 하자!" 하고 말하려는 것은 결단코 아니지만, 한을 품고 스스로 목숨을 끊은 이들을 불쌍히 여기는 마음을 갖는 것은 살아남은 우리가 가져야 할 최소한의 인간적 도리이기 때문이다. 중요한 것은 자살자들을 이해하고 불쌍히 여긴다고 해서 잘못된 모든 것을 옳다고 용납하고 정당화하는 것이 아니라는 사실이다.

그럼에도 나는 자살이 본래 전염성이 매우 높기 때문에, 일단 합리화·정당화하는 분위기가 조성되면 걷잡을 수 없이 전염된다는 사실을 뼈저리게 인식하고 있다. 자살 연구의 독보적인 존재로 인정받고 있는 프랑스 사회학자 에밀 뒤르켐도 자살의 전염성을 매우 우려하였다.[20] 현재 우리 사회에는[21] '자살 도미노', '자살 불감증'이 매우 급속도로 진행되

---

19) 곽혜원, 『자살문제, 어떻게 할 것인가』, 18f.

20) É. Durkheim, 『자살론』, 95.

21) 우리 모두 근심하고 있는 바와 같이, 현재 우리나라는 OECD 국가들 가운데 15년 가까이 자살률 1위를 유지하고 있는 비상 상황이다. 자살률이 높은 국가들 대부분이 1980년대 이후 하락 추세에 있거나 거의 변화가 없는 데 반해, 우리나라는 1998년을 분기점으로 최근 15년간 자살률이 급상승하고 있다. 그동안 정부 차원에서 나름대로 조처를 해왔지만, 2011년 현재 우리나라의 자살률(31.7명: 전체 15,906명/하루 평균 43.5명)은 OECD 평균(12.8명)의 3배에 육박하고 있다: 곽혜원, 『자살문제, 어떻게 할 것인가』,

고 있는데, 여기에는 사회적 공인과 유명인의 자살 혹은 자살 옹호 발언이 상당 부분 기여한 것으로 보인다. 영향력 있는 인사들의 자살은 삶의 의욕을 상실한 일반인들의 자살 의지를 더욱 자극해 그들로 하여금 잘못된 선택을 하도록 부추길 수 있다. 이를 통해 평소 아주 경미한 수준의 자살사고自殺思考를 하던 사람이 더 심각한 수준으로 나아가거나 모방 자살을 저지를 수도 있다.[22]

　　자살과 관련된 언론 보도의 폐해도 이구동성으로 지적되는데, 이는 '베르테르 효과'Werther effect를 통해 집단 우울증을 사회 전체에 확산시킴으로 말미암아 자살을 간접적으로 유발하는 매개체 역할을 한다는 것이다.[23] 사실 언론매체는 자살예방을 위한 홍보와 교육매체로 활용될 수 있다는 측면과 함께 자살의 부정적 영향력을 확산시키는 양면성을 가질 수 있다는 점을 부인하기 어렵다.[24] 그러므로 유명인의 자살이나 자살옹호 발언으로 인한 사회적 파장을 최소화하기 위해 언론은 책임 있는 보도 자세를 견지하는 사회적 역할을 감당해야 한다는 지적이 제기되고 있다. 이러한 맥락에서 나는 자살이 그 어떠한 사유와 명분으로도 합리화·정당화되거나 미화되는 사회 분위기가 조성되어선 안 된다고 역설하고자 한다.

　　25ff.

22) 곽혜원, 『자살문제, 어떻게 할 것인가』, 37f.

23) 사실 언론매체는 자살예방을 위한 홍보와 교육매체로 활용할 수 있지만 한편 자살의 부정적 영향력을 확산시키는 측면도 있어 양면성이 있음을 부인하기 어렵다. 따라서 영향력 있는 인사들의 자살 사건으로 인한 사회적 파장을 최소화하기 위해 언론의 보도 방식에 대한 적절한 대응책을 수립할 필요성이 있다는 지적이 제기되고 있다.

24) 박형민, "자살의 발생원인과 대처방안", 「수사연구」 제27권 7호(2009), 45.

3. 기독교 생사학·생사교육·생사윤리 정립의 필요성

지금까지 우리는 셸리 케이건의 『죽음이란 무엇인가』에 나타난 죽음 이해와 그 문제점에 관해 살펴보았다. 저자는 죽음이라는 상당히 어둡고 무거운 주제를 다루지만, 시종일관 유쾌한 분위기와 자연스러운 대화체로 독자들을 죽음 논의에 초대하고 있다. 이를 통해 죽음이라는 다루기 매우 힘든 주제를 일반 대중의 사유의 장場으로 끌어들임으로써 그동안 터부시 해왔던 죽음 논의를 대중화하는 데 기여했다. 특히 이 책은 대학에서 행한 강의를 엮어서 냈기 때문에 죽음에 전혀 익숙하지 않은 젊은 독자들로 하여금 죽음에 관해 사유하도록 동기를 부여한 점은 상당히 고무적으로 보인다.

그러나 이 책을 읽으면서 솔직히 유감스러운 부분이 더 많았다. 사실 책을 읽기 전에는 높은 명성에[25] 걸맞은 유려한 내용과 구성을 기대했다. 그런데 막상 책장을 펼쳐보니 500페이지가 넘는 두께에 비해 내용이 빈약해 다소 실망스러웠다. 지나치게 장황한 예시들이 나열된 가운데 반론에 재반론이 반복되는 논증의 과정은 불필요한 사족처럼 여겨졌다. 더욱이 이 책은 저자의 표현대로 "오로지 논리와 이성의 측면에서" 죽음에 접근하기 때문에 당혹스럽기까지 했다. 죽음에 관한 종교적·철학적 신념체계의 허구를 철저하게 파헤친다는 저자의 논리적 시도도 그다지 치밀하지 못한 것 같다.

우리나라 사람들은 외국 학자, 특히 명문대 교수에게 지나치게 현혹되는 경향이 있는데, 이 책은 내용과 구성 면에서 그다지 완성도가 높은

---

25) 이 책은 "예일대 17년 인기 강의", "예일대의 '죽음'(셸리 케이건)은 하버드대의 '정의'(마이클 샌델), '행복'(탈 벤-샤하르)과 함께 아이비리그(Ivy League)의 3대 명강으로 불리는 강의"라는 표제로 매스컴에서 커다란 관심을 불러일으켰다.

책은 아니다. 내가 보기에 한국 신학계 안에 내용과 구성 면에서 학문적 가치가 이보다 훨씬 더 탁월한 저서가 많이 있다.[26]『죽음이란 무엇인가』가 단순히 대중 철학서라고 한다면 나름대로 그 가치를 인정받을 수 있겠지만, 죽음 논의를 통해 여운과 감동을 기대하는 독자들에게는 그다지 큰 도움이 되지 못할 것이다. 우리 사회에서 여전히 통용되는 죽음에 대한 금기, 죽음에 관한 유의미한 교육이 부재한 것도 이 책이 흥행하게 된 요인으로 작용한 것 같다. 그러나 무엇보다도 마이클 샌델의『정의란 무엇인가』가 한국에서 100만부 이상 판매된 기록을 토대로 그에 버금가는 판매수익을 기대하는 출판사의 공격적인 마케팅이 이 책의 거품 인기를 만들어낸 요인으로 보인다.[27]

특별히『죽음이란 무엇인가』의 번역본이 한국어로 전 세계에서 맨 처음 발간되어 한국 사회에 바람직하지 못한 죽음 이해를 유포시키는 상황 속에서 나는 죽음교육death education 및 생사교육生死敎育, 죽음학 thanatology 및 생사학生死學에 무관심한 우리 사회 분위기를 새롭게 하고자 한다. 일반적으로 현대인들은 죽음에 대해 생각하기를 회피하다가 불현듯 죽음에 직면하면, 엄청난 공포감을 느끼는 가운데 외롭고 고통스럽게 죽어가는 경우가 많다. 인생의 여정에서 어려움에 봉착하면 다양한 종류의 상담을 통해 도움을 받지만, 정작 인생에서 가장 중요한 죽음의 순간에는 두렵고 외로운 죽음, 곧 준비 안 된 죽음을 맞이하는 것이다. 죽음을 직면하는 사람들로 하여금 죽음에 대해 전혀 준비되지 않은 상태에

---

26) 대표적으로 김균진의 『죽음의 신학』을 들 수 있다.

27) 이를 간파한 몇몇 언론인들은 일부 출판사들이 판매수익을 높이려고 거액의 광고비(외국 저자들의 방한 주선, 출판물의 대규모 무료 배포 등)를 지출하는 사례가 증가한다고 꼬집고 있다: 박돈규, "불황은 책도 '쇼'하게 한다?", 「조선일보」(2013.04.13).

서 공포감과 외로움을 경험하게 하는 것은 너무나 비인간적인 일이다.

이처럼 죽음 준비에 대한 중요성이 부각되면서 서구 여러 나라에서는 이미 40-50여 년 전부터 죽음학 및 생사학에 대한 연구가 활발히 진행된 가운데 죽음교육 및 생사교육이 전 국민적 차원에서 일반화되어가는 추세다. 그러나 우리나라에서는 죽음을 인식하고 준비하는 교육의 중요성이 과거보다 많이 드러나고 있기는 하지만, 여전히 시작단계에 불과하다. 초중고교는 물론 대학에서도 죽음교육 및 생사교육은 아직 시행되지 않고 있으며, 대학에서 죽음학 및 생사학을 공부하는 강좌가 개설된 곳은 극소수에 불과하다.[28] 최근 들어 우리 사회에서도 죽음교육 및 생사교육이 일부 종교단체와 노인복지 시설 등에서 실시되고 있지만, 깊이가 부족하고 심지어 상업적으로 이용되는 경향이 강하다. 생사학 전문가의 부재로 인해 죽음을 어떻게 이해해야 하는지, 어떻게 죽음을 맞이할 준비를 해야 하는지 등 핵심 내용을 제대로 가르치지 못한 채 부실한 웰다잉well-dying 교육이 진행되는 것이다.

생사학과 생사교육에 대한 무관심은 다른 어느 곳에서보다도 개신교에서 가장 심각하다. 사실 생사학과 생사교육에 대한 무관심 이전에 그 근저에 내재된 죽음에 관한 잘못된 이해와 성숙한 죽음 의식의 결여가 좀 더 심층적인 문제인데, 개신교에서 죽음에 대한 터부와 거부감은 대단히 뿌리 깊은 상황이다. 개신교는 삶과 죽음을 지나치게 대립적인

---

28) 우리나라에서 죽음교육이 대학 강의실에서 이루어진 것은 1978년 서강대학교에서 '죽음에 관한 강의'라는 교양 강좌가 개설된 것이 최초였다. 이후 1997년 한림대학교에서 철학과 전공 교양으로 생사학 강의가 시작되었고, 2004년 국내 유일의 죽음 문제 연구소라 할 수 있는 '생사학연구소'가 문을 열었다. 2006년에 '웰다잉'이라는 말이 국내에서 처음으로 사용되다가, 그해부터 인터넷을 통해 '웰다잉-자살예방 전문과정'이 운영되면서 생사학 연구가 본격적으로 시작되었다.

관계로 이해하는 가운데 죽음과 관련된 개념들을 금기시하고 죽음에 대한 성찰을 기피해왔다. 하나님은 철저히 '산 자들만의 하나님'으로 고백되는 가운데 죽은 자들은 하나님의 구원 사역에서 배제된 자들로 간주되었고, 죽음의 세계는 하나님의 통치영역에서 제외된 곳으로 규정되었다.[29]

죽음의 권세를 멸하고 부활하신 예수 그리스도에 대한 신앙으로 말미암아 죽음에 대해 전적으로 새롭게 이해할 수 있는 결정적 근거가 마련되었음에도 불구하고, 개신교는 죽음을 배제하는 경향을 보여왔다.[30] 이에 개신교계에서는 예나 지금이나 죽음과 관련된 모든 개념을 금기시하며 죽음에 대한 성찰을 기피하는 분위기가 만연하다. 이처럼 죽음을 터부시하면서 한국 개신교의 죽음교육 및 생사교육은 사회의 다른 영역보다도 훨씬 뒤처져 있을 뿐만 아니라 심지어 고려의 대상조차 되지 못하고 있다. 급기야 한국 기독교는 죽음을 심리적으로 억압하고 이를 삶의 현실에서 밀어내는 우를 범하고 있다.

더욱이 한국 개신교는 이 땅에 먼저 정착한 전통종교들(무교, 불교, 유교, 도교 등)과 죽음 이해를 둘러싸고 오랜 세월 갈등과 반목을 거듭해왔기 때문에 죽음에 대해 상당히 예민한 반응을 보여왔다. 가톨릭 박해에 이어 개신교 전래 당시부터 조상제례 문제로 인해 모진 박해를 겪은 데다, 이후 교인들의 교회 이탈과 사회와의 괴리현상이 심화하는 상황이 이어지다 보니, 한국 개신교계에서 죽음에 대한 성찰은 그 이면에 트라우

---

29) G. Kittel, *Befreit aus dem Rachen des Todes*, 22f.
30) 이러한 개신교의 경향으로 말미암아 살아 있는 자들이 죽음을 삶의 현실에서 배제하고 죽은 자들을 망각하는 오늘날의 시대사조를 형성하는 데 일조했다는 비판을 받고 있다: 곽혜원, 『현대세계의 위기와 하나님의 나라』, 350f.

마^{trauma}가 잠재된 고통스러운 기억이기도 하다. 이러한 와중에 나는 교회 공동체 안에서 성도들이 죽음에 대해 대단히 비성서적으로 생각하는 가운데 심지어 죽음을 정당화하거나 미화하는 모습도 무수히 목격했다.

특별히 내가 안타깝게 생각하는 것은, 생사학에 대한 무관심과 생사교육 부재로 나타나는 죽음에 관한 잘못된 이해와 성숙한 죽음 의식의 결여가 최근 들어 우리 국민들이 다반사로 자살하는 세태와 결코 무관하지 않다는 사실이다. 우리 사회에 만연한 죽음에 대한 미숙한 이해는 우리 주변에서 자신의 생명을 쉽게 포기하는 현상과 긴밀한 상관관계를 이루고 있다. 왜냐하면 죽음의 실체를 올바로 알고 평소 죽음에 대해 준비를 해온 사람은 삶의 고통으로 인해 절대로 자살하지 않을 것이기 때문이다.[31] 삶 자체가 본래 고통으로 점철된 여정일 뿐만 아니라 자살한다고 해서 결코 문제가 해결될 리 없음은 너무나 당연한 사실이다. 이러한 사실을 이해하고 죽음에 대해 준비를 해온 사람은 특히 자살이 세상에서 가장 불행한 죽음이라는 사실을 뼈저리게 인식할 것이다.

한국 개신교 안에서도 죽음에 관한 잘못된 이해와 성숙한 죽음 의식의 결여는 개신교인들이 쉽게 자살하는 세태와 모종의 연관성이 있다는 것이 내 소견이다. 죽음에 대한 몰이해와 자살률의 급증은 모두 올바른 생사교육의 부재에서 오는 매우 불행한 결과물이므로, 한국 교회 안에서 생사교육은 그 어느 곳에서보다 절실히 요청된다. 사실 전문가들은 한국 사회의 자살문제는 한국 개신교의 문제라고 해도 과언이 아니라고 진단한다. 자살 사망자들 가운데 기독교인들이 차지하는 비율에 대해서는 아직 정확하게 집계된 바가 없으나, 기독교와 직간접으로 연관된 자살 사

---

31) 곽혜원, "사회 양극화 현상으로서의 자살에 대한 신학적 성찰", 「신학논단」 제59집 (2010.03), 53.

망자들이 상당수일 것으로 추정된다.[32] 일각에서는 자살 사건이 일어났다 하면 모두 기독교인이라는 말이 돌 정도다.[33] 최근 조사를 살펴보면 평소에 성실하고 모범적인 신앙인으로 인정받던 교회의 중진 가운데 자살한 사람들이 의외로 많음을 알 수 있다.[34]

오늘날 우리 사회는 해마다 급증하는 자살문제에 대한 근본적 해법을 발견하지 못해 전전긍긍하고 있다. 이에 대해 생사학 전문가들은 생명과 죽음을 포괄하는 생사교육을 학교와 사회 차원에서 병행하여 실시하지 않으면, 어떠한 자살예방 캠페인을 벌여도 큰 실효를 거두기 힘들다고 강조한다. 즉 자살은 마치 빙산의 일각과 같아서 그 아래 숨어 있는 빙산의 몸체, 곧 우리 사회에 만연한 생명 경시 풍조와 더불어 죽음에 대해 잘못된 이해를 개선하지 않으면 해결하기 어려운 과제라는 것이다.

자살문제에 대처하기 위해서는 일시적 미봉책이 아닌 더욱 근본적인 대책이 필요한데, 그 근본대책 가운데 하나가 바로 생사교육의 의무화다. 인간의 삶과 죽음을 바람직한 눈으로 바라보면서 일상생활을 영위할 수 있도록 교육적 뒷받침을 하지 않는 한, 자살문제는 해결될 수 없다. 그러므로 삶과 죽음에 대한 올바른 교육을 통해 생명 경시 풍조와 죽음에 대한 왜곡된 인식을 바로잡는 것이 급선무다. 또한 한국 기독교는 생사교육과 함께 삶과 죽음에 대한 성서적 이해, 곧 성서에 입각한 기독교적 성격의 생사학, 더 나아가 생사윤리生死倫理를 시급히 정립해야 할 것이다.[35]

---

32) 곽혜원, 『자살문제, 어떻게 할 것인가』, 154f.

33) 이상원, "기독교 윤리적 측면에서 본 자살", 「신학지남」 통권298호(2009.03), 56.

34) 김충렬, 『자살과 목회상담』, 26, 56f.

35) 곽혜원, "이 책을 말한다: 『죽음이란 무엇인가』 서평", 「기독교사상」 통권650호(2013.02), 150.

국내 문헌

강영계. 『죽음학 강의』, 서울: 새문사, 2012.

고인을 기리는 사람들 엮음. 『눈물의 편지』, 서울: 넥서스, 2000.

곽혜원. 『삼위일체론 전통과 실천적 삶』, 서울: 대한기독교서회, 2009.

_____. 『자살문제, 어떻게 할 것인가: 한국인의 자살실태와 해결 방안에 대한 종교사회학적 접근』, 서울: 21세기교회와신학포럼, 2011.

_____. 『현대세계의 위기와 하나님의 나라』, 서울: 한들, 2008.

_____. "그리스도 안에 있는 산 자와 죽은 자의 연대성에 관한 연구" 「조직신학논총」 제10집(2004.10).

_____. "사회 양극화 현상으로서의 자살에 대한 신학적 성찰", 「신학논단」 제59집(2010.03).

_____. "이 책을 말한다: 『죽음이란 무엇인가』 서평", 「기독교사상」 통권650호(2013.02).

권복규, 김현철 공저. 『생명 윤리와 법』(개정판), 서울: 이화여자대학교출판부, 2009.

구영모 엮음. 『생명의료윤리』, 서울: 동녘, 2010.

구인회. 『죽음과 관련된 생명윤리적 문제들』, 서울: 집문당, 2008.

국사편찬위원회 엮음. 『상장례, 삶과 죽음의 방정식』, 서울: 두산동아, 2005.

기윤실 부설 기독교윤리연구소 엮음.『소극적 안락사 무엇이 문제인가?』, 서울: 예영커뮤니케이션, 2007.

김균진.『기독교 신학』II, 서울: 새물결플러스, 2014.

_____.『기독교 조직신학』V, 서울: 연세대학교출판부, 2007.

_____.『생명의 신학』, 서울: 연세대학교출판부, 2007.

_____.『종말론』, 서울: 민음사, 1998.

_____.『죽음의 신학』, 서울: 대한기독교서회, 2002.

_____. "모든 인간의 생명은 귀중하다",「본질과 현상」통권2호(2005.겨울).

김근주 외 4인 공저.『희년, 한국사회, 하나님 나라』, 서울: 홍성사, 2012.

김기현.『자살은 죄인가요?』, 서울: 죠이선교회, 2010.

김동건.『빛, 색깔, 공기: 우리가 죽음을 대할 때』(개정판), 서울: 대한기독교서회, 2013.

김여환.『죽기 전에, 더 늦기 전에』, 서울: 청림, 2012.

김열규.『메멘토 모리, 죽음을 기억하라』, 서울: 궁리, 2001.

_____.『한국인의 죽음과 삶』, 서울: 철학과현실사, 2001.

김영선.『생명과 죽음』, 서울: 다산글방, 2002.

김찬호.『모멸감: 굴욕과 존엄의 감정사회학』, 서울: 문학과지성, 2014.

김충렬.『자살과 목회상담』, 서울: 학지사, 2010.

_____. "교계의 자살논의, '지옥 간다'로만 끝내선 안돼",「크리스천투데이」(2008.12.04).

_____. "'제2의 부흥' 위해 자살예방에 적극 나서자",「크리스천투데이」(2009.09.04).

김학도.『한국의 전통상제와 성경적 장례의식』, 서울: 바른신앙, 1991.

김흡영.『현대 과학과 그리스도교』, 서울: 대한기독교서회, 2006.

류인희. "인간적 문화에서의 영생", 한국종교학회 엮음,『죽음이란 무엇인가』, 서울: 도서출판창, 1990.

문국진.『주검이 말해주는 죽음, 시활사』, 서울: 오픈하우스, 2009.

_____.『죽은 자의 권리를 말하다』, 서울: 글로세움, 2012.

민문홍. "한국사회의 자살급증 문제에 관한 사회문화적 진단", 「생명연구」 제11집 (2009.06).

박돈규. "불황은 책도 '쇼'하게 한다?", 「조선일보」(2013.04.13).

박상언. "몸, 죽음 그리고 그리스도교의 타계관", 「종교연구」(1998.10).

박형민. 『자살, 차악의 선택』, 서울: 이학사, 2010.

_____. "자살의 발생원인과 대처방안", 「수사연구」 제27권 7호(2009).

배영기. 『살아 있는 사람들이 알고 싶은 죽음의 세계』, 서울: 교문사, 1992.

송길원, 송예준 공저. 『행복한 죽음』, 서울: 나남, 2014.

오승근. "토론자료", 서울생명의전화 주최, 「2007 자살예방 세미나 자료집」(2007).

오진탁. 『삶, 죽음에게 길을 묻다: 생사학과 자살예방』, 서울: 종이거울, 2010.

_____. 『자살, 세상에서 가장 불행한 죽음』, 서울: 세종서적, 2008.

_____. 『자살예방의 철학』, 서울: 청년사, 2014.

_____. 『자살예방 해법은 있다』, 서울: 교보문고, 2013.

_____. 『자살, 세상에서 가장 불행한 죽음』, 서울: 세종서적, 2008.

_____. 『죽음, 삶이 존재하는 방식』, 서울: 청림, 2004.

_____. "죽음치유: 웰다잉교육 수강생 의식변화 조사", 「오늘의 동양사상」(2007. 봄).

유 경. 『유경의 죽음 준비 학교』, 서울: 궁리, 2008.

유 경 외 4인 공저. 『노화와 심리』, 서울: 학지사, 2014.

유상호. "좋은 죽음에 대한 의사의 개념과 교육", 서울대학교 박사학위 논문, 2014.

유수현. "사회적 역량강화를 통한 자살예방", 서울생명의전화, 「2007 자살예방 세미나 자료집」(2007).

유호종. 『죽음에게 삶을 묻다』, 서울: 사피엔스21, 2010.

윤영호. 『나는 죽음을 이야기하는 의사입니다』, 서울: 컬처그라퍼, 2012.

_____. 『나는 한국에서 죽기 싫다』, 서울: 엘도라도, 2014.

이상목. 『동서양의 생명윤리』, 서울: 아카넷, 2010.

이상원. "기독교 윤리적 측면에서 본 자살", 「신학지남」 통권298호(2009.03).

이수자. "저승, 이승의 투사물로서의 공간", 한국종교학회엮음, 『죽음이란 무엇인가』, 서울: 창, 1990.

이영문. "자살예방에 대한 여러 가지 소견", 「2009 바른교회아카데미(GCA) 세미나 자료집」(2009).

이을상. 『죽음과 윤리: 인간의 죽음과 관련한 생명윤리학 논쟁들』, 서울: 백산서당, 2006.

이이정. 『죽음학 총론』, 서울: 학지사, 2011.

이종석. 『죽음과 호스피스 케어』, 서울: 이레닷컴, 2004.

이찬수 외 3인 공저. 『우리에게 귀신은 무엇인가: 한국 종교의 귀신론』, 서울: 모시는사람들, 2013.

임돈희. 『조상 제례』, 서울: 대원사, 2001.

임재해. 『전통 상례』, 서울: 대원사, 1998.

임홍빈. "유전자 조작과 인간복제에 대한 생태신학적 이해", 「한국기독교신학논총」제30집(2003).

장은주. 『생존에서 존엄으로』, 서울: 나남, 2007.

전남대 아시아문화원형연구사업단 엮음. 『동아시아의 생사관』, 전남: 전남대학교 출판부, 2009.

전병술. "왜 죽음교육이 필요한가", 한국죽음학회 엮음, 『죽음맞이』, 서울: 모시는사람들, 2013.

전영수. 『은퇴대국의 빈곤보고서: 고령사회 일본이 던지는 화두』, 서울: 맛있는책, 2011.

전우택. "자살의 통합적 이해와 접근", 한국자살예방협회 엮음, 『자살의 이해와 예방』, 서울: 학지사, 2008.

정승석. "죽음은 곧 삶이요 열반", 한국종교학회 엮음, 『죽음이란 무엇인가』, 서울: 도서출판 창, 1990.

정재걸. 『삶의 완성을 위한 죽음교육』, 서울: 지식의 날개, 2010.

정재영, 조성돈 공저. 『그들의 자살, 그리고 우리』, 서울: 예영커뮤니케이션, 2008.

정현채. "죽음을 보는 의사의 시각", 『죽음맞이』, 서울: 모시는사람들, 2013.

차미영. 『웰다잉을 위한 죽음의 이해』, 서울: 상상커뮤니케이션, 2006.

천정환.『자살론: 고통과 해석 사이에서』, 서울: 문학동네, 2013.

최준식.『너무 늦기 전에 들어야 할 죽음학 강의』, 서울: 김영사, 2014.

_____.『사후생 이야기: 최준식 교수의 삶과 죽음 이야기 03』, 서울: 모시는사람
들, 2013.

_____.『임종 준비: 최준식 교수의 삶과 죽음 이야기 02』, 서울: 모시는사람들,
2013.

_____.『전생 이야기: 최준식 교수의 삶과 죽음 이야기 04』, 서울: 모시는사람들,
2013.

_____.『죽음, 또 하나의 세계』, 서울: 동아시아, 2006.

_____.『죽음학 개론: 최준식 교수의 삶과 죽음 이야기 01』, 서울: 모시는사람들,
2013.

_____."한국인의 죽음관",『죽음학: 죽음에서 삶을 만나다』, 서울: 모시는사람들,
2012.

최철주.『이별서약: 떠날 때 울지 않는 사람들』, 서울: 기파랑, 2014.

_____.『해피엔딩, 우리는 존엄하게 죽을 권리가 있다』, 서울: 궁리, 2008.

한국가톨릭 호스피스협회 엮음.『호스피스의 이해』, 서울: 현문사, 2005.

한국자살예방협회 엮음.『자살의 이해와 예방』, 서울: 학지사, 2008.

한국종교문화연구소 기획/이용범 엮음.『죽음의례 죽음 한국사회』, 서울: 모시는사
람들, 2013.

한국죽음학회 엮음.『죽음맞이: 인간의 죽음 그리고 죽어감』, 서울: 모시는사람들,
2013.

_____.『한국인의 웰다잉 가이드라인』, 서울: 대화문화아카데미, 2010.

한국호스피스협회 엮음.『호스피스 총론』, 대구: 한국호스피스협회출판부, 2010.

한종호."생명을 시들게 하는 사회, 그 앞에 선 교회",「기독교사상」통권537호
(2003.09).

홍진의."의료현장에서의 죽음과 호스피스 완화의료", 한국죽음학회 엮음,『죽음맞
이』, 서울: 모시는사람들, 2013.

황명환.『죽음, 새로운 삶의 시작』, 서울: 섬, 2013.

해외 문헌

공자(孔子)/김형찬 옮김. 『논어』(論語), 서울: 슬기바다, 2005.

나가오 카즈히로(長尾和宏)/유은정 옮김. 『평온한 죽음』(平穏死 10の條件), 서울: 한문화, 2013.

부위훈(傅偉勳, 푸웨이쉰)/전병술 옮김. 『죽음, 그 마지막 성장』(死亡的尊嚴與生命的 尊嚴), 서울: 청계, 2001.

시마다 히로미(島田裕巳)/이소담 옮김. 『사람은 홀로 죽는다: 무연사회를 살아가 기 위하여』(人はひとりで死ぬ), 서울: 미래의 창, 2011.

임기운(林綺雲) 외 5인 공저/전병술 옮김. 『죽음학: 죽음에서 삶을 만나다』(生死 學), 서울: 모시는사람들, 2012.

장샤오헝(張笑恒)/최인애 옮김. 『느리게 더 느리게: 하버드대 행복학 명강의』(哈佛 的十伍堂幸福课), 서울: 다연, 2013.

Alexander. E./고미라 옮김. 『나는 천국을 보았다』(*Proof of Heaven*), 서울: 김 영사, 2012.

Andrews, L. B., Nelkin, D. 공저/김명진, 김병수 공역. 『인체 시장』(*Body Bazaar*), 서울: 궁리, 2006.

Ariés, P./유선자 옮김. 『죽음 앞에 선 인간』(*Images de l'homme devant la mort*) 상하권, 서울: 동문사, 1997.

_____/고선일 옮김. 『죽음 앞의 인간』(*L'homme Devant la Mort*), 서울: 새물결, 2004.

Barth, C. Die Errettung vom *Tode: Leben und Tod in den Klage und Dankliedern des Alten Testaments*, neu herausgegeben von B. Janowski, Stuttgart: 1997.

Barth, K. *Die kirchliche Dogmatik*, Bd. III/2, Zürich: 1948.

Basiliadis, N./박용범 옮김. 『죽음의 신비: 죽음과 부활에 대한 정교회의 신학』 (*The mystery of death*), 서울: 한국정교회출판부, 2010.

Bush, M. D./김요한 옮김. 『내 아버지 집에 거할 곳이 많도다』(*This Incomplete One*), 서울: 새물결플러스, 2010.

Byock, I./곽명단 옮김. 『아름다운 죽음의 조건: 죽음 직전의 사람들에게 배우는 삶의 지혜』(*The Four Things That Matter Most*), 서울: 물푸레, 2010.

Ching, J. *Konfuzianismus und Christentum*, Mainz: 1989.

Daubigin, I./신윤경 옮김. 『안락사의 역사』(*A Concise History of Euthanasia*), 서울: 섬돌, 2007.

Dayer, B. E., Watts, G. 공저/안종설 옮김. 『관을 떨어뜨리지 마라!』(*Don't Drop the Coffin*), 서울: 이가서, 2003.

_____/안종설 옮김. 『행복한 장의사』(*Don't drop the coffin*), 서울: 이가서, 2008.

Deeken, A./전성곤 옮김. 『인문학으로서의 죽음교육』(生と死の敎育), 서울: 인간사랑, 2008.

_____/오진탁 옮김. 『죽음을 어떻게 맞이할 것인가』(死とどう 向き合うか), 서울: 궁리, 2002.

_____, 소노 아야코(曾野綾子) 공저/김욱 옮김. 『죽음이 삶에게: 죽음의 인식으로부터 삶은 가치있게 시작된다』(旅立ちの朝に), 서울: 리수, 2012.

Durkheim, É./황보종우 옮김. 『자살론』(*Le Suicide, Etude Sociologie*), 서울: 청아, 2008.

Dworkin, R./박경신, 김지미 공역. 『생명의 지배영역: 낙태, 안락사, 그리고 개인의 자유』(*Life's Dominion*), 생명의료법연구소 고전번역총서01, 서울: 이화여자대학교 생명의료법연구소, 2008.

Fanestil, J. *Mrs. Hunter's Happy Death: Lessons on Living from People Preparing to Die*, New York: Random House, 2006.

Feldmann, K. *Sterben und Tod: Sozialwissenschaftliche Theorien und Forschungsergebisse*, Opladen: 1997.

Fenwick, P., Fenwick, E. 공저/정명진 옮김. 『죽음의 기술』(*The Art of Dying*), 서울: 부글북스, 2008.

Frankl, V./이시형 옮김. 『죽음의 수용소에서』(*Man's Search for Meaning*), 서울: 청아출판사, 2005.

Fritz, *H. Die biblische Lehre von der Unsterblichkeit der Seele: Sterben, Tod, ewiges Leben im Aspekt lutherischer Anthropologie*, Göttingen: 1983.

Gese, H. "Der Tod im Alten Testament", H. Gese(Hrsg.), *Zur biblischen Theologie: Alttestamentliche Vorträge*, Tübingen: 1983.

Gilligan, J./이희재 옮김.『왜 어떤 정치인은 다른 정치인보다 해로운가: 정치와 죽음의 관계를 밝힌 정신의학자의 충격적 보고서』(*Why Some Politicians Are More Dangerous Than Others*), 서울: 교양인, 2012.

Greshake, G. *Auferstehung der Toten*, Essen: 1969.

_____, *Stärker als der Tod: Zukunft, Tod, Auferstehung, Himmel, Holle, Fegefeuer*, Mainz: 1976.

_____, "Tod und Auferstehung", CCG 5, Freibung: 1980.

_____, "Das Verstnanis 'Unsterblichkeit der Seele' und 'Aufersteheung des Leibes' in problematischer Sicht", G. Greshake & G. Lohfink(Hrsg.), *Nacherwartung-Auferstehung-Unsterblichkeit*, Freiburg/Basel/Wien: 1982.

Hope, T./김양중 옮김.『안락사는 살인인가?: 사례로 만나는 의료윤리의 쟁점들』(*Medical Ethics*), 서울: 한겨레, 2011.

Joiner, T./김재성 옮김.『사람들은 왜 자살하는가?』(*Why People Die by Suicide?*), 서울: 황소자리, 2012.

_____/지여울 옮김.『자살에 대한 오해와 편견』(*Myths of Suicide*), 서울: 베이직북스, 2011.

Jüngel, E. "Der Tod als Geheimnis des Lebens", J. Schwartländer(Hrsg.), *Der Mensch und sein Tod*, Göttingen: 1976.

_____, *Tod*, Stuttgart: 1971.

Kagan, S./박세연 옮김.『죽음이란 무엇인가』(*Death*), 서울: 엘도라도, 2012.

Kimble, M. A. 외 3인 공저/노인사목연구위원회, 김열중, 이순주 공역.『노화, 영성, 종교』(*Aging, Spirituality, and Religion*), 서울: 소화, 2011.

King, M./이민정 옮김.『거의 모든 죽음의 역사』(*The Dying Game*), 서울: 성균관

대학교출판부, 2011

Kittel, G. *Befreit aus dem Rachen des Todes: Tod und Todesüberwindung im Alten Testament*, Göttingen: 1999.

Kübler-Ross, E./최준식 옮김. 『사후생: 죽음 이후의 삶의 이야기』(*On Life after Death*), 서울: 대화문화아카데미, 2009.

_____, Kessler, D. 공저/김소향 옮김. 『상실 수업』(*On Grief and Grieving*), 서울: 인빅투스, 2014.

_____/강대은 옮김. 『생의 수레바퀴』(*The Wheel of Life*), 서울: 황금 부엉이, 2008.

_____/이진 옮김. 『안녕이라고 말하는 그 순간까지 진정으로 살아 있어라』(*To Live Until We Say Good-Bye*), 서울: 이레, 2006.

_____/류시화 옮김. 『인생 수업』(*Life Lessons*), 서울: 이레, 2006.

_____/이진 옮김. 『죽음과 죽어감』(*On Death and Dying*), 서울: 이레, 2008.

_____/이주혜 옮김. 『죽음 그리고 성장』(*Death: the final stage of growth*), 서울: 이레, 2010.

Kungftse. *Gespräche*, übers. von R. Wilhelm, Düsseldorf: 1974.

Kwak, Misook, *Das Todesverständnis der koreanischen Kultur*, International Theology Vol. 11, Berlin/Bern/Bruxelles/Frankfurt am Main/New York/Oxford/Wien, Peter Lang Verlag: 2004.

Lambert, M. E. A./윤미연 옮김. 『우리 아이가 죽음에 대해 묻기 시작했어요』(*La mort*), 서울: 프리미엄북스, 2004.

Lohfink, G./신교선, 이석재 공역. 『죽음이 마지막 말은 아니다』(*Der Tod ist nicht das letzte Wort*), 서울: 성바오로출판사, 2000.

Long, J., Perry, P. 공저/한상석 옮김. 『죽음, 그 후』(*Evidence of the Afterlife: The Science of Near-Death Experiences*), 서울: 에이미팩토리, 2010.

Manser, J. *Der Tod des Menschen: Zur Deutung des Todes in der gegenwärtigen Philosophie und Theologie*, Diss. Univ. Freiburg: 1975.

Meek, G./김병관 옮김. 『죽음 뒤의 삶』(*After We Die, What Than?*), 서울: 창작

마을, 1993.

Mischler, G./유혜자 옮김.『자살의 문화사: 죽을 수 있는 자유』(*Von der Freiheit, das Leben zu lassen*), 서울: 시공, 2002.

Moll, R./이지혜 옮김.『죽음을 배우다』(*Ars Moriendi*), 서울: IVP, 2013.

Moltmann, J./이신건 옮김.『생명의 샘』(*Die Quelle des Lebens*), 서울: 대한기독교서회, 2000.

_____/김균진 옮김.『생명의 영: 총체적 성령론』(*Der Geist des Lebens*), 서울: 대한기독교서회, 1992.

_____/김균진 옮김.『오시는 하나님』(*Das Kommen Gottes*), 서울: 대한기독교서회, 1997.

_____/곽혜원 옮김.『하나님의 이름은 정의이다』(*Sein Name ist Gerechtigkeit*), 서울: 21세기교회와신학포럼, 2011.

_____/곽혜원 옮김.『희망의 윤리』(*Ethik der Hoffnung*), 서울: 대한기독교서회, 2012.

_____/조현욱 옮김.『의사, 인간을 어루만지다』(*The Uncertain Art*), 서울: 세종서적, 2010.

NHK 무연사회 프로젝트팀/김범수 옮김.『무연사회: 혼자 살다 혼자 죽는 사회』(無緣社會), 서울: 용오름, 2012.

Nouwen, H. J. M./홍석현 옮김.『죽음, 가장 큰 선물』(*Our Greatest Gift: A Mediation on Dying and Caring*), 서울: 홍성사, 2001.

Nuland, S. B./명희진 옮김.『사람은 어떻게 죽음을 맞이하는가』(*How we die?*), 서울: 세종서적, 2010.

Peck, M. S./민윤기 옮김.『영혼의 부정: 혼돈에 빠진 안락사, 그 참된 의미에 관하여』(*Denial of the Soul*), 김영사, 2001.

Pillemer, K./박여진 옮김.『내가 알고 있는 걸 당신도 알게 된다면』(*30 Lesson for Living*), 서울: 토네이도, 2012.

Rad, G. von. *Theologie des Alten Testaments: Die Theologie der prophetischen Uberlieferungen Israels*, Bd. I, München: 1987.

Rose, D. L. 엮음/김원옥 옮김. 『스베덴보리의 천상여행기: 지옥편』(*Debates With Devils*), 서울: 다산초당, 2010.

_____, Fox, L. 공동엮음/김원옥 옮김. 『스베덴보리의 천상여행기: 천국편』 (*Conversations With Angels*), 서울: 다산초당, 2010.

Schaeffer, Fr. A./김기찬 옮김. 『낙태, 영아살해, 안락사에 대한 그리스도인의 자세』(*Whatever Happened to the Human Race*), 서울: 생명의말씀사, 1995.

Schwarz, H. *Jenseits von Utopie und Resignation: Einführung in die christliche Eschatologie*, Wuppertal: 1991.

Shapira, H./정지현 옮김. 『행복이란 무엇인가: 이스라엘 최고 랍비 하임 샤피라의 명강의』(*Things That Matter*), 서울: 21세기북스, 2013.

Shields, D./김명남 옮김. 『우리는 언젠가 죽는다』(*The Thing About Life Is That One Day You'll Be Dead*), 서울: 문학동네, 2010.

Swedenborg, E./스베덴보리 연구회 편역. 『스베덴보리의 위대한 선물: 천재과학자의 감동적인 천국 체험기』, 서울: 다산초당, 2 014.

Willard, D./윤종석 옮김. 『하나님의 모략』(*The Divine Conspiracy*), 서울: 복있는사람, 2007.

Youngner, S. J. *The Definition of Death: Contemporary Controversies*, Baltimore: Johns Hopkins University Press, 2009.

신문기사 및 인터넷 자료

국가암정보센터. "통계로 보는 암", 〈http://www.cancer.go.kr/mbs/cancer/subview.jsp?id=cancer_040101000000〉(2014.11.11).

국제신문 취재팀. "고독사, 노인보다 40·50대가 더 많다", 「국제신문」(2013.11.19).

_____. "고독사…인연이 끊긴 사회", 1회-5회, 「국제신문」(2013.11.19.-12.17).

김여환. "'쥑'이는 여의사 김여환의 행복처방" 1회-35회, 「프리미엄 조선」 (2013.11.19).

박승혁. "'21세기 에디슨' 도발 예언…'2045년 되면 인간은 죽지 않는다'", 「조선일보」(2013.07.20).

오상이. "한국 사회 자살률, '무한경쟁의 톱니바퀴에 끼어 죽는' 행복하지 않은 사회 '반증'", 「기독일보」(2014.03.10).

조선일보 특별취재팀. "한국인의 마지막 10년"(1부), 1회-8회, 「조선일보」(2013.11.04-11.13).

조선일보 특별취재팀. "한국인의 마지막 10년"(2부), 1회-10회, 「조선일보」(2014.09.01-09.27).

최철주. "삶과 죽음의 이야기" 1회-19회, 「동아일보」(2012.08.21.-2012.12.25).

Balboni, M. "More on the Christians/Aggressive Measures Study"〈http://blog.christianitytoday.com/ctliveblog/archives/2009/03/more_on_the_chr.html〉(2014.11.11).

EBS. "명의: 나는 죽음을 이야기하는 의사입니다-호스피스 완화의료 윤영호 박사"(2011.07.14).

KBS. "금요기획: 생로병사, 죽음에 관한 세 가지 시선"(2011.03.18).

_____. "생로병사의 비밀: 아름다운 마무리 웰다잉"(2012.01.21).

_____. "스페셜: 우리는 어떻게 죽는가?"(2013.12.19).

_____. "파노라마: 우리는 어떻게 죽는가"(2013.12.19).

_____. "파노라마: 한국인의 고독사", 1편: 보이지 않는 죽음(2014.05.22).

_____. "파노라마: 한국인의 고독사", 2편: 마지막 메시지(2014.05.29).

존엄한 삶, 존엄한 죽음

기독교 생사학의 의미와 과제

Copyright ⓒ 곽혜원 2014

1쇄발행_ 2014년 11월 30일
2쇄발행_ 2015년 3월 20일

지은이_ 곽혜원
펴낸이_ 김요한
펴낸곳_ 새물결플러스
편 집_ 노재현·박규준·왕희광·정인철·최경환·최율리·최정호·한바울
디자인_ 이혜린·서린나·송미현
마케팅_ 이승용
총 무_ 김명화

홈페이지 www.hwpbooks.com
이 메 일 hwpbooks@hwpbooks.com
출판등록 2008년 8월 21일 제2008-24호
주소 (우) 158-718 서울특별시 양천구 목동동로 233-1(목동) 현대드림타워 1401호
전화 02) 2652-3161
팩스 02) 2652-3191

ISBN 978-89-94752-92-1 03230

책값은 뒤표지에 있습니다.

이 도서의 국립중앙도서관 출판시도서목록(CIP)은 서지정보유통지원시스템 홈페이지
(http://seoji.nl.go.kr)와 국가자료공동목록시스템(http://www.nl.go.kr/kolisnet)에서
이용하실 수 있습니다(CIP제어번호: CIP2014032865).